MW01078308

A Mercelena y a Julio

Don Julio Mario

Biografía no autorizada del hombre más poderoso de Colombia

GERARDO REYES

EDICIONES B
GRUPO ZETA

Barcelona • Bogotá • Buenos Aires • Caracas • Madrid • México D.F. • Montevideo • Quito • Santiago de Chile

1ª edición: enero de 2003

© Gerardo Reyes Copello, 2003
© Ediciones B Colombia S.A., 2003
  Cra 53 A # 81 - 77 Bodegas de Entre Ríos
  Bogotá D.C. (Colombia)

Impreso en Colombia
ISBN: 958-9602-28-2
Depósito legal: Hecho

Impreso por Quebecor World Bogotá S.A.
Calle 15 # 39 A 34 Bogotá D.C. (Colombia)

Don Julio Mario

Biografía no autorizada del hombre más poderoso y rico de Colombia

Gerardo Reyes

INTRODUCCIÓN

En sus casi cincuenta años de vida empresarial Julio Mario Santo Domingo no ha concedido más de diez entrevistas. Por ese temor comprensible a decir cosas insulsas en público, siempre profesó un nervioso respeto a los micrófonos y a las cámaras. Cuando por pura obligación debía intervenir en las asambleas de cervecería Bavaria, la voz le temblaba sin control. Hoy existe otra razón más poderosa para no hablar: como cualquier magnate que se respete, Santo Domingo está seguro de que no tiene que dar explicaciones a nadie.

La última vez que lo hizo fue en 1986 durante un incómodo interrogatorio al que fue sometido en Washington por abogados estadounidenses como parte de una agria disputa legal contra el ex presidente de Avianca, Andrés Cornelissen. Posiblemente fue el día más humillante de su vida, a decir de algunos de sus colaboradores.

A Santo Domingo tampoco le gustan que otros hablen de él sin permiso. La primera vez que comprendí el tamaño demográfico del temor que infunde su figura en Colombia fue durante una visita que hice a Barranquilla para tomar impresiones de su juventud. Me sorprendió descubrir cómo todavía hay mucha gente que habla en voz baja al recordar sus conquistas o al atenuar sus desgracias.

"Parece como si escucharan ventanas abrirse, como si vieran a Don Mario [su padre] o a Julio Mario por todos lados", me explicó el abogado barranquillero Roberto Ferro.

En Bogotá, la prevención con el personaje también es contagiosa. A principios del año 2001, la revista *Punto-Com* de Miami se embarcó en un gran proyecto para celebrar su primer año con una edición especial. Se trataba de presentar a los lectores los perfiles de los 14 hombres más poderosos e influyentes de América Latina, entre quienes se encontraba Santo Domingo. Por lo menos una docena de periodistas, incluyendo conocidos escritores del país, declinaron la invitación a investigar y escribir sobre la vida del industrial colombiano con explicaciones que apuntaban casi todas hacia el mismo temor: no querían problemas con él.

Después de la negativa en cadena, la semblanza fue escrita por un reportero de *The Wall Street Journal*, José de Córdoba, a partir de los recuerdos desvanecidos de una entrevista que sostuvo con Santo Domingo en 1996 y algunos aportes de este trabajo. Ese miedo que silencia a la gente, la escasez de entrevistas y los signos externos de su exquisito tren de vida, son circunstancias que han convertido a Santo Domingo en un personaje enigmático. Sus actividades públicas y sus aventuras privadas son temas recurrentes de conversación en los cócteles de Bogotá entre empresarios y algunos periodistas que han convertido en oficio el capricho de seguir sus pasos.

En el caso particular de este libro, es probable que las consideraciones anteriores llevaran a Santo Domingo a ignorar mis repetidas solicitudes de entrevista. Quiero dejar en claro que hice todos los esfuerzos para hablar con él, más allá de ofrecer una oportunidad formal de resguardo. En repetidas ocasiones lo llamé a Bogotá y Nueva York; una vez me presenté en su apartamento en Park Avenue, donde dejé una nota con un atento portero de origen italiano en la que expresé mi interés en sostener un encuentro con el empresario; le envié cartas y faxes, y le pedí a amigos cercanos suyos, como es el caso del editor de proyectos especiales de la revista *Vanity Fair*, Reinaldo Herrera, que lo persuadieran de concederme una entrevista. Pero nunca obtuve ni siquiera una respuesta negativa.

Alguien escuchó decir a Santo Domingo en una de sus pocas apariciones sociales en Colombia, que lo tenía sin cuidado la publicación de esta biografía. Otra persona que tiene información interna del conglomerado me comentó que el empresario consultó con una firma de asesoría de imagen de Estados Unidos si debía aceptar una entrevista y allí le recomendaron que no lo hiciera, pues los periodistas cambian muy poco sus crónicas después de escuchar a quien persiguen.

No estoy muy convencido de que Santo Domingo se haya gastado un solo dólar en resolver la duda, pero si fue así creo que la empresa que lo asesoró, lo engañó. Estudió mal el *target*. Siempre he estado dispuesto a corregir mis artículos inéditos o a cambiar su mira cuando la persona afectada demuestra mi equivocación o las pruebas que los sustentan no sirven.

La labor de escribir una biografía de Santo Domingo en estas condiciones no fue fácil. A eso se agrega el hecho de que ha cuidado como un cartujo su vida privada y los entretelones de sus negocios. En Estados Unidos no es fácil encontrar documentos públicos firmados por él. No hay una sola sociedad comercial en la que aparezca su nombre. Su apartamento en Nueva York está registrado bajo una cooperativa de propietarios y la dirección del mismo sólo aparece citada por su esposa, sus hijos y algunos de sus asistentes domésticos en una base de datos de referencia crediticia. Otras sociedades se encuentran radicadas en los archivos corporativos de Panamá y Bahamas.

Estas limitaciones hicieron más interesante –y extenso– el reto de conocer la vida del magnate. Durante tres años interrumpidos por la frustración que me producía el temeroso silencio de los testigos de su vida, consulté archivos públicos y privados y conversé con sus amigos y enemigos bajo toda clase de arreglos periodísticos. Algunos hablaron con sus nombres y apellidos, otros aceptaron entregar información de antecedentes sin ser citados y otros, que admitieron sin vergüenza su miedo, me confiaron algunas anécdotas con la condición de proteger su anonimato.

Conversé con más de 100 personas sobre Santo Domingo y su familia; entrevisté a sus compañeros de clase de Bogotá, y a uno de sus compañeros de clase en Andóver; su mejor amigo, Ahmet Ertegun, me devolvió un par de llamadas en un contestador automático, pero cuando intenté de nuevo ponerme en contacto con él, no me respondió; me colé en la casa veraniega de Puerto Colombia que mantiene desocupada como un monumento a sus recuerdos; consulté la Biblioteca del Congreso de Estados Unidos, los archivos de *El Heraldo* de Barranquilla, *El Tiempo*, *El Espectador*, las revistas *Semana*, *Cromos* y *Consigna* de Bogotá, *El Universal* de Venezuela y una base de datos que contiene la morgue de más de 200 periódicos y revistas de Estados Unidos y Europa. Tuve acceso a las actas de asamblea más importantes de Bavaria y Avianca, al expediente judicial del caso de Washington y con la ayuda de un empresario a quien no puedo agradecer con su nombre por respetar su anonimato, construimos un frondoso árbol genealógico de la familia Santo Domingo desde Bartolomé Hernández Herreño, nacido en España en 1501, hasta Andrés Santo Domingo Dávila, el hijo menor de Julio Mario.

Este libro es la bitácora del poder de un hombre que desde hace 30 años ejerce una influencia tan abrumadora como invisible en la vida de millones de colombianos a través de una organización dinástica que vive de la "ilusión de la omnipotencia", como alguna vez lo advirtió Enrique Santos Calderón. Es la semblanza inconclusa de un seductor soberbio, sofisticado y mordaz que imparte sus afectos y rencores a punta de besos y bofetadas, y guiado por las intrigas que le susurran sus auxiliares de turno.

1

Gracia y soberbia

"¿Dicen entonces que no tengo corazón...?"
JULIO MARIO SANTO DOMINGO
entrevista con Lucy Nieto de Samper

Al llegar frente a una jaula con travesaños de metal gruesos que contrastaba con las frágiles cajas de madera del resto del zoológico del Hotel Ticuna, en Leticia, Mike Tsalickis advirtió a sus visitantes:

"Ésa es la culebra más venenosa del mundo".

El aventurero gringo que mandaba en la ciudad amazónica sin ser alcalde señaló una serpiente enroscada en el rincón de la jaula.

"Una picadura de esta especie lo deja a usted muerto en dos minutos", explicó dirigiéndose a su invitado especial, Don Julio Mario Santo Domingo, que estaba de visita en Leticia acompañado por su buen amigo Columbus O'Donell, un multimillonario de Bahamas, la novia de éste, y el presidente de la aerolínea Avianca, Ernesto Mendoza Lince.

Más allá de las ínfulas que tenía de actor de cine, Tsalickis sabía lo que estaba diciendo. Durante más de 30 años recorrió las selvas amazónicas por tierra, ríos y aire, y aprendió a lidiar con los dos mayores peligros de la región: las serpientes –con las que se revolcó en combates ficticios para películas de Hollywood y de *National Geographic*– y la cocaína, que sí lo derrotó al final. Tsalickis fue condenado por narcotráfico a 27 años de prisión por un juez federal de la Florida en 1988.

Al escuchar el relato de los peligrosos modales de la culebra, O'Donell, su novia y Mendoza no se atrevieron siquiera a acercarse a menos de un metro del armazón. Santo Domingo, por el contrario, se sintió atraído por la temeraria descripción, y mientras preguntaba con mucho interés sobre las características excepcionales del animal, se acercó poco a poco, más de lo autorizado, y escupió a la serpiente en la cara.

Los invitados quedaron atónitos al ver que la culebra verdusca, como si se sintiera humillada, se lanzó contra las barras de acero de la jaula tratando de alcanzar al turista con sus colmillos venenosos, a lo cual Santo Domingo respondió con otro escupitajo. La serpiente perdió su instinto de conservación y en ese momento, recordó Mendoza, comenzó a golpearse contra las varillas de la jaula en una serie de latigazos suicidas que le hacían sangrar la cabeza. Los visitantes sólo podían ver a Santo Domingo de espaldas pero suponían que estaba sonriendo por el movimiento espasmódico de sus hombros. Desconcertado con el arrojo del empresario, Tsalickis no se atrevió a pedir cordura porque el hombre que estaba al frente suyo, divirtiéndose con la víbora, era el dueño de la línea aérea que mantenía llenos de turistas sus hoteles en Leticia, un pueblo sentado solitario en el trapecio amazónico, al extremo sur del país. Cuando Santo Domingo escupió una vez más, la serpiente se retorció para tomar impulso y descargó impotente su ataque en un rincón de la jaula donde murió de física rabia, según Mendoza. Fue entonces cuando Santo Domingo giró sonriente su cuerpo y con el semblante victorioso sacó de su asombro a los demás acompañantes, y los invitó a tomar unos caipirinhas en el bar del hotel que a esa hora estaba repleto de hermosas excursionistas escandinavas.[1]

Santo Domingo tenía entonces unos 55 años y era el hombre más rico y poderoso de Colombia. Quienes lo conocen, aquellos que lo han sufrido y lo han querido, saben que el estilo de toda su vida de empresario, que su perseverancia tanto para la humillación como para el triunfo, que sus reacciones con los competidores que se atrevieron a mostrarle sus colmillos, y con los colaboradores a quienes consideró traidores, y que esa gracia altanera con la que celebra las victorias sin reparar en el valor de la víctima, que todas esas posturas, mezcladas con un extraordinario poder de seducción, podrían vaciarse y quedar fielmente ilustradas y congeladas en el tiempo en la extraña y casi infantil batalla salival que libró esa tarde en Leticia.

Aún hoy Santo Domingo es el hombre más rico y poderoso de Colombia y uno de los más influyentes del mundo según la revista *Vanity Fair*. Pero más allá de la frivolidad de los certámenes arbitrarios del poder, él y su familia han sido protagonistas relativamente desconocidos de la historia de Colombia en los últimos 80 años. El imperio empresarial que nació en la década de 1920 y se extendió durante todo el resto del siglo hasta hoy, pasando a manos de Julio Mario Santo Domingo a finales de los años sesenta, ha transformado de alguna manera –en forma visible o invisible– la vida de millones de colombianos.

Avianca, Sam, Caracol, Sofasa (Renault), Cerveza Bavaria, Águila, Pony-Malta, *Cromos*, Aluminio Reynolds, Conalvidrios, Colseguros, Finca, Vikingos, Banco de Santander, Coviajes, Pastas La Muñeca, Petroquímica del Atlántico son marcas registradas en la memoria colectiva del país que tienen o han tenido el sello de propiedad de los Santo Domingo. Por ello, cuando un ciudadano de a pie se detiene en una esquina de cualquier capital de Colombia, seguramente encontrará alguna manifestación actual o reminiscente de ese imperio: una valla de cerveza Águila; un restaurante Presto; el diario *El Espectador* colgado de un puesto ambulante donde se venden jugos Tutti-Fruti y Agua Brisa; peatones hablando con celulares de Celumóvil; la voz paisa de Darío Arizmendi, el director de Caracol Radio, o el paso de un avión de Avianca. Y lo más probable también es que tanto el alcalde de esa ciudad como el equipo de fútbol, el senador y el representante a la Cámara de su departamento han sido patrocinados por Don Julio Mario Santo Domingo, un hombre a quien él como ciudadano ni ellos como políticos, jamás han visto pero que está ahí, en sus vidas cotidianas y en otros paisajes más imperceptibles de la economía, influyendo en sus decisiones diarias, en el agua que toman, en las noticias que los asombran, en el presidente que los gobierna, en el carro que manejan y en las bebidas con que se emborrachan, todo esto, en un país donde se consume más cerveza que leche pasteurizada.[2]

Aunque su nombre es prácticamente desconocido en América Latina y Europa, Santo Domingo llegó a ser el quinto cervecero más grande del mundo. Tiene o ha tenido fábricas en España, Portugal, Ecuador y Panamá, inversiones en hotelería en Costa Rica; ha sido dueño de un banco en Panamá; fue propietario de un periódico en Portugal y su hijo mayor, Julio Mario Santo Domingo Braga, maneja inversiones en enormes empresas holdings de alcance mundial como Agrobrands International, el emporio productor y distribuidor de alimentos Purina y otros productos agrícolas con operaciones en 16 países y cuatro continentes. Su fortuna está mal calculada en unos 1,000 millones de dólares por la revista *Forbes*, una cifra que no incluye grandes capitales que ha movido con la ayuda de su hijo por todo el mundo.

Alguna vez, Julio Mario Santo Domingo se definió como el administrador de una fortuna heredada que se limitó a invertir "incestuosamente" en diferentes campos de la economía. Las declaraciones a la revista *Forbes* en 1992 tenían un tono de rara modestia y de injusticia, pues Santo Domingo no hubiera podido multiplicar el legado de su padre y convertirse en el jefe supremo del emporio incestuoso sino es por sus propios cálculos, por sus jugadas certeras, pero sobre todo por el auspicio de los gobiernos que llegaron al poder con generosas contribuciones suyas. Presidentes, congresistas, gobernadores y alcaldes de Colombia le deben sus carreras políticas y victorias electorales al apoyo financiero y publicitario de las empresas de Julio Mario Santo Domingo. Y Julio Mario les debe a ellos una colección invaluable de exoneraciones tributarias y absoluciones forzadas.

Desde su elegante apartamento 10 D del 740 de Park Avenue de Nueva York, Santo Domingo domina el país; cualquier decisión suya relacionada con predilecciones electorales, compra o venta de empresas, fusiones, despidos y cierres sacude la economía nacional. A través de su teléfono, con conexión directa a los cuarteles generales de Cervecería Bavaria en Bogotá, el empresario maneja los hilos del poder. Conversa con el presidente de la República, con los ministros, discute con los directores de los principales diarios del país, pone y quita noticias en Caracol y *El Espectador*, protesta por despliegues exagerados de informaciones de enemigos o por la omisión de elogios a sus amigos y está al tanto de los más sutiles movimientos de los pocos competidores que le quedan.

En la intimidad de sus santuarios de privacidad, rodeado de invaluables obras de arte moderno y renacentista, y a lado de Harry, su perro neoyorquino, Santo Domingo es un hombre encantador, culto, simpático, afable, que sabe escuchar, que hace bromas refinadas y se las deja hacer, y está dispuesto a ayudar a sus mejores amigos. Varias de las personas que entrevisté para esta biografía coincidieron casi literalmente en un comentario sobre la personalidad del empresario: "Es simpático cuando quiere".

Al elaborar sus respuestas los entrevistados explican que Santo Domingo exhibe su amabilidad y sentido del humor en círculos muy estrechos, en compañía de amigos con quienes mantiene lazos afectivos desde hace muchos años o personalidades que le despiertan su fugaz admiración.

El periodista Daniel Samper, con quien ha tenido varios encuentros, sostiene que en estos círculos Santo Domingo es "un tipo simpático, espontáneo, que se deja tomar del pelo" sin marcar distancias reverenciales.[3] Recuerda Samper que el potentado celebró a carcajadas un comentario jocoso suyo de que el mejor favor que le pudo hacer a *El Tiempo*, el diario de la familia Santos de Bogotá, fue haber nombrado como director del periódico de la competencia, *El Espectador*, al ex embajador Carlos Lleras de la Fuente.

"Es un amigo extraordinario, un amigo fiel, un hombre muy simpático y muy sencillo", afirma Reinaldo Herrera, editor de proyectos especiales de la revista *Vanity Fair*.[4]

En ese ambiente, sus conocidos comentan que una de las pocas cosas que mueve visiblemente la fibra emocional de Santo Domingo es la nostalgia de su pasado de Don Juan con ambiciones de escritor surrealista en los años cincuenta y los sesenta, cuando vivía una temporada en Barranquilla, otro rato en Bogotá, otro en París y otro en Nueva York. Algunos amigos suyos que están cobijados por esa nostalgia, se sorprenden con la emotividad con que Santo Domingo los saluda después de muchos años de no verlos. Entre ellos, el fotógrafo Hernán Díaz, quien pasa cortas temporadas en el apartamento de Santo Domingo en Nueva York, y el escritor Luis Zalamea, que vive en Miami.

Pero la popularidad del potentado no es proporcional a su fortuna. Julio Mario Santo Domingo es una persona que inspira muy poca simpatía en Colombia. Muchas de sus decisiones lo retratan como un hombre soberbio e intransigente, que no tiene escrúpulos en usar su extraordinario poder para desapretar los tornillos de la ley a su favor en un país al que mira desde su balcón de Nueva York con los binóculos de un hacendado.

Frente a subalternos y desconocidos, el carácter de Santo Domingo es radicalmente opuesto al que proyecta con su estrecho círculo de amigos. Muchas personas que han estado cerca al empresario por razones de trabajo afirman que se encierra en su soberbia y se convierte en un ogro de caricatura, deliberadamente engreído y desdeñoso. A la hora de las crisis y de sus ataques telúricos de desconfianza, no tiene contemplaciones con familiares ni empleados veteranos. Grita, insulta y amenaza provocando reacciones que van desde el odio profundo y silencioso hasta el miedo infantil.

Gracia y soberbia, ese material del que está hecho Santo Domingo, lo describió el ex ministro Rodrigo Pardo así:

"Es un hombre con quien es muy agradable conversar, un tipo que se descubre rápidamente, que deja ver sus pasiones de inmediato, en forma atropellada, visceral... Para cada quien tiene su calificativo, cuando considera que es una gran persona no ahorra elogios, pero cuando no encaja en sus gustos simplemente lo reduce a, 'un badulaque' y es muy común que saque a relucir sus amantes, su vida sexual clandestina, con quién se acostó él o su esposa".[5]

Compra odios y amores a la carrera, y algunas de las personas que lo rodean se aprovechan de esa debilidad. Unas veces lo envenenan con rumores para aplastar a sus propios enemigos y otras con alabanzas para inflar a sus recomendados. Quien más lamenta ese defecto es su hermana Beatriz Alicia, aunque ella también se cree que todo lo bueno que hace su hermano viene de él y todo lo negativo, de las malas influencias.

Santo Domingo no está obligado a ser simpático. El problema es que su sombra despótica, que es muchísimo más conocida que su garbo, no sólo cubre su vida personal sino que se proyectó como un estilo de manejo empresarial. En sus mejores momentos, el Grupo Santo Domingo fue percibido como un conglomerado que practicaba una especie de corporativismo *panzer* para arrasar con todo aquello que chocara con sus utilidades. A través de la persuasión, en su defecto el asedio y a falta de éste la destrucción de quienes no se plegaban a las aspiraciones del magnate, el grupo casi siempre salió ganando.

"Tranquilidad viene de tranca", es uno de los dichos preferidos de Santo Domingo para resumir la importancia que tiene en su vida el control de sus subalternos. La mentalidad se transmitió a todo su conglomerado y produjo una sicología empresarial de la arrogancia –la arrogancia como etiqueta, como señal de altura, como ley de dominio y supervivencia– facilitada por el hecho de que quienes la practican, por obediencia o contagio, siempre tuvieron a su disposición cualquiera de los poderosos altavoces del grupo: Caracol Radio, Caracol Televisión, *Cromos*, *El Espectador*.

La actitud del magnate ha dejado una la larga lista de víctimas. Allí hay personas que trataron de engatusarlo, es cierto, pero también que se atrevieron a cuestionar sus ideas, arbitrariedades, errores, prácticas monopolísticas y sus juegos con el poder político. Ese reguero de enemigos y damnificados fue bautizado por la revista *Semana* como Los Pejus –Perseguidos por Julio Mario Santo Domingo[6], una sigla que surgió en 1993 de una parodia de Los Pepes (Perseguidos por Pablo Escobar), el grupo clandestino que se creó entonces para combatir al jefe del Cártel de Medellín.

Pero los perseguidos por Julio Mario existieron desde que el empresario apareció en la escena de los negocios de su familia. En su lista de condenados estuvieron: J. J. García, uno de los miembros de la junta directiva de Cerveza Águila que, desencantado con la familia Santo Domingo, escribió un rabioso perfil novelado de un *playboy* sagaz que asaltó la buena fe de gente honorable; Jorge Barco, amigo y asesor de la familia Santo Domingo en Bavaria durante los años sesenta, que fracasó en su intento por bloquear la conquista de la cervecería de Bogotá; Carlos Lleras Restrepo, el presidente de la República que cuestionó la toma de Bavaria por parte de Julio Mario; Alberto Samper, el amigo que le abrió las puertas de Bavaria para que tomara el control y una vez consolidada la conquista, un día encontró el escritorio de su oficina en el corredor del edificio de la cervecería en Bogotá (Alberto Samper fue rehabilitado años después por Santo Domingo al ser contratado en Bavaria para manejar el programa de adaptación al retiro de los empleados próximos a pensionarse y hasta el día de su muerte fue miembro de la junta directiva de Avianca); Felipe López, propietario de *Semana* que, movido por una pasión combinada de admiración y envidia, se ha dedicado a publicar los líos legales y los caprichos del magnate; Carlos Cure, el presidente de Bavaria y ex compañero de parrandas a quien acusó de ladrón en Caracol; Francisco Posada de la Peña, el vicepresidente de la empresa familiar Colinsa y apoderado general de Santo Domingo que se opuso a sus operaciones de cobro indebido de comisiones y transferencias ilegales a un banco suizo; Enrique Santos Calderón, editorialista de *El Tiempo* que cuestionó las operaciones chuecas del grupo y la concentración de poder de Santo Domingo en los medios de comunicación; Francisco Santos Calderón, columnista de *El Tiempo* que acusó a *El Espectador* de guardar silencio sobre operaciones poco ortodoxas; Andrés Pastrana, el expresidente de Colombia, por devolver una donación electoral del grupo Santo Domingo; Juan Carlos Pastrana, hermano del presidente, por sus denuncias en el sentido de que el consorcio Bavaria patrocinó a un equipo de fútbol del Cártel de Cali; (los Pastrana se reconciliaron con el empresario años después por conveniencias mutuas); Myles Frechette, el ex embajador de Estados Unidos en Colombia, por sus presiones para que el magnate dejara de apoyar al presidente Samper. Santo Domingo se enemistó además con Carlos Ardila Lülle, su socio en Avianca (después se reconciliaron). Esto para no contar una larga lista de empleados desconocidos y mandos medios que tuvieron que dejar sus puestos tras un grito desde Nueva York del cual hacía eco en Bogotá su fiel escudero, Augusto López Valencia, que también salió del grupo con el rabo entre las piernas.

"Santo Domingo no le tiene miedo a nada", afirma unas de sus víctimas que ni siquiera aparece en la lista oficial de Los Pejus: "Cuando tiene un enemigo no descansa hasta verlo acabado".

En 1980 la periodista Lucy Nieto de Samper le preguntó a Santo Domingo, qué opinaba de la imagen que proyectaba de un hombre frío que no tiene inconveniente en sacrificar a los amigos en asuntos de negocios.

"¿Eso dicen?", respondió. "¿Dicen entonces que no tengo corazón? No, eso no es cierto. Yo pongo la amistad por encima de cualquier otra consideración. Quienes han trabajo conmigo le pueden confirmar lo que le estoy diciendo".[7]

Le pregunté para este libro a un ex directivo de Bavaria qué cosas hacían feliz a Santo Domingo y me respondió:

"Hablar mal de la gente. Para él todos los hombres son ladrones y todas las mujeres son putas".

El honor es una palabra frecuente en su vocabulario de defensa. Santo Domingo se considera "un hombre de honor", como se lo repitió varias veces a un abogado que lo interrogó en un careo en Washington.

La mayoría de sus adversarios fueron grandes amigos suyos que disfrutaron de su generosidad; que durante la luna de miel con el poder se montaron en su tren de vida de fiestas y pomposidades; que lo ayudaron en sus campañas de descrédito de los enemigos de turno sin reparar en que ellos serían los próximos; que encubrieron sus escaramuzas en la frontera de la ley y la infracción, y que pusieron la cara en nombre de él en momentos en que sus brigadas de *panzerismo* corporativo aplastaban a los críticos. Un día, sin importarle los secretos –y los rencores– que se llevaban, Santo Domingo también los expulsó de su reino.

Por motivos que resultan inexplicables para quienes lo conocen desde hace muchos años, de la misma forma como sepulta a sus colaboradores cercanos, de la noche a la mañana resucita a conocidos y familiares que enterró deliberadamente. Son decisiones que sorprenden a los mismos escogidos, como le ocurrió a su sobrino Andrés Obregón, a quien cariñosamente le decía Andresito hasta días antes de nombrarlo presidente del Grupo Empresarial Bavaria. Casi dos años más tarde, convencido de que había dilapidado millones de dólares de su conglomerado, Santo Domingo lo despidió a gritos y luego llamó a varios sabuesos de una auditoría externa que husmearon hasta el último papel firmado por él.

La razón de su indeclinable dedicación a la contienda no tiene que ser trascendental. Puede ser, por ejemplo, un simple descuido, como ocurrió con el urbanizador Pedro Gómez contra quien Santo Domingo la emprendió en 1996. Gómez transformó lo que fue un convento colonial en Cartagena (El Claustro de Santa Teresa) en un hospedaje de lujo, el Hotel Santa Teresa de Jesús, situado en el centro de la ciudad vieja. Dos ciudadanos y el procurador delegado de Asuntos Ambientales presentaron recursos contra la resolución que autorizó la licencia de construcción alegando que la compañía de Gómez no tenía licencia ambiental y que "la nueva versión del Hotel Santa Teresa, con su estructura metálica, se interpone entre la mirada del turista y la cúpula de San Pedro".[8] Agazapada entre las preocupaciones históricas y ambientales, había otra mortificación que no podía ventilarse en los procesos administrativos, pero que en la práctica era tan importante como cualquier infracción a las normas urbanísticas: con el nuevo diseño, la mansión de Santo Domingo en la ciudad vieja de Cartagena quedaba a la vista desde la terraza del hotel. Con la revista *Cromos* a la cabeza, el magnate dirigió personalmente una febril campaña de sus medios de comunicación para desacreditar los trabajos de reparación del convento. Don Julio Mario estaba enfurecido porque desde una esquina del último piso del hotel quedaban expuestos el tejado de su casa colonial y un pequeño espacio de su cancha de tenis privada. Para defenderse de los posibles fisgones, movió cielo y tierra y torpedeó la construcción del hotel con toda clase de argumentos. Aunque la empresa Pedro Gómez y Cía. Ltda fue exonerada por las autoridades urbanísticas en 1996, en la azotea del hotel fueron construidas varias jardineras que impiden el acceso a los pocos curiosos que saben que, en la mansión blanca del frente, pasa vacaciones, no más de cinco días al año, el señor de Bavaria.

La capacidad de combate de Julio Mario va mas allá de las pugnas parroquiales de Colombia o Ecuador. También enfrentó al gobierno de Estados Unidos cuando el Departamento de Estado se empeñó en que debía retirar el apoyo al entonces presidente Ernesto Samper, acusado de aceptar dinero del narcotráfico para su campaña electoral. Enemigo declarado del narcotráfico, aunque no necesariamente de las dosis personales, Santo Domingo respaldó a Samper hasta el final de su mandato. Como muchos colombianos está convencido de que el problema del narcotráfico no es sólo de Colombia y que se debe exigir a los países consumidores que apoyen económicamente los planes de rehabilitación del país "como compensación por el grave daño causado por ellos".[9] Se opuso desde un principio a la propuesta de Samper en la década del 70, de legalizar la marihuana "porque así no se resuelve el problema. Sería en cambio un gran desprestigio para el país ser el primero en legalizarla. Que la legalicen los Estados Unidos".[10]

Santo Domingo admite que los grupos guerrilleros del país responden a una razón política, anterior al narcotráfico, "que tiene que ver con la pobreza, con el atraso, con la falta de oportunidades y con distintas formas de persecución que ellos sufren. Pero son, a la vez, parte del problema del narcotráfico por las zonas en que están y porque el país tiene un problema de narcotráfico que cobija a todo el mundo".

Vive una parte del año en Nueva York, otra en París y el resto lo reparte entre Europa, Cartagena y Bogotá. Su casa principal es el dúplex del 740 Park Avenue, uno de los edificios de apartamentos más famosos de Manhattan. La mole modernista que se levanta en el exclusivo sector oriental de la isla es un símbolo histórico y de leyendas de ostentación. En el *penthouse*, que originalmente era de tres pisos y noventa habitaciones, vivió desde 1929 el multimillonario empresario filántropo John D. Rockefeller hijo con su primera esposa, Abby Aldrich, y sus seis hijos. Con el tiempo, el penthouse fue subdividido y quedó reducido a 34 habitaciones, lo cual no mermó su valor ni el del edificio. En el año 2000 se convirtió en el apartamento más caro de la historia de Manhattan al ser comprado en 37 millones de dólares por Stephem Schwarzman, presidente de Blackstone Group L.P., una poderosa firma de inversión. Su anterior dueño, el magnate de los seguros, Saul Steinberg[11], que se fue a la bancarrota, hacía en esa mansión las mejores fiestas de los años ochenta en Nueva York. Cuando su esposa cumplió 50 años, en 1989, ofreció una fastuosa cena con 250 invitados que incluyó la presentación de 10 gigantescos *tableaux vivants*, actuaciones en vivo de escenas de cuadros de los grandes pintores. Una actriz posó desnuda para la recreación de la pintura Danae de Rembrandt mientras en la piscina flotaban dos mellizas disfrazadas de sirenas y los invitados se hartaban de caviar de Beluga y champaña Louis Roederer Cristal.

Las transacciones de los vecinos dan una idea del valor del apartamento de Santo Domingo. En febrero del año 2000, Thomas Tisch, el hijo menor del director ejecutivo de CBS Corporation, Laurence Tisch, pagó por un dúplex (pisos 8 y 9), similar al que Santo Domingo tiene en el décimo piso, 15 millones de dólares. El apartamento tenía también su pedigrí: pertenecía a la nieta del ex presidente Dwight D. Eisenhower, Barbara Anne Eisenhower.

Diseñado en 1929 por el arquitecto italiano Rosario Candela, y construido por el abuelo de Jacqueline Kennedy Onassis, James T. Lee, el edificio de 18 pisos de suave piedra caliza en su fachada es un compendio arquitectónico que combina "la Era del Jazz, las fortunas de Wall Street y el nuevo poder social de Park Avenue".[12]

Allí han vivido además de Rockefeller, quien encargó su construcción, el poderoso líder judío Edgar Bronfman, el ex embajador de Estados Unidos en Austria Ronald Lauder, el político republicano y empresario Henry Kravis, la actriz Keith Barish, el legendario banquero Gardner Cowles y la viuda del pianista Steve Ross, Sales Ross. Como ocupantes de un apartamento en el piso 18 figuran los Noboa, miembros de la acaudalada familia bananera del Ecuador. La estricta junta del condominio ha rechazado varias solicitudes de aspirantes a vivir en el edificio por no tener suficientes ingresos. Se calcula que el solicitante debe tener un *net worth* de unos 100 millones de dólares. La limpieza y restauración de la fachada le costó 258,000 dólares a cada uno de los residentes del edificio en 1990[13] y se calcula que el costo de la administración por apartamento es de un promedio de 10,000.

En días primaverales y no muy fríos Santo Domingo camina desde su apartamento en el 740 hasta su oficina Alpha Group en el 499 de Park Avenue (Citicorp Group), donde lo recibe su asistente políglota Gabriela. En su recorrido, algunas veces se detiene en una de las sedes de Christie's para asistir a sesiones privadas de obras de arte que van a ser sacadas a subasta, lo cual es un privilegio de clientes especiales. Es socio del The River Club, un elegante centro social de Manhattan donde ordena su comida en francés, el idioma natal del *maitre*. También es asiduo comensal del tradicional restaurante italiano Harry Cipriani en la calle 42 y la Quinta Avenida, fundado por los dueños del famoso Harry's Bar de Venecia. Otras veces prefiere cenar en su casa, donde ofrece Armagnac del 43 y puros cubanos de sobremesa. Se desplaza por Nueva York en un Lincoln Town Car que solía manejar él, a grandes velocidades, pero que ahora tiene al volante a un paciente chofer negro.

Los chismes y la política lo apasionan y para alimentar esa afición tiene algunos asesores que asisten a los cocteles de la sociedad bogotana y a las juntas directivas, y toman nota del grado de lealtad de sus subalternos. Compulsivo con su privacidad, Santo Domingo trata de no contratar sirvientes ni ayudantes colombianos. Salvo un par de fieles amas de llaves de su país, en el apartamento de Nueva York los asistentes de la familia son brasileros o portugueses. En su oficina de

Nueva York, el hombre de confianza es Bob Hamshaw, un contador americano casado con una detective privada de Miami que escribe novelas policíacas. Y hasta en las fiestas en Colombia sus meseros son extranjeros. En un agasajo que ofreció en Barú en 1998, los invitados se percataron que los camareros hablaban francés. Una persona de confianza le preguntó a Santo Domingo sobre el origen de los sirvientes, y él respondió que los había llevado de la isla de Martinica.

"¿Por alguna razón especial, Don Julio Mario?", le inquirió el desprevenido amigo.

"Mira yo no quiero que un negrito de éstos salga y me escriba un libro como hace Mauricio Vargas", respondió, refiriéndose al periodista colombiano que escribió las memorias del gobierno del presidente César Gaviria.

Recibe sin falta todos los días los periódicos colombianos en su apartamento de Nueva York. Se los envían en el vuelo diario de Avianca a esa ciudad y se los lee con tal atención que varias veces los directivos de la organización en Bogotá han tenido que disculparse por haber pasado por alto artículos de páginas interiores de *El Tiempo* o *El Espectador*. Desde antes de que se generalizara el uso de internet, tenía una antena para escuchar Caracol Radio en Nueva York, lo cual le permitía ejercer un control en vivo de los noticieros, enviar comentarios actualizados a periodistas y locutores de la cadena, no sólo en relación con el contenido de la información sino con la utilización del lenguaje. Aunque habla más tiempo en inglés que en español, Santo Domingo parece especialmente sensible a los atropellos contra el idioma que se cometen en sus emisoras. No duda, sin embargo, en felicitar a los periodistas por hablar claro, directo y con consideración del español.

No es religioso, pero alguna vez aceptó que la suerte y Dios le ayudaron a ser afortunado.

"Gracias a Dios he tenido suerte y creo que cuando uno la tiene es porque la Providencia le da los medios para ayudarse. Yo me considero muy bien servido por la Providencia y vivo agradecido por eso".[14]

Como casi todos los hombre ricos del mundo cree que los grandes aciertos son suyos y los grandes fracasos de sus subalternos. Cuando en la Plaza de Toros Santa María de Bogotá miles de asistentes chiflaron al director de noticias de Caracol Radio, Darío Arizmendi, Santo Domingo pensó que era una reacción por la antipatía que genera el periodista, pero nunca aceptó que era una manifestación de repudio del público a su porfiado respaldo al entonces presidente Samper. Sus dos grandes virtudes para hacer negocios son el olfato para escoger a sus asesores y su habilidad de veterano jugador de póquer, el juego de calcular fríamente lo que el oponente tiene, alardear sobre lo que uno tiene y adivinar lo que el otro cree que uno puede tener. Por ello Santo Domingo está constantemente especulando sobre las cartas que juegan los demás y la forma de "meter caña", de hacer pensar, con sus apuestas altas, que su juego es el mejor de la mesa así sea un par al tres.

Sigue la política colombiana con la misma pasión de un cacique regional. Cuando Rodrigo Pardo, entonces director de *El Espectador*, se le acercó a darle el pésame a la salida de la misa fúnebre en París de su sobrino Felipe Santo Domingo, lo interrumpió y le respondió: "Bueno, ¿y cómo ve a Serpa en la segunda vuelta?".[15]

Pocas veces asiste a juntas directivas de sus empresas cerveceras y menos a las de Avianca. Pero cuando lo hace, siempre deja en el aire un comentario o una broma que luego es difícil de olvidar para el resto de los miembros. Algunos celebran el estilo sarcástico y crudo de su humor y a otros les parece que no tiene ninguna gracia. Como a Mauricio Sáenz, ex asesor jurídico de Avianca. Sáenz recuerda que una vez, que se estaba discutiendo en la junta la contratación de una fábrica de alimentos para servir en los vuelos, uno de los vicepresidentes mostró unas transparencia en donde aparecía "un tipo gordito" al lado de algunos cortes de carne en canal.

"Al ver la diapositiva, Julio Mario dijo: 'Ese tipo está muy gordo, se debe estar robando la carne'", recuerda Sáenz, hoy jefe de redacción de la revista *Semana*. "Santo Domingo era un personaje absolutista, soberbio, irónico".[16]

No lleva dinero en su bolsillo y desconoce el valor de la moneda colombiana frente al dólar. Jamás ha pisado muchas de sus empresas en Colombia y alguna vez tuvo que consultar con su división de inmuebles si un terreno en Bogotá que había sido invadido era o no de su propiedad. Puede ser el hombre más generoso del mundo, como cuando se quitó de su muñeca un Rolex y se lo puso a un mesero de Nueva York, al final de un viaje en un barco alrededor del puerto en el que estuvo charlando con dirigentes internacionales de fútbol.

"Entre los camareros había un muchacho colombiano que se desveló antendiéndonos a los delegados y periodistas colombianos. Hasta le pidió a los músicos que tocaran nuestra música. En el momento de despedirnos, Julio Mario como que no tenía suficiente dinero en efectivo. Así que se quitó un Rolex legítimo y se lo puso en la muñeca dándole las gracias", recordó la periodista colombiana Elizabeth Mora-Mass.[17]

Al mismo tiempo puede dar muestras clásicas del potentado tacaño que prefiere comprar medicinas en las farmacias de descuento y ropa fina en temporada de rebaja. Nunca le importó alardear frente a su círculo íntimo de amigos de haber comprado varios de sus vestidos en realizaciones de grandes almacenes.

Cuando promete un favor, trata de cumplirlo a pesar de que pase el tiempo. Juan Carlos Iragorri, hijo de uno de sus más cercanos compañeros de clase en el Gimnasio Moderno de Bogotá, cuenta que cuando empezó a estudiar derecho, Santo Domingo le dijo a un tío suyo que tan pronto como terminara la carrera, lo llamara para darle empleo. En una conversación, cinco años más tarde, el tío de Iragorri le comentó desprevenidamente que su sobrino había culminado los estudios. De inmediato Santo Domingo recordó su promesa y contrató a Iragorri en la oficina jurídica de Bavaria. [18]

Aunque nunca terminó una carrera universitaria y su padre lo sacó por indisciplina del Gimnasio Moderno, Santo Domingo absorbió como una esponja los conocimientos de sus amigos intelectuales y escritores como el Premio Nobel Gabriel García Márquez, el novelista fallecido Álvaro Cepeda Samudio y el arquitecto Fernando *El Chuli* Martínez. Es posiblemente el magnate más culto y sofisticado de América Latina. Experto en pintura y cine, Santo Domingo mantiene una amplia colección de obras de arte que incluyen picassos y dos cuadros enormes del pintor holandés Pieter Bruegel, *El Viejo*. La obra de Fernando Botero le parece muy popular para colgarla en su residencia de Estados Unidos, así que los gordos del pintor antioqueño los tiene exhibidos en su oficina de Bavaria en Bogotá. Es un asiduo visitante de las casas de subastas y cuando se enamora de un cuadro no descansa hasta verlo colgado en la pared de su apartamento de Nueva York. Del mundo de la música y el espectáculo aprendió de su gran amigo turco Ahmet Ertegun, un empresario, filósofo de carrera, que fundó el famoso sello discográfico Atlantic Records; de la moda y la frivolidad se entera por vía de los diseñadores Carolina Herrera y Oscar de la Renta; de las tendencias del arte, por una colección nobiliaria de amigos y los Berggruen, una familia suiza propietaria de galerías de arte de posguerra; de política estadounidense e internacional, con el ex secretario de Estado Henry Kissinger, a quien tiene en su nómina; de los negocios en América Latina, con el magnate venezolano Gustavo Cisneros y de los chismes comarcales de Colombia, por los informes amplios y detallados que le pasan Gonzalo Córdoba y Alberto Preciado.

Favorecido por una excelente memoria afectiva, cita los productores, directores y guionistas de cine –especialmente del cine europeo– con la misma facilidad con que lo hace con los nombres de las grandes figuras del tenis y las fechas de sus proezas. Pero a la hora de recordar órdenes y autorizaciones empresariales impartidas por él no parece tan lúcido. Esta falla, sumada al hecho de que nunca pone por escrito sus instrucciones, ha sido el origen de muchos de los malentendidos y disputas con familiares y administradores en el manejo de sus empresas.

Desde joven es buen cocinero. Empezó preparándose huevos en la universidad "por necesidad y por economía", según lo admitió a la periodista Lucy Nieto de Samper[19]; luego hacía sus recetas de espaguetis a sus amigos de póquer en Barranquilla. "Poco a poco fui descubriendo el misterio de la cocina".

Prefiere cocinar frutos del mar y dice que disfruta lo mismo de un sancocho de sábalo que de un complicado plato de faisán. En sus visitas a Bavaria su menú es diferente al de los demás directivos de la cervecería. Durante muchos años ordenó ajiaco santafereño y nadie lo vio tomarse una cerveza.

Usa relojes Cartier y Rolex. Se viste a la medida de cada estación con los mejores diseñadores del mundo (tiene un sastre en Hong Kong y lo que no compra en rebaja lo ordena en Anderson & Sherpherd) y se ufana de usar trajes que estrenó hace 35 años. Así lo hizo en el preámbulo de la entrevista en 1995 con José Córdoba, periodista de *The Wall Street Journal*. El empresario se abrió la solapa del vestido inglés Savile Row y le enseñó la marquilla que mostraba que había sido confeccionado en 1966[20]. Los vestidos son tan viejos que en alguna ocasión que trató de cumplir con el orgulloso rito de la solapa, descubrió que le habían cambiado el forro y el año de confección había desaparecido.

Desde joven, Santo Domingo ha dado muestras de esa curiosa pasión por codearse con los personajes más ricos, los más aristócratas y más famosos del mundo. Pasa vacaciones con Kissinger en Cartagena; posó con Mick Jagger de The Rolling Stones; cenó en privado con Ronald Reagan en la Casa Blanca; se ha reunido con el presidente George Bush, padre, y ha tenido entre sus asesores a Vernon Jordan, el abogado de Bill Clinton en el *caso Lewinsky*; Brian Mulroney, ex primer ministro canadiense, y James D. Robinson III, ex presidente de American Express (todo esto a través de su asesora financiera en Wall Street Violy Causland).

Sus generosos aportes a instituciones internacionales como Save Venice, la Universidad de Harvard, Council of the Americas o fundaciones contra el sida, el cáncer y el Alzheimer le han permitido tener acceso al mundo en el que mejor se siente, el del *jet-set* filantrópico internacional. La generosidad en el exterior de Santo Domingo contrasta con los aportes a causas menos vistosas, pero más apremiantes en Colombia. La Fundación Julio Mario Santo Domingo, creada por su padre, y que desarrolla una importante misión en la Costa Atlántica, no recibe un sólo peso de la billetera del magnate sino de algunas de sus empresas.

Sin embargo sus amigos del Gimnasio Moderno de Bogotá, donde estudió hasta cuarto de bachillerato, quedaron profundamente agradecidos cuando en 1991, en ocasión de la celebración de los 50 años de la que sería su promoción de bachiller si hubiera terminado, Santo Domingo donó 200,000 dólares que fueron usados para la construcción de dos aulas del colegio.

En una de las ceremonias de agradecimiento, sus viejos amigos le dedicaron a distancia un cándido verso que decía:

> "Julio Mario Santo Domingo
> personaje internacional
> al que llamábamos Mingo
> es hoy sensacional.
> Por él alcemos la copa
> que sirva la donación
> y se invierta como toca
> para gran satisfacción".[21]

Su nombre y el de su esposa Beatrice aparecen con frecuencia en revistas que reseñan exclusivas galas de los millonarios americanos y la aristocracia europea. Algunos de sus amigos cercanos comentan que el magnate está constantemente contando chismes de la nobleza europea surgidos de esas perfumadas reuniones.

Ésta es sólo una muestra de su álbum social en 1999:

• JULIO. Asistió a la fiesta de gala de American Society organizada por el fundador y presidente de la sociedad David Rockefeller, quien recibió como invitados a los Santo Domingo; al petrolero Bob Mosbacher, uno de los recaudadores de contribuciones más grande del Partido Republicano; al presidente de la sociedad, Ted McNamara; Nancy Kissinger; Paty y Gustavo Cisneros, y Oscar de la Renta. El diseñador De la Renta presidió la fiesta y bailó merengue. La idea de la organización es desarrollar un mejor entendimiento de las Américas. Santo Domingo fue presentado como el filántropo billonario de Colombia, y de Beatrice, su esposa, dice la cronista que "lucía maravillosa en un traje de color naranja".[22]

• SEPTIEMBRE: Ceremonia de apertura de temporada de la Ópera Metropolitana de Nueva York. El tenor Plácido Domingo rompe el récord de taquilla esa noche. En los palcos se abanicaban Santo Domingo y su esposa Beatrice; el alcalde de la ciudad, Rudy Giuliani; Nancy Kissinger; el presidente de Texaco, Peter Bijur; el presidente de L'Oréal de Estados Unidos, Guy Peyrelongue; la escritora Kati Marton; el embajador de Estados Unidos ante las Naciones Unidas, Richard Holbrook; la zarina de ventas por televisión Joan Rivers; el banquero de los medios John Veronis; el empresario cubanoamericano Alberto Vilar; el mayor accionista de Disney, Sid Bass, el empresario republicano Henry Kravis; el director del departamento de Pinturas Europeas del Metropolitan Museum of Art de Nueva York, Everett Fahy; el millonario venezolano Gustavo Cisneros, y el diseñador Oscar de la Renta

• NOVIEMBRE: Castillo de Windsor. Invitación del Príncipe de Gales para un concierto y una comida que tiene como objeto recolectar 1,5 millones de dólares para la casa de la ópera. Donación por persona: 4,000 dólares. Dice la crónica de la revista *WWD* que no es muy común que el príncipe Carlos abra el castillo a extraños porque, al fin y al cabo, es la residencia de la Reina Isabel y sus maravillosas habitaciones sólo son usadas para comidas oficiales, siguiendo un protocolo que permanece invariable desde la reina Victoria.

Entre los privilegiados de esta extraña ocasión se encontraban "el billonario colombiano Julio Mario Santo Domingo y su esposa *chic*, Beatrice". ("Colombian billionaire Julio Mario Santo Domingo and his ultimately chic wife, Beatrice")[23]; los diseñadores Yves Saint-Laurent y Pierre Berge; el barón Eric de Rothschild, quien donó vino de Chateau Lafite Rothschild, uno de los cavas más costosos del mundo; Loulou de la Falaise y su esposo Count Thadee Klossowski, hijo del pintor Balthus; Betty y François Catroux; la baronesa Helene de Ludinghausen y Madison Cox; Sid Bass, el mayor accionista de Disney; Jane y Peter Marino; la princesa Firyal de Jordania; Dolly Goulandris de Grecia; el editor Alexis Gregory; la princesa Alexandra con su esposo Angus Ogilvy.

• DICIEMBRE: Santo Domingo y Beatrice sentados en la mesa principal de la Gala de Medalla de Oro del Spanish Institute en el hotel Plaza de Nueva York. A su lado la infanta Doña Elena, hija de los reyes de España, y su esposo Jaime de Marichalar, Duque de Lugo; el príncipe Pavlos y la princesa Marie Chantal de Grecia; la princesa Firyal de Jordania; el financista Lionel Pincus; el diseñador Oscar de la Renta; Charles A. Heimbold, director de Bristol-Myers Squibb; el ex secretario de Comercio de Estados Unidos Robert Mosbacher, y Mariano Puig, presidente de Puig Co.

En noviembre de 2001 comentaba la cronista social de *WWD* sobre la exuberancia de Beatrice durante la gala del Spanish Institute: "Con seguridad que hubiera sido pintada por Goya si ella viviera en ese tiempo".[24]

Por cuenta de Bavaria, Santo Domingo viaja en un lujoso avión ejecutivo G5 fabricado por la Gulfstream Aerospace Corporation, en cuya junta directiva tuvo asiento como asesor internacional. El mantenimiento del avión le cuesta a Bavaria unos tres millones de dólares al año.

Durante sus primeros cuarenta años, Julio Mario dedicó más tiempo a su vida de *playboy* que a sus negocios. Fue siempre un seductor consagrado cuyas aventuras sexuales y amorosas son hoy recuerdos secretos de muchas mujeres de la sociedad colombiana que sucumbieron a su encanto, casadas o solteras. Algunas de ellas que aceptaron hablar con el autor de este libro sobre sus romances furtivos con Santo Domingo lo describieron como un hombre ante todo romántico, fino, dominante y extremadamente atractivo.

Comenta uno de sus mejores biógrafos de cóctel, que la gran curiosidad que despierta la vida de Julio Mario Santo Domingo en la sociedad bogotana y la existencia de numerosas leyendas de sus aventuras amorosas y sus "lances", como el propio industrial se refiere a sus fugas con amantes de un día, se explica por la extraordinaria coincidencia de que el hombre más rico del país además fue el más buen mozo.

"En otras palabras, y a riesgo de sonar un poco homosexual, la gente no seguiría con la misma pasión y seducción la vida de Luis Carlos Sarmiento Angulo que posiblemente tiene más plata, porque Sarmiento es un tipo común y corriente, más bien feo y no tiene ningún atractivo más que su dinero".

Cualquiera que sea la explicación sociológica del encanto, Santo Domingo tiene una larga colección de leyendas de seductor.

Un amigo suyo todavía recuerda el día de 1962 en que una muchacha bogotana se quedó extasiada, casi sin aire, al ver por primera vez a Santo Domingo en un almuerzo campestre en la finca La Mana del municipio de Chía, al norte de Bogotá.

"No podía creer que hubiera un hombre tan buen mozo en Colombia", comentó.

En esa época se decía que Santo Domingo era el doble de Tyron Power, el legendario actor de Hollywood fallecido en 1958. Otro compañero del Gimnasio Moderno ha contado varias veces que fue testigo de cómo una mujer hermosa de París le envió una tarjeta a un rincón de un bar donde Santo Domingo estaba sentado tomándose un trago con una nota en que prácticamente lo invitaba a su apartamento a hacer el amor.

Quizás la leyenda romántica más conocida de Julio Mario y a la cual él solamente alude con una sonrisa socarrona como para perdurar el mito, es su relación con la princesa Soraya, en tiempos en que la muchacha buscaba consuelo por el mundo a su despecho amoroso con el Sha de Irán.

"A la gente le gusta inventar cosas; la realidad es la mitad de la mitad, lo demás es farándula", es lo único que ha dicho en público sobre esa relación.[25]

En sus arranques de seductor ha dado regalos suntuosos o raros como tigrillos salvajes, invitaciones sorpresivas a su isla en Cartagena o simplemente rosas para el día siguiente. Alguna vez un amigo suyo de la década del sesenta concluyó que su desaforado apetito sexual no era más que el miedo varonil a dormir solo.

A pesar del tiempo y la distancia, la mujer que ocupó un lugar privilegiado en el defectuoso corazón de Santo Domingo –tiene dos *bypasses*– fue Bella Behrens, una distinguida venezolana de una familia de origen europeo que amasó una fortuna con la explotación de minas de oro en el estado Guayana.

Santo Domingo es alto, tiene un rostro agradable dominado por unas cejas espesas y nadie en Colombia, nadie, lo ha visto despeinado. Conserva un lejano acento costeño. Habla inglés, portugués francés e italiano. Camina "como si fuera por el aire, como un beisbolista vanidoso, igual que *Gabo*", según lo describió alguna vez un conocido periodista radial. Ha mantenido una lucha indisciplinada en los años de su vida madura contra la diabetes. Por eso debe llevar consigo un pequeño equipo de jeringas y medidores de azúcar. Agobiado por un dolor muy fuerte del nervio ciático, a finales del año 2000 debió disminuir la rutina de juegos semanales de tenis, su deporte favorito. Dejó el esquí acuático después de un accidente en el que se lesionó dos costillas. Como curtido jugador de póquer desde su juventud, se entrega de lleno haciendo apuestas que sólo pueden igualar sus compañeros de *ranking* de la revista *Forbes*.

Su primer matrimonio con Edyala Braga, una alegre y sofisticada brasilera, ex cuñada del dictador de Brasil Getúlio Vargas, no resistió al tren de infidelidades. Después de cinco años de tensiones, la pareja se separó y hoy llevan una relación armoniosa. Edyala vive en Francia y pasa temporadas en España.

Años después de llevar una agitada vida de soltero sin barreras, Santo Domingo se casó con Beatrice, una hermosa bogotana con raíces costeñas que lo esperó la mitad de su juventud escribiéndole cartas de amor en francés. Con Edyala tuvo un hijo, Julio Mario, y con Beatrice, a Alejandro y Andrés. A medida que la energía del magnate se apaga, Beatrice ha tomado las riendas del poder en el conglomerado rodeándose de expertos en finanzas en Nueva York y en Bogotá. Su hijo Alejandro se perfila como el heredero del reino.

En el ocaso de su vida, Santo Domingo se ha mostrado conciliador y nostálgico de Colombia, un país que dejó de visitar con paciencia durante casi 20 años. El magnate amplió sus temporadas en el país para sacar más provecho a su refugio de Barú; para navegar en el velero chino que mantiene fondeado en las aguas cristalinas de esa isla en el Caribe colombiano; para hacer fiestas en la casa colonial de Cartagena a prueba de curiosos, y para hablar de política, su gran pasión, con los pocos amigos que le quedan en Bogotá. En abril de 1999, varios clientes del supermercado Carrefour de la capital se sorprendieron al verlo rodeado de una veintena de escoltas mientras escogía una caja de bocadillos veleños, de los cubiertos con hojas secas de plátano, el único postre por el que desafía su diabetes. Horas antes, en Bavaria, había protestado porque le sirvieron los bocadillos envueltos en papel celofán, que no son de su agrado.

La historia de Julio Mario Santo Domingo y su fortuna arrancó en Barranquilla en los años veinte, cuando su padre se unió a una generación de pioneros nacionales y aventureros americanos, turcos y europeos que convirtieron a esta ciudad en el dinamo económico de Colombia. En una época de caminos de herradura y cuando las distancias se contaban en leguas y tabacos fumados, a lomo de mula, esta ciudad del litoral explotó al máximo su doble situación privilegiada de puerto con dos muelles, uno frente al Caribe y otro en la desembocadura del río Magdalena.

"La buena sociedad hervía entonces de jóvenes dinámicos vestidos de linos impecables y tocados con canotiers, apellidados Santo Domingo, Pumarejo, Obregón, De la Rosa, Manotas, Abello, Cortissoz, Correa, Blanco, Dugand Emiliani", escribió Plinio Apuleyo Mendoza. "Estaban entre ellos los que habían traído al país los primeros automóviles, los primeros telares, los primeros aviones, los primeros teléfonos automáticos, los primeros proyectores de cine, las primeras emisoras. Eran pioneros, y su ciudad, la ardiente, arenosa, barrida en diciembre por las brisas, una ciudad pionera, ejemplar".[26]

NOTAS

1. Entrevista telefónica con Ernesto Mendoza Lince, 8 de diciembre de 2001.

2. Un estudio del DANE en 1994 señaló que la producción anual de cerveza tipo pilsen es de aproximadamente 1,500 millones de litros, lo que prácticamente duplica la producción de leche pasteurizada, que es alrededor de 800 millones de litros. Citado por El Tiempo, 1 de mayo de 1994.

3 Entrevista personal, Miami, enero de 2002.

4 Entrevista telefónica, 8 de marzo de 2002.

5. Entrevista personal , Bogotá, 11 de mayo de 2001.

6 "¿Quiénes son los Pejus?", revista Semana, 18 de enero de 1994, pág. 30.

7 "Quién es y cómo piensa el primero embajador de China", Lucy Nieto de Samper, El Tiempo, 2 de octubre de 1980.

8 Ministerio del Medio Ambiente, resolución 1024 del 20 de septiembre de 1996.

9. "Habla Santo Domingo", Roberto Pombo, revista Cambio, 18-25 de enero de 1999, pág.14.

10. "Quién es y cómo piensa...", El Tiempo, 2 de octubre de 1980.

11 "Residential Real Estate; Signs of Recovery in Luxury Manhattan Market", Dennis Hevesi. 1 de marzo de 2002, sección B, pág.6.

12 "Streetscapes; Jacqueline Kennedy Onassis's grandfather; Quality developer with a legacy of fine buildings", Christopher Gray, The New York Times, 12 de marzo de 1995, edición final, sección 9, pág. 6.

13 "Streetscapes: 740 Park Avenue; Repairs for a '29 luxury co-op", Christopher Gray, The New York Times, 21 de octubre , 1990, sección 10. pág.10.

14 "Quién es y cómo piensa...". El Tiempo, 2 de octubre de 1980.

15. Entrevista personal op.cit.

16. Entrevista personal con Mauricio Sáenz, Bogotá, 7 de marzo de 1999.

17. Correspondencia electrónica con Elizabeth Mora-Mass, 7 y 28 de febrero de 1999.

18. Entrevista personal con Juan Carlos Iragorri, Madrid, agosto 2001

19 "Quién es y cómo piensa..." Op. cit.

20 Entrevistas personales con José de Córdoba 2001.

21 Entrevista telefónica con Jaime Concha, diciembre 2001.

22 "Suzy", WWD, 7 de julio de 1999, pág. 4.

23 "Suzy", WWD, 5 de noviembre de 1999, pág. 4.

24 " It was a night for chic Beatrice Santo Domingo, the wife of Colombian tycoon Julio Mario Santo Domingo –she surely would have been painted by Goya if she'd been around at the time– wore the stunning black Balmain show-stopper, the one with diamond (well, almost) shoulder straps ending in big diamond (well, almost) bows". "Suzy" WWD, 16 de noviembre de 2001.

25 "Quién es..." Op. cit.

26 "El Poder Costeño", Semana, 22–28 de junio de 1982. pág. 42.

2

Barranquilla

Cuando todo estaba listo para el espectáculo, el piloto William Knox Martin apareció uniformado en el escenario del Teatro Municipal de Barranquilla, y con un marcado acento gringo anunció emocionado que tenía el gusto histórico de presentar el invento más importante del siglo. Mientras el telón se abría, fue apareciendo la nariz y luego el fuselaje de un biplano de dos plazas y cinco metros de longitud que los barranquilleros sólo habían visto en películas mudas. En la calle, la policía – y la lluvia– habían logrado espantar a los curiosos que querían entrar a la fuerza al teatro esa tarde del sábado 12 de mayo de 1919. Al quedar descubierta la superficie metálica del avión, el piloto estadounidense, ex combatiente de la Primera Guerra Mundial, respondió a los aplausos con una venia y se entregó entusiasmado a la exposición de los aspectos técnicos del avión de 200 caballos de fuerza construido por The Curtiss Aeroplane and Motor Corporation y bautizado en Colombia con el nombre de Libertador Simón Bolívar.

Por 10 centavos que pagaron por platea y cinco por galería, los asistentes se sintieron con derecho a hacer preguntas que fueron respondidas gustosamente por Martin, mientras daba varias vueltas al fuselaje con pose de maestro. Al finalizar su lección, el piloto explicó que la recaudación de la entrada al espectáculo serviría para pagar parte de los gastos del primer vuelo en la historia del país, un vuelo que saldría el sábado 18 de junio desde la Plaza Once de Noviembre de Barranquilla hacia el vecino Puerto Colombia, y llevaría a bordo la primera encomienda de correo aéreo.

En cuestión de horas, el anuncio le dio la vuelta a la ciudad. A sabiendas de que el espectáculo no tendría desperdicio, cualquiera que fuese el desenlace, los barranquilleros marcaron la fecha en el calendario y el día indicado madrugaron para conseguir un buen puesto en la plaza polvorienta que fue escogida para facilitar el despegue del biplano y ofrecer suficiente espacio a la avalancha de curiosos.

"Se advierte al público que nadie debe aproximarse hasta ese lugar de donde habrá de arrancar el avión", decía la prensa. "Las personas que viajen en vehículos tendrán que dejarlos lo más distantes posible. Y los que vayan de a pie, no aglomerarse, para evitar todo riesgo, especialmente al momento de aterrizaje".[1]

Como era de esperarse, las cosas ocurrieron al contrario. Cientos de curiosos se aglomeraron alrededor del avión de Martin para tocar el aparato y saludar al piloto que haría la proeza. Una vez más, la policía tuvo que intervenir no sólo para dispersar el tumulto sino para alejar a los coches halados por caballos que se acercaron más de la cuenta y a unos cuantos burros y vacas que pastaban en la pista. Trepados en árboles de ciruelo y de mango, varios niños esperaban la salida del avión. A unos cien metros del lugar, en la quinta de José Fuenmayor Reyes, la sociedad barranquillera brindaba por la fecha. Martin llegó al lugar a recibir los elogios y a buscar un acompañante para su travesía. Aunque el día anterior el aviador advirtió que no quería compartir el riesgo porque el motor del avión tenía algunos desperfectos, el sábado ocultó sus temores y se dedicó a buscar un pasajero voluntario.

"A ver, ¿quién de ustedes se embarca?", le preguntó a un grupo de jóvenes de la ciudad que habían apostado sin ganador, por cuestión de físico miedo, para escoger al héroe que acompañaría a *El Loco*, Martin. Los comensales se miraron entre ellos y declinaron en coro la invitación. Dicen que Arturo de Castro se ofreció de voluntario pero su obesidad no lo dejó entrar sentado en el puesto trasero del avión. En la plaza no cabía un alma. Pocos segundos después de que el aviador se despidiera con un cortés reclamo por la cobardía de los invitados, Mario Santo Domingo, un tímido joven empresario de la ciudad, aceptó el reto.

"Yo me entré al aparato por toda respuesta", comentó Mario.

Martin celebró la decisión.

Preparar la salida no fue fácil. "Cuando se creía tener lista y despejada la pista, surgía otro montón [de gente] más allá, y en este trepequesube se pasaron increíblemente más de dos horas", escribió un cronista de la época.[2] A las cuatro y media de la tarde finalmente el biplano encendió su motor y carreteó por un costado de la plaza para tomar la pista de regreso y pasar volando a escasos metros de los sombreros de la multitud y de la mirada angustiosa de Isabel Vieco, la novia barranquillera del piloto. Martin vivía en la Pensión Inglesa en compañía de un tigrillo domesticado con el que posó para varias fotografías antes de empezar a aparecer en las mismas con la Vieco.

"El motor zumbaba como un cucarrrón. La hélice empezaba a desafiar el viento. La velocidad sorprendió a la gente que de narices tapadas corría a refugiarse detrás de los árboles sacudiéndose con chales, mantillas, pañuelos, sombreros y cuanta ropa cargar podían. Se perdieron en el tropelín, zapatillas, carteritas y monederos. ¡Qué sordo el ruido, qué espantosa algarabía y qué loco desplante!", agregó el cronista.

"Que Dios los proteja", exclamó el padre Valiente impartiendo la bendición en medio de la asfixiante polvareda.

"Virgen Santísima, que regresen sanos y salvos, miren que buscando una mala hora", exclamó una virtuosa dama toda exaltada por el impacto increíble de la hazaña. Se necesita tener alma de torero para meterse a una lata de ésas, yo a ese inventico de los aviones no le doy mucho plazo, mucho más práctico el viaje en buque y sabroso que ese chéchere por la nubes".[3]

A eso de las cuatro y media de la tarde, el ruidoso biplano se perfiló en picada hacia la plaza principal de Puerto Colombia. Desde las alturas, Mario Santo Domingo veía a los diminutos bañistas que corrían por la playa tratando de seguir la dirección del avión, cuando sintió el tirón de tripas que le produjo el descenso vertiginoso del aparato.

"En Puerto Colombia íbamos a una altura de cinco mil pies. Entonces maniobró Mr. Martin y creo que aquello fue arriesgado por lo menos al aparato sino al pellejo, y el biplano quedó con la proa a tierra, verticalmente. Fue un descenso rápido y escalofriante", recordó Mario Santo Domingo. "Cuando estuvimos a 150 pies, y vea usted la enorme diferencia de altura, hizo otra maniobra y el aparato quedó nuevamente horizontal. Unos amigos míos que estaban en el puerto me dijeron que aquello fue una cosa terrible, mareante. Si en ese instante falla el motor habríamos ido a parar sobre una casa, quién sabe dónde, pero Martin es un habilísimo piloto".[4]

A escasos metros del suelo, Martin dio la orden a Santo Domingo de lanzar la bolsa de correo con 160 sobres sin cartas, estampados cada uno con sellos postales de color rosa que llevaban impresa la imagen del precursor Antonio Nariño. Al caer en un vagón abandonado del tren de la costa, la encomienda simbólica inauguró la primera entrega de correo aéreo de la historia de Colombia.[5] Ante la mirada de los habitantes del pueblo que esperaban el espectáculo desde temprano, el avión recobró altura lentamente y dio un giro de 45 grados hacia el sur con el sol del veranillo de San Juan al frente. Al lograr una posición estable, Martin soltó el timón y se echó a reír a carcajadas que Don Mario no alcanzaba a escuchar desde el puesto trasero.

"Esa risa que yo no oía, pero que veía, se diría que aquello es la embriaguez de la inmensidad", recordó Mario en una entrevista a pocas horas de su hazaña.[6]

El Curtis aterrizó en un estrecho corredor que formaban dos columnas humanas. Al detener el motor, y en medio de una nube de polvo, Martin saludó triunfalmente con los anteojos en una mano y el casco de aviador en la otra. Mario salió de la cabina un poco pálido por las náuseas, y cuando intentó bajar se le dobló un pie. Fue entonces cuando sus amigos, Ernesto Cortisozz y Arturo de Castro, resolvieron llevarlo en hombros como a un torero.

"¡Que viva Knox Martin, que viva Mario!", gritó alguien en la multitud que estaba a punto de voltear el avión. Martin murió en 1927 atropellado por un automóvil en el estado de Nueva York.

En una ciudad donde casi todo estaba por hacer, convertirse en pionero era un oficio involuntario. Don Mario y el piloto eran sólo dos de una legión de conquistadores que transformaron la Barranquilla de los años 20 en la ciudad más dinámica y próspera del país, opacada hasta entonces por el esplendor histórico de Cartagena y Santa Marta.

El progreso de Barranquilla en la primera mitad del siglo fue el resultado de la combinación espontánea de esas semillas que tienen las grandes ciudades en sus raíces: inmigrantes ansiosos de hacer plata y empresarios locales con un campo de acción ilimitado, todo esto en el ambiente buhonero de una población que no se tomaba la vida muy en serio. Barranquilla era el punto de partida y de destino del tráfico fluvial de vapores, planchones y champanes que navegaban por el río Magdalena, la única vía directa entre la costa y el interior del país. Por el puerto marítimo de la ciudad entraron los últimos inventos de la revolución industrial y las primeras noticias de las guerras mundiales. A pesar del calor inclemente y de todas las cosas que quedaban por hacer para mejorar las condiciones de vida, Barranquilla era entonces un imán migratorio. Sirios, europeos y cubanos, venezolanos y habitantes de las vecinas Antillas Holandesas, Aruba y Curaçao descargaban sus baúles de madera en el puerto para comenzar una nueva vida en esta ciudad o para olvidarse de otra en la que dejaron deudas con la justicia y en efectivo.

Mientras en el interior predominaba una actitud recelosa hacia la idea de abrir las puertas del país a la inmigración, la costa era más hospitalaria. Dice el historiador Eduardo Posada Carbó que los sirios, libaneses y palestinos, generalmente conocidos como "turcos", conformaron el mayor grupo de inmigrantes durante el periodo analizado por su libro *El Caribe Colombiano (1870-1950)*. Se asentaron prácticamente en toda población costeña que ofreciera posibilidad para los negocios. Le seguían en orden de importancia los inmigrantes de las Antillas Holandesas, venezolanos, cubanos, ingleses, norteamericanos, franceses, alemanes e italianos.

"Barranquilla se está convirtiendo en una verdadera ciudad próspera. Todo está floreciendo y parece que será la mayor ciudad comercial del norte de Sur América. Es un lugar muy cosmopolita", escribió el inmigrante norteamericano Karl Parrish, urbanizador de los primeros barrios de la capital del Atlántico. [7]

Los productos industriales barranquilleros se distribuían por toda la zona "así éstos hubiesen o no utilizado materia prima de la región: zapatos de la fábrica de Pinedo Hermanos, fósforos de Shemel, clavos de Colombia Industrial, cerveza de la Cervecería Águila ; todos dependían de los mercados en expansión de la región circundante"[8]. La ciudad tenía por lo menos 10 clubes sociales, entre ellos un angloamericano, uno alemán, un italiano, dos españoles y uno chino, y funcionaba el Colegio Americano, donde los estudiantes recibían enseñanza de la religión protestante.

El espíritu de los barranquilleros marcaba otra diferencia con los habitantes taciturnos del interior. Un viajero cubano que llegó a Barranquilla en marzo de 1937, después de cuatro días de navegar por el río Magdalena en el vapor Atlántico, describió la diferencia diciendo: "Cuando se ve la distancia de Bogotá a Barranquilla es que se comprende por qué éstos y casi todos los otros departamentos de Colombia conservan sus peculiaridades espirituales y lingüísticas. Se diría que hemos ido de un país a otro. Y que hasta el color de las ciudades es distinto. Barranquilla conserva otra fisionomía, otra disposición, otros gustos. La gente, con ser colombiana, no son *(sic)* ceremoniosos ni herméticos. Se expanden, llevan la vida en el semblante".

Alrededor de 1920, Parrish construyó en Barranquilla un barrio con las características de las grandes urbanizaciones americanas de clase media. Calles amplias, servicios públicos planificados para el crecimiento y mansiones espaciosas, donde se acomodaron las familias que habían sacado el mejor provecho de la bonanza de la región. El Prado conserva hoy las características de un barrio de caserones de cinco o más habitaciones, varias salas y garajes, por cuyos estaderos abiertos a jardines internos y externos –sembrados con palmas, y uno que otro árbol de mango o tamarindo– corre una tenue brisa que hace más placenteras las tardes de mecedora, cuando la señora de la casa se sienta a jugar cartas con sus vecinas.

La vida doméstica de estos hogares, que no ha cambiado mucho desde los años veinte, giraba en torno a la señora de la casa. Una romería de jardineros, choferes, mensajeros y por lo menos dos criadas –una para la cocina y otra para los quehaceres de "adentro"– se encargaban de tener la casa lista para la llegada de los hijos del colegio y del señor al mediodía. En este barrio, que se daba el lujo de tener su propio acueducto, levantó su casa definitiva Julio Mario Santo Domingo Santo Domingo, el padre de Julio Mario. La casa fue construida por un arquitecto estadounidense con concreto a la vista en un estilo que tiene algunos rasgos de las mansiones tradicionales de la ciudad de Coral Gables, en Miami. El patio del caserón, hoy abandonado, ocupa una manzana completa y está rodeado por una pared de ladrillo de dos metros, levantada a finales de los sesenta por razones de seguridad.

Don Mario nació en Colón, Panamá, el 26 de agosto de 1888, cuando el istmo aún pertenecía a Colombia. Fue el segundo de siete hermanos hijos de Julio Mario Santo Domingo Navas, un banquero de Colón que murió a los 37 años, y de Dolores Santo Domingo. De niño estudió en el colegio Pinillos de Barranquilla y más tarde, en Nueva York. [9]

Ancestros armados

Probablemente el más aguerrido de la progenie Santo Domingo, y de quien Julio Mario no puede negar un buen escuadrón de genes, es el tío abuelo de Don Mario, Ramón Santo Domingo y Vila, un militar masón que luchó en los dos bandos políticos de la época y a quien le decían *El Cojo* por un herida que sufrió en un combate cerca de Cartagena. Era hijo de Ramón Santo Domingo y López, y Rita Vila, una inmigrante cubana.

El general Santo Domingo y Vila inició su carrera militar al lado del general Juan José Nieto y participó en el golpe que derribó al presidente de Bolívar Juan Antonio Calvo, en 1859. Al año siguiente derrocó al general Nieto de la Presidencia del Estado. Después fue ascendido a general y ejerció la presidencia del Estado Soberano de Bolívar entre 1871 y 1873. En 1875 lideró la revuelta de los estados de Bolívar, Panamá y Magdalena contra el gobierno de Santiago Pérez, en Bogotá. Fue entonces cuando traicionó a los radicales colaborando con Rafael Núñez, quien lo nombró Jefe Civil y Militar del Estado Soberano de Panamá, cargo que ocupó del 15 de febrero al 5 de junio de 1886. En medio de la rebelión de los radicales contra Núñez, Santo Domingo ordenó el cierre durante seis meses del periódico *The Star & Herald* por considerar que era parte de una conspiración. No estaba equivocado. Los liberales de Panamá lograron que tanto *The Star & Herald* como *La Estrella de Panamá* se pusieran de parte de los radicales. El 20 de febrero de 1886 *The Star & Herald* lanzó una edición extraordinaria en la que apoyó a los liberales y divulgó una de las primeras propuestas de separación de Panamá de Colombia. La suspensión del periódico creó una situación tensa con Estados Unidos por los vínculos de ciudadanos de ese país con la publicación. Asustado, el gobierno de Bogotá le pidió a Santo Domingo que redujera su drástica sanción a veinte días. Santo Domingo no obedeció y vino un intercambio de telegramas que terminó con una orden perentoria de Bogotá cuyo texto decía: "General Santo Domingo. Panamá. Restablezca inmediatamente publicación *Herald*, sin réplica. Restrepo. Secretario". En una actitud calificada por el historiador Otto Morales Benítez de digna, prefirió renunciar y recibió la siguiente respuesta de Bogotá: "General Santo Domingo Vila. Panamá. Orden restablecer *Herald* exige cumplimiento perentorio. Si prefiere Ud. separarse, encargue Gobierno a General Julio Rengifo. (fdo) José María Campo Serrano, Encargado Presidencia".

Como es obvio el *Herald* volvió a salir inmediatamente y el gobierno norteamericano por medio de Jhon Hay, secretario de Estado, asumió la reclamación por el cierre temporal del periódico.[10] El general Santo Domingo murió en Panamá en 1908 después de un corto periodo como diplomático en Ecuador. A finales del siglo XIX promovió sin éxito un movimiento separatista para la creación de la República del Caribe, integrada por Panamá, Bolívar y San Andrés. Las hermanas del militar, Carmen y Tranquilina, fundaron en Barranquilla el Colegio María para señoritas en 1868.[11]

La familia de Don Mario tenía más poder político que económico. Huérfano de padre cuando todavía era niño, fue llevado por su madre a

New Jersey, donde vivieron en condiciones que el viejo solía recordar frente a sus hijos cuando éstos daban muestras de despilfarro.

"Una vez estábamos viviendo con Mario y *Pipe* [hijo de Mario] en el Hotel Chapman (Nueva York)", recuerda el ex presidente López Michelsen, "y llegó un cargamento de pruebas de prestidigitación pedidas por *Pipe*, por 200 dólares de la época, en cubiletes, pañuelos y vainas para hacer prestidigitación. Mario se indignó y dijo: 'Pensar que yo, a tu edad, tenía que conseguir ranas para vender en los restaurantes, aquí en Nueva York, para ayudar a sostener a la familia y tú, por cuenta mía, te gastas 200 dólares en pruebas de magia; eso no cabe en la cabeza de nadie'. Y le dice *Pipe*, 'Ay, papá, no me repitas ese cuento que tú, desde chiquito, vendías ranas en los restaurantes para ir teniendo acciones'. [12]

La familia Santo Domingo Santo Domingo se mudó a principios de siglo a la colonial población de Mompós. Atraídos por las chimeneas industriales, Mario y sus hermanos Luis Felipe y Ramón se establecieron alrededor de 1915 en Barranquilla. Su hermana Emilia también se mudó a esa ciudad. En 1911, Don Mario y sus hermanos fundaron Santo Domingo y Compañía, una empresa dedicada a importaciones y exportaciones. En estos tiempos, los estadounidenses ya habían descubierto el placer de mascar chicle. La materia prima del chicle era la leche o látex del árbol de sapodilla que crecía en las selvas mexicanas y era usado por los indios para mascar. Los indios la llamaban *chictli*. Con ese material, obtenido por los gringos a través de un general mexicano exiliado en Nueva York que había participado en las masacres de El Álamo, Thomas Adams se hizo rico fabricando los chicles que llevaron su apellido desde 1871.

Veinte años más tarde, William Wrigley fundó con 32 dólares en Chicago una fábrica de jabón de lavar ropa que derivó en el negocio de la venta de soda cáustica, también para lavar. A Wrigley se le ocurrió un día regalar gomas de mascar a los clientes por cada caja de sosa que le compraban. Al descubrir que había más entusiasmo por el regalo que por el producto, se concentró en la fabricación de chicles y a los pocos años fundó el imperio que hoy existe y que lleva su apellido.

Los hermanos Santo Domingo se ingeniaron la manera de entrar en contacto con Wrigley y lograron no sólo ser escogidos como proveedores del látex del caucho del Amazonas, sino que además obtuvieron la representación de los chicles Wrigley en Colombia.

El hijo de William Wrigley, Peter K., quien murió en Chicago en 1998, fue amigo de Julio Mario.[13] La firma de los prósperos hermanos Santo Domingo también importaba arroz de Siam, galletas y textiles.

Junto con su hermano Luis Felipe, Don Mario remontaba el río Magdalena hasta Magangué para vender mercancías importadas en pueblos y caseríos remotos.

Don Mario era un hombre apacible, austero y de pocas palabras que huía cortésmente de la vida social de la ciudad para dedicarse a sus negocios y a la familia. "He conocido tres colombianos que más o menos eran del mismo carácter, el viejo Mario, Don Vicente Gallo* en Cartagena, y don Morris Gutt, ellos lo único que veían eran los negocios, vivían para el negocio y trabajan todo el día para el negocio. Don Mario era el primero que llegaba a la cervecería y en Nueva York era lo mismo, el primero que llegaba a la oficina".[14]

Menudo de estatura y de nariz abreviada, el empresario casi siempre vestía de blanco y sólo llevaba corbata en ocasiones muy especiales.

En la fotografía de medio cuerpo que permanece colgada en ·la sala de juntas de Cervecería Águila de Barranquillita, originalmente Don Mario no aparecía con corbata. La prenda surgió de la noche a la mañana gracias a un montaje que hizo un fotógrafo de la ciudad a petición de un ejecutivo de la empresa a quien le parecía inaudito que el fundador del emporio apareciera sólo en mangas de camisa en su cuadro principal.

"Era un personaje deliberadamente insignificante", recuerda López Michelsen. "Llegaba de primero a la cervecería y tecleaba en la máquina con dos dedos. Hay la anécdota de una persona que llegó a la fábrica y le preguntó: '¿Está aquí el señor Santo Domingo?', y él le dijo: 'Soy yo', y le dijo la persona 'Nooo, estoy preguntando es por el dueño'. Era una persona de lo más *unassuming*, la persona más sencilla, más increíblemente gris. Decían que Beatriz lo mandaba, pero todo el mundo le reconocía una gran sagacidad y una inteligencia fuera de serie".[15]

Se levantaba temprano a leer la prensa local y a las siete de la mañana se enrumbaba hacia la fábrica de cerveza en Barranquillita. Manejaba él mismo un Chevrolet hasta que en 1952 chocó con un camión al salir de la fábrica. Aunque salió ileso, su familia lo convenció de que permitiera que los choferes de la empresa manejaran el au-

---

* Vicente Gallo era un comerciante italiano que exportaba tagua, caucho, balata, cuernos, bálsamo de tolú e importaba textiles y ropa.

tomóvil. Con ese afán de estar tomando el pulso todo el tiempo a la economía local e internacional, antes de llegar a la cervecería pasaba por el mercado a preguntar el precio de las viandas y aprovechaba entonces para comprar el manjar popular que lo vencía: bollo limpio y queso fresco. Luego recogía el correo con los últimos reportes del Banco de la República y finalmente salía hacia la fábrica.

"Tenía la costumbre de entrar por el pasillo central de una hilera de escritorios del gran salón de los empleados, cuyos extremos estaban *custodiados* por Humberto Pacini al norte y por Alberto Jacobs en el costado opuesto de dicho salón", recuerda su taquígrafo personal Álvaro Mantilla. "Don Mario tenía generalmente la expresión de una persona concentrada en sus asuntos, lo cual lo hacía aparecer un tanto distraído, delante de sus subordinados, por lo cual su saludo no era frecuente ni efusivo. Por lo demás su figura era atrayente, no sin dejar de infundir el respeto que emanaba con cierto aire de severidad que se percibía al acercársele".[16]

Marcaba tarjeta a su ingreso en la fábrica para dar ejemplo a sus empleados y trataba de que su oficina tuviera una panorámica que le permitiera observar al mayor número de obreros. A su oficina de la fábrica la bautizó *El Palomar* como recuerdo de un gesto no solicitado a su hijo en 1954. Julio Mario quiso sorprenderlo con una nueva construcción diseñada por un afamado arquitecto de la ciudad. Cuenta Mantilla que cuando el viejo llegó de un largo viaje había mucha expectativa por su comentario respecto a la nueva construcción.

"Ya estaba sentado en una silla escrutando con la mirada por todos los rincones, hacia arriba y hacia bajo, cuando varios de sus ayudantes lo asaltaron en esta operación para preguntarle cómo se sentía; respondió que no como el Águila sino como una humilde palomita porque aquello no era otra cosa que un palomar".[17]

Continuamente estaba impartiendo lecciones de austeridad a sus subalternos. Uno de ellos recuerda que un día se quedó conversando con él en la oficina de la fábrica de cerveza y a eso de las cinco y media de la tarde, cuando se había retirado todo el personal administrativo, se le acercó y le dijo: "Ven y te invito a ver lo que es el despilfarro". Lo llevó al departamento de contabilidad. Al llegar al amplio salón lleno de escritorios empezó a contar bombillos. Contó 200 y todos estaban encendidos. "¿Usted sabe lo que este derroche de luz le cuesta a la compañía?", preguntó Don Mario. "Cada bombilla de ésas gasta una cantidad de electricidad y tiene un periodo de vida útil de tanto, multiplique por 200 y se dará cuenta que aquí nadie piensa en ahorrar, en ser más productivos". El viejo apagó todas las luces y se retiró a su oficina meneando la cabeza en señal de indignación.

Uno de sus más cercanos colaboradores y confidente era Juan Cañizares, un abogado barranquillero que salvó a Bavaria de pagar varios millones de pesos en impuestos en un proceso tributario que duró más de 20 años. Cañizares, hoy retirado y dedicado a la actividad laica, recuerda a Don Mario como un hombre ejemplar.

"Era un sicólogo excepcional e intuía la verdad en lo que se le estaba diciendo. Lo preguntaba y lo observaba todo. Tenía especial cuidado en el lenguaje escrito, leyendo y releyendo la correspondencia o los documentos antes de firmar, y los tachaba y cambiaba –una y varias veces– hasta encontrar la idea precisa e inequívoca para lo que estaba pensando y realizando... Era enemigo del elogio desmedido y del autobombo, de la propaganda mentirosa, del alarde y derroche del dinero, del atropello al débil, de la injuria, de la calumnia, de la frase malintencionada, del dicho dañino a la honra ajena, del lenguaje altanero, del vanidoso antipático, del narcisista pretensioso, del escritor vano, del demagogo irresponsable, del empleado o funcionario deshonesto, del vigilante descuidado, del gobernante inepto".[18]

Minutos antes de que la vieja sirena de la fábrica de cerveza sonara hasta el último rincón de la ciudad marcando el mediodía, Don Mario salía de regreso a su casa a cumplir el rito calentano del almuerzo casero y de la siesta. Su hijo *Pipe* decía que la razón de la vitalidad y lucidez de su padre se debía a ese descanso. Camino a la casa se encontraba de vez en cuando a sus hijos adolescentes, Julio Mario y *Pipe*, tomando cerveza debajo de una árbol de La Tiendencita, en compañía del *Nene*, Álvaro Cepeda, y desde el jeep los saludaba diciendo: "No trabajen tanto, muchachos, no trabajen tanto".

Tenía una casa veraniega frente a la playa de Puerto Colombia. Era una construcción sin pretensiones arquitectónicas con varios cuartos amplios situados todos frente a un jardín sin césped, sombreado por unas cuantas palmeras. El jardín terminaba donde comenzaba la playa, hoy invadida por ruidosas casetas de baile. A un costado compró otra casa igualmente modesta su yerno Pablo Obregón, casado con Beatriz Alicia. Cuando este lugar era un paraíso, Don Mario colgaba una hamaca en el corredor de la casa, y se acostaba a leer los folletos del Banco de la República. Cuenta Juancho Jinete, quien fue administrador de algunas empresas de los Santo Domingo, que durante los fines de semana en la casa de la playa, Don Mario no soportaba la ociosidad, y se escapaba varias horas a trabajar en su calurosa oficina de la cervecería.[19]

Era de poco hablar y solía dejar breves silencios en sus conversaciones para ponerle más contundencia a sus frases cortas: "No hay que hacer negocios con pobres ni con brutos", decía. Un amigo suyo recuerda que en una ocasión Julio Mario estuvo durante media hora explicando en un tono de muchacho ingenioso las estrategias para deshacerse de un socio de Colinsa, la empresa *holding* de la familia. Al terminar su exposición el joven esperó con ansiedad la aprobación inmediata de su papá, pero Don Mario dejó pasar unos instantes sin hablar, al cabo de los cuales se quedó mirándolo y le dijo: "*Too good to be true*", y ahí se acabó todo. "Con una frase destruía algo, era de un pragmatismo tremendo".

Fue de los primeros colombianos que tuvo apartamento en Nueva York, una ciudad donde sus hermanos, Luis Felipe y Ramón, ya se movían como peces en el agua. Luis Felipe estaba casado con Ernestina García.

En sus primeros viajes, Don Mario y su familia se hospedaban en el hotel Gotham, en la 55 y la Quinta Avenida, y luego compró un apartamento en Ritz Tower. Pasaba largas temporadas dedicado a los negocios de J. M. Santo Domingo & Co. cuya sede funcionaba en una oficina que compró en el número 10 de Rockfeller Plaza para manejar las adquisiciones de equipos e insumos de la cervecería y las exportaciones a Colombia de cigarrillos y productos alimenticios de la sociedad Sanpac (Santo Domingo Pacini). Hasta sus últimos días, y a pesar de unas cataratas que demoró en operarse, recorría a pie la distancia entre la oficina y el apartamento. Cuando se le dificultaba ver los semáforos peatonales, cerraba el puño de su mano y, a manera de catalejo, apuntaba hacia la señal para saber si era el momento de cruzar la calle. A la hora del almuerzo prefería las cafeterías de fila y autoservicio que los elegantes restaurantes de Wall Street.

Aunque invirtió una pequeña porción de su fortuna en la ganadería*, comentaba que ésta era una forma excluyente de producción pues no ofrecía mayor ocupación laboral en un país donde se necesitaba dar empleo a mucha gente. "Tampoco me gusta la plata que camina", agregaba [20]. No obstante era propietario de una extensa finca llamada San Joaquín, situada en cercanías del aeropuerto de Soledad. **

* "Mario Santo Domingo intentó junto con otros costeños el cruzamiento de ganado cebú con razas europeas pero sin muchos éxito", Posada Carbo, pág 150.
** Fue dueño de Grasco y Banco Sudameris.

Don Mario se casó en Nueva York en 1922 con Beatriz Pumarejo, una bonita muchacha de la ciudad a quien sólo había pretendido el rabino primero de Barranquilla, que era de apellido de Solá. Beatriz fue una mujer muy elegante y distinguida que alborotaba los chismorreos de Barranquilla por su estricta austeridad en el manejo de las finanzas del hogar. Dicen que para no desperdiciar las frutas que daban los árboles de su patio, ciruelas, mangos y cocos, las vendía en un puesto que montaba frente a su casa de El Prado. "El viejo Mario gozaba mucho con eso, llegaba por la noche y le decía: '¿Cuánto nos ganamos hoy, mija?', y ella se sonrojaba", recuerda Escallón.[21]

Parte del producto de la improvisada venta callejera se lo entregaba a las Hermanitas de la Caridad, agrega Jinete, sin hacer mayor aspaviento de su generosidad pues los padres de Julio Mario siempre practicaron la caridad anónima. Preferían que cualquiera de sus empleados apareciera haciendo las donaciones antes de que sus nombres fueran mencionados públicamente por los beneficiados.

Una generación anterior a la de Beatriz, el destino entrelazó a su familia con una rama de la casta presidencial de los López. Su padre, Urbano Pumarejo, era hijo de José Domingo Pumarejo, un terrateniente de Valledupar, conservador de tuerca y tornillo, que los historiadores de la época consideran que era entonces el hombre más rico de Colombia. En sus crónicas del Valle del César de 1870, el escritor suizo Luis Seifert sostuvo que en el país no había persona con más propiedades que José Domingo Pumarejo. Ahora bien, José Domingo se casó con Ciriaca Quiroz, de raíces cartageneras, y con ella tuvo una extensa familia –seis mujeres y dos hombres– separados del mayor al menor por uno 30 años. El mayor se llamaba Sinforoso y el menor era Urbano. Sinforoso, quien murió a los 32 años, "luego de mucho parrandear, crear riqueza y desbrozando monte",[22] dejó huérfana a Rosario Pumarejo Cotes. En sus primeros años la niña fue criada por la abuela Ciriaca y por su hermano menor Urbano, que se afincó en Barranquilla en 1890. Rosario fue la madre de Alfonso López Pumarejo y por ende abuela materna del ex presidente Alfonso López Michelsen.

Urbano, el menor de los Pumarejo, era un señor feudal de Valledupar que llegó a Barranquilla luego de que un paisano suyo, por motivos desconocidos, le dio un fuetazo en la cara. Se casó con la hija del médico más prestante de la ciudad, Beatriz de Vengoechea. De ese matrimonio nacieron Beatriz, la esposa de Don Mario; Alberto, el político; José Domingo; Josefina; Isabel y Armando. De manera que el parentesco del ex presidente López Michelsen con Julio Mario Santo Domingo tiene un doble encuentro, uno afectivo, pues la abuela del ex presidente fue criada por el abuelo materno de Julio Mario, y el otro de consanguinidad, pues el bisabuelo de López Michelsen (Sinforoso) y el abuelo de Julio Mario (Urbano) eran hermanos.

Don Mario nunca tuvo necesidad de participar directamente en política porque tenía quien lo hiciera por él y a su nombre: su cuñado, Alberto Pumarejo, quien fue primer designado en el primer gobierno de Alfonso López Pumarejo. Es el político más importante de la historia de Barranquilla. A partir del resquebrajamiento de la hegemonía conservadora en 1930, Alberto Pumarejo se convirtió en el enlace de lujo de Don Mario y su familia con el mundo de las intrigas políticas y las decisiones del gobierno central. Nació en 1893. Estudió secundaria en el Colegio Salvador Entregas de Barranquilla y luego fue enviado por sus padres a Europa, donde hizo algunos estudios de literatura.

A su regreso a Colombia estudió derecho en la Universidad Republicana de Bogotá. Pero "pudo más la política", dice el historiador Rodolfo Segovia, ejercida en el bando contrario a sus ancestros: el Partido Liberal.[23] A los cinco meses de graduarse de abogado fue elegido diputado a la Asamblea del Magdalena. Fue alcalde de Barranquilla a los 24 años, luego por un breve periodo fue secretario de la gobernación del Atlántico, y entre 1923 y 1924 se desempeñó como juez segundo del circuito de Barranquilla. Cuando ocupaba por segunda vez la gobernación de su departamento, fue nombrado ministro de Correos y Telégrafos por el gobierno de concertación nacional de Olaya Herrera. Fue justamente en la presidencia de Herrera cuando se promulgaron los decretos de exenciones tributarias que favorecieron a las fábricas de cerveza de todo el país. Alberto Pumarejo tocó su gloria política cuando el presidente López Pumarejo lo nombró como primer designado, cargo que desempeñó mientras era presidente del Consejo de Estado.

El nido de Águila

Desde 1913 funcionaba en Barranquilla una cervecería que llevaba el nombre de la ciudad y que surgió tras la liquidación de la Walter Brewing & Ice Making, fundada por J. Walter, un ciudadano americano residente en Cartagena. La fábrica lanzó sus primeros productos

Gallo Giro, Escudo y San Nicolás, el 11 de noviembre de 1915 bajo la administración y propiedad de Alberto Osorio, Ricardo Correa, Ernesto Cortissoz y José María Lascano Fuenmayor. Actuaba como secretario Diofantes de la Peña. Un año después la cerveza Gallo Giro fue rebautizada con el nombre de Águila.

La cervecería funcionaba en un edificio construido conforme a los planes de un ingeniero alemán con experiencia en la arquitectura de la industria cervecera. Las calderas consumían 12 toneladas de leña cada 24 horas y la fábrica producía 60 hectolitros diarios, lo cual se consideraba suficiente para satisfacer la demanda de los 48,000 habitantes que tenía Barranquilla. La Gran Depresión de 1929 golpeó a la incipiente industria nacional. El cierre de las importaciones afectó de inmediato al sector industrial que dependía, en un 60 por ciento, de los insumos importados. La crisis que comenzaba por un cierre del sector externo se transmitió en cadena a la esfera comercial y luego al sector industrial, "acabando en una recesión generalizada de la producción y en una contracción del mercado interno". Muchos de los grandes pioneros del dinamismo industrial de los años anteriores se fueron a la quiebra.

Un zarpazo de la angustiosa situación económica golpeó directamente a Don Mario. Su hermana Julia murió de un disparo que le dio su marido, Humberto Pacini, quien después también se dio un tiro abrumado por la quiebra de su negocio de tabaco, arroz y pieles. Media docena de niños que quedaron huérfanos fueron enviados a internados en Italia y España con la ayuda de Don Mario. En los recuerdos de Julio Mario hay varias imágenes de sus viajes a Europa para visitar a sus primos.

La industria cervecera no escapó a la Gran Depresión. Las cervecerías de Barranquilla terminaron como activos de emergencia de bancos privados que las embargaron por incumplimiento en el pago de los préstamos. Los hermanos Parrish que controlaban la Cervecería de Magdalena se vieron obligados a vender la fábrica a Bavaria, la más poderosa cervecería del país. Anteriormente se la habían ofrecido a Alberto Osorio, de la cervecería Barranquilla, pero éste se negó a comprarla.[24] En otras partes del país la situación económica empujó a las fábricas de cerveza a unirse para enfrentar la hecatombe, lo que dio como resultado la creación en Bogotá del Consorcio de Cervecerías Bavaria en el que participaron las fábricas de Medellín (Cervecería Continental), Honda (Cervecería de Honda), Cali (Cervecería Colombia y Andes) y el consorcio Colombiana de Gaseosas de

Manizales. Como una de las principales afiliadas figuraba la compañía Handel en Indudtrie Mastchppij Bogotá, sociedad con domicilio en Amsterdam dueña de "todas las instalaciones, terrenos y edificios de Bavaria y Fenicia".[25]

En vísperas del atasco económico mundial y por razones que no se saben a ciencia cierta, Don Mario decidió mudarse a España con su familia. Algunos dicen que por desavenencias con sus hermanos. Otros porque su olfato de negociante le advirtió que se acercaba una tempestad económica de proporciones incalculables. Lo cierto es que cuando en 1929 el país sintió el golpe de la Gran Depresión, Don Mario no tenía mayores razones para preocuparse porque su dinero estaba a salvo en bancos como el Dugand* de Barranquilla, del cual era accionista.

Durante esa temporada en España, Don Mario conoció al hijo de su amigo y pariente político Alfonso López Pumarejo, *Alfonsito* López Michelsen. Así lo recordó López Michelsen en una entrevista con el autor: "Por ahí en 1928 o 29, Mario resuelve retirarse de los negocios, se va a vivir a España. Se va a vivir a Madrid y tiene toda la plata líquida, a él le iba bien. Yo tengo un vaguísimo recuerdo de que siendo estudiante pasé por Madrid y los conocí, a Mario y a Beatriz, porque en esa época nadie iba a Barranquilla. Yo debía tener unos 17 años, acababa de pasar bachillerato en Francia. ¿Qué hacía Don Mario en Madrid? No sé, el hecho fue que cuando todo el mundo quedó en los rines, Mario tenía sus dolaritos líquidos en cuenta corriente. Con esa capacidad compró la cervecería que era de los Osorio y vinculó a la cervecería al Maduro & Curiel Bank, de Curaçao, al padre de J. J García, que era el rico de Sincelejo, dueño del Banco de Sabanas, y a Wrigley, el del chicle".[26]

A su regreso de Europa, Don Mario encontró una ciudad con las puertas de sus principales industrias cerradas por bancarrota, incluyendo la Cervecería Barranquilla y la Fábrica de Tejidos Obregón. La cervecería Barranquilla pasó en dación en pago al Banco Alemán Antioqueño. En ese momento, Marco Tulio Mendoza, el padre de quien sería, 50 años más tarde, presidente de Avianca, Ernesto Mendoza Lince, era el abogado liquidador de la compañía. Recuerda Ernesto

* "Los Dugand lograron atraer capitalistas locales para que suscribieran acciones, incluyendo entre ellos a un número importante de inmigrantes de origen sirio. Comerciantes barranquilleros bien establecidos tales como J. Mario Santo Domingo y P. Pucchini eran miembros de la junta directiva del banco cuando el capital de éste era $2.000.000 (El Caribe Colombiano, Posada Carbo, pág. 226)

Mendoza que su padre invitó a Don Mario a comprar la cervecería por un millón de dólares, pero Don Mario sólo tenía 400,000 y muy pocas ganas de meterse en el negocio. Primero consultó con sus hermanos y después de darle varias vueltas a la idea resolvió buscar otros socios para completar la suma que le pedían por la fábrica. Don Diofante de la Peña Palacios, un patriarca de la ciudad que era secretario de la cervecería Barranquilla, también animó entonces al empresario para que estudiara la posibilidad de comprar y recuperar la empresa. En los estertores de la crisis los únicos que tenían dinero contante y sonante en la ciudad eran Don Mario y Francisco Carbonell. Ello explica el por qué casi todas las aventuras económicas del momento pasaban por la oficina de ambos. Una de esas aventuras se la propuso el arquitecto Parrish a Don Mario: invertir en el negocio del oro por el cual el papá de Julio Mario "estaba loco" según palabras de Parrish.[27] La idea era poner un capital en la compañía minera El Nare que habían fundado otros norteamericanos en 1927. Pero Parrish tuvo serios desacuerdos por el control de la nueva compañía y "se vio obligado a buscar otros socios entre sus amigos del interior".[28]

Don Mario se enteró de que otro de los acreedores de la Cervecería Barranquilla era el Banco Maduro & Curiel, de Curaçao, de la familia Maduro. Con el firme propósito de poner un pie en el negocio, viajó a Curaçao para ofrecer sus servicios a los Maduro y encontrar una solución con los deudores. Una de las propuestas de Don Mario al Banco Maduro era que intercambiaran la deuda por acciones y lo dejaran a él manejando la cervecería. Pero los Maduro no aceptaron esta opción y le dijeron que solamente serían socios en una tercera parte, para lo cual debía buscar los socios correspondientes a las otras dos terceras partes, que aportaran efectivamente el capital y les permitieran recuperar parte de los créditos. Don Mario regresó a Barranquilla, viajó por río y mula a Sincelejo en donde vivía don Arturo García, en ese momento una de las personas más ricas de la Costa, dueño del Banco Nacional de Sabanas (donde tenía un capital de 500,000 pesos oro americano y activos por 966,613), de miles de cabezas de ganado, miles de hectáreas de tierra, la Packing House de Coveñas y barcos en el Río Magdalena. Quería proponerle que fuera socio de la cervecería. Arturo García aceptó y aportó los fondos sobre la base de que Santo Domingo también fuera socio pero en menor proporción.

En 1933 Don Mario compró la Cervecería Barranquilla y Bolívar S.A. ante el notario tercero principal de Barranquilla y la registró bajo la escritura pública 706.[29] En la escritura de constitución de la sociedad, el 22 de agosto, firmaron sus hermanos Luis Felipe y Ramón, como vicepresidentes, y de vocales su cuñado Alberto Pumarejo y su socio Alberto R. Osorio. Fiel a su costumbre de no figurar en primera línea, Don Mario se colocó de suplente de la junta directiva junto con su cuñado José Domingo Pumarejo, y los amigos José Rodolfo Cortizzos, José A. Blanco y Juan Antonio Donado. Los Santo Domingo, la familia García y los representantes de la firma Maduro & Curiel del Bank of Curaçao aparecían como socios. La parte técnica estaba en manos de Franz Schloegl, un politécnico de origen alemán.

Los negocios de Don Mario no se limitaron a la producción de cerveza. El empresario creó discretamente una serie de sociedades tales como Inversiones Rurales y Urbanas para adquirir bienes raíces en todo el país, pero especialmente en Bogotá, donde era propietario de edificios con muy buena ubicación en el centro de la ciudad y de extensos terrenos de engorde. Procuraba no aparecer como principal en las sociedades para no llamar la atención de su riqueza y mover sus hilos con más libertad a la hora de comprar acciones en sociedades anónimas.

Al mismo tiempo, Don Mario especulaba en la Bolsa de Nueva York comprando acciones de grandes corporaciones abiertas como General Electric. En esa actividad estuvo a punto de perder una fortuna debido al desplome que sufrió la Bolsa en 1961 como consecuencia de la fallida invasión de Estados Unidos a Bahía Cochinos, en Cuba, y que puso al mundo al borde de una tercera guerra mundial. Pero una vez más el mismo espíritu temerario que lo llevó a subirse a la avioneta de Martin, recuerda uno de sus asesores, lo impulsó a tomar una decisión contraria a la de retirar sus inversiones bursátiles que se contaban en cientos de millones de dólares. Don Mario le ordenó a sus representantes en Nueva York que compraran más acciones de General Electric y a las pocas semanas, como consecuencia del fracaso de la invasión y el retiro de los misiles soviéticos de la isla, el precio de las acciones subió aceleradamente a un nivel más alto del que estaban antes del incidente internacional.

Su poder en la costa lo ilustra, sin necesidad de más comentarios, el hecho de que fue él quien ofreció prestarle al gobierno central 48,000 dólares para instalar unas barcazas generadoras de energía eléctrica frente a Barranquilla a fin de sortear una de las tantas crisis del servicio que sufrió la región en los años cincuenta.

López Michelsen recuerda el impulso que tomó la cervecería Águila bajo el control de Don Mario: "Curiosamente la cervecería estaba en la olla bajo el gobierno de Olaya Herrera y dictan un decreto rebajándole los impuestos. Entonces la cervecería que estaba quebrada, prende como un cohete para arriba. Bavaria compra la cervecería de Santa Marta, la de Cali, lo que se llama hoy el Consorcio Bavaria son las cervecerías adquiridas por Bavaria en forma de consorcio. Algunas quedaron independientes como la de Medellín y la de Barco en Cúcuta, que era del padre de los Barco, Jorge Barco. Bavaria era un imperio enorme y Mario era Águila. Pero Mario fue trayendo cerveceros alemanes, mejorando la calidad de su cerveza y penetrando en el territorio de Bavaria. No sólo penetró en la costa sino llegó hasta Bogotá y hasta Cúcuta. Él tenía en Cúcuta a Asíz Colmenares, entonces tenían todo lo que era el norte de Colombia. Tenían la cervecería de Santa Marta, la de Cartagena, que la manejaba el padre de Oscarito García. Mario fue ganando y ganando terreno, y acabaron haciendo unos pactos para repartirse el territorio. Pactos de distribución en los que Mario ganó más terreno. Además él era sumamente prudente en los endeudamientos. Águila no tenía pasivos, al contrario, mantenía dinero disponible que permitió a Mario comprar otras empresas quebradas, como el Packing House de Coveñas, una empresa para despachar ganado en canal a Estados Unidos. Compró esa empresa con una gran visión porque no se puso a sacar ganado sino que vio que el oleoducto de Cúcuta al mar iba a salir en Coveñas, y le vendió a la Colombian Petroleum (que eran la Texas y la Gulf) todo lo que él había comprado como instalaciones del antiguo Packing con una utilidad apreciable".[30]

"Don Mario tenía un sentido natural y lógico de los negocios", comenta un ex colaborador cercano. "Cuando alguien le proponía un negocio lo primero que preguntaba era '¿Cuánto vamos a ganar?' y después de que recibía un respuesta incentiva, escuchaba los detalles. Un día un empresario muy importante de la costa lo visitó para hacerle una propuesta de un plan de inversión que sonaba extraordinario. Don Mario le hizo la pregunta de rigor y el empresario le respondió con una cifra astronómica. Le dejó que hiciera la presentación y al final le dijo: 'lo que usted está diciendo es mentira y lo que está pensando es imposible', se paró y se fue".

A mediados de los años sesenta, Don Mario era propietario de la Cervecería Barranquilla, controlaba la distribuidora Águila, Transportes Industriales S.A., tenía acciones en Siderúrgica del Atlántico y Paz del Río, era dueño de Sanpac, de Petroquímicas de Colombia, de la Fábrica Nacional de Grasas y de Inversiones Rurales y Urbanas, y tenía voz y voto en la junta directiva de La Nacional de Capitalización y de Seguros. Las bases del emporio estaban fundadas.

NOTAS

1. "Reportaje y comentario de la prensa local", selección sin fechas de artículos publicados en los diarios *El Imparcial* y *El Día* hecha por el historiador barranquillero Alfredo de la Espriella. Una de las crónicas del día de la salida del avión fue escrita por Ezequiel Rosado.

2. *Op. cit.*

3. *Op.cit.*

4. *Op.cit.*

5. Otra versión del diario *El Imparcial* dice: "Al reportero a quien mandamos al campo de aterrizaje, Plaza Once de Noviembre, a tomar informaciones nos dice... que el aeroplano amainando su andar, bajó al puerto casi hasta tocar el suelo y entregó el correo, sin tirarlo, en manos de una persona que lo recibió". "Reportaje y comentario de la prensa local", selección sin fechas de artículos publicados en los diarios *El Imparcial* y *El Día*, hecha por el historiador barranquillero Alfredo de la Espriella. Una de las crónicas del día de la salida del avión fue escrita por Ezequiel Rosado.

6. *Op.cit.*

7. Citado por Eduardo Posada en *El Caribe Colombiano (1870-1950)*, Eduardo Posada Carbó, Banco de la República y El Áncora Editores, 1998, pág. 338.

8. *Op.cit* pág. 234.

9. Adalberto Reyes, "Mario Santo Domingo" *Historia General de Barranquilla*, Personajes, 2, Publicaciones de la Academia de la Historia de Barranquilla, Barranquilla, 1997, pág. 163.

10. Otto Morales Benítez, *Sanclemente, Marroquín, el liberalismo y Panamá*, Stamato Editores, Bogotá, 1998.

11. Jorge Conde, *Desarrollo de Barranquilla, 1871-1905*, *Historia General de Barranquilla*, Sucesos, 1, Barranquilla 1997, pág. 82.

12. Entrevista personal con Alfonso López Michelsen, Miami, 29 de mayo de 1999.

13. Entrevista telefónica con Ernesto Mendoza Lince, 8 de diciembre de 2001.

14. Entrevista personal con Álvaro Escallón Villa, Miami, 21 de enero de 2000

15. *Op.cit.*

16. Álvaro Mantilla Olivares, *Itinerario de un Imperio Económico, Julio Mario Santo Domingo (Padre e Hijo)*, Talleres de Gráfica del Litoral, Barranquilla, 1993, págs. 28-29.

17. *Op. cit.* págs. 115-116.

18. Pedro Juan Cañizares, "Así era don Mario Santo Domingo", *El Tiempo*, 10 de mayo de 1973, pág. 5B.

19. Entrevista personal con Juancho Jinete, Barranquilla, 17 de abril de 1999.

20. Otto Morales Benítez, *Un creador de empresa*, citado por Mantilla. *Itinerario de un Imperio Económico, Julio Mario Santo Domingo (Padre e Hijo)*, Talleres de Gráfica del Litoral, Barranquilla, 1993, pág. 56. pág. 56.

21. Entrevista con Escallón.

22. Rodolfo Segovia, Alberto Pumarejo, *Historial General de Barranquilla*, Publicaciones de la Academia de la Historia de Barranquilla, 1995, pág. 147.

23. *Op.cit.* pág.148

24. Eduardo Posada Carbó, *El Caribe Colombiano* (1870-1950), Banco de la República y El Áncora Editores, 1998, pág. 346.

25. Enrique Ogliastri, *Cien años de Cerveza Bavaria*, Monografías, Serie Casos, Universidad de los Andes, febrero de 1990, pág. 13.

26. Entrevista con el autor Op.cit.

27. Citado por Posada Carbó, pág.346.

28. Citado por Posada Carbó, pág. 348.

29. *Historia de las Cervecerías Barranquilla y Bolívar S.A.*, documento interno de la empresa . "En el año 1933, Don. Julio Mario Santo Domingo fundó una compañía con el objeto de comprar las cervecerías Bolívar y Barranquilla. La escritura de constitución se firmó el día 22 de agosto de 1933, figurando entre sus fundadores los señores Julio Mario Santo Domingo, Ramón Santo Domingo y José Domingo Pumarejo".

30. "Julio Mario Santo Domingo, embajador en China: 'Lo chino me conmueve, me excita, me encanta", Margarita Vidal, revista *Cromos*, # 3272 del 30 de septiembre de 1980.

3

Infancia y juventud

En los años veinte, la señoras de la alta sociedad de Barranquilla viajaban a Panamá a dar a luz en un hospital donde la atención médica era mucho mejor que en Colombia porque estaba manejado por "americanos". El Gorgas Army Community Hospital era un centro asistencial administrado por militares gringos que funcionaba desde comienzos de siglo en la zona del canal y que se hizo famoso por sus avances en las investigaciones de enfermedades tropicales. En las instalaciones del hospital funciona hoy un instituto oncológico y la Corte Suprema de Justicia de Panamá.

"Los gringos construyeron allí un magnífico hospital -recuerda Julio Mario- y el de Barranquilla en aquella época era muy malo. A ese hospital iba gente de todo el Caribe y, en el caso nuestro, un tío de mi mamá era el médico de ese hospital. Mis hermanos también nacieron allí".[1]

Doña Beatriz Pumarejo tuvo en Panamá a su primogénito el 16 de octubre de 1924[2] a quien bautizó con el mismo nombre de su padre, Julio Mario, y que llevaría de apellidos la simbiosis del poder industrial y la aristocracia de Barranquilla: Santo Domingo

---

* Intenté conseguir la partida de nacimiento de Julio Mario Santo Domingo en el Federal Records Center de Estados Unidos, donde reposan los archivos del Hospital Gorgas, pero allí me informaron de que se requiere una autorización personal de él para retirar una copia del documento. El propósito de mi solicitud era determinar su edad con exactitud, pues el empresario ha dado información contradictoria. Durante una diligencia judicial en Washington dijo que había nacido el 16 de octubre de 1926 y en una entrevista con Forbes, en 1992, afirmó que tenía 66 años cuando, en realidad, estaba a pocos meses de cumplir 68. Finalmente me guié por la fecha de nacimiento que aparece en los registros de Phillips Academy, donde estudió el bachillerato.

Pumarejo*. Años más tarde nacieron Beatriz Alicia, luego Luis Felipe y la menor, Cecilia.

Julio Mario hizo estudios de primaria en el colegio Ariano de Barranquilla, propiedad de las señoritas Inés y Josefita Ariano, y Rosalía Silva Ariano, prima de las dos primeras. De sus modales en la casa y otras enseñanzas se encargaba una institutriz alemana que no le dejó muy buenos recuerdos. "Era supernazi. La vieja me obligaba a comer todo lo que no me gustaba. Nunca me ha gustado el coco. Y recuerdo con espanto una vez en que dije que no quería dulce de coco y ella me obligó a comerlo a la fuerza, hasta que tuve que vomitar en el plato, le aseguro a usted que sin ningún protocolo. Además me pegaba, me bañaba tres veces al día. Era algo horrible. Imagínese usted que había implantado que yo le tenía que besar la mano a mi papá y a mi mamá, y cuando iba donde la abuelita era rígido y almidonado, como en visita. Era espantosa. ¡Ah! y me daba además clases de aritmética, dibujo, geografía e historia". [3]

A pesar de los acosos anacrónicos de la nana, Julio Mario asegura que tuvo una infancia feliz. Recuerda que la familia viajaba en barco casi todos los años a Europa con dos criadas. "Unos viajes larguísimos... estupendos, con rumbo pero sin itinerario fijo. Nos quedábamos lo que queríamos en cada lugar. Recuerdo que cargábamos con baúles grandísimos donde echábamos todas nuestras cosas, juguetes, etc., que luego no podíamos recuperar porque obviamente iban en la bodega. Eran viajes sin prisa, amables, plácidos, entretenidísimos". [4] En su niñez vivió por lo menos dos años con su familia en Madrid, donde estudió en un colegio de monjes. En Barranquilla los niños de la época iban a la vespertina del Teatro Apolo (hoy Teatro Metro) y sus diversiones consistían en salir a bañarse con los aguaceros de mayo y pasar los fines de semana con sus padres en Puerto Colombia, donde llegaban los buques marítimos. Las familias almorzaban los domingos en el Hotel Esperia o paseaban en bote en la cercana Laguna del Cisne.

Afectado por una enfermedad respiratoria que los médicos sospechaban que era tuberculosis, Julio Mario fue enviado a curarse a Bogotá bajo la creencia médica de la época de que las temperaturas frías ahuyentaban la afección. Fue internado en el Gimnasio Moderno, un colegio de cachacos refinados, de uniforme y zapatos brillantes, que tenían los apellidos de las estatuas de la capital. Estudió hasta cuarto de bachillerato en el tradicional centro del norte de Bogotá cuyo internado estaba dirigido por un profesor alemán de apellido Bein. Sus amigos de promoción recuerdan que tenía un carácter en el que la simpatía, la indisciplina y la rebeldía se mezclaban en dosis mal calculadas por la adolescencia. Lo llamaban *Mingo,* que no era más que el cómodo recorte de su apellido. Al joven costeño no le importaba enfrentarse a los profesores más bravos del colegio. Recuerda Jaime Concha, uno de sus amigos de clase, que "un día el profesor Yerly, que era un suizo sumamente estricto al que todos le teníamos un gran respeto, le dijo a Santo Domingo 'al tablero', y él respondió 'No, porque estoy leyendo *La Mano Negra*'. *Mingo* siguió leyendo el libro como si nada hubiera pasado y sus amigos se miraban asombrados.

Entonces fueron épocas de travesuras, recuerda Concha. "Íbamos al Teatro Faenza y no había inconveniente en echar un asiento desde el segundo piso al primero; cosas así, bastante bruscas, ¿no?".[5]

Julio Mario pasaba algunos fines de semana en una casa de campo en la finca La Mana, en la vereda de Yerbabuena, al norte de Bogotá, donde vivía una hermana de Alfonso López. Otros fines de semana, los alumnos internos y externos acudían en grupo a la casa de los Durana Samper –Jorge Durana era del mismo curso de Santo Domingo– que estaba a poca distancia del gimnasio para tomar chocolate con almojábanas. No parecía muy inclinado a los deportes sino a tomar el pelo en compañía de su gran amigo Fernando *El Chuli* Martínez y a lucirse ante las muchachas del Gimnasio Femenino, un colegio vecino de niñas encopetadas que compartían con el de varones torneos de tenis y fiestas bailables. Otros amigos cercanos fueron Nelson Bruno, Alberto Arias de Greiff y Edgar Iragorri, que le ayudaba con las tareas.

Mingo pasó los primeros tres años de bachillerato con notas modestas, pero a mediados del cuarto se volvió un estudiante poco aplicado y su rebeldía arreció a tal punto que Don Mario resolvió enviarlo a estudiar a Estados Unidos, el país donde creía que estaba todo lo mejor del mundo. Lo matriculó a los 16 años en Phillips Academy, el colegio más prestigioso de ese país, fundado en Andover por el patriota Samuel Phillips Jr., que fabricaba pólvora para el general George Washington. Por las aulas de esta academia, que abrió sus puertas en 1778, pasó la crema y nata de la oligarquía americana, niños WASP cuyos padres tenían fortunas de pedigrí. Posiblemente Julio Mario fue el primer colombiano que caminó por los pasillos de la escuela. Con los relámpagos de la Segunda Guerra Mundial al fondo se embarcó en Cartagena en compañía de su amigo cartagenero Álvaro *El Largo* Escallón, que había sido matriculado en una escuela intermedia de Virginia. Después de una travesía de una semana durante la cual los muchachos combatían el tedio jugando cartas, el barco atracó en La Habana[6]. Al día siguiente partió hacia Nueva York, donde los esperaba el hombre de confianza de Don Mario en Estados Unidos, I.C. Beauchamp, un judío alemán que gerenciaba los negocios internacionales de la familia. Ese hombre que ayudó a recoger las maletas de los muchachos en el puerto y los llevó a su apartamento se convirtió –con el paso de los años– en el aliado más importante del joven Santo Domingo para sacarle plata a su papá.

"Julio Mario no era un niño tímido, nunca lo fue, era desjuiciado, desaplicado", comenta Escallón, con quien compartió algunos momentos de la infancia en Cartagena, una ciudad que Don Mario visitaba con frecuencia para reunirse con sus socios de la cervecería Bolívar. La vida en la academia fue agradable para Julio Mario, recuerda Escallón. La corta distancia entre el colegio y Boston (25 millas) facilitaba el viaje en tren en vacaciones y días de fiesta a Nueva York para visitar a su papá y a sus tíos y darse gustos con Bauchamp. "Don Mario le decía al judío 'entréguele 10 dólares a Julio Mario' y el judío le entregaba 18", recuerda Escallón.[7]

Cuando Julio Mario se graduó, en 1943, la matrícula de la academia costaba 1,125 dólares, o sea, más de 600,000 pesos, una fortuna para la época. La matrícula incluía la educación, el hospedaje en el campus, muebles, un juego de cama y una cobija, entrenamiento físico y el derecho a instalaciones deportivas. Algunos compañeros del Gimnasio Moderno pensaron que Julio Mario había sido enrolado por su papá en una academia militar de Estados Unidos, pero el centro de estudios en el que Julio Mario aterrizó no era más estricto que el internado de Bogotá.

"La Academia Phillips presume que cada estudiante es un caballero y desea, con la cooperación hacia sus profesores y estudiantes, mantener la mejor tradición de la academia", decía el libro de Reglas y Regulaciones de la época.[8] Como es de suponer estaba prohibido tomar bebidas alcohólicas o portar armas, pero los estudiantes de grados altos tenían permiso para fumar en determinadas zonas del plantel. No se permitían radios ni instrumentos de viento o de banda en los dormitorios. "Ninguna muchacha puede ser llevada a la habitación sin el consentimiento del *headmaster* y el *counselor*".[9] El supervisor de curso tenía derecho a ingresar a la habitación de cualquier estudiante sin anunciarse. Los juegos con bolas de nieves se debían hacer a una prudente distancia de los edificios y el golf sólo podía practicarse en el Pearson Field, en la parte sur de la cancha de fútbol americano. Estaba prohibido a los estudiantes ir al cine en el pueblo de Andover. Sólo sepermitía en los salones de entretenimiento de la academia.

En la atmósfera clásica del hermoso campus de la escuela, situado en la cima de una colina, Julio Mario se aficionó al juego de cartas. El único logro no académico extraordinario que aparece registrado en el libro de graduación *Pot Pourri* es una fugaz participación en un equipo fútbol (*soccer*). No se le conoció apodo ni capacidad de liderazgo a juzgar por una encuesta de su curso sobre tendencias de la personalidad, virtudes y defectos de los compañeros de salón. La encuesta lo situó en un modesto segundo lugar en la categoría de *rock* (rígidos, fuertes) con 25 votos después de Coello (51 votos) y antes de Giblin (20) y Book (16).[10] Todo indica que su éxito con las mujeres comenzaría más tarde, pues no clasificó en la modalidad de *ladies man* ni en la del mejor vestido.

"Era un muchacho muy alegre a quien le gustaban los deportes", se limitó a decir sobre el paso de Julio Mario por la academia su compañero de curso, Phil Drake, ejecutivo de la empresa Cummings & Lockwood de Greenwich, Conneticut.[11]

En el caso de su compañero de clase, el famoso actor Jack Lemmon, finalista en las categorías de "payaso" y "político", la selección fue profética. Lemmon obtuvo un Oscar como mejor actor de reparto en 1955 y luego hizo el papel de ex presidente de Estados Unidos en la película *My Fellow Americans*. A Santo Domingo le llevaba un año de ventaja un espigado joven de Massachusetts, muy activo, que se ganó el premio del más influyente y quedó en tercer lugar en las categorías de popularidad, atletismo y buenmozura. Era capitán de los equipos de béisbol y de fútbol-*soccer* y editor del periódico del colegio, *The Phillipian*. George Herbert Walker Bush fue presidente de la clase del 42 de la academia de Andover y cuatro décadas despúes de Estados Unidos.[12] Con Bush padre, Julio Mario ha tenido encuentros esporádicos de los cuales conserva una foto en la oficina de la presidencia de Bavaria.

En medio de las direcciones de barrios aristócratas de Massachusetts y Virginia, que sus amigos registraron en el álbum de despedida de la academia, Julio Mario colocó sin pena la suya en Colombia: Avenida C. Calle 13, Barranquilla, y en el espacio donde debía indicar el nombre de la universidad en la que seguiría estudios, escribió que se matricularía en Yale, lo cual no hizo. Al graduarse de bachiller en 1943, Julio Mario regresó a la Avenida C. Calle 13 de la polvorienta ciudad de su infancia con la lengua trabada para hablar costeño. La relación con su padre se hizo más estrecha gracias a las jornadas que pasaba a su lado en las oficinas de Águila para dar rienda suelta a una pasión, que "existía desde que era adolescente", según Escallón. A pesar de que el joven tenía un mal carácter y respondía con altanería a los regaños de su papá, Don Mario tenía una gran confianza en él. Como en cuestión de dinero para gastos personales el viejo era muy manicorto, Julio Mario se las ingenió para conquistar el aprecio de Mike Correa, un simpático administrador que representaba en Barranquilla a la influyente familia Maduro. Correa fue enviado de Curaçao a Barranquilla por el Maduro Bank para supervisar créditos en inversiones de la entidad en la cervecería y al terminar su misión se quedó como asesor y administrador de los Santo Domingo.

Eran tiempos de bonanza, y en una ciudad pequeña como Barranquilla las fortunas se hacían notorias. De allí que los hermanos Santo Domingo, Julio Mario y Luis Felipe, empezaran a disfrutar con más conciencia de la condición privilegiada de muchachos ricos de pueblo que se daban gusto en todo lo que estaba a su alcance: parrandas, mujeres y aventuras.

"Julio Mario era muy enamorado, especialmente cuando se hacían aquí unos campeonatos de tenis, que los organizaba un señor Mario Zeppenfeldt, muy amigo de él. A Barranquilla la llamaban el Wimbledon suramericano, era como un circo, y Julio Mario patrocinaba las cosas por intermedio de la cervecería, y cuando llegaban todas esas tenistas gringas y suecas, a Cepeda y a mí nos encargaba de regalar tigrillos, y nosotros íbamos al mercado y encargábamos los tigrillos, y entonces cuando aquí una de esas tenistas aparecía en los campos con un tigrillo, ya la gente sabía que había estado en manos de Julio Mario".[13]

El Abierto de Tenis Ciudad de Barranquilla era uno de los torneos más importantes del mundo. Según las orgullosas memorias de la época, estaba a la altura del Roland Garros de París, el Wimbledon, el abierto de Australia y el Forrest Hill. Se jugaba en el Country Club y era organizado por uno de sus amigos, Mario Zeppenfeldt, y por Manfred Gothlief, miembro de la colonia hebrea y empresario del deporte. En Barranquilla jugaron figuras como los australianos Rod Laver, Roy Emerson y el español Manuel Santana, y la más importante mujer del deporte de la época, la brasilera María Ester Bueno. Durante el certamen, a Julio Mario lo confundían por su parecido con el tenista inglés Roger Taylor, que generalmente ganaba los torneos de consolación. En algunas ocasiones, Santo Domingo fue el encargado de entregar los trofeos o los regalos, pues en la época no se daban premios en efectivo.

A la edad de bailar se le veía en las fiestas del Country Club vestido completamente de lino blanco. "Imponente, dominaba el panorama por su altura, arqueaba sus cejas sensuales de conde Drácula, y lanzaba una sonrisa socarrona de medio lado buscando la muchacha más buena de la fiesta que terminaría muy pronto entre sus brazos". De su personalidad de gallo fino, quedó registrado en la historia social de la ciudad un episodio que le garantizó la enemistad de varios jóvenes de la época durante muchos años. Ocurrió durante los carnavales. En esos tiempos las niñas blancas se barnizaban la cara y el cuerpo con betún para disfrazarse de negritas Puloil, que era uno de los personajes comunes del Carnaval. Vestida y embetunada de negra Puloil, Ileana Vélez Lacayo, una atractiva muchacha de la sociedad barranquillera, llegó en la noche del carnaval al Country Club y se acercó a una mesa donde estaba sentado Julio Mario en compañía de varios amigos. Cuentan que cuando la muchacha trató de hacerle cosquillas, mientras le coqueteaba con una voz en falsete que es una manera muy común de acercarse en el fragor de la fiesta, lo manchó con el betún negro de su piel. Entonces, dicen, el brioso *dandy* se puso de pie violentamente y escupió con furia a la negrita Puloil, ante lo cual la muchacha le respondió con dos bofetadas y varios insultos. Julio Mario fue suspendido por un año del club. A Vélez no le gusta hablar de ese incidente, pero algunas veces ha comentado a sus amigos que días después la junta directiva del club la visitó en su casa y le ofreció una fiesta para ella sola pagada por Julio Mario, que además le envió un arreglo de flores y le dio un empleo en las oficinas de Avianca del aeropuerto de Barranquilla, donde está a punto de jubilarse.

Después de graduarse en Andover, Julio Mario fue matriculado en la Universidad de Virginia, en Charlottesville, y de allí pasó al Foreign Service School de Georgetown University en Washington. Amigos y conocidos coinciden en afirmar que el ingreso a Georgetown cambió su vida, no necesariamente por lo que aprendió en las aulas, sino en los bares y las discotecas, al lado de muchachos opulentos del *jet-set* internacional, hijos de magnates y personajes políticos de Estados Unidos, Europa y América Latina que querían beberse el mundo.

"Pues claro que era rumbero... ajá... ¿y por qué no? Era lo normal entre todos los que estábamos en Washington, una gente muy activa y divertida. Lo recuerdo como mi mejor época", dijo Santo Domingo. "Figúrese usted que a lo último ya íbamos al colegio [*college*] de noche porque las trasnochadas nos impedían ir por las mañanas. Las clases eran entonces de seis a nueve de la noche y teníamos que irnos ya con el smoking puesto y gabardina encima para no perder el tiempo".[14]

Santo Domingo quería ser diplomático con la idea de que ésa "era una excusa para no trabajar", como él mismo admitió muchos años después en un traspiés del inconsciente durante un reportaje con un periodista de la revista *Consigna* con motivo de su nombramiento como embajador en China.

"Entonces, ¿piensa usted que aceptó una posición en la cual no va a trabajar?", le preguntó el periodista de la publicación que dirigía Diana Turbay, la hija del presidente que lo nombró embajador. "No, no, no, de ninguna manera", respondió Santo Domingo tratando de salirse del enredo. "Cuando realmente entendí en qué consistía la diplomacia, la política internacional, corregí la imagen deformada que tenía. No se trataba de las recepciones, tan frecuentes en nuestro mundo, sino que hay responsabilidades mayores y actividades que exigen estudio, tacto, conocimiento".[15]

De un estudiante que había terminado el bachillerato a la fuerza, que asistía a clase en vestido de fiesta y que pensaba que la carrera que estudiaba era una antesala a la vagancia profesional, era muy difícil esperar que se graduase. En efecto, Julio Mario Santo Domingo nunca obtuvo un título profesional y abandonó la carrera universitaria dos años después de iniciada y regresar a Colombia a buscar un lugar en el imperio de su padre.

"Él era un hombre que podía ser graduado en mundología y no en ninguna universidad de ninguna parte. ¿Cómo lo iban a retener en Columbia y Harvard cuando ese hombre vivía ávido de alas para volar? Ése es un tipo que si se hubiera metido a una universidad, hubiera perdido tiempo y no sería el industrial que es hoy", me comentó el taquígrafo de Don Mario.[16]

Una persona cercana a la familia resumió la vida universitaria de Santo Domingo así: "Julio Mario estuvo primero en la Universidad de Virginia, de donde lo botaron, luego en Penn State, de donde también lo botaron, y finalmente en Georgetown, de donde parece que no lo botaron pero de donde tampoco nunca se tomó el trabajo de graduarse. Aparentemente se pasó su vida universitaria levantando muchachas. Cuando lo botaron era por cosas de ésas que no se usaban en esa época, como meter viejas al cuarto".

Su mejor amigo era entonces Ahmet Ertegun, el hijo del embajador de Turquía en Washington, un joven bohemio que reconocía a los grandes cantantes de soul y músicos de jazz de la época con sólo escuchar las primeras notas de sus canciones. El apellido Ertegun significa literalmente "viviendo en un futuro esperanzador" y fue escogido por su familia cuando Mustafá Kemal Ataturk, el fundador de la República Turca, dio la orden a sus conciudadanos de seleccionar a su antojo un apellido original porque hasta entonces casi todos llevaban el mismo: "hijos de Richard" o "hijos de Jaime".

Julio Mario Santo Domingo tiene un año más que Turquía y la misma edad de su amigo Ahmet, que nació en ese país. Cuando Ahmet tenía 14 años, su madre Harunysa le compró una máquina primitiva de grabar e imprimir discos de acetato en donde el joven grabó su primer disco con letra y música suyas. Desde entonces no ha hecho otra cosa diferente en su vida. En los años cuarenta, cuando la música de los bares de Washington sonaba como si fuera el eco fiel de una ciudad del sur de Estados Unidos, Ahmet se escapaba con sus amigos de *college* en Annapolis, Maryland, donde estudiaba filosofía, para escuchar las bandas de los negros. Una vez que fue arrestado, cuenta, por desobedecer las reglas sociales de segregación, el muchacho le preguntó al juez del caso: ¿Dónde está escrita la ley que nos prohíbe ir a este club? Y el juez respondió: "No está escrita, pero se entiende".[17]

Ahmet no lo entendía y nunca lo quiso entender. Con su hermano Nesuhi y su padre, Munir, se las ingeniaron para que las grandes bandas que estaban de gira en Washington –Louis Armstrong, Chick Webb, Benny Goodman, Duke Ellington, Tommy Dorsey, Jimmie Lunceford– tocaran en la sede de la embajada de Turquía. Las veladas musicales produjeron varios reclamos de senadores sureños, que nunca vieron con buenos ojos el atrevimiento del diplomático turco, no sólo de invitar a los músicos negros, sino de ingresarlos en la embajada por la puerta principal, reservada para la gente blanca. No obstante, al morir su padre, Munir, en 1946, el cadáver fue enviado a Turquía por órdenes del presidente Harry Truman a bordo del simbólico barco de guerra US Missouri, donde los japoneses firmaron su rendición. En Estambul, Munir fue recibido como un héroe.

Tras la muerte del jefe de la familia, Ahmet y su hermano Nesuhi, con quien compartía la pasión por la música, tuvieron que tomar una difícil decisión frente a dos opciones que les presentó su familia: regresar a Turquía a terminar sus estudios o quedarse en Washington por su cuenta. Los hermanos escogieron la segunda alternativa cons-

cientes de que la vida diplomática de casas grandes, sirvientes y choferes llegaría pronto a su final. Ahmet había comenzado una maestría
en filosofía en Georgetown University (Washington), donde conoció a Santo Domingo. Con el joven colombiano compartió su deleite
nocturno por la música melancólica de los negros y el deseo de trans-
formar esa pasión en un negocio. Soñaba con tener su propia compañía de grabación y en las noches, al salir de clase, se enclaustraba
en Waxi Maxie, la tienda de discos de jazz más popular y mejor sur-
tida de la ciudad. Waxie Maxie era el apodo de Max Silverman, el
dueño del establecimiento, donde Ahmet se graduó en el negocio de
la música.

"A eso de las once cerrábamos el negocio y nos íbamos a tratar
de no perdernos el último *show* en el Howard Theater, a la vuelta de
la esquina de la disquería. Y allí departíamos con cualquiera de los
artistas que estuvieran". Luego remataban la noche en los conciertos
de jazz que los grandes de entonces ofrecían en los clubes *after hours*.
"La esposa de Max estuvo a punto de divorciarse porque no llegaba
antes de las cuatro de la mañana".[18]

Aunque su familia pagaba la educación en Estados Unidos, los
hermanos Ertegun tuvieron que vender su colección de 15,000 discos
para cubrir los otros gastos de estudiantes fiesteros. Después de tocar
varias puertas, Ahmet consiguió que su dentista, el doctor Vahdi Sa-
bit, con más alma de jugador que de inversionista, le prestara 10,000
dólares. Con ese dinero fundó Atlantic Records, y a la vuelta de unos
años la firma se transformó en el sello musical más importante de Estados Unidos. Todos aquellos que le dieron la espalda cuando les pidió ayuda se arrepintieron humildemente a los pocos años, cuando la
compañía se transformó en el imperio del sonido del jazz.

La primera sede de la empresa fue un desvencijado hotel de la calle 56, entre la sexta y Broadway, donde Ahmet se pasó a vivir con
un primo poeta. El primer disco grabado por el sello fue con el grupo The Harlemaires. La canción, "Rose of the Río Grande". Desde
entonces el *show* nunca paró. Atlantic grabó y produjo a Big Joe Tur-
ner (1951) Ray Charles, Dizzy Gillispie (1952), The Drifters (1954),
The Modern Jazz Quartet (1956), Aretha Franklin (1967), Led Ze-
ppelin (1969), Eric Clapton (1970), Rolling Stones (1971), Roberta
Flack (1972), The Blue Brothers (1978), Abba (1980), Phil Collins
(1981), Genesis (1983), Julian Lenon (1986), Donna Summer (1991),
Sugar Ray (1995), Gipsy Kings (1997), Rod Stewart (2000). "De la
historia de Atlantic no se puede hacer un guión. Es realmente muy

increíble para hacerlo", comentó Santo Domingo, quien fue testigo de cómo su mejor amigo levantó a pulso una empresa a partir de su amor por una música ajena.[19]

En compañía de Ahmet, Julio Mario además jugaba dados y naipes, y se escapaba a Nueva York a divertirse. Para ponerse a la altura del refinado ambiente en el que empezaba a sentirse muy cómodo, tenía cuenta en Brooks Brothers, una tienda de ropa fina de Nueva York. Ertegun sigue siendo su mejor amigo. Ambos celebran juntos sus cumpleaños, viajan por todo el mundo con sus esposas y se saludan de beso en la boca, una costumbre turca que Julio Mario acepta sin escrúpulos. En Nueva York, Julio Mario salía de fiesta también con jóvenes colombianas que estudiaban en escuelas cercanas, recuerda Julita Emiliani, una de las muchachas de la alta sociedad barranquillera que estaba entonces interna en una escuela para señoritas en Orange, New Jersey. "Julio Mario salía mucho con Rosalbina Roche Robles, hija de Tom Roche, un americano. Era colombiana, nacida en Barranquilla".

"Él era una persona muy segura de sí misma, muy *charming*, y lo sabía, era especial, un encanto", recuerda Julita, que fue novia de *Pipe* Santo Domingo.[20] Al regresar de vacaciones a Barranquilla el joven seguía la fiesta en guayabera junto a sus amigos: los Obregón, Luis Eduardo Pochet y Álvaro *El Nene* Cepeda, un intelectual volcánico que tenía la capacidad "de hipnotizar a la gente tres días y tres noches con unas historias fascinantes que después *Gabo* convirtió en libros"[21].

Cepeda es tal vez el escritor colombiano más evocado en el siglo XX por lo que hizo y dejó de hacer. Santo Domingo parecía abrumado por su inagotable creatividad y quería tenerlo en todos sus planes. Lo contrató para la publicidad de Águila, lo consultaba para sus proyectos periodísticos y al mismo tiempo absorbía sus conocimientos de arte, cine y literatura. Cepeda regresó de Nueva York a mediados de 1950 con un título de periodista de la prestigiosa Universidad de Columbia. La carrera de periodismo fue sólo un pretexto –según sus amigos– para devorarse en su propio mundo a los autores americanos de moda, Dos Passos, Capote, Cadwell y Saroyan. Su gran amigo García Márquez, que lo estaba esperando en Barranquilla, lo saludó desde su columna "La Jirafa" diciendo: "Si por algo lo esperamos es por ver deshollejar a los lagartos del café, por verlo tener siempre la razón y por verlo no dejársela quitar de nadie; por verlo hacer las cosas como le viene en gana, y por vernos convencidos, al fin y al cabo, de que es la mejor manera de hacerlas".[22]

En el círculo social de Santo Domingo estaban Yolanda Catinchi, Amelia Carbonell, Rosalbina Roche, las hermanas Blanca y Gloria Rocaniz Fuenmayor, y su novia oficial, la mujer que soñó casarse con él toda la vida, Margoth Dávila. La Dávila era una muchacha hermosa a quien Julio Mario le hizo una promesa de matrimonio en medio de un ataque de romanticismo. Preocupado porque su oferta fue tomada en serio por la novia y su familia, y para quitarle vuelo al chisme de su matrimonio que ya había aterrizado en los salones sociales del Country Club de Barranquilla, el joven consultó su situación con el viejo Alfonso López Pumarejo. El ex presidente le recetó un remedio despiadado que solía recomendar para esta clase de apuros. Esas promesas, le dijo López Pumarejo, deben ser "pasadas por agua", lo que significaba que el novio tenía que desaparecer del mapa por un tiempo haciendo un viaje intempestivo a Europa o a Estados Unidos para dejar morir el amor de la novia bajo la tiranía de la distancia. Fue exactamente lo que hizo Santo Domingo –aparentemente viajó a Europa– para salvar su soltería por muchos años más. Margoth se casó con el médico Alfredo Rebhein. [23]

En ese momento lo suyo eran los negocios y ésa era una prioridad que no podía postergar. Al regresar definitivamente a Colombia, a mediados de los cincuenta, se dedicó a hacer equilibrio entre dos mundos que lo cautivaron para siempre. En el día se sentaba a trabajar junto a su padre en medio del olor a cebada que salía de las calderas de cobre de la cervecería. Y en las noches, rodeado del mismo aroma, bebía en la fuente de intelectualidad y alborozo que Cepeda hacía brotar en los bares de Barranquilla con "su mechón de pelo alborotado en la frente, sus abarcas de conductor de camión, sus malas palabrotas, su risa estruendosa".[24]

En esa carrera por no perderse ningún movimiento de la cervecería y nunca llegar tarde a una aventura, Santo Domingo se coló muchas veces en las escenas cinematográficas que surgían por generación espontánea en la vida cotidiana de Barranquilla, años cincuenta. Como ese día de abril de 1955, cuando el director técnico de Águila, Franz Schloegl, llamó a todo el personal al patio de la fábrica para hacer un brindis con cerveza Águila que había sido rescatada de un naufragio frente al puerto de Buenaventura, en el Océano Pacífico. Ese brindis tenía un significado extraordinario para el técnico alemán, pues con ello demostraba que la cerveza, cuya calidad estaba bajo su control, continuaba intacta y podía consumirse sin riesgo después de cuatro meses de permanecer sumergida en las oscuras profundidades del mar. La improvisada reunión fue aprovechada por Don Diofante de la Peña, secretario general de la cervecería, para recordar en público los penosos días de la Gran Depresión, cuando le fue encomendada la difícil tarea de vender la cervecería a lo que diera lugar, y fue Don Mario el único que aceptó la oferta a pesar de la conmoción económica que vivía el mundo. Contagiado por el ambiente de celebración y nostalgia, Julio Mario, que tenía unos 32 años, pidió el micrófono para hacer su aporte al emotivo acto, pero no pudo modular palabra porque se puso muy nervioso o la emoción del momento le hizo un nudo en la garganta. Por tal motivo debió ceder el micrófono a un experimentado sindicalista "que habló con elocuencia y soltura", recuerda Mantilla, que estaba entre los asistentes.[25] Tal vez ésta fue la primera experiencia que le enseñó a alejarse de las improvisaciones y los micrófonos, lo que podría explicar su rechazo a las intervenciones públicas en el resto de su carrera de empresario. Años después confesó su terror a la periodista Lucy Nieto de Samper: "A mí me asusta la gente. No puedo hablar ante más de 10 personas porque se me traba la lengua. Por eso, en esas asambleas de Bavaria, cuando venía mucha gente, para mí era un martirio. A veces me sentía incapaz de responder a lo que me preguntaban".[26]

Los jóvenes ricos de Barranquilla bailaban en el Country Club, en el Hotel del Prado, y sus únicos roces con el pueblo se producían en las casetas de Puerto Colombia y en las calles del carnaval. La reina del carnaval de Barranquilla era siempre escogida entre las muchachas de la alta sociedad de la ciudad tras un caprichoso proceso de selección en las exclusivas instalaciones del Country Club. Pero en 1960, Santo Domingo, Cepeda y otros amigos se lanzaron a la calle a torcer la tradición de la ciudad promoviendo la postulación de una reina popular. Salieron a los barrios pobres a convencer a la gente que la reina debía ser del pueblo, y a fuerza de votos pagados con cerveza lograron coronar a una linda muchacha de clase media baja, la señorita Edith Ulloque, que nunca había pisado el Country Club. Semejante desafío provocó la renuncia de los miembros del comité organizador del carnaval, como recuerda el historiador Alfredo de la Espriella, que entonces era presidente del comité organizador: "El Country Club se resintió y los miembros de la junta de ese club y del Club Barranquilla, representantes ante el comité organizador, se retiraron de la junta. Todos los años era tradicional el famoso baile que daba el Country en honor a la reina. Ese año cortaron la cosa. ¿Y usted qué cree que hizo Julio Mario? Se presentó con la niña del brazo en el Country, y

¿quién le iba a decir que no? Era una niña bonita, bonita, hembra, con una gracia y un señorío. Era un acto que rompía con todos los parámetros, como llaman ahora, de la cultura social. La reina tenía que ser del Country y de la alta sociedad, y viene este loco a zampar esta reina que él quería, por pura mamadera de gallo. Fue muy gracioso. Al año siguiente la reina volvió a ser del Country".[27]

Julio Mario no sólo vivía de su padre. Él mismo hacía algunos negocios pequeños como importar tabacos cubanos, exportarlos a Europa[28] y comprar arroz en Valledupar y revenderlo en Barranquilla. Juancho Jinete recuerda que posiblemente fue el negocio de los tabacos el que acercó a Santo Domingo a Fidel Castro. Para Jinete fue una sorpresa enterarse de que Castro le envió un saludo especial a Santo Domingo a través de un representante del Partido Comunista de Barranquilla, José Arteta, quien fue invitado a la isla para asistir a uno de tantos actos latinoamericanistas que organiza el gobierno cubano.

"Arteta nos contaba que en un coliseo donde había una reunión, llegó el comandante a visitar el coliseo, y él iba visitando los diferentes países, delegaciones, y al llegar a la delegación de Colombia, donde estaba Arteta, le dijo: '¿Tú de dónde eres?' 'De Barranquilla', entonces le dijo: 'Yo tengo un amigo íntimo allá en Barranquilla' '¿Ah, sí?', le dijo Arteta, '¿Quién es?', 'Julio Mario Santo Domingo', le respondió".[29]

Un cercano colaborador de Julio Mario cuenta que, ya convertido en uno de los hombres más ricos de América Latina, el empresario se tomó una foto junto a Augusto Pinochet y cuando la mostraba comentaba que era más importante tener una fotografía con el dictador chileno que con Castro.

De vez en cuando, Santo Domingo departía con el llamado Grupo de Barranquilla, un cartel de intelectuales y escritores que se formó en la ciudad a mediados del siglo –entre el gobierno de Laureano Gómez y la dictadura del general Rojas Pinilla– en una atmósfera bohemia, mamagallista y prostibularia. Tenía varios sitios de reunión, pero a partir de 1954 su sede oficial fue un café llamado La Cueva, propiedad de Eduardo Vilá. Allí se juntaban Cepeda, los periodistas Germán Vargas y José Félix Fuenmayor.

"Éramos un grupo que iba a tomar trago. Yo lo hacía ocasionalmente y hablábamos de Faulkner, a quien todavía no se había descubierto. Era un grupo intelectualmente un poquito *snob*, pero muy agradable", recordó Julio Mario. Más allá del donaire intelectual con el que pasaron a la historia de la literatura colombiana, las reuniones de La Cueva eran preámbulos etílicos para salir a putañear. Recuerda

Juancho Jinete: "Aquí en Barranquilla funcionaba un burdel, en las afuera de la ciudad, que se llamaba el Place Pigale, eso debe ser un cabaret que había por fuera y se lo copiaron aquí, entonces en el periódico, que era de los Santo Domingo, que se llamaba *El Diario del Caribe*, Álvaro Cepeda se levantaba una propaganda, y que salía y decía 'Place Pigalle, *night club*... personal renovado", lo que hizo coger una calentura a Don Mario. La gente creía que era un *night club*, entonces Julio Mario decía que ése era el *striptease* más moderno del mundo, porque en París había un *striptease* donde salía una niña que iba con cuatro o cinco abanicos, y eso se demoraba horas [para quedar completamente desnuda], pero al final tampoco se veía todo por los abanicos, pero aquí en Barranquilla, la niña botaba los abanicos a los cinco minutos y decía Julio Mario: 'Ése sí es un *striptease*', y gozaba con eso e invitaba a la gente en Barranquilla, y les decía 'Vengan para que miren, mejor que el de París".

En una lista que el mismo Fuenmayor hizo sobre los asiduos visitantes al bar barranquillero no aparece Julio Mario, pero sí están su hermano Luis Felipe y su cuñado Pablo Obregón.

No obstante, Julio Mario conservó algunos recuerdos de sus esporádicas visitas al lugar. "Recuerdo que Álvaro [Cepeda] se apasionaba no sólo por la literatura y las discusiones sobre cultura general, sino por mantener a raya a todo aquel que considerara un intruso en semejantes reuniones de cofradía, a quien ordenaba salir del lugar sin ninguna explicación. Me sorprende que con una clientela como la nuestra no se hubiera ido a la quiebra el establecimiento, o que no nos hubiera roto la cabeza cualquiera de esos personajes expulsados arbitrariamente. Ahora que hago memoria, pienso que había algo de infantil en todo aquello".[30]

Uno de los más asiduos visitantes de La Cueva era el pintor Alejandro Obregón, para quien Santo Domingo posó como modelo de un cuadro de Simón Bolívar[31] en un estudio caluroso de Barranquilla.

"Nos tomábamos unos tragos y me ponían una manta. Le serví de modelo porque en ese tiempo Alejandro no tenía con qué pagarle a una modelo profesional".[32]

El cuadro fue vendido por Alfonso Fuenmayor, otro de los intelectuales de La Cueva, a un gringo que pasó por su casa, donde Obregón dejó la obra.

"Alfonso terminó vendiéndoselo por la altísima suma entonces de 55,000 pesos. Obregón, de travieso, se lo contó a Julio Mario y éste, contrariado, llamó por teléfono a Alfonso. '¿Y tú cuándo vendiste ese cuadro no pensaste en mí?', dice Félix que le reclamó. A lo que Alfonso, con la desmesurada suma de dinero en el bolsillo, le respondió: 'Yo pensé en ti, pero tú no me hubieras dado más de 5,000 pesos".[33]

Un empresario del departamento de Córdoba sostiene que la razón por la que Santo Domingo se sentía a gusto en el grupo de escritores no era sólo por su afán de probar que también podía posar de intelectual, sino porque allí "dejaba de ser el señorito del Prado". Bajo el contagio de semejante cepa literaria, Julio Mario perdió la vergüenza del escritor principiante y en 1949 se lanzó a publicar un cuento suyo. La primera versión apareció en la revista *Estampa* el 26 de febrero de 1949 y la segunda, en la edición número cuatro de la revista *Crónica** en 1950, fundada por el grupo de La Cueva ese mismo año bajo la dirección de Alfonso Fuenmayor y la jefatura de redacción de *Gabo*. Titulado "Divertimento", el cuento fue escrito originalmente en inglés, idioma en que se sentía más cómodo. Veinte años después el periodista Juan Gossain lo descubrió en los archivos del periódico *El Heraldo*, donde el autor de este libro lo buscó infructuosamente en 1999. El cuento es un relato surrealista de una velada ritual de criaturas zoomorfas y peludas que participan en un concurso de baile en medio de devaneos sensuales. Evocada en primera persona por un relator que lleva los recuerdos físicamente colgados de la cabeza, la escena empieza así: "En las horas bochornosas de las noches tropicales, donde el aroma de los mangos maduros y la densidad de la atmósfera enervan los sentidos en una quietud definitiva".[34] Cuenta Gossain que en 1997 se encontró con Santo Domingo en Nueva York, y mientras veían un partido de tenis le relató la historia del hallazgo.

---

* "*Crónica* era un viejo proyecto de Alfonso Fuenmayor nacido en una de las reuniones habituales del grupo en el café Colombia, y durante años lo había paseado por el bar Japi, el café Roma, la Librería Mundo, la redacción de los periódicos y media Barranquilla. Ramiro de la Espriella, recién nombrado Juez Octavo de policía para controlar los estados de ratería, vagancia y marihuanería, les sugirió que hicieran una sociedad en comandita y le dio al semanario el nombre provisional de *El Comanditario*, hasta que una tarde de abril de 1950, el proyecto cuajó en una de las reuniones vespertinas de la Librería Mundo. Fuenmayor hizo prevalecer el nombre de *Crónica*, y se conformó el cuerpo de redacción con él como director y García Márquez como jefe de redacción. En el comité de redacción entraron prácticamente todos los del grupo, desde los más nucleares hasta los más itinerantes: (sigue una lista larga de nombres que incluye a Julio Mario)". *El viaje*, pág. 245.

"La decadencia de *Crónica*, que se precipitó hacia enero de 1951, algo debe tener que ver con el alejamiento de García Márquez, un alejamiento no sólo de las actividades de la revista sino también de Barranquilla. En febrero de 1951, sin dejar de colaborar con *El Heraldo*, García Márquez regresó a Cartagena." *Textos Costeños*, pág. 20.

"Su primera reacción fue de perplejidad. 'No puede ser', replicó. 'Yo no escribí eso para *Crónica* sino para la revista *Estampa* que dirigía en Bogotá un periodista español, Martínez Dorrien, padre del *Chuli* Martínez, mi entrañable amigo".[35]

Después de su asombro inicial, Santo Domingo le preguntó a Gossain si le había gustado el cuento.

"En contra de lo que yo había presumido, esperando la reacción desganada y el disgusto de un empresario al que le recuerdan con impertinencia sus veleidades juveniles, lo que tenía frente a mí era la alegría de un hombre reconstruyendo lo mejor de su pasado. Santo Domingo estaba feliz".[36]

Allí mismo, Julio Mario le contó a Gossain que había escrito el cuento cuando tenía un poco más de 20 años, mientras estudiaba en Estados Unidos, donde lo envió su padre para "salvarlo de las influencias perniciosas de esos amigos juveniles que se pasaban la vida entera hablando de libros, escribiendo, jugando dominó y bebiendo trago".

"Con eso –le dijo Julio Mario a Gossain con una sonrisa–, lo único que consiguió mi padre fue salvarme de la gloria literaria".[37]

Cuando el cuento salió publicado, con ilustraciones de Alejandro Obregón, sus amigos de La Cueva entendieron que el futuro de Julio Mario estaba en la fábrica de Barranquillita. De hecho, en 1955 el joven era ya "un experto financista inversionista" que figuraba como "presidente o miembro principal de las juntas directivas de las empresas fundadas o patrocinadas por su padre".[38] Estos títulos podrían dar la imagen de que Santo Domingo era como Don Mario, un hombre de rutina y escritorio. Y no era así. Los negocios de la familia los hacía o deshacía Julio Mario en Bogotá, en Nueva York o en los clubes de Barranquilla, pero era muy poco el tiempo que se le veía en la herrumbosa fábrica de cerveza. Es parte de su carácter, Julio Mario ha sido siempre un nómada.

Tal vez el póquer es lo único que lo hace sentar. Y desde la época de Barranquilla apostaba fuerte. Jugaba con sus amigos Luis Eduardo Pochet, Vicente Nicolella y Eduardo Marino o por las noches manejaba hasta Cartagena en compañía de Cepeda y Jinete para medirse con los expertos de los casinos de esa ciudad por lo que Barranquilla no tenía entonces casas oficiales de juego. "Julio Mario le decía a Álvaro, 'Vamos para Cartagena', recuerda Jinete. 'Oye, ¿qué vamos a hacer a Cartagena?', le decíamos, 'son las nueve de la noche'. A Julio Mario le gustaba el casino de Cartagena. Llegábamos, se metía en el casino, pedíamos una botella de whisky y decíamos: 'Verdad que somos unos zipotes pendejos nosotros sentados aquí'. Y él decía: 'Hasta que no cierren el casino no nos vamos, hasta las cinco'. Jugaba el bacará, en la mesa esa grande. Julio Mario no era parrandero, le gustaban más las mujeres que el baile. [...] Él ya estaba casado con la señora brasilera, la Braga, pero ése era un casado... Ella misma nos contaba que cuando él venía para aquí, la mandaba para Nueva York, cuando él iba para Nueva York, la mandaba para París y cuando iba para París, la mandaba a Brasil".[39]

Edyala Braga fue la primera esposa de Julio Mario Santo Domingo. Estaba casada con Benjamim Vargas, el hermano menor del dos veces presidente del Brasil, Getúlio Vargas (1930-1945 y 1951-1954) conocido como *El Padre de los Pobres*. Benjamim fue el protagonista de un episodio que cambió la historia de Brasil. En una decisión sorpresiva y arriesgada, su hermano Getúlio lo nombró jefe de la policía federal de Brasil en reemplazo del general Joao Alberto. La decisión, tomada en octubre de 1945, contrarió a algunos militares que consideraban que el general desplazado para colocar a Benjamim era un militar mucho más capaz y carismático que el hermano del presidente. Pero Getúlio se sentía seguro de que su determinación no tendría mayores consecuencias bajo la equivocada presunción de que el malestar sería borrado por el entusiasmo que generó su anuncio, unos días antes del nombramiento de su hermano, de adelantar las elecciones para diciembre de ese año, unas elecciones que se esperaba que pondrían fin a un largo periodo de autocracia y arbitrariedades. Una conspiración que avanzaba sigilosamente en los cuarteles tomó mayor impulso al extenderse el rumor de que Benjamim había sido nombrado con la misión de poner tras las rejas a todos los militares conspiradores. Algunos de ellos se reunieron con Getúlio y le expresaron que el nombramiento de su hermano había sido una gran equivocación política. El presidente respondió que estaba dispuesto a considerar a otra persona del agrado de los militares para esa posición. Pero era tarde. El 29 de octubre Getúlio Vargas fue depuesto por el Alto Comando del Ejército. Al día siguiente asumió el poder el presidente del Tribunal Supremo Federal, quien en 1946 entregó la presidencia al candidato victorioso en las elecciones Eurico Dutra. Vargas volvió a la presidencia en 1951 y nombró a su hermano como representante itinerante de la industria cafetera del Brasil, con base en Francia. En un agasajo diplomático que ofreció el embajador brasilero en París, Santo Domingo fue invitado junto con José Antonio Obregón, un colombiano que hoy vive en España. Dicen que se sentó en la misma mesa del anfitrión impresionado por la belleza de una brasilera de escasa estatura pero de un rostro hermoso, que estaba allí sentada y que resultó ser la esposa de Benjamim. En pocos días, el colombiano seductor conquistó a la sofisticada señora brasilera varios años mayor que él, en un lance que, según recuerdos de la familia, no causó mayor sufrimiento al militar. Tanto fue así que después de la conquista se les veía salir a los tres juntos en París.

Tuve una conversación telefónica muy corta con la señora Braga, durante la cual me dijo que conoció en París a Santo Domingo a través de unas amigas brasileras que se lo presentaron a principios de los años cincuenta. "Tengo que ver porque mi cabeza está muy olvidada, pudo haber sido en 1952", me dijo en español, con un marcado acento portugués. Cuando intenté hacer otras preguntas se disculpó muy cortésmente diciendo que no podía continuar la conversación porque debía atender a unos amigos de Brasil que la visitaban en ese momento en su apartamento de París.[40]

Julio Mario llegó a Barranquilla con Edyala, a quien presentó a su papá como su esposa. Dijo que se había casado por las leyes civiles en Panamá. A otros les contó que el matrimonio fue en México. De cualquier manera, a Don Mario no le pareció una decisión correcta, pues tratándose de un hijo suyo, lo menos que podría esperar era una boda católica con la asistencia y la bendición de la familia. Para los estándares de la época un matrimonio civil clasificaba como un escándalo parroquial, por lo que la pareja fue marginada de la vida social de la ciudad durante los primeros meses de su vida en común en Barranquilla.

A Edyala se le recuerda como una mujer encantadora. En su juventud fue "la mujer más hermosa de París", según la describió un amigo de Santo Domingo de la época. Era una mujer que hablaba lo necesario pero que irradiaba elegancia e inteligencia, según el testimonio de los pocos que la recuerdan, pues la mayor parte del tiempo estaba en Brasil. El matrimonio no duró más de cinco años por la vida de parrandas y mujeres que llevaba Santo Domingo, lo cual produjo riñas públicas y privadas de la pareja que la sociedad barranquillera salivó en los salones de chismes.

"En la memoria asentada de la ciudad y de sus actuales habitantes", afirma el abogado barranquillero Roberto Ferro, "Julio Mario era un personaje enigmático que, en la medida que obtenía un mayor poderío económico, las referencias que de él se hacían eran siempre discretas y acompañadas de un temor más o menos reverencial. Los Santo Domingo eran los Ambersons de la película de Orson Wells *The Magni-*

ficent Ambersons... la riqueza, los continuos viajes al extranjero, los cónyuges allende los mares, el estudiado secreto que rodeaba el entorno familiar hacía de los Santo Domingo unos personajes algo exóticos, a los que contribuía la actitud rígida del viejo Mario".[41]

Con Edyala, Julio Mario tuvo a su primer hijo, Julio Mario *Jr.*, que nació en Francia cuando el matrimonio agonizaba. Años después de la separación, la relación de Edyala y Julio Mario fue armoniosa, lo mismo que con Beatrice, su segunda esposa, con quien se ha encontrado en reuniones familiares.

Julio Mario heredó la altura y la elegancia de los Pumarejo, la distinguida familia de su madre que había llegado de Valledupar a principios de siglo. "Los Pumarejo nunca se quitaban el saco y estaban siempre bien vestidos, con las mejores telas y los mejores sastres", recordó el historiador Alfonso de la Espriella.

Desde su juventud, a Julio Mario lo recuerdan como un muchacho muy seco, poco efusivo, que agazapaba tras su rostro duro un conflicto constante entre ese carácter rígido y contenido, y la ilusión de ser más espontáneo, más agradable, y ganarse la simpatía de la gente a la misma velocidad que lo lograba su hermano *Pipe*.

"Julio Mario tenía un problema: a él lo afectaba que su hermano Felipe fuera más simpático que él, y que la gente a quien quería era a Felipe y no a él, porque era más sencillo, más desprevenido, menos tieso que Julio Mario", comentó Ferro.

Pipe también era un muchacho alto, pero no cuidaba su figura. Comía y bebía sin moderación, y cuando se estaba a punto de subir una talla más, viajaba a Estados Unidos para someterse a tratamientos de reducción de peso. Trabajaba con Jorge Tobón y Mario Zeppenfeldt en una firma de intermediación de seguros que también cambiaba dólares. Cuentan sus parientes que cuando la firma quebró, Don Mario se llevó a *Pipe* a trabajar a la cervecería, donde pronto se convirtió en el patrón más querido por los empleados. Era el niño travieso de los Santo Domingo, razón por la cual Don Mario veía que sus empresas tendrían un mejor futuro en manos de Julio Mario. *Pipe* estaba casado con Bety Dupont, una muchacha francesa con quien tuvo dos hijos, Felipe y Beatriz Helena.

Beatriz Alicia, que tiene un carácter similar al de Julio Mario, fue marginada totalmente de los negocios, una actitud que siempre reprochó a su padre y luego a su hermano. Durante muchos años, tuvo que enterarse a través de terceras personas de las decisiones que se tomaban en el interior de la empresa familiar Colinsa porque a Don

Mario le parecía que las mujeres debían ocuparse del hogar y de sus maridos.

Por tal razón no permitía que una sola mujer trabajara en la fábrica de cervezas. Las labores secretariales –taquigrafía y teléfonos– las ejecutaban dos hombres, uno de ellos Álvaro Mantilla Olivares, quien escribió una noble semblanza del imperio económico de la familia. "Ese libro, recuerda Mantilla, fue escrito en las tiendas donde yo acostumbraba a tomar cerveza, y entonces, ¿sabes lo que hacía? Cogía los cartones esos de Lucky Strike, que uno abre y por dentro hay una cara muy clara. Como mi letra es grande, abría el cartón, y ahí iba escribiendo lo que se me ocurría. Luego llamaba a mi hermana a la oficina, y le transmitía lo que escribía, cuando yo llegaba a la oficina ya me tenía los capítulos armados [...] Un día me encontré a Julio Mario en los 65 años de Avianca y él estaba rodeado de ministros, y de Martin [el hijo del piloto], y me vio como a dos metros y me dijo: 'Álvaro, leí tu libro en Lisboa, muchas gracias', eso fue todo".[42]

Fue Julio Mario quien acabó con la machista costumbre de su papá, al contratar sin su permiso a una telefonista llamada María Cristina, en 1955.

Recuerda Mantilla que la muchacha parecía "un florero exótico", pues Don Mario "presumía o estaba convencido" de que las mujeres "eran un factor de distracción que perjudicaba el rendimiento del personal que era todo del sexo masculino".[43]

"Cualquier día encontró Don Mario en el vestíbulo instalado en la escalera que conducía al palomar a un figura menudita, sentada detrás de un pequeño escritorio muy sobrio parecido a una mesa de noche, con un teléfono a su lado, que hacía de recepcionista... Saludó a la niña, quien se sorprendió por la reverencia y mirada demasiado *observativa* de don Mario, quien siguió a su oficina por la puerta lateral, cabizbajo y pensativo, esperando la entrada de Julio Mario para pedirle una explicación por la presencia de un chica en la recepción de las oficinas de la Presidencia".

"Julio Mario –dijo– ¿Sabes algo de la jovencita que está a la entrada? Me parece haberla visto antes". Él intuía que aquello iba en contra de las costumbres seguidas en la cervecería y que la pregunta de alguna manera significaba una indagación especial por algo que, de consultársele antes a su padre, no hubiera aprobado. El gesto de Julio Mario denotaba turbación al escuchar la pregunta y respondió seco: "Sí, sé de ella, tal vez no recuerdes dónde la has visto, y yo ordené su contratación".[44]

La muchacha, a quien Mantilla identifica sólo como María Cristina, le pareció conocida a Don Mario porque anteriormente había trabajado para la firma Tejidos Obregón.

A *Pipe* y Julio Mario los unía la pasión por la velocidad. Ambos tenían automóviles alemanes Zenit, que eran de tamaño mediano pero veloces. Jinete recuerda que los dos participaban en las carreras de automóviles de La Cordialidad entre Barranquilla y Cartagena, y para evitar que Don Mario supiera de sus andanzas, se inscribían con nombres falsos, Julio Mario como Mr. Brown y *Pipe* como Mr. Smith. "Creo que *Pipe* se ganó alguna vez un trofeo pero, mierda, no podía salir retratado porque el viejo se enteraba..." A la hora de los problemas, sin embargo, el viejo Mario intercedía por sus hijos y sus compinches. Fue lo que tuvo que hacer luego de que algunos de los parranderos de La Cueva terminaron en la cárcel acusados de aplastar un equipo de sonido en una fiesta con caimán a bordo. La entonces novia de Obregón, Mara Martínez, se lo contó así a la periodista Camándula: "Con los del grupo de La Cueva armamos en Barranquilla una rumba de locos. En el patio tenían un caimán amarrado y Grau, ya borracho después de tres días, se metió en una hamaca y dejó la mano afuera. Se mecía, llegaba justo hasta el hocico del caimán y sonreía, porque le hacía cosquillas. Todos estábamos pendientes a ver qué pasaba cuando alguien se cayó encima del equipo de sonido y lo aplastó. El dueño de la tienda dijo: 'Me lo pagan'. Se fue armando la pelotera, empezaron a darse trompadas, llegó la policía y allá vamos todos encanados, en una camioneta que tenía malla atrás, como gallinero. Cuando la camioneta estaba arrancando, Grau se despertó y gritó: 'Se van y me dejan', y echó a correr y se tiró adentro. Llegamos a la cárcel. Había que vernos a Cecilia Porras y a mí sentadas en un banquito frente a la celda y Álvaro Cepeda me decía: 'Llama a Julio Mario', me dictaba el teléfono y yo marcaba y marcaba pero nadie contestaba. A las cuatro de la tarde me seguía insultando porque no marcaba bien y de pronto un policía dice: 'Hoy es domingo. Álvaro gritó: 'Con razón, si ése es el número del teléfono de la oficina.' Me dieron otro número, llamé y contestó Don Mario Santo Domingo, el papá de Julio Mario. Muerta del susto le conté la historia y a los dos minutos estábamos libres".[45] Sin el protagonismo de un cacique político, Don Mario manejaba los hilos del poder en la costa. Los senadores y representantes en la Cámara del Atlántico y Bolívar que militaban en el Partido Liberal visitaban su oficina para pasar el sombrero y tomar nota de los consejos y las ambiciones del patriarca industrial. Como ninguno de los hijos tenía vena de estadista, Don Mario resolvió comprar un periódico a sabiendas de que era la mejor manera de hacer política sin gobernar. Con dinero prestado, adquirió en 1961 el *Diario del Caribe* a Luis Pacini Santo Domingo, hijo de su hermana, quien había fundado el periódico en 1956 con el legendario periodista Alberto Acosta.[46] Acosta llevó personal de Bogotá, entre quienes se encontraba Alberto Giraldo, que fue jefe de redacción. Años más tarde lo gerenció Juan Jinete Avendaño, más conocido como Juancho Jinete, el fiel ayudante de las familias Obregón y Santo Domingo. El nuevo director del diario, Álvaro Cepeda, escribió en la edición del 16 de octubre una breve nota sobre la orientación del periódico que decía: "*Diario del Caribe* ha cambiado de propietarios. La nueva empresa se propone editar un periódico de orientación liberal: liberal a secas, sin sujeción a grupos, a corrientes, o a personas". Cepeda había sido nombrado por Julio Mario además como publicista de la cervecería y en ese cargo fue el autor del legendario eslogan: "Sírvame una Águila, pero que sea volando".

El Caribe entró a competir con *El Heraldo*, un diario que circulaba desde 1933, propiedad de Juan B. Fernández, Luis Edgardo Manotas Wilches y Alberto Pumarejo.

Una de las más fugaces adquisiciones del periódico de los Santo Domingo fue el escritor Plinio Apuleyo Mendoza, contratado por Cepeda para escribir crónicas regionales y editoriales. El periodista cachaco no tuvo mucho tiempo para desarrollar el encargo ya que pronto chocó con el parroquialismo de la ciudad, y se vio obligado a retirarse tras un episodio que Jinete relató así: "Álvaro trajo a Plinio Apuleyo a trabajar a *El Caribe* con un contrato de un año. Plinio, como a los tres meses, hizo una crónica de un cura que resultó comunista en un pueblo del Atlántico. Hizo unas tres crónicas de ésas y las madres católicas de Barranquilla le formaron un escándalo a doña Beatriz, y doña Beatriz se quejó con Don Mario y Don Mario dijo: 'Cepeda, ese carajo que está escribiendo sobre un cura comunista me lo bota ya'. 'Pero, Don Mario, él está por contrato, vale mucha plata'. 'Me lo bota ya', 'Pero, Don Mario…', siguió diciendo Álvaro, 'Me lo bota ya', le respondió Don Mario '¿La plata es tuya o es mía?' Y lo botaron. Plinio se quedó en Barranquilla porque ya se había casado con esta niña (Marvel Luz Moreno)". Plinio agregó los siguientes detalles: "Sí, lo que cuenta Juancho es cierto, pero con algunos retoques. No fui con un contrato de un año ni nada parecido a Barranquilla. Simplemente nos pusimos a tomar trago con Cepeda en Bogotá y acabó convenciéndome de que me fuera con él para Barranquilla a fin de trabajar én el *Diario del Caribe*. No creo que alcanzara a estar más de 15 días allí. El caso es que sucedió algo que me pareció un delicioso tema para un reportaje. Los dirigentes de un sindicato de pescadores de Manatí, sostenidos por el curita del pueblo (debía ser, pienso ahora, un curita rebelde, de esos que simpatizaban con Camilo Torres) fueron llevados a la cárcel. El pueblo se amotinó, sacó a los sindicalistas y metió presos a los policías y al alcalde. Yo decidí ir a ver cómo era la cosa con Quique Scopell de fotógrafo y escribí un reportaje sobre el hecho sin saber las connotaciones de política local que eso tenía. Fue el gobernador Eduardo Gómez Martínez el que protestó ante el viejo Mario en nombre de los caciques conservadores del lugar. El viejo llamó a Álvaro, le debió decir lo que contó Juancho, y yo quedé en la calle de manera inmediata. Ni siquiera acabé de terminar el editorial que estaba escribiendo. Me quedé sin trabajo cerca de tres o cuatro meses, viviendo de gorra en la casa de Álvaro Cepeda, considerado por todo el mundo como un peligroso agitador comunista. Los que me invitaban durante las dos primeras semanas (el periodista cachaco que trajo Álvaro) me daban la espalda donde me veían. Jamás había vivido una situación de apestado como ésa. No me fui porque había conocido a Marvel Luz Moreno , ex reina de carnaval, y había decidido casarme con ella, como en efecto ocurrió".[47] Fueron ocho años los que el escritor permaneció en Barranquilla, atraído por un encanto oculto que no ha podido explicar con precisión a sus amigos extranjeros. "El *coup de foudre* mío por esta ciudad debió de producirse la remota madrugada en que bajé de un avión, borracho, con Álvaro Cepeda, y sentí por primera vez, en una bocanada de aire caliente, aquella turbia fragancia de marismas que ha sido desde siempre el olor de sus noches".[48]

Don Mario miraba a Cepeda con esa mezcla de cautela y cariño que desarrollan los padres ante las malas compañías de sus hijos. Algunos de los entrevistados para este libro sostienen que el viejo no lo quería, pues Cepeda no sólo tenía que sobrellevar la fama de comunista y tomatrago sino que además alimentaba con gusto la de marihuanero contumaz. Los puchos de marihuana y los chismes de la ciudad rodaban de boca en boca en reuniones espontáneas que se hacían en la oficina de Cepeda en el periódico y en las que a menudo participaba Julio Mario.

Por motivos que sus amigos no recuerdan, Cepeda también fue despedido de *El Diario del Caribe* por Don Mario. Hay una versión de la calle que apunta a que la discusión que desató el rompimiento se produjo a raíz de que Don Mario, que estaba buscando cualquier pretexto para sacar a Cepeda, lo llamó a las seis y media de la mañana y le exigió que le llevara el diario *El Caribe* a su casa.

"Cepeda no le respondió un carajo pero llamó a Julio Mario y le dijo que él no era mandadero ni mensajero de nadie, que él era el director del periódico, lo que fue hasta el día siguiente, cuando lo echaron", explicó un escritor barranquillero.

El periodista Daniel Samper, biógrafo de Cepeda, dice: "*El Nene* peleó con el viejo, pero no recuerdo por qué. Julio Mario lo apoyó, aunque no llegó a enfrentarse al viejo por eso. Cuando *El Nene* murió, Julio Mario estaba realmente contrito. Durante la pelea con el viejo, Julio Mario incluso le habló a *El Nene* de la posibilidad de venderle *El Diario del Caribe* por una suma casi simbólica. Cepeda nos propuso a Enriquito [Santos Calderón] y a mí que fuéramos socios, nos residenciáramos en Barranquilla y le jaláramos con él a hacer un berraco periódico. No nos atrevimos, afortunadamente".[49] Cepeda murió de leucemia en un hospital de Nueva York cuando tenía 46 años. Todos los gastos de su enfermedad los cubrió Julio Mario, que lo lloró como a un hermano en los funerales de Barranquilla. "La noche del sábado 14 de octubre, en uno de los siete ataúdes que traía un avión de carga para entregar en distintas capitales de América Latina, el cadáver de Álvaro Cepeda Zamudio llegó de los Estados Unidos. Sus amigos Julio Mario Santo Domingo, Alejandro Obregón y Juan Jinete fueron los primeros en recibirlo, y lo recordaron y acompañaron en conmovedora y privada ceremonia hasta el amanecer del día siguiente".[50]

Después del entierro, Julio Mario invitó a su casa a varios amigos a un sancocho costeño en el que se evocaron las locuras de *El Nene*. Recuerda Daniel Samper que esa misma tarde él y otros dolientes, entre quienes se encontraba el fiel conductor de Julio Mario en Bogotá, Pedrito Martínez, debían regresar a la capital, pero la comida no estaba lista. Cuando intentaron despedirse, Santo Domingo les preguntó que por qué se iban sin comer y Samper explicó que el avión de Avianca ya había aterrizado. Julio Mario les dijo: "¿Cómo se van a ir así? Si Cepeda no muere todos los días", y tomó el teléfono y ordenó retrasar el vuelo hasta que los invitados terminaran de disfrutar hasta la última cucharada del sancocho.[51]

No sería la única tragedia que cambiaría la vida de Julio Mario Santo Domingo. El 27 de enero de 1963, *Pipe* Santo Domingo organizó una fiesta para hacer la entrega del casino de Águila, un lugar donde los empleados podrían hacer sus reuniones, tomar sus alimentos y disponer de cerveza gratis a la hora del almuerzo. Este último privilegio, que al parecer fue idea de *Pipe*, se eliminó luego debido a las riñas que se producían entre el personal que abusaba de la libre disposición de la bebida. Dicen que al terminar la ceremonia de entrega del casino, *Pipe* se disculpó de los obreros argumentando que debía llevar a Puerto Colombia a Diana Limmander, una amiga de su esposa, Betty Dupont. No obstante, le pidió a Cepeda que se llevara a los trabajadores a La Cueva para reunirse con ellos más tarde y continuar con la celebración. En una de las curvas de la carretera a Puerto Colombia, frente al balneario Prado-Mar, el automóvil Zenit de *Pipe* patinó y se volteó, algunos dicen que después de chocar contra una vaca. Roberto Ferro recuerda que él se encontraba con los Mancini en el Prado-Mar, una dependencia del Hotel del Prado en Puerto Colombia, cuando alguien llegó gritando que se había matado uno de los Mancini, una de las familias más ricas de Barranquilla, dueños de molinos y una fábrica de pastas.

"Eran como las cuatro de la tarde. Nosotros teníamos nuestros tragos. Al escuchar los gritos salimos corriendo. Tú sabes, Barranquilla es escandalosa desde entonces. Allá alguien se choca y sale todo el pueblo a discutir. En la curva vimos que el carro estaba volteado. Era un carro pequeño, descapotado. *Pipe* estaba junto a una piedra, sangrando, estaba como inconsciente. La gente se aglomeró. La muchacha gritaba desconsolada que salvaran a *Pipe*. Nosotros no nos atrevimos a montarlo en el carro de los Mancini porque estábamos con tragos".[52] La muchacha no sufrió ninguna fractura. Un hombre que pasó por el lugar del accidente recogió a *Pipe*, y sin saber de quién se trataba, lo puso en el platón de su camioneta para llevarlo a la Clínica del Caribe. A partir de ese momento, las versiones de la suerte de *Pipe* son disímiles, pero todas tienen en común un lamento: que hubo un error de diagnóstico de la lesión.

"Lo llevaron al hospital de Barranquilla, que era una mierda, y no lo querían recibir, pero por el reloj, cuando se dieron cuenta del reloj fino que llevaba, '¡mierda, mira el reloj que tiene este tipo!', ahí fue cuando pensaron que el tipo tenía que ser importante. Horas después apareció la familia y se lo llevaron para la clínica Del Prado, que era la clínica más importante en ese momento. Allá estuvo el resto del día, no le hicieron radiografías, por eso fue que no le detectaron la naturaleza de la lesión". En sus notas de sociedad, *El Heraldo* informó:

"En relación con los rumores que circundan" sobre el accidente "de nuestro muy distinguido amigo Don Luis Felipe Santo Domingo, debemos informar que el caso no revistió gravedad. El estado de la salud del señor Santo Domingo anoche era satisfactorio".[53]

Los médicos que atendieron al joven pensaron que se había fracturado unas costillas, para lo cual se recomienda analgésicos y quietud. Al parecer las radiografías no mostraron la verdadera gravedad de la situación y era que el pulmón había sido perforado por una de las costillas astilladas. Según los testimonios callejeros que aún se escuchan en la ciudad, la perforación no apareció en la radiografía debido a una baja en el voltaje del fluido eléctrico. Otros dicen que ni siquiera le tomaron placas. Dos días después del accidente, *Pipe* murió.

Julio Mario no estaba en la ciudad. La familia lo buscaba desesperadamente. Desde el único télex que había en Barranquilla, le enviaron mensajes a Nueva York, París, Londres. Finalmente fue localizado en Estados Unidos. Viajó a Barranquilla el 30 de enero y después del entierro salió a España, donde informaría a sus padres, Don Mario y Beatriz, la noticia de la tragedia de su hermano, según una nota de sociedad de *El Heraldo* en la que el obituarista se ocupó de aclarar que el empresario haría el viaje "en uno de los jets que cruzan los océanos en el término de unas pocas horas". La muerte de *Pipe* destruyó emocionalmente a Don Mario y a Beatriz. *Pipe* era el muchacho travieso y festivo de la casa con quien Don Mario tenía una relación mucho más estrecha que con Julio Mario, por lo que aquél continuaba viviendo en Barranquilla mientras el mayor ya empezaba a viajar por el mundo*. "Luis Felipe era de carácter festivo y bonachón, pero tenía la particularidad de crispar los nervios de los ejecutivos de la compañía con sus travesuras. Se recuerda la vez que hizo, como una gracia de las muy comunes en él, bailar en el aire un trompo metálico dentro de los saloncitos de costosos aparatos de laboratorio [de cervecería Águila], delante del director técnico, Franz Schloegl, hombre de estatura regular, un tanto robusto".[54]

Cuando Julio Mario perdía la paciencia por la falta de olfato para los negocios de su hermano, decía cariñosamente que *Pipe* era una versión contraria del Rey Midas, pues donde ponía la mano todo quedaba en ruinas. *Pipe* tenía negocios de cambio de dólares y devengaba algunas ganancias de un incipiente sentido de la especulación bursátil, aunque lo suyo eran las relaciones públicas y el boato de la costa.

Don Mario se derrumbó y la cervecería empezó a extrañar su dinamismo. Julio Mario regresó para compartir la pena con sus padres y hacer lo posible por mantener a flote la fábrica, que en esos momentos ya empezaba a sentir el asedio inclemente de Bavaria. "Aquella tarde del entierro, Julio Mario, apoyado en los hombros de Alfonso Restrepo Ochoa, le susurró al oído: 'El muerto debería ser yo... mi hermano era muy noble".[55]

Años después, muerto Cepeda, muertos *Pipe*, Don Mario y Doña Beatriz, y quedando muy pocas razones para regresar a Barranquilla, Julio Mario decidió donar a una congregación de religiosas una casa que tenía en Puerto Colombia para hacer parrandas de amanecer. Al enterarse del nuevo destino que se le daría a la propiedad, su amigo Francisco Posada de la Peña le pidió a Jinete que comprara dos galones de agua bendita. Al día siguiente, Jinete se presentó en la casa de dos pisos con un tanque de fumigación lleno del agua recién bendecida y fumigó todas las habitaciones y la terraza donde Julio Mario salía semidesnudo a tomar sol.

NOTAS

1. "Julio Mario Santo Domingo, embajador en China: 'Lo chino me conmueve, me excita, me encanta", entrevista con Julio Mario Santo Domingo, Margarita Vidal, revista *Cromos*, # 3272. 30 de septiembre de 1980.

2. Fecha tomada de su registro en Phillips Academy. Durante una diligencia judicial en Washington, Santo Domingo dijo que había nacido el 16 de octubre de 1926.

3. "Julio Mario Santo Domingo, embajador en China: 'Lo chino me conmueve, me excita, me encanta", Margarita Vidal, revista *Cromos*, # 3272 del 30 de septiembre de 1980.

4. "Julio Mario Santo Domingo, embajador en China: 'Lo chino me conmueve, me excita, me encanta", Margarita Vidal, revista *Cromos*, # 3272 del 30 de septiembre de 1980.

5. Entrevista telefónica con Jaime Concha, diciembre de 2001.

6. Entrevista personal con Álvaro Escallón Villa, Miami, 21 de enero de 2000.

7. Entrevista personal con Álvaro Escallón Villa, Miami, 21 de enero de 2000.

8. *The Blue Book, Rules and Regulations 1942-1943*, Phillips Academy, Andover Massachusetts, pág.2.

9. *Op.cit.*. pág.6.

10. *Pot Pourri*, Phillips Academy Yearbook, 1943.

11. Entrevista telefónica con Phil Drake, presidente de la promoción de 1943 de Philip Academy, 7 de diciembre de 1998.

12. William A.Degregorio, *The Complete Book of U.S. Presidents, from George Washington to Bill Clinton*, Wings Books, New York, 1997, pág. 668.

13. Entrevista con Juancho Jinete, 19 de abril de 1999.

14. "Julio Mario Santo Domingo, embajador en China: 'Lo chino me conmueve, me excita, me encanta", Margarita Vidal, revista *Cromos*, # 3272 del 30 de septiembre de 1980.

15. "Voy a la China como embajador y no como encargado de negocios", revista *Consigna* vol. 5, número 112, noviembre de 1980.

16. Entrevista telefónica con Álvaro Mantilla, 1 de febrero de 2000.

17. *What'd I Say, The Atlantic Story, 50 Years of Music*, Ahmet Ertegun witt Greil Marcus, Nat Hentoff, Lenny Kaye, Robert Gordon, Robert Christgau, Vince Alerti, Will Friedwald, David Fricke, Barney Hoskyns, Welcome Rain Publishers, New York, 2001, pág. 7. (Como editores de La historia de Atlantic Records y los hermanos Ertegun aparecen Julio Mario Santo Domingo hijo y Charles Perry Richardson. El libro fue dedicado a la memoria de *Pipe* Santo Domingo Dupont, sobrino de Julio Mario, que murió en un accidente automovilístico).

18. *Op.cit.* pág. 21.

19. *Op.cit.* pág. 414.

20. Entrevista telefónica con Julita Emiliani, Miami, 7 de junio de 1999.

21. Entrevista personal con una amiga de Cepeda y de Santo Domingo que pidió no ser identificada, Bogotá marzo de 1999.

22. Gabriel García Márquez, *Obra Periodística 1*, Textos Costeños, Editorial Norma, Bogotá, 1997, pág. 257.

23. Margoth Dávila vive en Miami y se negó a concederme una entrevista sobre su relación con Santo Domingo.

24. Dasso Saldívar, *Viaje a la Semilla*, Editorial Planeta, México, 1997, pág.227.

25. Mantilla, pág.127.

26. *Quién es y cómo piensa el primer embajador de China*, Lucy Nieto de Samper, *El Tiempo*, 2 de octubre de 1980.

27. . Entrevista personal con Alfonso de la Espriella, Barranquilla, 17 de abril de 1999.

28. *"We invest incestuously"*, Joel Millman, revista *Forbes*, 13 de agosto de 1992.

29. Entrevista personal con Juancho Jinete, Barranquilla, 17 de abril de 1999.

30. Heriberto Fiorillo, *La Cueva, Crónica del Grupo de Barranquilla*, Editorial Eriberto Fiorillo, Bogotá, 2002, pág. 252.

31. Según Fiorillo, el cuadro era "de un caballero elegante con una mano en el pecho, como un prócer", pero en la entevista de Margarita Vidal, Santo Domingo implícitamente acepta que era Bolívar. La pregunta fue: "¿Por qué le sirvió usted a Obregón de modelo para el retrato de Bolívar?" La respuesta: "Ah, yo posaba con un calor espantoso. Nos tomábamos unos tragos y me ponían una manta".

32. "Julio Mario Santo Domingo, embajador en China: 'Lo chino me conmueve, me excita, me encanta", Margarita Vidal, revista *Cromos*, # 3272 del 30 de septiembre de 1980.

33. Heriberto Fiorillo, *La Cueva, Crónica del Grupo de Barranquilla*, Editorial Eriberto Fiorillo, Bogotá, 2002, pág. 82

34. "Cuando Julio Mario publicaba cuentos", Juan Gossain, Lecturas Dominicales de *El Tiempo*, 25 de noviembre de 2001, pág. 3.

35. *Op.cit.* pág. 2.

36. *Op.cit.* pág. 2.

37. *Op.cit.* pág. 2.

38. Mantilla, pág. 50.

39. Entrevista personal con Juancho Jinete, Barranquilla, 17 de abril de 1999.

40. Entrevista telefónica con Edyala Braga, 15 de mayo de 2002.

41. Entrevista personal con Roberto Ferro, Miami, enero de 2002.

42. Entrevista telefónica con Álvaro Mantilla, 1 de febrero de 2000.

43. Álvaro Mantilla Olivares, *Itinerario de un Imperio Económico, Julio Mario Santo Domingo (Padre e Hijo)*, Talleres de Gráfica del Litoral, Barranquilla, 1993, pág 117.

44. Álvaro Mantilla Olivares, *Itinerario de un Imperio Económico, Julio Mario Santo Domingo (Padre e Hijo)*, Talleres de Gráfica del Litoral, Barranquilla, 1993, págs. 116 y 117.

45. Camándula, *Las mujeres de Obregón*, Elektra Editores, Bogotá, 1993, pág. 77.

46. Antonio Cacua Prada, *Historia del periodismo colombiano*, Ediciones Sua, Ltda. Bogotá, segunda edición, pág. 348.

47. Entrevista por correo electrónico con Plinio Apuleyo Mendoza, 18 de enero de 2000.

48. Plinio Apuleyo Mendoza, *Gentes, Lugares.* Editorial Planeta, Colombia, 1986, pág 189.

49. Correspondencia electrónica con Daniel Samper, 26 de enero de 2000.

50. Heriberto Fiorillo, *La Cueva, Crónica del Grupo de Barranquilla*, Editorial Eriberto Fiorillo, Bogotá, 2002, pág. 168.

51. Entrevista personal con Daniel Samper Pizano, Miami, febrero de 2002.

52. Entrevista personal con Roberto Ferro, 20 de noviembre de 2001.

53. "Don Luis Felipe Santo Domingo", *El Heraldo*, 18 de enero de 1963.

54. Álvaro Mantilla Olivares, *Itinerario de un Imperio Económico, Julio Mario Santo Domingo (Padre e Hijo)*, Talleres de Gráfica del Litoral, Barranquilla, 1993,pág.60.

55. Álvaro Mantilla Olivares, *Itinerario de un Imperio Económico, Julio Mario Santo Domingo (Padre e Hijo)*, Talleres de Gráfica del Litoral, Barranquilla, 1993, pág. 61.

4

El golpe de Águila

A mediados de 1960, las ventas de Águila se estancaron. Una legión de vendedores entrenados por cerveceros alemanes en el arte de persuadir tenderos, dueños de bares, billares y prostíbulos, acorraló la distribución de la cerveza barranquillera en su propia cancha. En pocos meses, Bavaria impuso sus marcas en la región en medio de una guerra que no tenía límites, como recuerda Guillermo Muñoz Penagos, uno de los empleados de Bavaria enviado a Barranquilla a la conquista del mercado de la costa.

"Llegábamos a los prostíbulos y convencíamos a la mujeres de que le exigieran a sus clientes Germania, que era nuestro producto clave. Fue una campaña muy buena que fue cercenando poco a poco el mercado de Águila al punto que en 1966, ésta había perdido el mercado y se impusieron Germania y Costeña. La calidad y el sabor de Germania pudieron más que el regionalismo".[1] En planchones que navegaban río abajo por el Magdalena hasta Puerto Berrío, los vendedores de Bavaria inundaron con miles de litros de cerveza pueblos y caseríos en donde escasamente había agua potable. Algunos de los promotores eran altos directivos de la empresa que debían salir periódicamente de sus oficinas de Bogotá a recorrer el país de tienda en tienda para ponerse al día en las leyes del mercado y de la selva. Bavaria también sonsacó algunos ejecutivos de Águila.

El gerente de Bavaria en Barranquilla era Ernesto Soto, quien comenzaba una carrera ascendente en el mundo cervecero del país.

Como parte de su estrategia de ocupación de la costa, Bavaria montó en Barranquilla un circo con payasos, equilibristas y leones viejos. En la entrada del espectáculo se repartía Pony Malta para los niños, Germania para los hombres y Costeña para las mujeres. Los promotores de Bavaria regalaban los primeros envases de la cerveza para "iniciar" al vendedor en el ciclo de los pedidos aunque ésta era una práctica prohibida, como denunció varias veces Don Mario Santo Domingo.

Don Mario era consciente de que Bavaria estaba inundando su propio patio, pero su espíritu de empresario de reacción rápida estaba vencido desde de la muerte de su hijo *Pipe*. Otras circunstancias favorecían el avance de la competencia. Los clientes de Águila en zonas alejadas de Barranquilla se quejaban de que la cerveza llegaba "pasada" o sin frescura a los expendios, lo cual comprobaban los expertos consumidores al regar en el piso un chorro del líquido antes de tomarse el primer sorbo y darse cuenta que la cresta de la espuma no aparecía. La cerveza no tenía gas. Al estudiar el proceso, los técnicos de la empresa descubrieron que, durante los recorridos largos por caminos pedregosos y carreteras destapadas, la cerveza perdía el gas por unos pequeños orificios que se formaban en las tapas de los envases, probablemente por deficiencias del corcho que cubría el metal. Mientras estas fallas se corregían, Bavaria desplazaba a la "sin igual y siempre igual" en los cafetines de la costa.

El personal de Águila no se quedó con los brazos cruzados ante la amenaza de Bavaria. Los empleados de la empresa de Don Mario se reunían en tiendas y cabarés de la ciudad para ordenar numerosas tandas de cerveza Águila, y cuando la bebida empezaba a hacer efecto, se acercaban a los vecinos de mesa para convencerlos de que no había otra mejor cerveza que ésa, la verdadera de la costa, el orgullo de Barranquilla. Los trabajadores tenían permiso para emborracharse, y la empresa pagaba por la juma como parte de una de las campañas desesperadas del gerente de ventas, Luis Vergara Palacios, para contrarrestar la invasión de Bavaria y crear el ambiente de que Águila estaba en todas partes. Cuenta Álvaro Mantilla Olivares, ex taquígrafo de Don Mario, que los "grupos de trabajadores salían desde las primeras horas de la noche hasta la madrugada a instalarse en las principales mesas de los negocios para consumir cerveza Águila, dando así al público la impresión de que el consumo del producto no había decaído cuando la verdad era otra bien distinta".[2]

En efecto, después de varios días de parrandas certificadas, las cifras seguían indicando que el consumo de Águila se iba a pique. Un nuevo fiasco contribuyó al desastre en las ventas. La compañía lanzó al mercado su cerveza en un envase de color ámbar más pequeño para competir con Costeñita, un exitoso producto de Bavaria dirigido al sector femenino del mercado. La nueva cerveza, que se conoció como Aguilita, fue un fracaso, "pese a la inversión que significó el diseño de un envase nuevo con etiqueta pirograbada". Reacios a comprarla, los consumidores explicaron que el tamaño no justificaba el costo pues "compraba por un precio alto la mitad del contenido de la misma cerveza Águila tamaño grande".[3] La Aguilita fue sacada del mercado y la empresa tuvo que sepultar por lo menos unas 100,000 botellas vacías en una ribera del río Magdalena. Con el paso del tiempo, los envases empezaron a salir a la superficie, y en 1990 el sitio fue utilizado por el Grupo Santo Domingo como cantera de vidrio para reciclaje.

Impresionado por las novelerías de un publicista americano de apellido Ferguson, Álvaro Cepeda convenció a Julio Mario y éste a su papá de modernizar la etiqueta de la cerveza reemplazando el clásico mapamundi amarillo sobre el que se posa el águila por un globo terráqueo moderno de fondo blanco que parecía mandado a hacer por la ONU. "La gente decía 'mierda, se tiraron la cerveza, esta cerveza está aguada', veían el blanco del fondo y decían que estaba aguada".[4]

Julio Mario Santo Domingo no fue ajeno a los reveses de la empresa. Junto a su padre alicaído vivió de cerca la crisis y analizó con él varias salidas para evitar que Águila terminara postrada ante la competencia. Aunque son pocos los detalles que se conocen de la estrategia que finalmente se trazó para afrontar la grave situación, sus efectos fueron evidentes. Los Santo Domingo resolvieron conquistar a Bavaria, seducir al monstruo que los asediaba para dominarlo por medio de una abrumadora campaña de compras secretas de acciones y relaciones públicas, estas últimas enfocadas en el entonces presidente de la poderosa cervecería de Bogotá, Alberto Samper Gómez. ¿Y quién más indicado sino el joven Santo Domingo, seductor natural, para ganarse la amistad del aristócrata bogotano con quien además tenía un lejano parentesco?

Alberto Samper era un administrador de empresa que se había casado con Olga Kopp, descendiente del fundador de Bavaria, Leopoldo Kopp. Aunque no tenían muchas acciones, los descendientes de los fundadores eran los mandacallar en la administración de la compañía. Para entender la manera en que las familias acomodadas de entonces, como las de ahora, se entrelazaban para compartir el poder, hay que recordar que Olga Kopp era nieta de Leopoldo Kopp Castelló, hijo del fundador de Bavaria, y Olga Dávila Alzamora, la segunda esposa del ex presidente Alfonso López Pumarejo.

A su vez, Olga Dávila Alzamora era hija de José Domingo Dávila Pumarejo (pariente de la mamá de Julio Mario Santo Domingo) y Dolores Alzamora de Mier, de Santa Marta. José Domingo Dávila Pumarejo era hermano de Pedro Manuel Dávila Pumarejo, abuelo de Beatrice Dávila Rocha, esposa de Julio Mario.

En los años cuarenta, Alfonso López Michelsen era vicepresidente de Bavaria, pero fue desvinculado de la empresa con el argumento de que no tenía suficiente preparación y era muy joven. Por esa vía entró Alberto Samper a la vicepresidencia de la cervecería y en 1959 fue nombrado presidente, en reemplazo de Vicente de la Cuesta. Bavaria era entonces un consorcio muy próspero que no sabía qué hacer con su boyante liquidez. En sus cuentas bancarias la cervecería tenía más de 20 millones de dólares en reserva. Fue entonces cuando se puso en marcha un plan de diversificación que aprobó la junta directiva de la empresa para hacer inversiones en la industria petroquímica, fertilizantes, ganadería, aluminio, vidrio, alimentos para consumo humano y animal, casi todos renglones en los cuales los Santo Domingo también tenían intereses.

"En ese momento Samper se creía el presidente de la General Motors, compraba de todo", recordó un accionista de Bavaria. En su primer año de presidencia la empresa se convirtió en una sociedad anónima "para amoldarse mejor a las modalidades industriales y comerciales modernas".[5]

Las fronteras del mundo social de Alberto Samper no se extendían más allá de los clubes de la aristocracia bogotana. A través de amigos comunes, Julio Mario se acercó al presidente de la poderosa compañía que tanto daño les hacía, y en un sutil y perseverante asedio de invitaciones y regalos, le puso el mundo a su alcance, lo sacó a Nueva York, a París y a otros ambientes que el empresario barranquillero dominaba a sus anchas.

Los Santo Domingo y Samper se encontraban además en las juntas directivas de algunas de las empresas que Bavaria escogió para invertir en su desbocado programa de diversificación. Es el caso de la Unión Industrial y Astilleros Barranquilla Unial S.A., un importante astillero fundado por ingenieros alemanes en 1929. Entre los accionistas del astillero, que además amplió su objeto social a la construcción de maquinaria industrial, tanques y accesorios metalmecánicos, estaban J. Louis Reynolds (de Alumino Reynolds), Alberto Samper, Don Mario Santo Domingo y su hijo Julio Mario. Santo Domingo y Samper hicieron largos viajes a Europa en compañía de Jorge Barco, presidente de Petroquímica del Atlántico (una empresa que participó con Bavaria en uno de los proyectos de diversificación) buscando fuentes de financiación para la construcción de una fábrica de urea.

"Julio Mario inició a Alberto Samper en la perversidad", me dijo jocosamente una persona que los conoció a ambos. "Alberto Samper era un muchacho bueno, *boy scout*, educado desde muy chiquito en Estados Unidos, un poquito mayor que Julio Mario, muy buena persona... Pues Samper terminó de esclavo mental de Julio Mario, que era el que conocía viejas, el que hacía fiestas, que se movía en Nueva York como pez en el agua, y el *boy scout* al pie".

En el campo de las simpatías políticas la situación de Julio Mario con Samper era incómoda, pues mientras Samper militaba en la llamada Mano Negra, un grupo de ultraderecha que atacaba al izquierdista Movimiento Revolucionario Liberal (MRL), Julio Mario y su padre mantenían una estrecha relación con López Michelsen, el fundador y principal figura del MRL. Los directivos de Mano Negra eran Samper, José Gómez Pinzón (Cuéllar, Serrano Gómez), Hernán Tovar (Banco de Bogotá), Hernán Echavarría Arango (Corona), Aurelio Gorrea Arango (Bancoquia) y Eduardo Zuleta Ángel (empresas extranjeras). Como secretario *ad hoc* actuaba Salvador Otero Ospina.

Estas distancias políticas no fueron, sin embargo, un obstáculo para el cortejo asfixiante de invitaciones, regalos y atenciones que recibió Samper y que cambiaron su estilo de vida. Por el contrario, Samper se entregó a la bohemia refinada de Julio Mario en el *jet-set* criollo y el de Nueva York, y ambos se hicieron grandes amigos.

"Julio Mario andaba con Alberto Samper, le cargaba las maletas a Samper y después era al revés, era Samper el que le cargaba las maletas a Julio Mario. Me acuerdo de que Julio Mario traía aquí a Samper y lo llevaba a Place Pigalle [*striptease*], a todas partes y le hacía sancocho".[6]

Un ex funcionario de Águila agregó: "Si hay algo que reconocer en esta etapa de su vida a Julio Mario fue su dedicación a Alberto Samper y a su esposa... lo hizo con una paciencia de monje".

Santo Domingo logró exactamente lo que se propuso. A espaldas de la gran masa de socios de Bavaria, Samper entregó a los Santo Domingo el control de la empresa más rentable del país: en diciembre de 1966, Bavaria aprobó la compra de Águila.

Con anterioridad, Santo Domingo logró que se firmara un acuerdo por medio del cual ambas cervecerías se comprometían a envasar el producto de la otra en sus instalaciones para reducir los costos de transporte. Después vino lo más importante. Bavaria resolvió comprar Cervecería Águila y pagar con acciones de la empresa. Esa forma de pago, concebida y anhelada por los Santo Domingo, convirtió a los empresarios de Barranquilla en los mayores accionistas individuales de Bavaria. Según Julio Silva Colmenares la prima pagada por Bavaria a Águila fue de 36 millones de dólares.[7]

Le pedí la opinión sobre la conquista de los Santo Domingo a un ex directivo de Bavaria de la época y me respondió: "Yo no diría que fue un negocio leonino para Bavaria, no creo, yo lo que sí creo es que fue un negocio mal concebido por parte de Alberto Samper en el sentido de que él pudo comprar emitiendo unas acciones y vendiéndoselas al público y no haber comprado Águila con acciones de Bavaria. Es decir, le dio la oportunidad a Santo Domingo de ser el accionista más grande de Bavaria cuando aquello era una sociedad abierta. Ahora, no hay que desconocer una cosa: el mérito de Julio Mario Santo Domingo es haber estado al lado de Alberto Samper durante tres o cuatro o cinco años, dedicado con una amistad y una vaina, andar con él para arriba y para abajo, hasta convencerlo de comprar la cervecería. Ahora, si esto está mal hecho no es el caso juzgarlo. Julio Mario fue un genio en su trabajo de vendedor de su empresa al señor Samper".

Según la misma fuente, la compra fue conversada entre Alberto Samper y Julio Mario Santo Domingo, el avalúo lo hizo Eduardo Wills, que era vicepresidente de producción, y Jorge Ferro Mancera, asesor tributario, preparó un memorándum completo sobre la operación, que fue aprobado por la junta directiva. Fue la misma junta directiva la que dispuso de unas acciones que había aprobado la asamblea general para emitirlas cuando lo estimara conveniente.

"Las emitieron para la compra de Águila. Así que no fue a espaldas de los miembros de la junta... El error desde el punto de vista de Bavaria fue darles una situación privilegiada a los Santo Domingo sin que los otros accionistas supieran que la maniobra los convertiría en el accionista más grande de Bavaria. No creo que económicamente haya sido una cosa que si tú la pones en una balanza, cuánto costó Águila y cuánto pagó Bavaria, puedas decir que la pagó por mucho más de lo que valía. Yo creo que el valor comercial, las acciones que dio Bavaria por Águila, correspondía al valor que podían tener los activos de la cervecería de Barranquilla".

Jorge Ferro Mancera me explicó que fue contratado por Bavaria para analizar los asuntos tributarios del negocio y que a grandes rasgos lo único que recuerda de la transacción es que una filial de Bavaria, Inversiones Fenicia S. A., traspasó acciones de Bavaria a los dueños de cervecería Águila, y aparte de eso les dio unos fondos en efectivo.

"La negociación se hizo en una etapa un poco borrascosa porque en medio de la misma fue arrestado el presidente de Bavaria, Alberto Samper, y estaba la pelea de quién lo iba a reemplazar", comentó Ferro.[8] El arresto al que se refiere conmovió a la sociedad bogotana, pues Samper era un personaje querido y admirado por muchos que estaban convencidos de que su error fue involuntario y no producto de una conspiración criminal. El origen de su problema fue el siguiente: por petición del presidente Lleras, Samper aceptó conformar un tribunal de arbitramento que debía definir una fórmula de liquidación de la Electrificadora del Atlántico, una empresa de capital estadounidense. Al parecer, Samper, que no conocía los laberintos legales del caso, firmó junto con Eduardo Zuleta Ángel, otro de los tres árbitros, una decisión que fue denunciada por prevaricato. Aunque el delito nunca fue probado, Samper estuvo varios años en la cárcel y fue liberado por pena cumplida. Murió en el año 2000.

Uno de los más pacientes investigadores del conglomerado Santo Domingo, el profesor de la Universidad Nacional Bernardo Parra, sostiene que la forma como se realizó el trueque de las acciones de Bavaria por las de Águila es todavía una operación "que ni los herederos de la fortuna del fundador de Bavaria, Kopp, se explican".[9]

Hasta el momento en que se concretó la venta de Águila, Bavaria no tenía ni un sólo socio con más del tres por ciento de las acciones. De un golpe, los Santo Domingo ingresaron en la sociedad anónima con el 12 por ciento.

La operación produjo protestas. Fernando Pardo, vicepresidente financiero de Bavaria, no ocultó su descontento. En su carta de renuncia advirtió que en la junta directiva de la empresa "desapareció la armonía y sus decisiones no fueron más el resultado de la consulta entre los directores, sino el corolario de determinaciones tomadas de antemano, como si las hubieran acordado personas extrañas a la junta".[10] A renglón seguido, recordó que, cuando en diciembre de 1966 la familia Santo Domingo adquirió, a través de una o varias de sus sociedades y a cambio de las instalaciones, equipos y demás elementos de las instalaciones de propiedad de Cervecerías Barranquilla y Bolívar S.A., así como el derecho a percibir 46 millones de acciones de Bavaria, lo cual le permitía controlar el 20.2 por ciento de las acciones emitidas por la empresa, usaron procedimientos hasta ahora desacostumbrados en las reuniones de accionistas de Bavaria. Años después, en la asamblea del Teatro Ópera de Bavaria de junio de 1969, el accionista Rafael Bernal Jiménez hizo una extensa exposición sobre el negocio que fue resumida así por las tijeras discriminatorias del secretario: "Hizo enseguida el orador una extensa exposición sobre el llamado negocio Bavaria-Santo Domingo, señalando que, en su opinión, si bien la empresa pudo beneficiarse con esa negociación, perdió su autonomía administrativa porque un grupo que dispone del veinte con dos por ciento *(sic)* de las acciones, adquiere el poder decisorio de la junta directiva en las asambleas generales".[11]

En un acto iluso, Bernal presentó una resolución en la que pedía que se rectificara el sistema que establecía "un excesivo predominio de los grupos de poderosos accionistas sobre la gran masa de los pequeños y medianos".

Si alguien quisiera saber en pocas palabras cómo empezó a hacerse rico y poderoso Julio Mario Santo Domingo por sí solo, la respuesta está en este negocio "desacostumbrado". Su intervención para que la cervecería de Bogotá sufragara con acciones el valor de una empresa que estaba a punto de doblegarse ante la competencia fue una jugada maestra que retrata fielmente esa sutil combinación de seducción y halconería empresarial. En medio de la gran batalla cervecera, era muy claro que Bavaria estaba en condiciones de apabullar a la cervecería de Barranquilla con su abrumadora campaña de circo y mercadeo. Pero en el punto de quiebre, cuando la lógica predecía que el pez grande se comía al chico, apareció en escena Santo Domingo con una fórmula que lo haría millonario. Por esa primera victoria empresarial, Julio Mario recibió de su padre dos millones de dólares, una cantidad suficiente para que su carrera tomara vuelo y autonomía en un conglomerado que no parecía tener límites y estaba hecho para él.

El siguiente paso fue un golpe de estado fríamente calculado que tuvo como exitoso objetivo sacar a Alberto Samper y a los representantes de la administración anterior. Samper estaba alcoholizado. Julio Mario se reunió con Juan Uribe-Holguín, miembro de la junta directiva, y con Jorge Barco, entonces presidente de Petroquímica, y entre todos urdieron un plan para destronar a Samper en la votación por la presidencia de la compañía.

En una elección que fue furiosamente atacada por Paco de Zubiría, miembro de la junta directiva y yerno de Samper, Uribe-Holguín fue nombrado presidente de la compañía y Barco vicepresidente ejecutivo. Durante una entrevista que sostuve en el 2001 con Paco de Zubiría, seis meses antes de su muerte, me comentó con tristeza la manera como los Santo Domingo trataron a su suegro después de que lo usaron para saltar desde sus hombros al mar de la fortuna de Bavaria. De Zubiría me confirmó un rumor que yo había escuchado repetidamente, y es que un día que Samper llegó a trabajar a la compañía, encontró su escritorio en el pasillo del piso.

Confronté la versión con un directivo de Bavaria de la época y me dijo que no era cierta. Que a Alberto Samper se le dio una oficina en las nuevas torres de la cervecería en el centro de la ciudad y continuó asistiendo a la junta directiva de la empresa como asesor jurídico hasta el día que fue arrestado a la salida de una de las reuniones de la junta por la acusación de prevaricato.

El nuevo presidente de Bavaria, Juan Uribe-Holguín, era un abogado conservador muy prestigioso. Se educó en Francia, y le gustaba hablar en francés, detalles que lo acercaban más a Julio Mario, siempre atento a todo lo que dispensara un tufillo de aristocracia europea o de pragmatismo americano. Fue ministro de Relaciones Exteriores y varias veces presidente del Jockey Club. Muy allegado al presidente Laureano Gómez y apoderado de empresas petroleras importantes en Colombia.

En la práctica, Uribe-Holguín era sólo un comodín de Julio Mario, pues su verdadero hombre de acción y conspiración era Jorge Barco Vargas, el hermano de Virgilio Barco, presidente de Colombia de 1986 a 1990. Graduado en 1956 en Administración de Negocios en el Babson College de Boston, Jorge Barco era, más que un subalterno, un amigo de su altura. El astuto administrador cucuteño se sentía con la confianza suficiente como para decirle a Santo Domingo que en lugar de miembro del *jet-set* él no era más que un afiliado al "*propeller set*". Y cada vez que al empresario se le olvidaba de que estaban al mismo nivel, Barco se lo recordaba sin pena. Como el día en que Santo Domingo le pidió que le sirviera un whisky de la misma forma como acostumbraba a mandar a otros subalternos, y Barco le respondió "no seas pendejo, servítelo tú".

Al graduarse, Barco trabajó para una empresa de la Bolsa de Bogotá y de allí pasó a ser subgerente de Electromanufacturas S.A. que fabricaba soldadura eléctrica con una patente de Westinghouse. En una reunión de la Asociación Nacional de Industriales (ANDI) Alberto Samper, que era presidente de Bavaria, lo invitó a trabajar en la cervecería como jefe del recientemente fundado Departamento de Economía, que funcionaba bajo la vicepresidencia de Cuco Michelsen, el hermano mayor del banquero Jaime Michelsen Uribe. Barco se familiarizó con la historia interna de Bavaria leyendo en sus ratos libres las actas de la junta directiva magistralmente redactadas por el escritor Hernando Téllez, entonces secretario general.

En otra reunión de la ANDI en Barranquilla conoció a *Pipe* Santo Domingo, luego a Don Mario y finalmente a Julio Mario, con quienes estrecharía una amistad de negocios y personal en los años venideros. Bavaria era entonces una de las 20 cervecerías más grandes del mundo, pues las alemanas famosas eran empresas regionales que no tenían la proyección de la fábrica colombiana. De todas maneras, Alemania era el Vaticano de la cerveza y allí se concebían los más importantes avances tecnológicos de la industria seguidos muy de cerca por los técnicos alemanes contratados por Bavaria en Bogotá. Uno de ellos, el maestro cervecero de Bavaria, el señor Schmidt, se enteró de que una familia de la ciudad alemana de Caburgo había desarrollado un método para hacer extracto de lúpulo, la planta cuyo fruto desecado se emplea para aromatizar y dar sabor amargo a la cerveza. Hasta entonces Bavaria compraba el lúpulo en Estados Unidos en paquetes comprimidos de la planta que eran despachados desde Seattle hasta puertos colombianos y de allí distribuidos a las cervecerías del país, donde debían ser almacenados en contenedores refrigerados para evitar la oxidación. Con el nuevo adelanto ya no había que preocuparse por la oxidación y el transporte era mucho más ágil, puesto que el lúpulo líquido era envasado en frascos que no ocupaban mucho espacio.

Después de varias negociaciones, Bavaria firmó un acuerdo con la familia alemana que desarrolló el extracto, y empezó a producirlo en cantidades industriales en el corazón de la región de mayor producción de lúpulo en Estados Unidos, Yakima, un condado agrícola del estado de Washington. En la ciudad que lleva el mismo nombre del condado se fundó la fábrica Hops Extract Corporation of America, que aún existe. Barco fue nombrado representante de Bavaria en la fábrica de lúpulo que en los años siguientes se convirtió en un próspero negocio al que acudían las grandes cervecerías de todo el mundo, incluyendo uno de sus primeros clientes, Cervecería Águila de Barranquilla. Los Santo Domingo negociaban con Barco la compra del líquido aromatizador para su cerveza, y a fuerza de comerciar con él comprobaron sus capacidades de buen ejecutivo.

Un día, durante un vuelo de Avianca que Barco tomaba desde Bogotá a Los Ángeles, y que hacía escala en México, Julio Mario Santo Domingo lo persuadió de regresar a Colombia para encargarse de Petroquímicas del Atlántico, una compañía del grupo Santo Domingo que estaba en problemas. La empresa había firmado un acuerdo con el italiano Franco Torressi para la construcción en Barranquilla de una planta de amoniaco y de urea que valía 49 millones de dólares. El complejo sería alimentado con gas extraído de la población El Difícil, en el departamento del Magdalena, y llevado por un ducto hasta la planta en Barranquilla. Pero el negocio se complicó luego de que los Santo Domingo se enteraron de un complicado cruce de intereses del italiano con sociedades intermediarias, lo cual le otorgaba un mayor control de las operaciones de lo que ellos pensaban.

Gracias a su amistad con Alberto Samper y a la tentadora liquidez de Bavaria, los Santo Domingo, que tenían un 25 por ciento en el negocio de la planta de amoniaco, embarcaron en el proyecto a la cervecería de Bogotá con otro 25 por ciento. Convencido por Santo Domingo y un buen sueldo, Barco aceptó el cargo de presidente de Petroquímica del Atlántico y se mudó a Bogotá, donde se opuso a la idea de desbaratar los planes con el italiano argumentando que las demandas por incumplimiento costarían más que las sumas hasta entonces invertidas. Seguir adelante fue su principal consejo, y con Julio Mario y Alberto Samper lograron convencer a varios bancos de Europa y a Mario Galán, presidente de Ecopetrol, de que la empresa estatal de petróleos hiciera su aporte al proyecto en un 10 por ciento. Luego vincularon al gobierno venezolano que compró una parte del proyecto y se comprometió a crear Monómeros Colombo Venezolanos.

De esta época se recuerda que durante una de las reuniones en Monómeros, Caracas, un asesor de Torressi se atrevió a contradecir a Julio Mario en una opinión intrascendente. Éste salió furioso y convocó a sus ayudantes –Pacho Posada, Jorge Barco y José Román, ex gerente de Colinsa– y les dijo que había que hacer algo para "joderse en ese tipo". "¿Cómo qué cosas se le ocurren, Don Julio Mario?", le preguntó uno de sus asesores, que además le hizo caer en la cuenta de que el hombre vivía en Miami, y Julio Mario respondió: "Hay que decir que la esposa es una puta y que yo me acuesto con ella".

El epílogo del negocio con el empresario italiano, Ecopetrol, los bancos y Venezuela es entreverado. Lo importante es que tuvo una solución favorable para los Santo Domingo y para Bavaria y consagró a Barco como el habilidoso componedor de conflictos de la familia.

En pocos años, el desabrochado empresario cucuteño, se ganó la confianza no solo de Julio Mario sino de su padre, Mario, quien una vez lo llamó para zanjar una de las tantas disputas de su hijo con Alfonso López Michelsen.

Una crisis desatada por los manejos de una empresa constructora de Bavaria que estaba gerenciada por un yerno de Uribe Holguín, presidente de la cervecera, provocó la renuncia de éste. En la prensa se dijo que el ejecutivo salía por problemas de salud. El natural sucesor no podía ser otro que Jorge Barco Vargas, quien fue nombrado presidente encargado en 1968. Con Barco en ese cargo, Julio Mario y su papá pensaban que ya todo estaba bajo control. No sospechaban que el flamante ejecutivo tenía más ambiciones que ellos.

Entonces el único enemigo público de Julio Mario Santo Domingo era J. J. García, uno de los herederos de los socios originales de Águila (cuando se llamaba Cervecería Barranquilla y Bolívar) que se sentía ultrajado personal y económicamente por la forma como él y su familia fueron marginados de las decisiones de la cervecería a pesar de las inversiones que su padre hizo en la empresa. En represalia, García publicó un libro de escasa circulación *El Ocaso de José Marco* en el que hizo un cruel retrato novelado de un magnate llamado José Marco Buenaventura dueño de Baviera, Aerocolombia y Cadena Escargot.

La resentida parodia de J. J. García contra Julio Mario es la historia de un "*dandy* chabacano" de cabello ensortijado, que consolida varios monopolios a punta de negocios turbios y la complicidad de los gobiernos de turno. José Marco Buenaventura maneja presidentes de la república –incluido un pariente suyo–, compra e intimida medios de comunicación, y después de un proceso de acicalamiento de su figura que incluyó un tratamiento para alisarse el cabello en Argentina, se transforma en un *playboy* que se acuesta con mujeres de sociedad y prostitutas en París, Nueva York y Bogotá. Sus amigos y colaboradores más cercanos son Jonás Bárcenas (¿Jorge Barco?), Paco Posse de la Piedra (¿Pacho Posada de la Peña?), Gutenberg Vascongado (¿Gustavo Vasco?), Carlín Curencio (¿Carlos Cure?) y Andrelo Cornlis (¿Andrés Conelissen?).

Una de las más cómicas escenas de la parodia es la narración de la manera en que Jonás Bárcenas se enteró de que José Marco había ido a Buenos Aires a alisarse el cabello. El propio Marco se lo contó así a su amante preferida: "El tal Bárcenas jugó tan sucio conmigo que no se limitaba a minar mi autoridad y cometer infidencias sobre cómo manejaba yo la empresa, sino que aprovechando las confidencias que yo le hacía regó el cuento entre los directivos de que yo había ido a Buenos Aires a que me alisaran el pelo. Yo le conté ese detalle personal porque una mañana me encontró en mi apartamento, después del baño, con una redecilla en la cabeza. Como todo lo preguntaba, le tuve que decir que era el complemento del tratamiento que me había hecho una peluquera en Argentina, pues heredé el pelo crespo y eso me fastidiaba. El chismoso había divulgado ese secreto".[12]

Marco acusó a Bárcenas de convertir en un "juergueadero" su apartamento en el edificio Ángel de la Calle 19. "El gordo era para mí un proveedor de mujeres y de vida disoluta. Yo, ingenuamente, lo tenía como secretario que suministraba esa vida de farra y de vicio, mientras él me estaba traicionando".[13]

José Marco se matriculó, según el autor, en la Pennsylvania State University, donde había 500 estudiantes hombres y cinco mil mujeres a causa de la Segunda Guerra Mundial. "Al principio su sola actividad académica fue el desenfreno sexual con las alumnas. Eso le trajo problemas con las directivas del plantel y con el estudiantado masculino".[14]

La versión novelada sobre lo que habría sido la disputa entre la familia García y los Santo Domingo, la puso el autor en boca de su personaje así: "Entre mi papá y la familia Galindo (¿García?) compraron en el año 32 una cervecería en Barranquilla. Esa familia Galindo era importante y más rica que mi padre. Era la gente ideal para asociarse con ella, pues tenían una rigurosa moral a la antigua, estrictos, cumplidos, con principios muy tradicionales. Eran banqueros, comerciantes, ganaderos, pero sin ningún conocimiento industrial. Pusieron de contado el capital para comprarle la cervecería a una familia Osorio, gente honorable y tradicional de Barranquilla. Mi padre [¿Don Mario Santo Domingo?] no tenía el dinero y se lo tuvieron que prestar los gringos, a quienes vendía caucho del Amazonas para hacer chicles... Nuestra táctica fue cansarlos y desesperarlos. No volvieron a la empresa ni quisieron saber nada de lo que hacíamos".[15]

Algunos cercanos colaboradores de Santo Domingo lo han escuchado decir que hay dos publicaciones que lo han mortificado profundamente en su vida: el libro de J. J. García y el artículo de *Semana* sobre las comisiones recibidas en Suiza. En uno de los capítulos, J. J. García dejó como una clave para la posteridad algunos nombres no ficticios. El magnate de la novela le dice a Laura, su amante: "Mientras esté ausente, tienes que grabarte estos tres nombres: Hentsch en Ginebra, Alpha Export Service en Nueva York, Tory y Pontus Corporation de Panamá. En esos nombres está concentrada mi fortuna, mi secreto, mi poder".*

* El autor intentó entrevistarse en Bogotá con J.J. García pero su esposa le informó que se encontraba en un estado de salud que le impedía mantener una conversación.

Cuando en la sociedad bogotana empezó a circular el chisme del gran golpe que los Santo Domingo dieron en Bavaria, el presidente Carlos Lleras Restrepo salió intempestivamente en televisión a denunciar algunos negocios de la cervecería. Los accionistas incautos protestaron pidiendo la cabeza de la junta directiva. Pero ya era tarde. Los Santo Domingo habían sellado el dichoso trueque y estaban planeando el segundo ataque: la toma de la junta directiva de Bavaria. La cita era en el Teatro Olympia de Bogotá, en la calle 25 N.9 –07 el día 29 de marzo de 1969 a las 9 de la mañana.

NOTAS

1. Entrevista personal con Guillemo Muñoz Penagos, Barranquilla, 17 de abril de 1999.

2. Álvaro Mantilla Olivares, *Itinerario de un Imperio Económico, Julio Mario Santo Domingo (Padre e Hijo)*, Talleres de Gráfica del Litoral, Barranquilla, 1993,pág. 170.

3. Álvaro Mantilla Olivares, *Itinerario de un Imperio Económico, Julio Mario Santo Domingo (Padre e Hijo)*, Talleres de Gráfica del Litoral, Barranquilla, 1993, pág. 171.

4. Entrevista personal con Guillemo Muñoz Penagos, Barranquilla, 17 de abril de 1999.

5. Enrique Ogliastri, *Cien años de Cerveza Bavaria*, Monografías, Serie Casos, Universidad de los Andes, febrero de 1990, pág. 17.

6. Entrevista personal con Juancho Jinete, Barranquilla, 17 de abril de 1999.

7. Julio Silva Colmenares, *Los verdaderos dueños del país: oligarquía y monopolios en Colombia*, Fondo Editorial Suramericana, 1977, pág. 49.

8. Entrevista telefónica con Jorge Mancera Ferro, 2 de diciembre de 2001.

9. Mensaje electrónico del profesor Bernardo Parra, 26 de enero de 2001.

10. Citado por Ogliastri, pág. 23, en su monografía *Cien años de Cerveza Bavaria*, Monografías, Serie Casos, Universidad de los Andes, febrero de 1990.

11. Acta de la Asamblea General de Socios, junio de 1969.

12. J. J.García, *El ocaso de José Marco, ¡Demoledora crítica a los monopolios y sus dueños!*, Ediciones Norte Limitada, 1989, pág. 57.

13. J. J.García, *Op. cit.* págs. 56 y 57.

14. J. J.García, *Op. cit*, pág. 54.

15. J. J. García, *Op. cit.* págs. 52 y 53.

5

Los dioses del Olympia

"Me complace muchísimo que cualquier observador objetivo e imparcial sobre lo ocurrido tiene que reconocer que ni tuvimos, ni tenemos el interés de apoderarnos de Bavaria".
JULIO MARIO SANTO DOMINGO, 1969

Esa mañana del 31 marzo de 1969, la cartelera del Teatro Olympia anunciaba la presentación del éxito cinematográfico del Agente 007, James Bond, *Se vive sólo una vez*, pero las tres funciones del día no serían proyectadas debido a que la sala había sido alquilada para un certamen que bien podría pasar a la historia con el mismo título de la cinta cancelada. En unas horas, el tradicional teatro del centro de Bogotá estaría a reventar para dar comienzo a la asamblea general de accionistas de Bavaria S.A., en un momento en que la compañía pasaba por la peor crisis de su historia de 80 años. En las filas de accionistas y espectadores que serpenteaban frente al teatro se presagiaba la temperatura que tendría la reunión. Varios de ellos gritaban consignas contra los administradores de la empresa y pedían la intervención del presidente Carlos Lleras Restrepo. Las puertas del teatro se abrieron a las 9 de la mañana para dar paso a cientos de personas que hicieron cola desde temprano. Con *walkie-talkies* en mano, los reporteros radiales se preparaban para transmitir en vivo el evento. Cuando los 2,000 asistentes ya estaban acomodados, hicieron su entrada varios políticos recién bañados que no querían desaprovechar la ocasión. Finalmente, el secretario de la junta directiva pidió silencio a la bulliciosa concurrencia para dar comienzo a la asamblea que cambió el futuro de la cervecería.

Nunca antes tantos colombianos juntos habían debatido sin intermediarios ni cortapisas el destino de un patrimonio común. Durante 22 horas, y en medio de una espesa nube de humo de cigarrillo que tenía nerviosos a los bomberos apostados en tres carros frente al teatro, los accionistas tomaron o se arrebataron la palabra para lanzarse insultos y encomios, para pedir mociones de aplauso y censura, denunciar el presupuesto de la compañía, los malos manejos y exigir renuncias de los directivos. Ni un empujón enturbió la caótica demostración de democracia empresarial. Sólo un desmayo por puro agotamiento del ex canciller Juan Uribe Holguín, ex presidente de Bavaria, quedó registrado en la orden del día.

El ambiente que precedió la asamblea estaba sobrecargado de rabia. Los gritos de "Junta buena o nada" y "Lleras sí, otro no" que se escucharon en las filas de acceso al teatro no eran más que una muestra de la emotiva repercusión que tuvo un discurso del presidente Carlos Lleras, en vísperas de la reunión. Fue una alocución inesperada en la noche del 18 de marzo cuando el presidente acusó a los directivos de la compañía –sin mencionar nombres– de un gran fraude tributario y cuestionó la compra de Cervecería Águila con acciones de Bavaria. "Se hicieron operaciones que parecen cosas de locos", dijo. La empresa vendió más acciones de las necesarias en una operación sustentada con "razones mentirosas", agregó, pues el único fin de la emisión era "proseguir en una labor de constitución de monopolios, de concentración de poderes adquiriendo otras fábricas a cambio de entregar acciones por un valor que ahora no sé si era inferior al del mercado, creo que sí era inferior".

"La verdad es que cualquiera que sea el criterio, se estaba haciendo fraude en impuestos y eso se comprueba al comparar el valor de las ventas de las diferentes empresas", explicó Lleras. Sin citar pruebas contundentes, el presidente aseguró que Bavaria constituyó compañías distribuidoras que se presentaban como diferentes a la empresa principal para burlar los impuestos. [1]

Esta acusación tenía nombre propio. Lleras se refería a la operación que le dio a Santo Domingo el poder para convertirse en el mayor accionista de una compañía que hasta entonces era propiedad de una masa anónima de casi 100,000 accionistas, de viudas, de niños de todos el país que recibían papeles de la empresa como regalo de primera comunión, amas de casa, campesinos, muchachas del servicio doméstico y curas párrocos. Uno de ellos era justamente el presidente Lleras, quien tenía 360 acciones. Con el poder que le otorgaban esos títulos, el Presidente anunció su asistencia a la asamblea para pedir una "exhaustiva investigación", una expresión que en esa época todavía conservaba un filo de decencia. Aunque no pudo concurrir porque debió viajar a Popayán, el presidente liberal envió como representante a su antiguo colaborador Fabio Lozano Simonelli, quien logró la aprobación del nombramiento de una comisión investigadora. Escogida entre los accionistas medianos y pequeños, la comisión de cinco miembros se comprometió a presentar, el tercer lunes del mes de junio, un informe con los sueldos y gastos de representación de los directivos en los últimos seis años, una explicación detallada de los gastos en el exterior de la empresa, el destino de las acciones, un estudio de los sistemas de facturación y distribución, una enumeración de las compañías en las cuales tenía intereses Bavaria S.A. y un reporte de los resultados financieros de las compañías subsidiarias de la cervecera.

¿Por qué un presidente de la república se lanzaba a meter la cuchara en un asunto del sector privado y con tal interés que le dedicó un discurso por televisión?

Lleras justificó su intervención argumentando que las maniobras denunciadas ponían en peligro la estabilidad fiscal del país. "Bavaria interesa a la economía nacional porque a través de ella se recaudan impuestos que van a fiscos departamentales y sustentan servicios como la educación pública... Me da mucha pena decirlo públicamente al país, como se lo he dicho a los directores cerveceros aquí en San Carlos, que cuando se administran empresas importantes no hay que hacer maniobras para evadir las prescripciones fiscales".[2]

La explicación no fue del agrado del editorialista costeño Ramiro de la Espriella, quien responsabilizó a Lleras de haber sido el causante del ambiente de prevención e incertidumbre que caracterizó las asambleas de Bavaria en los tres años siguientes. En una columna del diario *El Siglo*, el entonces amigo cercano de Julio Mario Santo Domingo se refirió a Lleras como un presidente "impetuoso que en una mala noche, aconsejado quién sabe por quién, decidió convertir en batalla política una reunión privada de una empresa privada... El presidente sembró la semilla y los colombianos estamos cosechando la tempestad".[3]

La semilla del descontento tenía otros abonos. Los principales accionistas y ejecutivos de Bavaria, que se sentaron en una larga mesa del escenario del Olympia, no gozaban de la simpatía de los pequeños accionistas de la empresa que colmaron los palcos armados con almuerzos de talego –sandwiches y huevos duros– para no perderse los discursos del mediodía. El malestar se debía en gran parte a la falta de claridad en el acelerado proceso de diversificación de la compañía. En los últimos años Bavaria se había montado en un tren de gastos que poco o nada tenían que ver con la fabricación de cerveza. Para los analistas de la época –pero sobre todo para el accionista común y corriente– resultaba sospechoso que la empresa hubiera invertido sin consultar a nadie en propiedades como Fuenterrabia, por ejemplo, una fábrica de insumos agrícolas. Pero más extraña aun era la explicación que los directivos dieron para justificar la compra de esta empresa en 1966. La firma, según ellos, tenía como propósito incrementar el consumo de alimentos Finca S.A. y "sustituir parcialmente la carne por el pollo para fomentar la exportación de ganado vacuno". Tampoco resultaba muy claro por qué Bavaria aparecía como accionista de Constructora Colombiana, una sociedad cuyo objeto era construir viviendas económicas en países como Costa Rica. Bavaria tenía además inversiones en Unión Industrial (metalmecánica), Astilleros de Barranquilla S.A., Petroquímica del Atlántico, Productora de Gelatina S.A., Fábrica de Empaques del Cauca, Química Suramericana y Productos Metalizados S.A.

Pesaroso por este panorama de manejos espléndidos de fondos y los interrogantes que dejó la compra de Cervecería Águila, el accionista de la empresa Otoniel Jaramillo pidió durante la sesión del Olympia un tribunal de arbitramento para que "se establezca la culpa que pueda caberles" a los directivos de la compañía por ocultamiento de la situación real de la empresa, fraude y la colocación de 50 millones de acciones de cervecería Bavaria.[4] La llamada "diversificación" era una estrategia para cubrirse de "los riesgos inherentes a una actividad única", según el ex presidente de la cervecería, Uribe-Holguín. Pero para muchos de los furiosos asistentes al Olympia no era más que una maniobra de la administración para financiar empresas de su interés a expensas del generoso flujo de caja de la compañía más grande y rentable en su género de América Latina. Bavaria nunca había tenido que recurrir a los créditos bancarios, pero era tal el nivel de iliquidez que produjo la avalancha de compras de empresas, que debió pedir cuantiosos préstamos para mantener su ritmo de producción. El descalabro de las inversiones era de tal magnitud que los administradores se negaron a presentar en la asamblea el estado de pérdidas y ganancias de la empresa, una omisión que produjo toda clase de protestas. En un estilo muy propio de la época, Uribe-Holguín admitió que "la diversificación ha ido suficientemente lejos y una pausa se impone no solamente porque el ánimo con que se avanzó no fue encogido *(sic)*, sino porque el tiempo de que se dispone tiene límites y los recursos también".[5]

"De volverse a pensar en nuevos proyectos", agregó, "su relación con nuestro objeto social primo debe ser inmediata, o al menos, la más directa posible.... Bavaria es una entidad cervecera y cuanto entra en la manufactura y concierne a ésta, tiene y debe ser el objeto preferencial de nuestros estudios, inquietudes y aun desvelos".[6]

La adquisición sin consultar de activos ajenos a la producción de cerveza fue la razón por la cual renunció Bernardo Restrepo Ochoa como miembro de la junta directiva en noviembre de 1966. "Estoy convencido de que mi colaboración no ha sido fructífera y temo además que la presidencia de la compañía estime entorpecedora mi labor para el desarrollo de sus planes de expansión excesivamente acelerada, tendiente a hacer de Bavaria un imperio industrial y financiero", escribió Restrepo en su carta de renuncia al entonces presidente de la empresa, Alfred Hasche.[7]

"Que se diga qué se ha hecho de la plata de nosotros los pobres", gritó uno de los accionistas durante la asamblea. "Mediten, mediten", pidió la entonces empresaria de televisión Consuelo de Montejo, quien asistió, según declaró a la prensa, en representación de una de sus empleadas del servicio doméstico que tenía acciones de Bavaria.[8]

Éste era, pues, el tenso preámbulo de la asamblea general en la sala de teatro. Los puntos de discusión giraban en torno a la elección de la junta directiva, el nombramiento de la comisión solicitada por Lleras y la aprobación de los dividendos. En horas de la madrugada, y cuando algunos policías se habían desplomado del cansancio en las butacas del cine, los accionistas nombraron la comisión investigadora y aprobaron un seis por ciento de dividendo. Un poco más tarde, cuando los primeros rayos del amanecer se colaban por entre las puertas de la sala, eligieron una junta directiva que puso a Julio Mario Santo Domingo a un paso de un sueño: el dominio absoluto de Bavaria.

Transmitido como un partido de fútbol por las cadenas radiales, el bullicioso espectáculo de la asamblea no parecía estar a la altura de Julio Mario. El gran actor ausente de la función continua del Olympia prefirió seguir los pormenores desde la tranquilidad del apartamento 755 de las Residencias Tequendama, que desde entonces funcionó como el cuartel general de ésta y otra clase de conquistas. Por teléfono o personalmente, Santo Domingo recibió detalles de la asamblea de sus amigos Gustavo Vasco –miembro de la junta directiva de Bavaria– y Francisco Posada de la Peña, su representante ante la asamblea, el

Nene Cepeda, Pedro Juan Cañizares, Álvaro Sánchez y Rafael Maldonado.

El grupo Santo Domingo llegó al Olympia con casi 30 millones de las 136 millones de acciones representadas en la asamblea. Santo Domingo contaba con: las acciones suyas, las que había recibido por la venta de Águila y de los poderes de ventanilla y con las acciones cuyos poderes controlaba Eduardo L. Gerlein & Cía. Estas últimas eran de todos los accionistas a lo largo del Río Magdalena, con los cuales la firma Gerlein tenía contacto directo por negocios de transporte fluvial. Pero la voluminosa representación obedecía en su mayoría a que los miembros de la junta habían decidido, en julio de 1968, repartirse los poderes de ventanilla en partes proporcionales. Francisco de Zubiría Gómez, quien reemplazó a Samper en la junta, y Gustavo Vasco, una de las fichas de Santo Domingo, se encargaron de hacer la repartición. Cuando el escándalo de los poderes de ventanilla estalló, el propio Paco de Zubiría explicó que el grupo Santo Domingo recibió los mayores beneficios por cuanto sus representantes eran dos en la junta directiva.[9]

La aspiración inicial del grupo Santo Domingo en la asamblea del Olympia era por los menos mantener dos de los cuatro puestos de la junta directiva. Para conseguirlo debían desarticular un peligroso plan que rondaba el orden del día y cuyos detalles Santo Domingo conoció desde el domingo anterior. Un grupo de accionistas y directivos pretendía que la asamblea aceptara en el juego unos 27 millones de acciones de las empresas filiales de Bavaria (*). (Estas acciones pertenecían a filiales en el extranjero a las cuales Lleras denominó "el horóscopo de Ferro", en alusión a Jorge Ferro, asesor tributario y cambiario de Bavaria que se convirtió en asesor permanente de Julio Mario, aún hoy día, cuando ronda los 90 años). Si estos papeles no se utilizaban, Santo Domingo podría asegurar dos representantes en la junta directiva y tendría grandes posibilidades de completar el tercero. Si eran aprobados, no lograría más de uno.

Todo parecía estar bajo control. Santo Domingo estaba convencido de que la asamblea respaldaría su posición. Desde el comienzo de la audiencia, sus delegados en el teatro presentaron una resolución**

---

* Las empresas filiales de Bavaria eran entonces Malterías de Colombia, Cereales Colombianos S.A., Tapas y Envases S.A., Empresas de Corcho S.A., Empresas Litográficas S.A., Empresas de Refrescos S.A. y Empresas Molineras S.A.

** La resolución, que no fue aprobada, pedía una investigación de las actividades de Jorge Barco, Juan Uribe-Olguín, Francisco Ulloa, Alberto Samper, José Román Fernández, José Gómez Pinzón, Hugo Ferreira Neira, Francisco de Zubiría, Gustavo Vasco y Bernardo Saiz de Castro.

por medio de la cual la asamblea pedía a las filiales de la compañía que se abstuvieran de hacer uso de su derecho de voto. Los planes fallaron. Poco a poco fue ganando apoyo entre los asistentes una propuesta cuyo promotor era nada menos que el entrañable amigo de la familia Jorge Barco Vargas, entonces presidente interino de la compañía y representante de las acciones de las filiales. Barco logró que la asamblea aceptara esas acciones.

Para muchos de los testigos del Teatro Olympia no había ninguna duda de que Barco quería quedarse con el control de una compañía que conocía como su casa. Con una silenciosa laboriosidad, el empresario recolectó una gran cantidad de poderes de representanción de las acciones de las filiales de Bavaria que, de la noche a la mañana, lo hicieron amo y señor de un paquete fundamental para definir el futuro de la mesa directiva. Después de varias horas de discusión, el paquete fue aceptado en la asamblea y en vista del peligro que representaban esas acciones flotando para el mejor postor, el Grupo Santo Domingo respondió con una jugada de contraescape de Gustavo Vasco, abogado de Petroquímica del Atlántico. El asesor de Santo Domingo logró que la asamblea aprobara una resolución por medio de la cual las acciones de las filiales sólo podrían ser usadas para la elección de la comisión de investigación solicitada por Lleras. De esa manera se evitó que Barco las usara para negociar puestos en la junta.

A pesar de la oportuna salida, el grupo Santo Domingo sólo quedó con un puesto en la junta, una derrota que retardó la toma integral de la administración de la empresa durante un año. Aunque públicamente quiso restarle importancia al golpe de Barco, Santo Domingo no pudo ocultar su rabia por quien había sido uno de sus más cercanos ejecutivos.

"Creo que hay que pasar por alto la actitud camaleónica del señor Jorge Barco Vargas, pues estoy muy satisfecho por el resultado de la asamblea de Bavaria, y a esas actitudes no se les debe dar ninguna importancia. Lo que interesa es Bavaria y su recuperación como primera empresa del país", dijo Santo Domingo en una entrevista con *El Tiempo*. Desde las páginas del diario capitalino, el empresario notificó a Barco de su despido del grupo y de paso aprovechó para enrostrarle la hoja de vida que había logrado gracias a su relación con la familia.

"Otro de los motivos de satisfacción [después de la asamblea] fue haber impedido que los 26.3 millones de acciones de las filiales de Bavaria fueran utilizados por Jorge Barco a favor de lo que algunos accionistas llamaron 'el grupo Barco'. El señor Barco, quien ya no pertenece al Grupo Santo Domingo, que lo llevó a la presidencia de Petroquímica del Atlántico, a la junta directiva de Avianca, a la Nacional de Seguros, al Banco de Santander y Bavaria, quiso usar esas acciones de las filiales contra nosotros en una maniobra que el doctor Juan Uribe-Holguín, en una de sus intervenciones , llamó 'una actitud legal... pero inmoral'

Debido a las denuncias de la maniobra que hizo uno de los miembros de nuestro grupo, el señor Barco tuvo que aceptar la elección de una persona tan distinguida e independiente como el doctor Ignacio Betancur. De lo contrario... quién sabe dónde hubieran ido a parar esos votos". [10]

Barco nunca le dio una explicación a Santo Domingo sobre su intempestivo cambió de lealtades. En conversaciones sociales trató de justificar sus acciones alegando que su intención era solamente mantener una imagen representativa de Colombia en la junta directiva de una empresa que los colombianos todavía percibían como un patrimonio nacional y de esa manera evitar la omnipresencia de la familia Santo Domingo.

"La posición mía no era atacar al señor Santo Domingo, era una cosa de relaciones públicas, de darle altura ante el país a la junta directiva de Bavaria, dar una representación nacional a la junta de Bavaria y no que fueran tres funcionarios de Santo Domingo que llegaran a apoderarse de la junta".

Santo Domingo insistía en que ésa no era su intención y en su entrevista disparó una frase que ni él se creía: "Me complace muchísimo que cualquier observador objetivo e imparcial sobre lo ocurrido tiene que reconocer que ni tuvimos ni tenemos el interés de apoderarnos de Bavaria".

Jorge Barco Vargas desapareció del mapa empresarial colombiano. En 1972 fue nombrado director de la Aeronáutica Civil. Salió del país a mediados de los años 80 tras la quiebra de Aerocondor, una compañía aérea que asesoró desde que fue fundada con dineros de la bonanza de la marihuana en la costa Atlántica.

A los investigadores de la Superintendencia de Sociedades que estudiaron la quiebra de Aerocondor, Barco les quedó debiendo varias respuestas. En septiembre de 1980, el entonces superintendente Rodrigo Noguera Calderón solicitó a Jorge Barco, gerente de Aerocondor en Miami, explicaciones sobre el giro de cheques a su favor por 700,000 dólares. Según un informe de la Superintendencia "muchas transacciones del doctor Barco se cubrían con dinero de la compañía". [11]

Un joven reportero de *El Tiempo*, narigón y de ojos claros, que soñaba con ser presidente de Colombia, siguió entre bambalinas el frustrado golpe de Barco y otras confusas movidas de ajedrez accionario que se fraguaron en la antesala de la asamblea. Se llamaba Luis Carlos Galán. El periodista conocía el tema de primera mano porque su padre, Mario Galán, había sido directivo de Bavaria. Sus crónicas sobre la famosa asamblea sirvieron para conocer las verdaderas fuerzas que estuvieron en juego. En una de ellas, Galán dejó abierto un interrogante sobre la forma en que Francisco Ulloa había sido elegido miembro de la junta directiva con 17 millones de acciones. El periodista explicó que durante la asamblea, uno de los accionistas había denunciado "una maniobra" rara con el visto bueno de la administración. Una complicada cadena de endosos de "poderes de ventanilla" había hecho posible el nombramiento.

Las inquietudes del reportero eran sólo las señales externas de un mal mucho más profundo que salió a flote dos años después, cuando se descubrió que el ejemplo de democracia empresarial del Olympia se había armado sobre un gran fraude. Los detalles se conocieron en la asamblea de 1971 durante la cual, finalmente, Julio Mario Santo Domingo, mediante un trabajo de filigrana parlamentaria, conquistó la junta directiva de Bavaria.

Las deliberaciones de la asamblea de marzo de 1971, en la Cervecería de Techo de la carrera 83 y la calle 12 de Bogotá, se abrieron con la lectura de las conclusiones de una investigación de la Superintendencia de Sociedades, que señaló que por lo menos 60,000 poderes que se usaron para votar en representación de accionistas ausentes en las asambleas del Olympia y el Ópera eran ilegales.

"Adolecen de fallas fundamentales que impiden su aceptación como poderes vigentes" fueron las palabras usadas por el superintendente Rómulo González Trujillo en su informe del 22 de enero. [12]

Entre las 20 fallas detectadas, la Superintendencia encontró que miles de poderes que representaban varios millones de acciones fueron otorgados en blanco, otros firmados por personas que no probaron su capacidad para hacerlo, algunos fueron hechos a nombre de menores de edad, otros revocados y otros figuraban como rechazados.

El manejo marrullero de poderes de ventanilla era una práctica extendida, y no hay duda de que fue la causa principal de la desaparición de las grandes sociedades anónimas del país y la antesala de los grandes monopolios.

¿Cómo funcionaba el negocio de los poderes de ventanilla?

A través de una acuciosa campaña publicitaria, los administradores de las empresas invitaban a los accionistas a retirar los dividendos en las instalaciones de la empresa. A menudo los dividendos eran producto de utilidades ficticias reportadas como señuelo para atraer a la masa de accionistas. En el caso de Avianca, por ejemplo, se les ofrecía a los accionistas pasajes gratis para viajar a Barranquilla, sede principal de la empresa. Una vez el accionista se presentaba en la ventanilla de la compañía, un empleado le entregaba para su firma poderes que otorgaban la representación de sus acciones en la próxima asamblea general a una persona cuyo nombre se dejaba en blanco. En Bavaria esos poderes eran confeccionados por los propios empleados de la empresa en tarjetas de tabulación. Posteriormente, en vísperas de la asamblea, estas tarjetas se llenaban con un sello que decía "presidente de la compañía" o con el nombre de alguno de los administradores. Cuando la Superintendencia de Sociedades Anónimas prohibió esa práctica, los poderes se llenaron entonces con los nombres de empresas filiales de Bavaria S.A. o de personas de confianza de los administradores. De esa manera, la administración de la sociedad controlaba las votaciones en la asamblea y garantizaba su permanencia en la empresa.

En julio de 1968 los miembros de la junta directiva de Bavaria firmaron un convenio privado por medio del cual se comprometieron, sin ninguna vergüenza, a distribuirse entre ellos de manera proporcional los poderes de ventanilla, una operación de la cual fueron encargados Paco de Zubiría y el abogado Gustavo Vasco Muñoz. Algunos de esos poderes, correspondientes al Grupo Santo Domingo, fueron asignados a Pablo Obregón, representante de Julio Mario en la junta directiva.

Los poderes en blanco llegaron a representar unos 90 millones de acciones en la asamblea del Olympia y también fueron usados en las dos reuniones siguientes que se realizaron en el Teatro Ópera, una en junio de 1969 y otra en abril de 1970.

Las trampas descubiertas por la Superintendencia Bancaria en el manejo de los poderes de Bavaria provocaron un gran escándalo en el país y desataron una guerra de señalamientos entre los directivos de la empresa.

Muchos colombianos creyeron que las denuncias de los poderes chimbos tendrían como lógica consecuencia la invalidación de las elecciones de las asambleas que se celebraron en 1969 y 1970. Además, no se necesitaba ser abogado para concluir que el caso debía ser investigado por la justicia ordinaria a fin de establecer a quiénes les cabía responsabilidad por la falsificación masiva de los títulos. Pero el *affaire*, como solía llamarse las trapisondas en Colombia, se resolvió de un plumazo. Ante el estupor de miles de colombianos que seguían el escándalo, los 60,000 poderes fueron incinerados. La decisión fue tomada por la Comisión de Poderes de Bavaria, que justificó la medida argumentando que de esa manera se sentaba un precedente "para moralizar la práctica de las costumbres comerciales... y evitar la burla y el escamoteo de la verdadera voluntad de los accionistas". Según Cañizares, miembro de la comisión, el delito de la destrucción no podía existir porque "se destruyó lo que no tenía validez jurídica y sólo podía servir para que se siguieran cometiendo graves irregularidades". "Como ya se sabe quiénes son los que no están de acuerdo con esta política moralizadora, es apenas lógico entender la reacción colérica que han tenido por la destrucción material de los poderes en blanco y de ventanilla en donde tenían sus mayores y mejores fuerzas y esperanzas electorales. Son los viudos del poder que añoran angustiados un pasado floreciente y ventajoso obtenido sin mayores sacrificios" [13]

Probablemente los argumentos del abogado de los Santo Domingo se basaban de buena fe en un aspecto práctico: que no era conveniente dejar los poderes adulterados dando vueltas por ahí y con el riesgo de que fueran usados nuevamente. Lo que para muchos de los observadores de la época resultaba inaudito era que la decisión la hubiera tomado un grupo de ciudadanos particulares y no la justicia ordinaria. Es más, uno de los miembros de la Comisión de Investigación, Fernando Sanclemente Molina, objetó enérgicamente la decisión de los demás integrantes de la comisión al afirmar que "los señores Cañizares, [Hernando] Molina y [Fermín] Paba procedieron arbitrariamente a la destrucción natural de los documentos sometidos a estudio de la comisión, incurriendo en violación de claras normas que regulan la práctica comercial de las sociedades.". y lo cual "entraña la comisión de una serie de infracciones penales". [14] Sanclemente, quien actuaba como vicepresidente de la Comisión, explicó que sus colegas no fueron informados de la diligencia de incineración de los documentos. Paradójicamente la ramplona incineración extrajudicial fue hecha por una comisión que había sido nombrada en una de las asambleas en la que más poderes chimbos circularon. [15]

Paco de Zubiría, representante de la vieja administración de Bavaria en la junta directiva, denunció que la destrucción de los poderes fue una maniobra que le convenía principalmente al Grupo Santo Domingo y en especial al cuñado de Julio Mario, Pablo Obregón, quien se defendió asegurando que su elección en la junta directiva de Bavaria no se basó en poderes de ventanilla ni en blanco.[16]

A su turno, Cañizares, estrecho colaborador y amigo de Don Mario Santo Domingo, salió iracundo a defender su decisión de destruir los papeles y acusó a De Zubiría de no tener autoridad moral para hacer semejantes señalamientos por cuanto él mismo había presidido la comisión de poderes en blanco que funcionó en Bavaria. En palabras de Cañizares, De Zubiría fue "el autor intelectual y material de las irregularidades, anomalías y posibles ilícitos que allí se han encontrado y que avergüenzan a la opinión pública".[17] Este cruce de acusaciones no hizo más que comprobar a los seguidores de la riña que los grandes grupos en pugna dentro de Bavaria estaban todos salpicados por el mismo fango.

Así resumió la situación que creó la manipulación de los poderes Alfonso Torres, uno de los accionistas minoritarios en la asamblea de 1971: "Queda muy claro", dijo, "que los miembros de la junta directiva de Bavaria, si no de ilegalidad, están todos convictos de inmoralidad". Santo Domingo tenía dos miembros en esa junta.

Con la quema de los poderes durmieron tranquilos varios de los falsificadores y se selló además la lápida de Bavaria como sociedad anónima abierta. El gran golpe se consumó el 22 de marzo de 1971, en una de las bodegas de la Cervecería de Techo de Bogotá a donde fue convocada la reunión ordinaria de la asamblea general de accionistas.

Un fuerte olor a cebada madura parecía ser el carburante invisible de las energías desplegadas por Santo Domingo y un equipo de choque que lo llevó ese largo día a la victoria final usando como estrategia el principio maquiavélico de la "división creadora", según las crónicas de la época.

La víctima derrotada, "en el campo del honor", fue Francisco *Paco* de Zubiría, el tenaz representante de la vieja guardia de fundadores de Bavaria

De Zubiría, quien había sido elegido desde 1968 como suplente de Alberto Samper Gómez, "sucumbió ante dos magos de las finanzas: Julio Mario Santo Domingo y Armando Zabaraín"[18]. Unos 1,000 accionistas asistieron a la asamblea en representación de un total de 102 millones de acciones. Allí estuvieron Juan Cañizares, el fiel abogado de los Santo Domingo, con 14 millones, Álvaro *El Nene* Cepeda, el mejor amigo de Julio Mario, con 12 millones, Augusto López Valencia, directivo de Cervunión con ocho millones y Francisco Posada de la Peña, otro de sus grandes amigos, con 23,000.

Vestido con un traje gris de cuadros pequeños y chaleco, Santo Domingo montó su cuartel general detrás de varias columnas de cajas de cerveza que se alzaban del piso hasta el techo en uno de los extremos de la bodega. Tras otras murallas de cajas de madera se apostaron sus contrincantes bajo las órdenes de De Zubiría. Después del mediodía, cuando el calor se hizo insoportable, los asistentes vieron a Santo Domingo asomarse varias veces por entre las columnas de cajas, ya sin saco, con el chaleco desabrochado y su mano en la barbilla, para seguir los movimientos de la tribuna central donde sus emisarios y enemigos se jugaban milimétricamente el control de la asamblea. Entre quienes se sentaron con él tras las columnas de petacos de cerveza estaban su amigo Cepeda, Zabaraín, un político conservador de Barranquilla a quien llevó exclusivamente a la asamblea para hacer cuentas de cocientes y residuos electorales, el puntual joven de Cervunión, Augusto López Valencia, y su fiel amigo Pedro Bonett Locarno. Mientras Zabaraín y López sumaban, restaban y dividían, Cepeda y Bonett se encargaban de las jugadas políticas. Bonett presionó para que la discusión de los poderes pasara rápidamente a la historia y se abriera la votación de la junta directiva.

Uno de los asistentes al evento recuerda que Cepeda, entre tanto, se ingenió una jugada teatral que le evitó un discurso adverso a Santo Domingo. Resulta que al enterarse de que el abogado con fama de disociador, Francisco Vargas Holguín se inscribió en la lista de oradores y previendo que iba a ser muy crítico de Santo Domingo, Cepeda logró meter en el orden del día una interpelación de uno de los pequeños accionistas del Norte de Santander, Willy Valek Moure. Con revólver al cinto, Valek protestó porque se había concedido turno para hablar a Vargas Holguín pese a que en su contra cursaba una investigación penal por falsedad y estafa en un juzgado de Bogotá.

"Naturalmente semejante afirmación pública causó mucho revuelo y Vargas Holguín dijo que salía inmediatamente para ese juzgado a traer una constancia de que todo era falso, como en efecto lo era. Vargas Holguín se fue entonces para el juzgado hacia el mediodía, después de que habló Valek, y en sacar el certificado sobre la inexistencia de investigaciones contra él y sobre la inexistencia de órdenes de captura en el DAS se gastó la tarde. Cuando regresó a la asamblea ya había pasado el turno de los oradores y no pudo siquiera aclarar lo de Valek. De esta forma Cepeda impidió otro discurso en contra de Santo Domingo".

Desde el rincón reservado del galpón cervecero, Zabaraín, que como avezado manzanillo conocía todas las triquiñuelas parlamentarias, diseñó la estrategia que llevó a la victoria a Santo Domingo. Primero logró contar las fuerzas del enemigo cuando se realizó la votación para la aprobación del dividendo del seis por ciento. De Zubiría intentó hacer lo mismo con el bando contrario, pero los soldados de Santo Domingo estaban avisados y no todos acudieron a la votación. "Se dejó contar y engañar en las primeras votaciones porque nosotros no sacamos todas las baterías", comentó uno de ellos. "Dejamos varios de nuestros accionistas por fuera de las urnas".[19] Luego Zabaraín convenció a Santo Domingo de la fórmula más segura: presentar cinco listas y repartir sus votos en cinco paquetes homogéneos distribuidos para esas mismas cinco listas con el objeto de que todas salieran por mayores residuos como efectivamente ocurrió. El resto de la victoria la puso el propio vencido. De Zubiría, en nombre del grupo Kopp de Bavaria, ofreció públicamente la suplencia de su renglón en la junta directiva a Darío López Ochoa, un banquero que no parecía gozar de muy buena imagen entre los accionistas. López Ochoa era presidente del Banco Panamericano y estrecho colaborador de Jaime Michelsen Uribe, quien ya tenía el control del Banco de Colombia.

Uno de los accionistas del galpón recuerda que al aceptar el ofrecimiento de De Zubiría "pronunció un discurso de corte anticuado y veintijuliero invocando premios y castigos de Dios y la Patria". Lo que dijo, según el acta, es que aceptaba la postulación a cambio de tener un respaldo de los accionistas pequeños y lograr en un año hacer claridad sobre las cuentas de la empresa. "Si eso es así", concluyó, "que Dios y la Patria se lo premien a los asambleístas aquí reunidos".[20]

"Era un lobazo", agregó el accionista. "Tenía un bigote cubano en línea, anteojos oscuros y pelo engominado".

Los aullidos del lobo, sin embargo, estremecían a Santo Domingo. López Ochoa cuestionó en la asamblea lo que otros no se atrevían. Preguntó, por ejemplo, por el origen de un endeudamiento en dólares de Bavaria con Deltec International una firma de los Santo Domingo. A lo que el revisor fiscal Fermín Paba Paba respondió que Bavaria no era socia de Deltec. Y su pregunta dio paso para que otro de los representantes de accionistas minoritarios, Juvenal Betancur, escarbara un poco más en el campo de las incompatibilidades. Betancur expresó sus inquietudes por el hecho que los seguros de Bavaria estuvieran en manos de la Nacional de Seguros, que también era del Grupo Santo Domingo "o que él suponía que era del grupo por ser su presidente Bernardo Sáiz de Castro suplente de la junta directiva en Bavaria".

"Valdría la pena, agregó Betancur, saber por qué Propaganda Época tiene parte de la propaganda de Bavaria, siendo uno de sus principales accionistas, y gerente general, Don Jorge Consuegra (también ficha de Santo Domingo)".[21]

Hasta el momento de la intervención de López Ochoa, aceptando la suplencia, la estrategia original de Santo Domingo era presentar una sola lista que iba a sacar cuatro renglones por cociente y le sobraba un residuo inferior al de Paco de Zubiría, pero al escucharlo hablar, y ante la perspectiva de tener que compartir la mesa directiva con semejante personaje, Santo Domingo optó por las cinco listas, que reaseguraban su victoria plena.

Al final del día Santo Domingo se llevó el trofeo con el que había soñado dos años. La junta parecía un club de amigos y parientes suyos. Quedó conformada por él, Bernardo Restrepo Ochoa, Pablo Obregón, Roberto Jairo Arango y Francisco Ulloa. De suplentes fueron nombrados Francisco Posada de la Peña, Edgar Lenis, Hernando Castilla Samper, Jorge Alonso Restrepo y Juan José Vargas Ramírez.

En 1972 Julio Mario Santo Domingo fue elegido presidente de la junta directiva.

"Éste es el principio de un nuevo y duro trabajo en favor de la plena recuperación financiera de la empresa", advirtió en su discurso de posesión. "Los resultados en este año serán mejores y más halagüeños. Hemos vuelto por los fueros de la decencia y las cosas positivas en las asambleas de Bavaria".[22]

Con esas palabras empezó, en efecto, una nueva era de Bavaria. Desde entonces se acabó el jaleo de las asambleas, la estridente algarabía de accionistas pidiendo aumento de dividendos y explicaciones sobre la conducta de la junta directiva. Llegaba una administración elitista, serena, preparada en el arte del conclavismo corporativo –todo es secreto hasta que la acción no esté consumada– y al mando de un empresario de 42 años a quien su padre premió con una generosa comisión. Santo Domingo empezaba su administración con otra ventaja: Lleras –el presidente a quien se refería como *enano hp* y contra quien organizó una contramanifestación a piedra en una plaza de Barranquilla–, terminó su período para dar paso al gobierno conservador de un presidente conciliador e intrascendente, Misael Pastrana Borrero.

Bastaron 10 años, contados a partir del matiné del Olympia, para que el proceso quedara consumado. El resultado lo resumió cándidamente un accionista en la asamblea de 1984:

"De todas maneras los accionistas estamos perdidos ante la junta directiva porque de hecho se sabe que la mayoría de las acciones las tiene la junta directiva, de manera que pedir como pidió Mauricio o la señora que pidió un centavo es botar corriente. Aquí no se necesita venir a la asamblea porque esto es lo que se hace y nada más. Usted puede tener 200,000 acciones de Bavaria. ¿Para qué le sirven? Para nada, porque uno viene aquí con 100,000 con 200,000 y la junta directiva de todas maneras tiene la mayoría por derecho propio y cogidas por ventanilla. De manera que en eso no hay problema. Uno viene a Bogotá por hacer el paseíto, por verlos y saludarlos, darles los agradecimiento por lo bien que se manejan, por el buen funcionamiento de Bavaria y por todo lo bien manejado del Grupo Santo Domingo, que yo estoy seguro de que en este momento es el grupo mejor manejado del país".[23]

NOTAS

1. "Defensa estatal de los accionistas de Bavaria", *El Tiempo*, 19 de marzo de 1969, primera A.

2. "Conferencia del Presidente" (discurso televisado de Carlos Lleras) *El Tiempo*, 19 de marzo de 1969.

3. "El Sabroso Plato de Bavaria", Ramiro de la Espriella, *El Siglo*, 1 de marzo de 1971, pág. 5A.

4. "Acta n.90 correspondiente a la Asamblea General de Bavaria llevada a cabo el día 31 de marzo de 1969", Teatro Olympia, Bogotá.

5. *Op. cit.*

6. "Acta N. 90 correspondiente a la Asamblea General de Bavaria llevada a cabo el día 31 de marzo de 1969", Teatro Olympia, Bogotá, 133.

7. "Restrepo O. Renunció en Bavaria desde 1966", *El Tiempo*, 26 de marzo de 1969, pág. 14.

8. "Recuerdos de un madrugón: la claridad llegó para Bavaria", Arturo Abella, *El Tiempo*, 2 de abril de 1969, pág. 3.

9. "Acta N.93 correspondiente a la reunión ordinaria de la Asamblea General de Accionistas de Bavaria S.A. llevada a cabo el día 22 de marzo de 1971", pág. 3.

10. "Habla Julio Mario Santo Domingo", Luis Carlos Galán, *El Tiempo*, 2 de abril de 1969, pág.4..

11. "Aerocónoderes no entierran todos los días", Unidad investigativa, *El Tiempo*.

12. Oficio 00414 de la Superintendencia de Sociedades, 22 de enero de 1971.

13. *Op. cit.*

14. Acta N.93 correspondiente a la reunión ordinaria de la Asamblea General de Accionistas de Bavaria S.A. llevada a cabo el día 22 de marzo de 1971, pág. 26.

15. Resolución sin número de la Comisión Investigadora de Bavaria S.A., 29 de enero de 1971.

16. "No fue delito destruir poderes", *El Tiempo*, 22 de febrero de 1971, pág.35.

17. *Op.cit.*

18. "Obra maestra la elección de nueva junta directiva de Bavaria", *El Tiempo*, 24 de marzo de 1971, pág. 7A.

19. *Op.cit.*

20. Acta N.93 correspondiente a la reunión ordinaria de la Asamblea General de Accionistas de Bavaria S.A. llevada a cabo el día 22 de marzo de 1971.

21. Acta N.93 correspondiente a la reunión ordinaria de la Asamblea General de Accionistas de Bavaria S.A. llevada a cabo el día 22 de marzo de 1971 pág. 58.

22. "Unanimidad en Bavaria", *El Tiempo*, 1 de marzo de 1972, pág. 7A.

23. "Acta N.106, correspondiente a la reunión ordinaria de la Asamblea General de Accionistas de Bavaria, llevada a cabo el día 27 de febrero de 1984", pág. 172.

6

Los ases de Lleras

Antes de embestir a Bavaria por televisión, el presidente Lleras había escuchado en su despacho a varios testigos de lo que estaba ocurriendo en la empresa cervecera, entre ellos al abogado Eduardo Silva, miembro de la junta directiva de la cervecería, quien consideró un deber entrevistarse con el presidente para ponerlo al tanto de la situación que los Santo Domingo encontraron en la fábrica respecto a la diversificación improvisada de recursos.

Por otra parte lo visitó también un joven abogado javeriano de 21 años que ocupaba el cargo de secretario general de la Superintendencia de Control de Cambios. Contagiado por el estilo de moralización robesperiana del presidente Lleras, Fernando Londoño Hoyos tenía ímpetus de sobra para buscar pleitos complicados desde una entidad de vigilancia que fue creada por el presidente para proteger las escasas divisas del país y castigar a ciudadanos y empresas que negociaran en dólares sin autorización del Banco de la República. En sus primeras averiguaciones, Londoño descubrió que la ciudad de Cúcuta, en la frontera con Venezuela, se había convertido en el más preocupante punto de desangre de divisas colombianas. Con el estímulo de una cambio muy favorable de 10 pesos por un bolívar, los venezolanos invadían la ciudad para comprar ropa, productos de cuero y algunos alimentos. Era tal la afluencia de los vecinos ricos que algunos almacenes del centro de Cúcuta debían cerrar sus puertas para atender por tandas a los clientes, mientras que los demás hacían fila frente al negocio. Según cálculos de la época, las ventas anuales del comercio de Cúcuta llegaron a 30 millones de dólares, una suma que igualaba las exportaciones menores de todo el país.

El brillo de las divisas iluminó a algunos empresarios hacia la ruta de un negocio fácil y lucrativo que consistía en comprar bolívares para convertirlos en dólares en Venezuela. Esta compra de bolívares se hacía con préstamos que los negociantes recibían de bancos privados, especialmente del Banco de Colombia. Los dólares eran depositados en el exterior desde Venezuela y, por supuesto, jamás pasaban por el Banco de la República de Colombia, en una clara violación del flamante régimen cambiario implantado por Lleras. Londoño creyó que en este río revuelto podía pescar sus primeros éxitos y habló con Lleras para alertarlo de la situación.

"Yo le hice saber esto al presidente Lleras y él me dijo: 'Lo que usted me está contando me preocupa mucho pero necesito pruebas, tráigame las pruebas'. Le dije 'con mucho gusto presidente'.[1] Después de poner a trabajar a casi todos los funcionarios de la Superintendencia en el seguimiento de casos ejemplares de violaciones cambiarias en la frontera, Londoño descubrió que "medio país estaba metido en el negocio".

A principios de 1969, llamó al Presidente para anunciarle que tenía las pruebas y Lleras le pidió que las llevara al Palacio de San Carlos.

"Le dije: 'Presidente, es un poco voluminoso', y me dijo 'no me importa'. Me fui con una camioneta cargada de expedientes, eso eran dos pilas de metro y medio cada una y allá llegaban mis mensajeros y mi chofer cargando documentos para ponérselos al doctor Lleras en la oficina".

Cuando él vio eso me dijo 'Doctor Londoño ¿esto qué es?' 'Usted me dijo que me trajera lo expedientes. Ahí le tengo todas la pruebas del mercado negro que hay en Cúcuta', le dije. Y me dijo: '¿Quiénes son los compradores de dólares?' Y le dije: Presidente, todas las empresas de este país, por ejemplo la colonia judía entera. 'Pero, a ver, cíteme una empresa importante de Colombia que esté metida en eso'. Y le dije: 'Presidente, por qué no hacemos al revés, ¿por qué no me cita usted una empresa a ver si la tengo o no la tengo? Porque es que creo que las tengo todas'. Entonces le llamó la atención el cuento y me dijo 'Bavaria'. 'Aaaah, con mucho gusto, Presidente, aquí está Bavaria".

Londoño le mostró al Presidente pruebas de los giros de Bavaria a un banco en Cúcuta y le explicó la manera cómo pasaba la plata a una cuenta del conocido cambista de la ciudad Germán Seade. De esa cuenta de Seade volvía la plata al Banco de Colombia para pagar el préstamo para comprar los dólares. También exhibió declaraciones de Germán Seade diciendo que su único oficio en la vida era el de cambista e inspecciones judiciales a las empresas por medio de las cuales se establecía que los giros al exterior no tenían un soporte legal.

En el caso de Bavaria, Londoño descubrió algunos documentos de unas transferencias que se hacían a Nueva York a la firma Colombia Brewers. "Ésa fue una investigación que duré haciendo seis u ocho meses, trabajando de día y de noche con 40 personas en todas partes. Era mi trabajo de *boy scout*".

La historia de los giros de Bavaria a Estados Unidos salió a relucir en una asamblea de la época, pero sus detalles son de difícil reconstrucción debido a que la redacción de las actas se hacía con un criterio aparentemente favorable al grupo dominante en la empresa, en este caso, el Grupo Santo Domingo. De la información fragmentaria se puede rescatar el hecho de que Rafael Bernal Jiménez, miembro de la Comisión Informadora de Bavaria, explicó a los accionistas de la asamblea de junio de 1969 que en una visita que hizo a la Superintendencia de Control de Cambios se enteró de la existencia de una serie de cheques girados a nombre de personas naturales por sumas que iban desde 1'500,000 pesos [70,000 dólares] hasta 2'000,000 pesos [95,00 dólares]. Bernal no parecía muy conforme con las explicaciones que le dieron sobre el origen de estas operaciones en el departamento de contabilidad de Bavaria, pero lo único que se trasluce en las actas es el sentir de Bernal, quien se quejó de que "la información suministrada por la contabilidad de Bavaria no fue satisfactoria y que en la última visita practicada a la Superintendencia no les fue posible precisar los datos relativos a los cheques nombrados por cuanto se les informó que ellos habían quedado bajo la reserva del sumario". Además, a Bernal le extrañaba que Colombia Brewers, con sede en Nueva York, fuera una oficina, que a pesar de tener un capital de 10,000 dólares, registraba ingresos de 300 a 400 millones de pesos. El misterio de los giros al exterior también preocupaba al accionista Alfonso Torres Melo, quien bombardeó a la junta directiva hasta el cansancio con preguntas sobre el tema durante la misma asamblea. Los cheques girados por Bavaria a personas naturales "no corresponden a ningún asiento de contabilidad", afirmó. Lo que más preocupaba a Torres era que no se trataba de pagos insignificantes, pues él tenía información de que el monto de los giros ascendía a más de 20 millones de pesos (más de un millón, 100,000 dólares).[2] Según Torres, gran parte de esos cheques fueron girados a nombre de Jorge Ferro Mancera (el contador de toda la vida Julio Mario Santo Domingo). Finalmente la Comisión Informadora, que se había formado para investigar determinados negocios no muy claros de la compañía, rompió el silencio. Julio Benetti Salgar, presidente de la comisión, reportó que en efecto la Superintendencia de Control de Cambios estaba investigando los cheques pero que desconocía el nombre de los beneficiarios por cuanto la Superintendencia se negaba a suministrarlos alegando reserva del sumario.

Al estudiar una parte de la investigación sobre los giros al exterior no declarados, Lleras le dijo a Londoño: "Esto no puede ser". "Le dije 'Presidente, mire el expediente' y me dijo '¿Quién participa en esto? ¿Qué les pasa a los accionistas de Bavaria?"

Después de esta etapa preliminar de su investigación, Londoño fue nombrado superintendente de control de cambios y en esa posición continuó con las indagaciones, ahora motivado por la curiosidad política de saber hasta dónde llegaría Lleras con las denuncias.

"Como yo tenía que investigar a Julio Mario Santo Domingo porque lo encontré con otra conexión en Nueva York, necesitaba saber qué me iba a decir este señor. Convencido de que él era el que tenía el manejo directo de las cosas, después entendí que no y me tuve que entender con Bavaria, lo cité a la Superintendencia y no se presentó, sino que me mandó, una semana antes de que se venciera el plazo, a un abogado costeño, un señor que ya murió, un hombre modesto, de buen trato, que llegó con el papel y me dijo: 'Doctor Londoño, Don Julio Mario Santo Domingo ha recibido esto, yo quiero saber de qué se trata' Y le dije: 'Doctor, yo estoy citando a Julio Mario Santo Domingo para una indagatoria porque tengo facultades de juez instructor. Dígale que es para eso, pero usted sabe que un juez investigador no le dice a un indagatoriado de qué se trata la indagatoria antes. Dígale que venga'. Entonces me dijo: 'Mire, doctor, es que Don Julio Mario vive en Nueva York mucha parte del tiempo y es un hombre muy ocupado y va a ser muy difícil que venga acá'. Le dije: 'Bueno, no se preocupe, algún día vendrá a Colombia, y cuando venga sí le quiero advertir, para ser leal con usted, que por favor no venga ni sábados ni domingos'. Me dijo: '¿Por qué?' y le dije: 'Porque como se va a encontrar con una orden de detención en el aeropuerto lo pueden llevar a una cárcel hasta el lunes, cuando me lo traigan acá, y yo no quiero que él tenga ese problema. Dígale que venga entre semana y en una hora hábil porque no quiero dificultades, pero en cualquier aeropuerto del país al que llegue el señor Santo Domingo va encontrar una orden mía de detención. Me dijo: '¿Cómo?'. 'Yo tengo esa facultad, cuando la gente está muy ocupada no tengo más remedio que hacer eso, lo lamentaría muchísimo, yo sé que el señor Santo Domingo es un hombre muy importante pero yo expedí la orden y se cumple, y el señor viene acá'.

Digamos que yo lo cité para una semana y vino tres días antes de la fecha en la que lo había citado. Entonces dijo que le daba mucha pena el incidente. Me lo llevé al despacho y le dije: 'Voy hacer una cosa que no hago con nadie y es que la indagatoria se la voy a tomar yo.' Normalmente comisionaba a alguno de mis abogados. Santo Domingo llegó con su aire de gran señor, él es una gran señor, un hombre de grandes salones y grandes cosas, y yo era un mocoso, él debió de quedar muy sorprendido de ver a un muchacho de 23 años, y entonces fui muy amable yo también, generalmente lo soy pero lo fui muy a propósito. Llegó con abogado y le recibí la indagatoria. Preguntado, contestó: 'Me llamo Julio Mario Santo Domingo, natural de no sé dónde'

Si existe un archivo de la Superintedencia, ahí hay una indagatoria en la que estoy preguntando unas tonterías para ver cómo lo llevaba a una cosa grande, pero rápidamente encontré que de verdad el señor no sabía nada sino que todo se lo ejecutaban a él. Yo terminé esa indagatoria y le llevé al doctor Lleras esos papeles, y el doctor Lleras dijo: 'No hay derecho a que los accionistas le estén haciendo estas cosas. ¿Cómo es esto que los accionistas, que se hacen unos giros y unos giros importantes?', y empezó Carlos Lleras a hacer las averiguaciones por su cuenta y con la Superintendencia de Sociedades en Bavaria. En pocas palabras, lo que Bavaria hacía era recibir ingresos, no los remitía dentro de su contabilidad oficial, y salían los giros al exterior".

Como muchos otros, el expediente de Bavaria quedó sepultado por el polvo y la impunidad. Al salir Londoño de la Superintendencia y Lleras de la Presidencia, el interés por el caso se desvaneció. Los términos prescribieron. Ningún directivo de Bavaria fue multado. No sería la última vez que una situación como ésa favorecía a la empresa cervecera.

NOTAS

1. Entrevista personal con Fernando Londoño, Bogotá, 12 de febrero de 1999.

2. Acta de la Asamblea Extraordinaria de Accionistas, junio de 1969, pág.19.

7

Los Egopolios

Con la conquista de Bavaria, Julio Mario Santo Domingo ingresó en las grandes ligas de los grupos que han dominado la economía del país durante tres décadas; monopolios fuertes y organizados que funcionaron desde la década de los setenta bajo las órdenes inapelables de la figuraególatra de un gran accionista. En la competencia estaban Jaime Michelsen, Carlos Ardila Lülle, Santo Domingo y el sindicato antioqueño –este último sin cabeza visible– y entre todos tenían el control de la banca, las principales industrias del país y se repartían los favores políticos de los gobiernos, según la cercanía personal con los presidentes en turno.

Competían en unos campos y en otros compartían terrenos, aunque bajo un intenso control del poder como ocurrió en Avianca. Con el tiempo, estos conglomerados "se convirtieron en verdaderos centros de poder que han monopolizado centenares de empresas que pertenecían a numerosos propietarios… y hoy controlan las palancas y resortes vitales del manejo de los más importantes sectores económicos".[1] Las utilidades de estos grandes magnates sólo eran comparables con las fortunas espontáneas de los primeros exportadores de marihuana de la Costa Atlántica.

Con mucha más figuración y arrogancia que Santo Domingo, Michelsen sobresalía en la baraja de los grandes magnates de la época. Como cabeza del grupo Grancolombiano, era el hombre más poderoso de Colombia. Descendiente de una familia de banqueros, logró el control del grupo y del Banco de Colombia a través de operaciones que tenían tanto de astucia como de ilegalidad.

No admitía oposición ni crítica. Trató de doblegar económicamente al diario *El Espectador*, que denunció sus maniobras y se enfrentó a los ex ministros Hernán Echavarría Olózaga y Hernán Agudelo Villa que se atrevieron a señalar algunas irregularidades de sus actividades bursátiles.

Michelsen, abogado de la Universidad del Rosario, controlaba el 80 por ciento del Banco de Colombia, donde compartía acciones con Santo Domingo y Ardila Lülle, y una mínima participación con los Rockefeller. Bajo la división financiera del grupo estaban el Fondo Grancolombiano, Diners Club, Pronta, Aseguradora Grancolombiana, Finanzauto, Capitalizadora Grancolombiana, Inversiones Satume, Seguros La Unión y la Corporación de Ahorro Grancolombiana. Controlaba la Compañía Industrial Grancolombiana, Cingra, Muebles Artecto, el Ingenio Mayaguez, la mitad de Supergas y el 80 por ciento de la fábrica de pastas Sirena.

"Su nombre y su imagen alcanzaron una notoriedad sólo comparable con la de presidentes y ex presidentes", escribió Alberto Donadío. "Era temido y respetado. Se le vio al lado de todos los presidentes. Alfonso López Michelsen le entregó la administración de sus bienes durante la presidencia, de 1974 a 1978, Michelsen Uribe marchó por las calles de Bogotá junto al presidente Julio César Turbay... Las compañías del Grupo Grancolombiano desarrollaban actividades en casi todos los sectores, salvo en caza y pesca... impuso su voluntad en el grupo a fuerza de maniobras, hábiles unas, fraudulentas otras, y todas de marca imperial, con la complicidad y la debilidad de varios gobiernos, a costa de los ahorradores, de la ley y de la seguridad financiera".[2] Michelsen fue el cerebro de la fusión del Banco Grancolombiano y el Banco de Colombia en 1972. Esta operación convirtió al Grancolombiano en la organización financiera más poderosa del país.

"La fusión le dio al Grancolombiano una enorme base financiera. Pero lo más importante es que le aportó al grupo flexibilidad y poderosas conexiones políticas. Esto último resultó particularmente útil durante la presidencia de Alfonso López Michelsen. El gobierno de López le dio al grupo el control de los recursos de numerosos fondos del Gobierno".[3]

Los competidores del grupo protestaron de inmediato, y concentraron sus ataques en la forma en que el gobierno transfirió enormes sumas de dinero del Instituto de Seguros Sociales al imperio Grancolombiano. El movimiento de protesta fue dirigido por el grupo rival de Colseguros.

Ante los ataques de la competencia, Michelsen respondió con una campaña abrumadora de adquisición de acciones de Colseguros, aprovechando la liquidez que le reportó el ingreso de 76 millones de pesos del Seguro Social. Para esa época el financiero ya era conocido como *El Águila*, un apodo inspirado en el símbolo publicitario de su grupo financiero y el carácter rapaz de la organización. Una vez conquistada la firma Colseguros, Michelsen puso su mira en el Sindicato Antioqueño. A principios de 1979 se tomó Cine Colombia y una buena tajada de la Nacional de Chocolates, y en una operación que sólo duró cinco semanas ganó el control de la junta directiva de la empresa metalúrgica Simesa.

La meteórica carrera del banquero perdió impulso a partir de septiembre de 1983, cuando el diario *El Espectador* empezó a sacar a la luz operaciones de préstamos del Banco de Colombia a entidades del Grupo Grancolombiano entre las cuales figuraban como últimos beneficiarios algunos integrantes de la junta directiva del banco o ejecutivos del mismo. En una investigación que inició la Superintendencia Bancaria a raíz de las publicaciones, se estableció que parte de esos créditos tuvieron su origen en la crisis de los fondos de inversión de 1980. Básicamente lo que alegó el Gobierno en la denuncia penal era que Michelsen, para salvar a la firma Títulos Grancolombiano, la piedra angular sobre la cual construyó su poderío a mediados de la década de los setenta, utilizó dineros de los ahorradores. "El grupo era el mundo y Títulos era la palanca para mover el mundo", escribió Donadío. "A través de una modesta sociedad con 10 millones de pesos de capital, Jaime Michelsen recogió miles de millones de ahorros de los colombianos y los utilizó para capitalizar sus empresas, especialmente las financieras, y para adquirir otras industriales y comerciales".[4]

En diciembre de 1983, en medio del desplome de su imperio financiero y después de anunciar que se retiraba a una plácida finca de Boyacá, Michelsen abandonó el país con destino a Miami. Murió en 1998 después de vivir una década como prófugo de la justicia colombiana. Su hijo, Pablo, explicó al periodista Julio Nieto Bernal que el gran problema de su papá fue haber sido el único financista que asumía riesgos, "que es la exacta definición del banquero". Por eso "creció de manera tan desaforada, por lo que los banqueros tradicionales, los del Jockey y el Gun Club lo consideraron un peligro, no se aguantaron y lo combatieron desde la junta directiva del Banco de la República".[5]

Al menos en Avianca, los hombres de Santo Domingo no lo querían. Hasta 1975 el mayor accionista de Avianca era el grupo Grancolombiano. Michelsen le vendió sus acciones a Fernando Mazuera por 50 millones. A Santo Domingo Michelsen le parecía "un advenedizo", según palabras de un ex directivo del grupo. Cuando todavía conservaba acciones en Avianca, pero el dominio de la administración era de Santo Domingo, Michelsen se sintió con derecho a plantear en la junta directiva que sus empresas de seguros podrían suministrar las pólizas a los aviones y a la compañía en general. A través del presidente de la empresa, Julio Mario Santo Domingo, que controlaba los seguros de la aerolínea, le mandó a decir al banquero, en términos insidiosos, que no se pusiera a jugar con candela. Los aviones de Avianca estaban asegurados por empresas relacionadas con Santo Domingo como la Nacional de Seguros. Desde entonces, Michelsen fue marginado de las decisiones de la empresa y terminó vendiendo su participación.

Carlos Ardila Lülle era otro de los empresarios que en la década de los setenta empezaba a amasar una gran fortuna. Su padre, Carlos Julio Ardila Durán, era un comerciante de Bucaramanga que en los años cincuenta ocupó la gerencia del Banco del Comercio y que vivía en forma modesta sin más patrimonio que su casa y un carro Studebaker. La madre del empresario era Doña Emma Lülle Llach, hija de un inmigrante alemán. Ardila estudió primaria y bachillerato en Bucaramanga y luego viajó a Medellín, donde se matriculó en la prestigiosa Escuela de Minas. En esta ciudad, que en cuestión de negocios ha sido siempre áspera con los inmigrantes, se casó con María Eugenia Gaviria Londoño, de una familia muy tradicional de Medellín, propietaria de Gaseosas Lux. La joven paisa, de 17 años, tenía entonces el 13 por ciento de las acciones de la empresa familiar. A los 23 años, Ardila fue contratado en un cargo gerencial de la compañía de su esposa en Cali con el encargo de montar una nueva fábrica. Comparada con las grandes embotelladoras como Postobón y Coca-Cola, Gaseosas Lux era una firma de segundo orden pero tenía un producto, Canada Dry, que reportaba muy buenos ingresos.

Al contrario de la leyenda bíblica, Ardila Lülle entró en el paraíso por una manzana. Varias veces el magnate ha dicho que el momento más importante de su vida fue el día de 1954 en que el empresario belga Jean Martin Leloux le dio a oler un pequeño frasco con esencia de manzana.

"¿Y esto para qué lo usan?", preguntó, y el belga respondió: "Para hacer postres".

"Entonces pensó que una gaseosa de ese sabor, que no existía en el mundo, podría dar resultado".[6]

El primer obstáculo que afrontó fue el color poco agradable que resultaba de la mezcla con la esencia de manzana. Pero después de varios intentos logró producir la gaseosa que lanzó durante los Juegos Atléticos Nacionales de 1954. En poco tiempo la bebida se convirtió en el producto número uno de Lux al superar las ventas de Canada Dry. Ardila Lülle compró varios paquetes de acciones de Gaseosas Lux hasta convertirse en el principal accionista, y una vez consolidado su poder puso la mira en Postobón.

En 1978 obtuvo el control accionario de Coltejer, la fábrica textil más grande del país donde puso en marcha un plan de modernización con la apertura de las plantas de Indigo e Hilatura Open End, telares de avanzada tecnología. Asimismo creó las sociedades Agrurabá y Coltefinanciera.

La incursión de Ardila provocó un movimiento febril de acciones en las empresas del grupo antioqueño. Los antioqueños se pusieron de acuerdo con Santo Domingo para hacer importantes trueques bursátiles que terminaron por fortalecer al empresario barranquillero. Santo Domingo cedió acciones de las textileras Fabricato y Tejicondor, de Bancoquia, Coltabaco y Cine Colombia a cambio de acciones en Cervunión, Bavaria, Avianca y Banco Santander que controlaba el sindicato antioqueño. Este intercambio le dio a Santo Domingo el control del 65 por ciento de Cervunión y fortaleció su poder en Bavaria y Avianca.

Ardila Lülle tenía en su portafolio unas 40 empresas, aunque podrían ser más, según el analista Julio Silva Colmenares, pues las sociedades que caían bajo su control las convertía en limitadas, lo cual dificultaba el escrutinio público. Silva calculó que en 1976 Ardila tenía activos de unos 230 millones de dólares.[7]

A finales de la década, el número de empresas ascendió a 75, de las cuales 29 estaban bajo la órbita de Coltejer, 13 en el grupo de gaseosas Postobón, 13 en Radio Cadena Nacional (RCN) que adquirió a través de Coltejer, tres en Peldar, seis en el grupo azucarero de Manuelita y siete en otras inversiones que incluía el periódico alvarista *El Siglo*.[8]

El encebamiento de los monopolios era un espectáculo indignante para los colombianos a finales de la década de los ochenta. Al no existir una competencia sana y abierta, el derecho a escoger en el mercado de bienes y servicios parecía una broma de mal gusto. La aerolínea era Avianca; el carro era Renault; la cerveza, Bavaria; la gaseosa, Postobón; el banco, el de Colombia; el cigarrillo, Marlboro, y el jabón de lavar, el Fab. Bajo ese dominio absoluto –en el cual participaban también los monopolios extranjeros– el consumidor tenía que pagar los precios que imponían los pulpos económicos y financieros a su antojo. El ex ministro de Hacienda Hernando Agudelo Villa pronosticó lo que en la década siguiente sería una realidad sin remedio: que el país estaba a un paso de que cuatro o cinco personas se quedaran con los principales controles de la economía "con la consecuencia inevitable de una indignante concentración de riqueza, ingreso y poder personal, destruyendo las bases democráticas de la nación".

En una entrevista con *The Financial Times,* en 1982, Agudelo Villa citó como ejemplo del proceso de concentración la adquisición de Colseguros y del Banco Comercial Antioqueño por parte del "Santo Domingo Land".

En apariencia los gobiernos cumplían con la expedición de normas que trataban de contener el avance de los monopolios. López, quien en su campaña denunció la existencia de "unos grupos económicos poderosos que se van adueñando de las posiciones clave"[9], expidió un decreto que regulaba los fondos provenientes del ahorro privado. La Superintendencia de Sociedades divulgó un estudio en el que señalaba las graves deficiencias en la legislación para controlar la expansión de los monopolios; en 1978 el Gobierno presentó dos proyectos para establecer la Comisión Nacional de Valores y reformar el código de comercio a fin de establecer controles. Las iniciativas naufragaron bajo el implacable cabildeo de los grupos. En esfuerzos aislados, el presidente de la cámara, Jorge Mario Eastman, organizó un foro que duró una semana para debatir la concentración del poder económico, y Agudelo Villa hizo una serie de acusaciones contra el Grupo Grancolombiano. Pero todo quedó en el papel, pues en la práctica los grandes grupos seguían creciendo sin fronteras ni regulaciones. La distancia que marcaba el Gobierno era ficticia: los presidentes eran los mejores amigos de los hombres más ricos del país.

NOTAS

1. *De los monopolios a la democracia económica: una política para controlar la concentración del poder económico*, Hernando Agudelo Villa, Ariel, Editorial Planeta Colombiana, 1999, pág. 66.

2. Alberto Donadío, *¿Por qué cayó Jaime Michelsen?*, El Áncora Editores, Bogotá, 1984, págs. 19 y 20.

3. *Grancolombiano under attack*, *Latin American Newsletters*, Latin America Regional Reports: Andean Group, 16 de mayo de 1980, pág. 5.

4. Alberto Donadío, *¿Por qué cayó Jaime Michelsen?*, El Áncora Editores, Bogotá, 1984, pág. 25.

5. Julio Nieto Bernal, *Compañía Ilimitada*, Planeta, Colombia, 1997, pág. 33.

6. "¿Cómo me volví rico?", revista *Cambio 16*, junio de 1997.

7. Julio Silva Colmenares, *Los Verdaderos Dueños de el País*, Fondo Editorial Suramericana, Bogotá, 1977, pág. 312.

8. *Takeovers add to economic concentration in Colombia*, Latin American Newsletters, Ltd. Latin America Economic Report, 19 de enero de 1979, pág. 20 .

9. Citado por Agudelo Villa, pág. 64

8

Penas y glorias

La década de los setenta comenzó para Julio Mario con una mezcla de penas y glorias. Su hermana Cecilia murió en 1972 luego de sufrir una fractura craneal en el baño de su casa en Barcelona. En octubre del mismo año enterró a su gran amigo Álvaro Cepeda, y al año siguiente falleció su padre, quien nunca se sobrepuso a la tragedia de sus dos hijos. Meses antes de morir, Don Mario le comentó al ex presidente López Michelsen que tenía el temor de dejar el control de las empresas en manos de su hijo mayor. El muchacho ya había dado muestras de ser una persona avariciosa y Don Mario tenía el temor, según López, de que el resto de la familia se quedara sin un mordisco de la fortuna. Para morir tranquilo, el viejo hizo un poder general a nombre de López en virtud del cual le dio la representación de su esposa, Beatriz, su hija, Beatriz Alicia, y su nuera Bety Dupont, la viuda de *Pipe*. "Mira, he hecho un poder para que tú tengas poder general de Beatriz, Beatriz Alicia, Bety, la viuda de *Pipe*, y Cecilia Santo Domingo. Aquí está el documento, porque Julio Mario es el que tiene todas las claves, los hilos, y puede hacer lo que quiera", recuerda López Michelsen que le dijo Don Mario.[1]

Al mismo tiempo, nombró como albacea de sus bienes a Pedro Juan Cañizares, un fiel abogado barranquillero de la Universidad Industrial de Medellín que no tenía muy buenas relaciones con Julio Mario. Sus profundas convicciones religiosas chocaban con la vida disipada y bohemia del joven. Fue tal vez el único de los hombres de confianza de Don Mario que conoció la urdimbre de sociedades que los Santo Domingo utilizaron para hacer inversiones y negocios en todo el país y en el exterior. Varias de esas sociedades fueron creadas a nombre de Cañizares a fin de evitar los inconvenientes sociales y legales de la concentración de riqueza o para tomar el control de sociedades en las que la familia ya aparecía con acciones a su nombre.

La decisión de Don Mario de dejar en manos de López Michelsen las llaves del reino encolerizó a Julio Mario, quien acusó a López de haber concebido la idea para apoderarse de la sucesión. En cumplimiento del encargo de Don Mario, López asistió a varias reuniones del Fondo de Crecimiento de Inversiones e Industria, Colinsa, la compañía matriz de la familia, pero allí descubrió, dice, que Santo Domingo ya tenía montado su plan de contingencia para dominar la junta directiva y bloquear cualquier iniciativa diferente.[2] El joven empresario conquistó los votos de la viuda de su tío, Luis Felipe Santo Domingo, y de la tía Ernestina García de Santo Domingo, un bloque grande de acciones. Después de varias reuniones incómodas, López se dio por vencido en su misión de "proteger" al resto de herederos y acordó la venta de sus acciones en la empresa matriz a través de Álvaro Sánchez Mallarino, quien maneja las cuentas de publicidad del grupo y que mantiene una relación estable con Santo Domingo desde entonces. Con sus acciones, las de Ernestina, las de los hijos de *Pipe* y Bety, y las de Pontus, una empresa registrada en Panamá, Julio Mario controlaba la compañía. Una vez muerto su padre le compró a su tía Ernestina toda su parte, a Beatriz Alicia un porcentaje y a unos pequeños accionistas alemanes y colombianos que habían trabajado en Águila, con lo que consolidó el control sobre Colinsa. Al viudo de su hermana Cecilia, Alfonso Vidar, un ceremonioso conde español de escasa estatura, lo dejaron mantener por un tiempo un apartamento en Barcelona, propiedad de la familia, que después vendieron. En abril de 1972, Santo Domingo fue nombrado presidente de Colinsa.

Al morir Don Mario, un año después, Julio Mario quedó con el poder omnímodo de las empresas del grupo. A sus 49 años, el reino era suyo. El llamado Grupo Santo Domingo tenía participación en 110 empresas con activos por un valor de 550 millones de dólares.

El Grupo Santo Domingo controlaba la administración de Bavaria y Avianca, y la familia tenía posición dominante o inversiones importantes en Cervecería Andina y Malterías Unidas; en negocios derivados del petróleo (Petroquímica del Atlántico, Gas Natural, Celulosa Colombiana); en alimentos (Pastas La Muñeca, Molino Águila); en bienes raíces (Inversiones Urbanas y Rurales); en complejos industriales (Aluminio Reynolds, Umco, Conalvidrios); en metalmecánica (Industrial Metalúrgicas Unidas, Fundiciones del Norte); en un astillero (Unión Industrial y Astilleros S.A.); en compañías de transporte terrestre (Transportes Barranquilla); en importaciones y exportaciones (Santo Domingo & Cía., Santo Domingo Pacini, Sanpac); en empresas financieras (Valores del Norte) y en sociedades agroindustriales (Ferticol). En el campo de los medios de comunicación sólo tenía un periódico, *El Diario del Caribe*, cuya dirección asumió Francisco Posada de la Peña al morir Cepeda. Mantenía además un 15 por ciento de Cine Colombia.[3]*

Conquistada la dirección del grupo, Santo Domingo se propuso concentrar sus esfuerzos en la producción de cerveza y deshacerse de empresas que habían dejado a la fábrica en una grave situación de iliquidez. Bajo la presidencia de Eduardo Wills Carrasquilla, quien tenía una larga carrera en la empresa, puso en funcionamiento el salón de envases de la cervecería de Techo, lo que marcó un aumento del 50 por ciento en la producción de la fábrica de Bogotá. En enero de 1973, durante la ceremonia de inauguración de la fábrica con capacidad para producir 60 millones de botellas al mes, el presidente conservador Misael Pastrana le entregó la Cruz de Boyacá a la Bavaria.

* Según el libro publicado por la Superintendencia de Sociedades en 1978, como documento oficial de ese despacho, sobre los conglomerados en Colombia en 1975, la familia Santo Domingo tenía posición dominante y control en: Pastas La Muñeca S.A.. Molina Águila S.A., Aluminio Reynolds S.A., Aluminio Reynolds Sto. Domingo S.A., Umco S.A., Industrial Metalúrgicas Unidas, Unión Industrial y Astilleros S.A., Transportes Barranquilla S.A., Santo Domingo & Cía. S.A., Inversiones Antioquia S.A., Promotora del Atlántico S.A., Industrias Arfel S.A., Inversiones Modernas S.A., Inversiones Industriales S.A., Inversiones Magdalena S.A., Inversiones Urbanas y Rurales S.A., Metalúrgica Colombiana S.A., Colinsa S.A., Santo Domingo Pacini S.A. –Sanpac. Según el mismo libro la familia Santo Domingo en esa fecha, 1975, tenía inversiones directas importantes pero no de control en : Petroquímica del Atlántico S.A., (controlada por Bavaria según Supersociedades); Valores del Norte S.A. (controlada por Colinsa según Supersociedades); Inversiones del Caribe S.A. (controlada por Colinsa); Editorial del Caribe S.A.; Conalvidrios S.A. (controlada por Bavaria); Cervecería Andina S.A. (controlada por Colinsa); Cía. Agropecuaria del Atlántico S.A. (controlada por Colinsa); Cervecería Unión (controlada por Colinsa); Celulosa Colombiana S.A.; Ind. metalúrgica del Quindio (controlada por Bavaria); Ferticol (controlada por Bavaria); Fundiciones del Norte S.A., Gases del Caribe S.A. (controlada por Bavaria); Malterías Unidas S.A. (controlada por Bavaria); Cajas Plásticas S.A. (controlada por Bavaria); Distribuidora Unión S.A. (controlada por Colinsa); Bavaria S.A., Avianca S.A., Gas Natural Colombiano (controlada por Bavaria).

El mismo libro de la Supersociedades trata al conglomerado COLINSA aparte, como dominante de las empresas señaladas anteriormente, y además Banco Santander y Ganadería Unión pero demostrando que la principal actividad de COLINSA era la agropecuaria.

"Celebramos con entusiasmo este esfuerzo", dijo Pastrana, "y vemos cómo el interés privado, sin exceso de lucro, sin intereses distintos a los propios de la función social, puede desarrollarse en este esfuerzo que ha logrado Bavaria".[4]

La nueva planta dejó sin trabajo a 452 empleados. Era el saldo de un plan de retiro que la empresa ofreció como consecuencia de la automatización del proceso industrial. Según el plan, Bavaria reconocía una bonificación a los empleados que renunciaran voluntariamente. Aquellos que querían continuar en la compañía lo podían hacer, pero con la condición de aceptar el traslado intempestivo a cualquiera de las sedes de la empresa en el país. Después de acogerse al retiro, los empleados se enteraron de que el plan no era más que un despido masivo por cierre de dependencias que no estaba autorizado por el gobierno, según concepto de la seccional de trabajo de Cundinamarca. Los empleados demandaron a Bavaria, pero perdieron el pleito ante el Consejo de Estado que falló a favor de la empresa en una providencia del magistrado Ricardo Uribe-Holguín.

En materia de control de precios Pastrana fue mucho más flexible que Lleras. A los pocos meses de su posesión, el Presidente aprobó un aumento del precio de la cerveza, y al año siguiente concedió una nueva alza en consideración del incremento de los costos de producción ocasionado por la inflación. A pesar de este tratamiento paternalista, los directivos de Bavaria no desaprovechaban oportunidad para quejarse del Gobierno por el daño que causaba a la industria nacional la importación de cerveza. Aun así, la producción seguía en aumento.

Colombia tenía entonces unos 23 millones de habitantes que se bebían al año unos cinco millones de hectolitros de cerveza producidos por el grupo Bavaria. Orgulloso de su gestión como presidente de la junta directiva, y a pesar de que la anterior administración "distrajo recursos para la adquisición de insólitos negocios", Santo Domingo reportó, en 1972, utilidades netas de Bavaria de 157.4 millones de pesos (siete millones de dólares).

Pastrana, último presidente del Frente Nacional, asumió el cargo en medio de un escándalo de fraude electoral durante los comicios que lo llevaron al poder el 19 de abril de 1970. Los partes oficiales indicaban que él había sido el ganador al derrotar por un escaso número de votos al ex general Gustavo Rojas Pinilla, jefe del movimiento Alianza Nacional Popular, Anapo. Pero los anapistas alegaron que el gobierno alteró a última hora los resultados de las votaciones en las zonas rurales para propiciar la victoria de Pastrana. A raíz del fraude y de la débil respuesta de Rojas para hacer valer su victoria, un grupo de enfurecidos activistas de la Anapo y guerrilleros de las Fuerzas Armadas Revolucionarias de Colombia (FARC) fundaron en 1972 el Movimiento 19 de abril, M-19. Con un ambiguo ideario político de corte nacionalista, el nuevo movimiento armado se comprometió a luchar contra la oligarquía y los monopolios. Entre los fundadores se encontraba Jaime Bateman Cayón, estudiante samario de la facultad de Sociología de la Universidad Nacional que tiró piedra durante la dictadura de Rojas Pinilla al lado de Pedro Bonett, uno de los buenos amigos y asesores de Santo Domingo.[5]

"Pero con Lleras, de 1957 en adelante, no paso un carajo", recuerda Jaime Bateman, comandante del M-19. "Entonces le dimos la espalda a la burguesía. Éramos varios, me acuerdo de Feliz Vega y de Pedro Bonett, hoy brazo derecho de uno de los principales oligarcas colombianos, Julio Mario Santo Domingo".[6]

Como integrante del movimiento Juventud Comunista (Juco), Bateman también apoyó el Movimiento Revolucionario Liberal (MRL) que dirigió Alfonso López Michelsen y en el que Santo Domingo participó con mucho entusiasmo. "Desde muy niño tuve contacto con la política en mi casa por medio, entre otros, de Alfonso López Pumarejo, quien además de familiar era un gran amigo. Con Alfonso, su hijo, fui muy cercano desde mi adolescencia y lo acompañé durante todo el ciclo del MRL, que culminó con su ascenso a la Presidencia".[7]

En una corta entrevista Bonett me comentó que Santo Domingo financió el MRL. López Michelsen no recuerda una sola contribución de su "primo".

"Contra gusanos y parásitos, espere el M-19", decían los anuncios de prensa que publicaron los gestores del movimiento en 1974, días antes de su primera incursión simbólica: el robo de la espada de Simón Bolívar.

Los monopolios y la concentración del poder fueron temas recurrentes del recién creado grupo guerrillero. En algunas de sus justificaciones doctrinarias, el M-19 citaba la teoría de Jorge Eliécer Gaitán del "predomino inmerecido" para explicar la existencia arbitraria de las élites en Colombia. El discurso de Gaitán que los guerrilleros enrostraban a la burguesía sostenía que ciertos hombres "llegan a la vida favorecidos por el privilegio. Una gran herencia que ellos nunca laboraron, que muchas veces es el resumen de incontadas injusticias, los coloca en un grado de superioridad social, lejos de todo mérito, de toda inteligencia, de toda voluntad. Y si nacen con un privilegio absurdo, no es menos evidente que en su desarrollo esa riqueza adquirida sin base y sin razón, les presta arma de predominio inmerecido".[8]

A principio de la década de los setenta, Julio Mario sabía lo que significaba el predominio, pero ejercido en la sombra. Llevaba una vida alejada de las celebraciones públicas de las clases altas de Bogotá y desde entonces era muy raro encontrar reportajes suyos en los medios de comunicación. De lo único que se ufanaba en público era de su poder persuasivo con los trabajadores. Siendo ya presidente de la junta directiva de Bavaria, en diciembre de 1973, no ocultó su orgullo al anunciar que "por primera vez en la historia de las relaciones obrero patronales en el país, el mismo día que se denuncia una convención, se firma una nueva".[9] En efecto, los 3,017 empleados de Bavaria acordaron en menos de 24 horas la convención que tendría vigencia hasta 1976, un récord en la historia laboral del país.

Santo Domingo era entonces un buen bebedor a quien le gustaba parrandear en fiestas privadas con uno de sus mejores amigos de Bogotá, Alfonso Giraldo Tobón, –más conocido como *Vigi*– el hijo *playboy* de Don Vicente Giraldo. Don Vicente era un empresario de Armenia que amasó una fortuna con las ventas del popular champú anticaspa Caspidosan Vigig. Educado en el exterior, Alfonso fue uno de los primeros personajes colombianos que figuró en las revistas del *jet-set* internacional, lo cual lo acercó mucho más a Santo Domingo. Eran tal vez los únicos *playboys* del país con pasaporte. Los chismes bogotanos de la época sostenían que Alfonso era tan refinado que no se sentía muy cómodo cuando tenía que explicar que el origen de su fortuna era un champú anticaspa para los pobres. En el *penthouse* del apartamento de Alfonso, en la avenida 39 y la calle 13, se formaban las mejores fiestas para intelectuales de la ciudad.

Vigi era amigo de Soraya, la reina solitaria que según las crónicas sociales de la época tuvo un romance con Santo Domingo. Un agitado tren de vida de fiestas y derroche lo llevó a la quiebra y lo obligó a vender una costosa colección de cuadros, entre los cuales se encontraba un Picasso, posiblemente el único del pintor español que había en Colombia. Santo Domingo compró el Picasso, el primero de su colección de seis. Cuando Giraldo se arruinó, sus amigos de parranda lo abandonaron. Quienes lo recuerdan dicen que se fue decepcionado del país a vivir a Italia, donde se casó con una condesa.

A Santo Domingo y *Vigi* se les veía con cierta frecuencia en el Jockey Club. Cuenta Roberto Gómez Caballero, un socializador de la época con aspiraciones forzadas de escritor costumbrista, que Santo Domingo fue el primer socio en lucir una camisa rosada en el exclusivo centro social de Bogotá, un atudendo ciertamente atrevido para el gris de la capital.

"Jules [así le decía Juan Uribe-Holguín a Santo Domingo, según el autor] fue el primero en llegar al club usando camisa rosada alegando que esta prenda de color netamente femenino no la tenía ni su compañero de rivalidades *El Duque Quindiano* [Vicente Giraldo]. Por su aparición con la llamativa prenda, Santo Domingo se ganó el apodo de *Camisa rosada a la seda*.[10] Según Gómez Caballero, entre *Vigi* y Santo Domingo había una competencia de quién estaba más actualizado en la moda y la cocina internacional. La competencia se daba "en su forma de vestir, en su forma de caminar y sus platos a comer *(sic)*". Cuando se sentaban a comer en el Jockey Club "juntos pedían los platos más exquisitos y más estrambóticos, inexistentes en París y en la afamada chichería. El chef de cocina Segundo Pelotudo Cabezas se veía siempre a gatas para satisfacerlos... Mientras Julito le hablaba a los socios en un pésimo francés, lo mismo que el de éstos, Alfonsito hablaba el español con acento típico de Buenos Aires, que no era propiamente el suyo, con dejes madrileños, que tampoco".

Los comensales sólo hablaban del Club de los Cien en Estados Unidos "con el objeto de dejar boquiabiertos a todos los socios pero, valga la verdad, nunca lo lograron, ya que ésos tan sólo eran admiradores y queridos debido al poderío de su dinero".

"Cuando llegaban a almorzar o a comer en compañía de lindas mujeres, cada uno con dos mínimo, era sólo para que los demás miembros del club pensaran que éstos les habían quitado a los Largos Escallón Villa los respectivos títulos de ser *Las braguetas más bravas de Colombia*".

Otro de los amigos de Santo Domingo era Miguel de Germán Ribón y Valenzuela, uno de los primeros empresarios de las flores de Colombia. Casado con la princesa italiana Laura Chiesa, Ribón era dueño de la famosa finca La Conchita, que esporádicamente servía de escenario para las escasas visitas de la realeza europea a Colombia. Allí pasó unos días Bernardo de Holanda. Ribón era dueño además de la floristería Don Eloy, que Santo Domingo usó en varias ocasiones para sorprender a sus amantes con el regalo que más le gustaba obsequiar.

Aunque se le veía con frecuencia en el Jockey Club, Santo Domingo prefería las fiestas privadas y las largas partidas de póquer en compañía de Cepeda, Ribón, Giraldo y Álvaro Sánchez Mallarino.

"Julio Mario tenía una suerte innata", recuerda una mujer que departía de vez en cuando con ese círculo en los años setenta. "Apostaba durísimo con Cure, que también era un genio para las cartas. En esa época Julio Mario era un tipo más sencillo, un gran conversador, encantador, muy culto y se las daba porque mantenía el mismo peso y la misma talla de ropa en los últimos 20 años. Conseguía a la mujer que quería porque era buen mozo, tenía poder, seguridad y encanto".

Con sus amigos pasaba de vez en cuando por el grill La Casbah, que quedaba en los altos del teatro El Mogador, en la calle 23 entre carrera quinta y séptima. Otro sitio de encuentro era el Miranda, un bar de la calle 24 con carrera décima donde tocaba el conocido músico costeño Jimy Salcedo. "Bailaba porros, merecumbés y cumbias. Era muy romántico pero mantenía relaciones intermintentes", recuerda otra amiga de Santo Domingo de la época. "Me mandaba rosas rojas con Pedrito, que yo ponía en las latas de saltinas La Rosa porque sólo tenía un florero. Íbamos además a un bar que estaba encima del Jorge Eliécer Gaitán y al restaurante Puerta del Sol, cerca del bar Miranda, donde servían un mondongo que lo llamaban *El especial*, pues debajo del plato venía pegado un paquetico con cocaína. Quedaba al frente del Miramar, donde trabajaba un pianista francés que traía cocaína marca Merk en unos potes, empacada al vacío, desde Argentina".

Pedrito Martínez era el fiel chofer de Santo Domingo en Bogotá. Manejaba un taxi Dodge blanco, modelo 66, que tenía un pequeño ventilador montado en el panel de controles. Santo Domingo llegaba a las juntas de Bavaria y de Avianca en el carro manejado por el discreto conductor, quien lo esperaba para luego llevarlo a su apartamento en el edificio Ángel, una construcción de estilo republicano situada en la calle 19, arriba de la Avenida Séptima, en pleno centro de la ciudad. El edificio Ángel es una de las pocas joyas arquitectónicas de esta zona. Tenía amplios apartamentos que hoy están ocupados por juzgados de familia.

Desde esos tiempos Julio Mario Santo Domingo tenía claro que una de sus principales virtudes de curador personal de su propia fortuna –virtud que la mayoría de los ejecutivos que han trabajado a su lado le reconocen sin reserva– era el olfato para descubrir a buenos asesores y colaboradores.

"Me precio de tener los mejores colaboradores del mundo. Modestia aparte, ése es el secreto. Pero no crea que orquestarlos es fácil. Entre otras cosas porque como son tipos de fuerte personalidad, estrellas, hay que estarlos teniendo para que no haya fricciones y lograr una cosa armónica... un verdadero *team work*. Y aunque usted no crea que trabajo, desde las seis y media de la mañana estoy en contacto con todos ellos. En mi casa nunca contestan que estoy dormido... en cambio en las de ellos sí, algunas veces. ¿Quiere saber si trabajo? Pregúntele a la gente que trabaja conmigo".[11]

No era una jactancia ficticia. Por el Grupo Santo Domingo pasaron desde entonces los ejecutivos y profesionales más capaces y habilidosos del país, como Carlos Cure, Andrés Cornelissen, Edgar y Gustavo Lenis, Francisco Posada, Augusto López, Carlos Quintero, Luis Carlos Valenzuela, Alberto Preciado, Violy McCausland.

Un comunista converso de Manizales llamado Gustavo Vasco también estaba en la agenda de teléfonos de asesores y amigos personales de Santo Domingo a comienzos de los años setenta. Vasco, quien militó en el Partido Comunista y fue dos veces encarcelado, una durante el gobierno de Laureano Gómez y otra en la dictadura de Rojas Pinilla, era el anfitrión de prolongadas fiestas de intelectuales de Bogotá en su casa de la carrera 12 entre las calles 24 y 26. Allí "estaba siempre toda la gente que valía la pena ver: el periodista de moda, el pintor de moda y también la prostituta de moda", recuerda la actriz Fanny Mikey.[12]

A mediados de los sesenta, Vasco fue contratado por Santo Domingo como abogado asesor de Petroquímica del Atlántico, de la cual llegó a ser presidente. Allí se especializó en temas energéticos. Años después fue nombrado miembro de la junta directiva de Bavaria y en 1975 presidente de la Nacional de Seguros. Una fuerte rivalidad con Carlos Cure, que desembocó en una disputa irreconciliable, lo llevó a renunciar al grupo a principios de 1982. En el Gobierno de Virgilio Barco se convirtió en el más influyente asesor del presidente. Era "el poder detrás del trono", según lo caracterizó entonces el editorialista Roberto Posada García Peña o el hombre que mandaba al país desde la calle 91, como lo señaló el escritor Antonio Caballero.

Las dos mujeres más bonitas de Bogotá en la segunda mitad de la década de los sesenta eran Beatrice y Josefina Dávila Rocha. Huérfanas de padre y madre, las muchachas no sólo compartían raíces costeñas con Julio Mario Santo Domingo sino la fina inclinación por departir con gente de plata y "viajada", que conociera de vinos y abolengos y supiera un par de direcciones exactas de los rincones cardinales de la aristrocracia francesa. El abuelo de las hermanas Dávila fue el general samario Juan Manuel Dávila Pumarejo, gestor y propietario del Ferrocarril del Norte y primer gobernador del Jockey Club de Bogotá. El general Dávila tuvo siete hijas que marcaron un hito en la historia parroquial de Bogotá, no sólo por su belleza sino por su audacia y coquetería. Una de ellas, Josefina, fue quizás la primera mujer en separarse de su marido en Colombia.

El único hijo varón del general, Carlos A. Dávila, quien nació en Bucaramanga en 1888, se casó con Beatriz Rocha Schloss, con quien tuvo a Beatrice y a Josefina. La señora Rocha murió en el parto de Josefina, y su esposo, que estaba enfermo, debió quedarse a cargo de la hija de un día de nacida y de Beatrice, que tenía casi dos años (Beatrice nació en 1939). Ante esta angustiosa situación, la tía Josefina, que estaba separada y ya había educado a sus hijos, se mudó a la casa de su hermano y se encargó de las niñas huérfanas a quienes cuidó como si fueran sus hijas. Carlos, el padre viudo, murió a la edad de 67 años, cuando Beatrice tenía seis años y Josefina Dávila, cinco.

Ambas estudiaron en el colegio Sagrado Corazón. Tenían el privilegio de pertenecer a un reducido grupo de muchachas de la alta sociedad bogotana que conocían las mejores escuelas y restaurantes de París, Londres y Roma y algunos personajes del *jet-set* europeo. Un cercano amigo de las hermanas Dávila afirma que ellas fueron las maestras de la segunda "escuela de refinamiento" de Santo Domingo después del curso intensivo que le impartió su primera esposa Edyala.

Las Dávila vivían en un edificio del barrio San Diego de Bogotá, en cuya primera planta funcionó durante muchos años el teatro Coliseo, convertido después en sala de cine porno. En los círculos de la capital siempre se pensó que los padres de las Dávila dejaron una gran fortuna en manos de un albacea encargado de administrarla para que las jóvenes no pasaran ninguna limitación. Pero las hermanas tuvieron que ajustarse a una vida austera al descubrir, finalizando sus estudios secundarios, que la herencia no era de las dimensiones que ellas pensaban. Probablemente, en busca de ingresos extras para mantener sus gustos, las Dávila modelaron para un calendario de Bavaria vestidas con atuendos típicos en fotografías que muestran paisajes de una finca del pueblo de Santardecito. El color de la piel de las hermanas, una trigueña y la otra blanca, se ajustaba exactamente a uno de los slogan de los productos cerveceros de Bavaria: entre la rubia y la morena. Beatrice estudió arte y decoración en la Universidad Jorge Tadeo Lozano. Terminó estudios en 1963 que aplicó toda su vida en sus residencias y a lado de Mica Ertegun, la esposa del mejor amigo de Santo Domingo y una de las diseñadoras de interiores más cotizadas de Nueva York. Beatrice fue además directora del

Museo de Arte Colonial en el tiempo en que el poeta Rojas Erazo era director de Colcultura.

Hay varias versiones de cómo se conocieron Julio Mario y Beatrice. Una amiga de la época comentó que posiblemente fue en una finca en Tabio, donde la élite bogotana de los años sesenta se reunía a tomar trago y fumar marihuana. Un pozo de aguas termales servía como centro de tertulia diurna y nocturna de los jóvenes de entonces que se zambullían allí desafiando las temperaturas glaciales de la sabana. Otro amigo cercano de la familia asegura que Julio Mario y Beatrice se vieron por primera vez esquiando en Suiza y hay quienes dicen que se conocieron en el Hipódromo de Techo de Bogotá. De todas maneras no sería fruto de la casualidad que el *playboy* más perseguido de Bogotá se tropezara con la joven más hermosa de la ciudad en alguna de esas reuniones donde ambos buscaban lo mismo.

A Julio Mario no le funcionaba su matrimonio con Edyala. El empresario pasaba más tiempo en Nueva York, París y Bogotá que en Barranquilla donde ella lo esperaba con su niño, Julio Mario. Algunos conocidos recuerdan que Santo Domingo fue un padre distante y frío con su primer hijo.

Descorazonada con el fracaso del matrimonio, Edyala se fue a vivir a París con su hijo Julio Mario. La separación, que fue de hecho, pues la de derecho demoró muchos años más, dejó a Santo Domingo en absoluta libertad para dar rienda suelta y sin remordimientos a su papel de conquistador, a un ritmo que Jorge Barco, su amigo de parranda, solía explicar diciendo que el problema era que a Santo Domingo le daba miedo dormir solo. En cada ciudad tenía una lista de amantes que estaban dispuestas a pasar una noche con él e incluso a no volver a la siguiente si Julio Mario anunciaba que llegaba "*the number one*", una distinguida y atractiva rubia latina.

Mientras tanto, Beatrice le hacía llegar sin falta largas cartas de amor escritas en francés con la constancia de su espera. Al lado suyo, su fiel amiga Paulina *Poly* Mallarino le ayudaba a sobrellevar la sufrida condición de novia de seductor. Antes de Julio Mario, Beatrice solamente tuvo un pretendiente, como se conocían entonces a los enamorados sin destino. Era un italiano.

Beatrice soñó con casarse con Julio Mario durante casi 10 años pero él rehuía el tema y postergaba constantemente su decisión. Finalmente, el viernes 15 de febrero de 1975, Julio Mario Santo Domingo contrajo matrimonio con ella en Bogotá. La fiesta se celebró en la casa de su hermana, Josefina, que se casó en 1962 con Carlos

Pérez Norzagaray. Los padrinos de matrimonio fueron el Presidente Alfonso López Michelsen y su esposa Cecilia. Ahmet Ertegun, su gran amigo de Estados Unidos, y el conde Mitia Guerrini Meraldi, quien maneja las compañías de reaseguro de las aseguradoras del grupo en Nueva York, asistieron a la recepción como invitados especiales. Santo Domingo, el "digno y brillante exponente y continuador de las nobles tradiciones y magníficas empresas de su padre"[13] como decía la nota social de *El Heraldo*, empezaba una nueva vida matrimonial. La pareja pasó la luna de miel en Europa.

Cuando el centro de Bogotá se convirtió en un área insegura, refugio de gamines y raponeros, y las propiedades comenzaron a devaluarse, Santo Domingo dio el salto al norte. Se mudó en 1974 al penthouse de un edificio que era propiedad de Colinsa, la empresa matriz de la familia, y luego se lo vendió a Bavaria. Situado en la carrera séptima y la calle 85, (Carrera 7 A N.84-87) el edificio fue construido por su amigo el arquitecto Fernando *El Chuli* Martínez. En la planta baja funcionó la Galería de Arte SD (Santo Domingo y Dávila), una sociedad de su esposa con *Poly* Mallarino Dávila de Córdoba que a mediados de la década de los setenta organizó exposiciones importantes de pintores españoles como Saura y Millares. En los anales urbanísticos de la capital, el edificio es recordado por dos detalles. Uno, porque allí los ingenieros que tuvieron a su cargo la ampliación de la carrera Séptima tuvieron que buscar una solución para desviar ligeramente el trazado de la avenida con el único fin de no talar un frondoso árbol del jardín interior de la construcción. En una de sus primeras demostraciones de ecologista combatiente, Santo Domingo puso a funcionar todas sus influencias para salvar el árbol de la pezuña eléctrica de la empresa que hacía los trabajos de ampliación. De su defensa militar de la naturaleza, Juancho Jinete recuerda que durante una visita a Barranquilla, Santo Domingo descubrió que faltaba un árbol en el amplísimo patio de su casa. Enfurecido mandó a llamar al jardinero y le preguntó por qué lo había tumbado.

"Porque estaba viejo", le respondió el jardinero

Santo Domingo lo miró conteniendo su rabia y le disparó una frase que el jardinero recordó para el resto de su vida: "Usted es un asesino de árboles".[14]

La ecología estaba de moda a finales de la década de los setenta y Santo Domingo parecía contagiado por esa fiebre. Tal vez era el único tema de conversación que lo acercaba al Presidente Pastrana, quien también rendía culto a la nueva concepción integral de los problemas de la humanidad. De la inspiración, Santo Domingo pasó a las obras: creó la Compañía Nacional de Reforestación para preservar las cuencas hidrográficas de las regiones donde se siembra cebada, la materia prima de su fortuna.

Como lo ha hecho con todos sus refugios y residencias, el empresario se ocupó personalmente de la decoración del apartamento de Bogotá. Entre otros caprichos, importó un juego de comedor de Polinesia pero sin la precaución de medir el área donde sería instalado, de tal suerte que los muebles no cupieron en el salón. No habiendo espacio para ampliar el apartamento, Santo Domingo ordenó la construcción de un voladizo exterior de un metro y medio de largo por unos tres de ancho en la fachada del edificio, a la altura del quinto piso, que aumentó el área del comedor. Ese extraño balcón ciego continúa allí, a la vista de los transeúntes, como un monumento al primero de varios arranques arquitectónicos impetuosos del magnate. Años después, en Barú, Santo Domingo mandó hundir el piso de su casa porque técnicamente no podía alzar el techo y construyó una muralla para separar los predios suyos de los de su hermana Beatriz Alicia. En la segunda mitad de los setenta, el apartamento de Bogotá, cuya cocina es atendida desde entonces por un *chef* peruano, era sede de parrandas con grupos vallenatos que organizaba el entonces presidente de Bavaria, Carlos Cure, y su mancuerna de juventud, Roberto *La Bruja* Pumarejo, primo hermano de Julio Mario.

"A Julio Mario esas fiestas le parecían de mal gusto. Por lo menos era lo que decía después de la parranda. A él casi todo le parece de mal gusto en Colombia, todo le parece insoportablemente lobo, pero en el fondo él goza con eso y terminaba bailando con la mujer que le conseguía Oscarito [García], ojalá casada, pues Oscarito decía que así se evitaba problemas".

Julio Mario compró para su refugio de Bogotá un equipo de sonido tan sofisticado que nunca supo cómo instalarlo. Varios visitantes del apartamento recuerdan que al llegar, el primer favor que el empresario les pedía antes de entrar era poner a funcionar el aparato. Al parecer nadie lo logró y el empresario lo devolvió al vendedor.

En la azotea del apartamento hay una cancha de tenis en la cual el empresario, aun septuagenario, juega varios partidos con pacientes amigos o amigas que le lanzan la bola a poca distancia para no hacerlo correr y revivir su dolor lumbar.

En ese mismo edificio estuvo a punto de vivir, cuando era presidente de Bavaria, Augusto López Valencia. Las versiones de quién fue la idea son contradictorias. Por un lado, se dice que cuando Santo Domingo se enteró de que López quería mudarse a un apartamento que también era propiedad de Bavaria en el mismo edificio, hizo todo lo que estaba a su alcance para impedirlo. Por el lado de López se afirma que fue Santo Domingo quien le sugirió que comprara allí para tenerlo cerca, y López se negó no sólo porque le parecía insoportable encontrarse con su jefe después de haberlo visto todo el día en la oficina, sino porque además a su esposa no le gustó el estilo de edificio.

A nivel personal, la única preocupación que agobiaba a Santo Domingo era su hijo Julio Mario Santo Domingo Braga. El muchacho heredó el carácter festivo de su padre, para quien la academia fue básicamente una pista de baile. Julio Mario *junior* se matriculó en 1975 en la facultad de Derecho de la Universidad de París, donde también estudiaban sus primos Luis Felipe y Ana Beatriz *Cooki*, hijos de *Pipe* Santo Domingo. Julio Mario junior, un furibundo admirador de los Rolling Stones, perdió el año y se escapó a vivir al sur de Francia con la ex esposa del cantante canadiense Michel Delpech. El tenía 19 años y ella, 31. La pareja regresó a París y se instaló en un apartamento donde ofrecían festines de rock con todos los alicientes para mantenerse en pie día y noche en compañía de amigos y desconocidos. Después de varios días de no saber de su paradero, Edyala, la madre de Julio Mario junior, se instaló en un apartamento frente la bulliciosa trinchera de su hijo para convencerlo de que viajara a Estados Unidos a empezar una nueva vida. Pero el joven se resistió. Un día la policía francesa allanó el lugar y encarceló a la pareja por presunta posesión de drogas. No se supo quién presentó la denuncia. Lo cierto es que después de unos días, el joven fue liberado. Viajó con su madre a Nueva York, donde fue recluido en una clínica de desintoxicación. Allí conoció a una brasilera que le ayudó a superar sus problemas y con quien se casó meses después.

Hizo una maestría en negocios en Arizona, y hoy es socio del Grupo Alpha, una firma que maneja un fondo de inversión con oficinas en varias partes del mundo. Una de los negocios del grupo, Alpha Investment Management, se creó en 1988 con el nombre de Lake Asset Management y un capital semilla de 50 millones de dólares que salió del bolsillo de su papá y del padre de dos muchachos suizos millonarios, amigos suyos.

¿Se trataba sólo de un negocio de los hijos de los millonarios o una sociedad de padres e hijos? La respuesta se la dio uno de los socios Jonathan Bren a la publicación *Institutional Investor* en 1992:

"Podría decirse que trabajamos para nuestros padres". En ese año Lake Asset Management contaba con oficinas en Londres, Nueva York, Ginebra y Hong Kong, y llegó a tener 250 millones de dólares en inversiones.[15]

Convertida ya en Alpha, a principios de 2000, el fondo manejaba un portafolio de inversiones de 1,000 millones de dólares. La filial, Alpha Investment Management, controló además un fondo de inversionistas rusos (Russia Fund Ltd.), que se liquidó en 1997 para ampliarlo al mercado de valores de los países de Europa Oriental. Un año después Alpha lanzó un ambicioso plan de expansión que tenía como meta la recaudación de unos 10,000 millones de dólares en los 10 años siguientes a través de la creación de fondos y *joint venture hedge funds*. La firma abrió oficinas en Miami, Dallas, Toronto, Hong Kong y Tokio, que se agregaron a las ya existentes en Ginebra y Londres. Para impulsar el plan fue contratado un gurú en este campo, John Hock, ex director de ventas y mercadeo del Citibank Global Assest Management.[16]

En febrero de 2000, Alpha Investments Management logró un acuerdo muy importante en el sector financiero: firmó una alianza estratégica con el SunTrust Bank para ofrecer a los clientes del banco productos derivados de su especialidad, los fondos de cobertura. El SunTrust es uno de los mayores proveedores de servicios de inversión y fiduciarios de Estados Unidos, con un total de 135,000 millones de dólares en activos fiduciarios (*trust assets*) y unos 92,000 millones en *managed accounts*.

Julio Mario hijo, quien aparece en los reportes de la comisión de valores de Estados Unidos (Securities Exchange Comission) con doble ciudadanía (brasileña y colombiana) es, a su vez, uno de los miembros de la junta directiva de las firmas Highbridge Capital Corporation (HCC) y Highbridge Capital Management, LLC (HCM). El nombre de esas compañías no dice mucho, pero la inversión de la sociedad es importante. En diciembre de 2001 Highbridge adquirió 950,000 acciones de Agrobrands International, el emporio productor y distribuidor de alimentos Purina y otros productos agrícolas con operaciones en 16 países y cuatro continentes. El precio del paquete accionario fue de 36,987,299 dólares. Esta inversión colocó a la empresa como propietaria del 9.7 por ciento de Agrobrands.

HCC es una corporación registrada en Islas Caimán cuyo negocio principal es la inversión en los mercados globales. Por su parte HCM, registrada en el estado de Delaware pero con oficinas en el piso 23 del 767 de la Quinta Avenida de Nueva York, es la empresa que hace el *trading managing* de HCC. Los directivos de HCM son Glenn Dubin, Henry Swieca, Howard Feitelberg, Mario Benbassat, Bernard Loze y Julio Mario Santo Domingo.

Purina funciona en Colombia desde 1957; su primer gerente fue el americano Luis Bates y ha tenido plantas en varias partes del país. En abril de 1989 cambió su denominación social a Agribrands Purina Colombia S.A., un cambio que obedeció a la separación del negocio de alimentos para mascotas a alimentos balanceados para animales.

Highbridge también compró a finales del 2000 un importante paquete de acciones de Broadwing, una empresa estadounidense especializada en sistemas de comunicación (fibra óptica) para la transmisión de información, sonido e internet.

Uno de los socios de Julio Mario hijo en Alpha es Nicolas Berggruen, con quien comparte además su gusto por el *jetsetismo* y el arte. Nicolás Berggruen es hijo de Heinz Berggruen, un importante coleccionista de arte de Europa que tuvo entre sus grandes amigos a Pablo Picasso. Heinz nació en Berlín y emigró a Estados Unidos en 1914. Después de la guerra fundó una galería en París donde conoció a grandes pintores y se dedicó a formar una valiosa colección que incluye 80 obras de Picasso y otras de Matisse, Klee, Laurens y Giacometti. La colección fue donada al Staatliche Museen de Berlín.

Su hijo Nicolás nació en París y se crió en Francia, Suiza e Inglaterra. Se mudó a Nueva York en 1969, donde vive soltero. En su libro *Home of the Rich,* Brooke de Ocampo describe a Nicolás como un joven con un admirable sentido del humor y tan refinado como su apartamento, situado en los altos de un hotel de lujo, con vista al Central Park y decorado por Peter Marino. Andy Warhol es su pintor predilecto. Cuando la autora del libro le preguntó por su objeto favorito, Nicolás respondió que el teléfono. "Es mi vida", dijo.[17]

Su casa en Sunset Island, Miami Beach, es con frecuencia el sitio donde rematan las noches de fiesta pesada de la gente *in* de la playa. Al final de una de esas noches en el año 2000, relata el cronista de la zona del semanario *New Times*, algunos de los invitados salieron en una limusina hacia la casa de Berggruen, a quien el periodista caracterizó como "*a truly jet-setty*". Entre ellos se encontraba el arquitecto italiano Ugo Colombo –muy conocido por las modelos de South Beach– y Muhammed Abdul Aziza de la familia real de Arabia Saudita.[18]

Julio Mario hijo, quien heredó la figura atractiva de su padre, se aparece en las fiestas siempre acompañado de mujeres hermosas. En febrero de 2000, los amanuenses del *jet-set* registraron su relación con la modelo holandesa Karen Mulder de las tiendas de ropa íntima Victoria Secret. Lo vieron, entre otras, en una fiesta en Maxim's donde el diseñador Pierre Cardin ofreció un agasajo para el príncipe italiano Emanuele-Filiberto di Savoia[19]. Después se enteraron, y lo hicieron público, de que el joven millonario se distanció de la modelo debido a repetidas sugerencias de ella de formalizar la relación con miras a un matrimonio.[20]

Aunque ha hecho grandes esfuerzos, Julio Mario hijo no ha logrado balancear su afición por la farra y las obligaciones que su padre le ha encomendado en la organización. En un par de ocasiones los miembros de las juntas directivas del Grupo Santo Domingo lo han visto cabecear hasta quedarse dormido en medio de reuniones en las que participaba personalmente o a través de videoconferencia desde Ginebra. La última vez que esto ocurrió, en el año 2000, su padre lo amenazó con retirarlo de las juntas.

En noviembre de ese mismo año, su ex novia Mulder fue el centro de un gran escándalo en Europa. Durante una entrevista con un canal de televisión francés, la modelo estalló en llanto y reveló un largo historial de abusos sexuales, violaciones y drogadicción.

"Yo era una pasarela del sexo y esclava de la drogadicción", afirmó la modelo holandesa de 33 años al programa de televisión[21]. La entrevista nunca salió al aire pero el contenido se filtró a la prensa. Mulder dijo que fue violada por ex directivos de la agencia de modelaje Elite, para la cual trabajó toda su vida profesional, y agregó que para obtener las mejores pasarelas fue forzada a acostarse con personajes poderosos incluyendo un integrante de una familia real europea. A su relato agregó que fue violada a los dos años por un pariente y que un ex amigo de ella le pasaba heroína porque quería iniciarla en el vicio.

"Metí un poco de cocaína y él trató de iniciarme en la heroína varias veces... Entré en pánico cuando me percaté de que iba a meter heroína".[22] En ningún momento acusó a Julio Mario, hijo. La modelo fue recluida en un sanatorio de París mientras el magistrado Jean-Pierre Gaury investigaba sus denuncias.

Julio Mario Santo Domingo y Beatrice tuvieron dos hijos, Alejandro y Andrés. El mayor parece más interesado en los negocios de la familia que el segundo, quien se inclinó por la música y las artes. Alejandro nació en 1977 y terminó un posgrado de Negocios en Harvard, para la cual su papá hizo una donación de un millón de dólares. Andrés nació en 1978.

En Colombia el magnate solía referirse en broma a sus hijos como sus nietos, pues cuando Alejandro nació él tenía 54 años y Beatrice 38. La pareja trataba de llevarlos a todos sus viajes. En una entrevista en 1980, Beatrice comentó que era una experta en hacer maletas. "Acompañando a su marido se movilizaba con gran frecuencia de un lugar del mundo al otro. Ahora esos viajes continúan, pero la mayoría de las veces junto con sus dos chiquitos. Precisamente este hecho ocasionó que Alejandro, el mayor, le preguntara recientemente: "Mamá, ¿cuál es nuestra casa?"[23] [Un curioso comentario de esa entrevista causó una gran extrañeza a la pareja. El periodista que la escribió afirmó, sin mayores detalles, que Julio Mario y Beatrice tenían "un gran parecido físico".]

En un país donde los ricos entonces no necesitaban más escoltas que sus choferes, Santo Domingo hizo vario viajes con sus amigos de Nueva York a sitios históricos y exóticos de Colombia a finales de los setenta. A bordo de dos buses pullman viajó a San Agustín y conoció las estatuas precolombinas. Celebró sus 55 años en Leticia junto a la diseñadora venezolana Carolina Herrera, el corredor de seguros Peter Sharp y el mejor amigo de Nancy Reagan, Jerome Zipkin. De esos paseos exóticos, algunos amigos recuerdan la naturalidad con la que Santo Domingo se desnuda en público. Dicen que no tiene mayores reparos en quitarse la ropa y lanzarse biringo a pozos de agua cristalina en medio de la selva. Es una costumbre que practica con más recato en su casa veraniega de la isla de Barú, en Cartagena. Una persona que fue testigo de estas espontáneas exhibiciones precisó que sale a caminar con una bata abierta, "sin nada por debajo".

Durante sus primeros años de ejecutivo no tuvo avión privado, lo cual supeditaba su agenda al horario de los aviones de Avianca. Cuando las rutas o itinerarios no se ajustaban a sus necesidades, desviaba vuelos llenos de pasajeros para cumplir sus citas. De allí que entre los pilotos de Avianca era común hacer escalas no programadas para dejar o recoger al dueño de la compañía. La tripulación se ingeniaba toda clase de subterfugios para disimular los cambios de último momento.Un veterano piloto de Avianca recuerda que un día fue informado de que Santo Domingo abordaría en Miami un vuelo comercial que cubría sin escalas la ruta Miami-Bogotá, pero que su obligación era llevarlo a Cartagena. A sabiendas de que esa clase de cambios injustificados enfurece a los pasajeros, el capitán les dijo a las auxiliares de vuelo que primero hicieran el anuncio de la ruta prevista a Bogotá y una media hora más tarde informaran sobre un cambio intempestivo debido al mal tiempo que los obligaría a hacer una escala en Cartagena. Santo Domingo abordó el Boeing 727 y al escuchar el primer aviso de la azafata de que el avión se dirigía a Bogotá, se presentó en la cabina y le dijo preocupado al piloto: "Capitán, ¿a usted no le dijeron que yo me quedo en Cartagena?" El capitán le dijo: "Sí, doctor, pero es que yo no puedo cambiar el destino sin ninguna justificación porque los pasajeros se disgustan". El piloto le explicó que en los próximos 30 minutos se anunciaría una escala en Cartagena, lo cual tranquilizó a Santo Domingo. Media hora después la azafata, en efecto, informó que, debido al mal tiempo en Bogotá, el avión tendría que aterrizar en Cartagena, abastecerse de combustible y continuar a la capital cuando las condiciones del tiempo lo permitieran. El avión aterrizó en el aeropuerto de Cartagena y desde las ventanillas los pasajeros comprendieron la razón de la escala forzosa: una comitiva de ejecutivos de Avianca salió a recibir a Santo Domingo en la puerta del avión. El aeropuerto de Bogotá estaba completamente despejado.

Inconvenientes como éstos llevaron finalmente a Santo Domingo a comprar su primer avión ejecutivo en 1979, el WestWind 1124. Adscrito a la flota de Helicol, el avión debía estar siempre abastecido de vodka a tres grados centígrados y caviar para los invitados, pues a Santo Domingo no le gusta mucho comer en el aire.

A medida que el ambiente que frecuentaba fue exigiendo un mayor refinamiento, Santo Domingo pasó del WestWind compartido con Ardila Lülle al Gulfstream individual. Primero adquirió un G3, que cambió por un G4 y a finales de 1999 compró un G5, el más lujoso avión de la Gulfstream Aerospace Corporation, de los cuales no hay más de 40 en el mundo. Se trata de un sofisticado *jet* ejecutivo provisto con lo último en tecnología de comunicaciones. Tiene una autonomía de vuelo de 6,500 millas náuticas, lo cual le da capacidad para hacer un vuelo sin escalas entre Aspen y Roma, Londres y Singapur o entre San Francisco y Moscú. A un precio de unos 25 millones de dólares, el avión lo pagó una filial de Bavaria y está registrado en una isla del Caribe. Los costos de operación –mantenimiento y pilotos– que pueden llegar a dos millones de dólares al año, los cubren también Bavaria y sus filiales. En los vuelos largos Santo Domingo se pone al día en lectura de libros y revistas. No contento con ser uno de los clientes de la empresa, Santo Domingo se hizo nombrar miembro de la Junta Asesora Internacional de Gulfstream, de la que también hacen parte su amigo Kissinger; el ex secretario de Estado, George Shultz; el presidente de poderoso grupo árabe Alghanum Group,

Fouad Alghanum; el presidente de Matheson Co., Henry Keswick, y el presidente del Grupo Rothschild en Gran Bretaña, Lord Rothschild.[24]

En la década de los setenta, a medida que su importancia de empresario acaudalado creció, Santo Domingo comenzó a dar señales de poder y soberbia que se hicieron comunes en los ochenta y noventa. Al enterarse de que las compañías de su grupo no fueron invitadas por la Andi (Asociación Nacional de Industriales) al primer seminario sobre energía en marzo de 1973, ordenó el retiro de Bavaria y Conalvidrios de ese gremio. Durante el gobierno de López Michelsen se enfureció porque no fue invitado a una recepción en honor del secretario de Estado Henry Kissinger, aunque su cuñado, Carlos Pérez Norzagaray, sí lo estaba. En esa ocasión supuso que quien lo había blanqueado de la lista de invitados había sido López Michelsen lo cual provocó otro distanciamiento en el tempestuoso historial de esa amistad.

"Cogió el teléfono y me dijo que no me volvía a tratar porque no lo había invitado a la comida en la embajada americana, a la cual yo no estaba invitado, entre otras cosas", comentó López.[25] Diez años después, como un epílogo que parece magistralmente calculado para superar su antigua frustración, Julio Mario contrató a Kissinger como asesor personal. Al lado del influyente canciller, por quien profesa una profunda admiración, Santo Domingo ha pasado varios días de vacaciones en Cartagena.

En 1974, Alfonso López Michelsen llegó a la presidencia al derrotar por una abrumadora mayoría de votos al candidato conservador Álvaro Gómez Hurtado. Fue una de las mejores noticias políticas que recibió Santo Domingo en su vida. Su pariente, amigo de fiestas y de largas conversaciones, con quien peleaba y se reconciliaba como si fueran hermanos, era el presidente de Colombia. Una vez declarada la victoria electoral, López y Santo Domingo, los dos hombres más poderosos en ese momento en el país, se pusieron de acuerdo y viajaron juntos a Rumania donde se sometieron a un tratamiento de rejuvenecimiento a base de embriones de pato que aplicaba la famosa doctora Ana Aslam.

Una medida del Banco de la República agrió la relación de los amigos rejuvenecidos tres años después. El origen de la controversia fue un programa de colombianización de empresas extranjeras que se inauguró con la apertura de una línea de crédito de 50 millones de dólares a un interés del 23 por ciento. Los potenciales beneficiarios del Fondo de Inversiones Privadas (FIP) eran aquellos inversionistas nacionales que quisieran comprar acciones en empresas de capital extranjero. A nombre del Banco Santander, el grupo Santo Domingo solicitó un crédito de 7.5 millones de dólares con el propósito de comprar acciones de Triplex Pizano y Maderas del Darién, empresas dominadas por la firma estadounidense Boise Cascade. A pesar de que Santo Domingo ya había firmado un acuerdo de intención con las firmas americanas, la solicitud de crédito fue denegada con el argumento de que el solicitante tenía la calidad de "consorcio" que lo descalificaba para ser beneficiario del crédito. La verdad es que el argumento era una disculpa concebida por el ministro de Hacienda, Alfonso Palacios Rudas, y el presidente del Banco de la República, Abdón Espinosa Valderrama, para evitar comentarios suspicaces en el sentido de que el crédito podría interpretarse como un acto de favoritismo de López Michelsen hacia su pariente empresario.

Ése fue un favor que López nunca pidió, según dijo el ex presidente. "Lo de Triplex fue de película, un día entre Abdón y Palacios Rudas declaran que, a espaldas mías, me han hecho un gran favor: me han conjurado la posibilidad de un escándalo porque el Grupo Santo Domingo ha hecho una propuesta sobre el plan de nacionalización de empresas, [...] y ha ofrecido comprar las acciones americanas de Triplex, y ellos, sin consultarme, aun cuando el Grupo Santo Domingo tiene todo el derecho, han optado por negárselo para evitarme un escándalo por tratarse de un familiar. ¿Qué podía yo hacer? Decir que no, que le debían dar el negocio a Julio Mario [...] Me gané a la oposición diciendo que yo pretendía que el derecho prevaleciera sobre la moral y al mismo tiempo Julio Mario creía que era yo, persiguiéndolo" [26]. Ante la negativa del crédito, Santo Domingo montó en cólera y pidió la renuncia de Palacios Rudas, no sin antes publicar en la prensa una lista de las empresas que recibieron préstamos del plan de colombianización a pesar de que varios de los beneficiarios tenían entronques con miembros de la junta directiva del Banco de la República. La gran frustración de Santo Domingo era que a diferencia de otros grupos económicos como Fedecafé, Grancolombiano y el Grupo Suramericana, el suyo no había logrado colocar un solo representante de su confianza en la junta directiva de 12 miembros del Banco de la República.

A raíz de la creación de la línea de crédito, en febrero de 1976, Jorge Barco Vargas volvió a aparecer en escena. Barco usó el crédito del gobierno para tratar de quedarse con el control de Avianca. La empresa aérea fue conquistada por Santo Domingo al formar una alianza con Pan-American World Airways (Panam). La alianza tenía como fin aplacar un intento de dominación accionaria de Fernando Mazuera, el urbanizador que tenía un importante porcentaje de acciones en Avianca. Pues bien, Barco Vargas, quien tenía intereses en la aerolínea colombiana Aerocondor, obtuvo acceso al fondo de colombianización y le ofreció a Panam tres millones de dólares por sus acciones en Avianca a fin de quedarse con un paquete que le daba derecho a hacer y deshacer en la junta directiva y la administración de la aerolínea. De haber sido aceptada la propuesta, Barco hubiera puesto en peligro el control de Santo Domingo. Pero no fue así. Conociendo al enemigo, Julio Mario utilizó todas sus influencias políticas y su poder económico para bloquear la negociación. Panam no aceptó el plan de Barco y Avianca continuó bajo el control de Santo Domingo[27].

Durante el gobierno de López Michelsen, Bavaria sintió los efectos del control de precios, lo que ocasionó una reducción del 13.8 por ciento en las utilidades de operación. La presidencia de la empresa se quejó de la importación de cerveza al país[28]. Una plaga de roya amarilla en las plantaciones de cebada obligó a la cervecería a importar 44,000 toneladas de la gramínea de Canadá. Salvo estos inconvenientes, fue un periodo próspero para la empresa. En 1976 la producción aumentó en un 14 por ciento y se lanzó un producto que resultó un éxito: la cerveza Clausen para consumo en el hogar y de venta sólo en supermercados.

NOTAS

1. Entrevista personal con Alfonso López Michelsen, Miami, 29 de mayo de 1999.

2. Entrevista personal con Alfonso López Michelsen, Miami, 29 de mayo de 1999.

3. Conglomerados en Colombia en 1975, Superintendencia de Sociedades, 1978.

4. "El Presidente exalta la recuperación de Bavaria", *El Tiempo*, 1 de febrero de 1973, pág. 1A.

5. Patricia Lara, *Siembra Vientos y Recogerás Tempestades*, Editorial Punto de Partida, Bogotá, 1982, pág. 74.

6. *Op.cit.* pág. 74.

7. "Habla Santo Domingo", Roberto Pombo, revista *Cambio*, 18-25 de enero de 1999, pág. 14.

8. Jorge Eliécer Gaitán, *Escritos Políticos*, El Áncora Editores, Bogotá, 1985, pág. 24

9. "Vuelco total adopta Bavaria en régimen obrero-patronal", *El Tiempo*, 5 de diciembre de 1973, pág. 15A.

10. Roberto Gómez Caballero, *Refajo Avianca*, Editorial Gente Nueva, Bogotá, 1980, pág. 363, 364, 365 y 366.

11. "Julio Mario Santo Domingo, embajador en China: 'Lo chino me conmueve, me excita, me encanta", Margarita Vidal, revista *Cromos*, # 3272 del 30 de septiembre de 1980.

12. *La Eminencia Gris*, revista Semana. agosto 26 de 1986, pág. 34.

13. Notas sociales, *El Heraldo*, 14 de febrero de 1975, pág. 6.

14. Entrevista personal con Juancho Jinete, Barranquilla, 17 de abril de 1999.

15. *Institutional Investor*, 1992, pág. 30.

16. *Alpha Invest on Global Growith* Global Private Banking, 18 de mayo de 1998.

17. "*On the Move: Homes of the rich*", Brooke de Ocampo, Town & Country, vol. 154, 1 de octubre de 2000, pág. 220.

18. Tom Austin, Swelter, *Miami New Times*, 20 de abril de 1995. Archivo electrónico LexisNexis.

19. "Melissass's Diary", Melissa Ceria, *Harper's Bazar*, 1 de febrero de 2000, pág. 115.

20. "Gossip", Mitchell Fink con Lauren Rubin, *Daily News* (New York), 14 de febrero de 2001, sección de Deportes, pág. 19

21. "*I was a catwalk sex and drug slave by Karen Mulder*", Judith Duffy, *Daily Record*, 31 de diciembre de 2001.

22. *Op.cit.*

23. "Voy a la China como embajador y no como encargado de negocios", revista *Consigna* vol. 5, número 112, noviembre de 1980.

24. Informe de Gulfstream a Securities Exchange Comission, SEC, 21 de abril de 1998.

25. Entrevista personal con Alfonso López Michelsen, Miami, 29 de mayo de 1999.

26. Entrevista personal con Alfonso López Michelsen, Miami, 29 de mayo de 1999.

27. "Colombian financial groups share out the special funds", Latin America Economic Report, 11 de noviembre de 1977.

28. Enrique Ogliastri, *Cien años de Cerveza Bavaria*, Monografías, Serie Casos, Universidad de los Andes, febrero de 1990, pág. 31.

9

Embajador en China

El presidente Julio César Turbay (1978-1982) también se montó en el tren de la retórica antimonopolística. De boca para fuera el mandatario liberal expresaba su preocupación por la concentración económica, pero en la práctica era uno más que cumplía con el lamento de rigor para la historia. En un discurso ante la Federación Nacional de Comerciantes, Turbay reveló que en el campo de los valores bursátiles, mientras en 1977 el 0.2 de los accionistas poseían el 62 por ciento del valor de las acciones en Colombia, un año más tarde ese mismo porcentaje de accionistas era dueño del 75 por ciento de las acciones. El problema era que Turbay tenía más amigos en el 0.2 por ciento de la ecuación que en el resto del país. En ese reducido porcentaje estaba Julio Mario Santo Domingo, a quien nombró primer embajador de Colombia en la República Popular China.

Ante la sorpresa de muchos que pensaban que el carácter de Santo Domingo es incompatible con un cargo público, que por demás exige cierto grado de vida social forzada, con "lagartos" a bordo y otros personajes que no son de su agrado, el empresario aceptó con gusto el nombramiento. Tenía 56 años. En la entrevista más íntima que ha concedido en su vida, el entonces "tumbalocas", como caracterizó la entrevistadora Margarita Vidal al personaje por su éxito con las mujeres, expresó sin prevenciones su admiración por China. Lo más curioso del reportaje es que Santo Domingo no tuvo problema en admitir que lo que inicialmente era un plan suyo y de unos amigos de hacer un *tour* exótico por ese gran país, se convirtió en una misión diplomática.

"Yo siempre he sido, no un orientalista," dijo, "pero sí un gran admirador de todo lo chino. Pensaba hacer un largo viaje a la China por mi cuenta, así que el doctor Turbay me dio un gran gusto al ofrecerme la embajada. La verdad que me parece un país fascinante, lleno de misterio y embrujo como ningún otro. Imagínese un país de 1,000 millones de habitantes, donde se están acometiendo obras de primer orden, piense en los 6,000 platos que tiene la comida china... en la pintura, los muebles, las porcelanas, la orfebrería, el lacado chino... Para mí, el arte chino es la expresión más refinada del gusto del hombre. Por donde uno lo mire, así que no exagero si le digo que lo chino me conmueve, me excita, me encanta".[1] Los amigos con quienes orginalmente tenía planeado hacer la gira durante unos tres meses eran filipinos, aunque no dio sus nombres.

"Entonces ir con el rango de embajador fue para mí una felicidad".[2]

A Santo Domingo lo excitaban también otras virtudes del imperio que no confesó en la entrevista: China era un mercado que se abría a Occidente y ésta sería una gran oportunidad para conocer lo que ofrecía para su portafolio de inversiones. Al mismo tiempo, en el sur, el gigante dormido de Taiwán se despertaba.

Bajo la cancillería de Carlos Lemos Simmonds, el 27 de febrero de 1981 Julio Mario Santo Domingo presentó sus credenciales ante Ulanhu, vicepresidente del *Standing Committee* del congreso de la República Popular China. Santo Domingo se encargó de escoger y comprar una hermosa casa en Pekín para la nueva sede diplomática. Entre su personal hizo nombrar a su amigo Óscar García (Oscarito).

Su discurso de posesión fue de molde, como era de esperar:

"Durante mi periodo en la China, haré lo mejor que pueda por el desarrollo de relaciones amistosas entre los dos países en varios campos".[3]

Por primera vez, al menos formalmente, Santo Domingo tenía la obligación de reportar a alguien lo que hacía. Al último a quien había obedecido órdenes fue a su padre cuando empezó a trabajar en la Cervecería Águila. "Yo no era, ni mucho menos, el número uno de la empresa".[4]

Seis meses después de su posesión como embajador, Santo Domingo firmó con el gobierno chino el primer acuerdo comercial desde que Colombia estableció relaciones en 1980. En virtud del pacto se convino estudiar las mejores tarifas para las exportaciones mutuas y crear una comisión de comercio para la reglamentación del tratado.

Mientras era testigo privilegiado del despertar de China, sus empresas en Colombia producían sólo buenas noticias. Estaban a cargo del ejecutivo más admirado entonces: Carlos Cure, un íntimo amigo de su primo Roberto Pumarejo. Cure, que llamaba "jefe" a Santo Domingo, se vinculó al grupo a mediados de la década de los 70 como directivo de Unial –Unión Industrial y Astilleros Barranquilla S.A.–, donde trabajó un poco más de un año antes de ser nombrado vicepresidente Financiero de Bavaria. En ese momento Ernesto Soto era presidente de la cervecería. Según compañeros de la época, Cure impuso un sistema gerencial moderno que chocó con la ortodoxia tradicional del conglomerado. Durante su paso por Bavaria contrató a una gran cantidad de ejecutivos jóvenes, y en 1978 Santo Domingo lo ascendió a la vicepresidencia ejecutiva preparando el terreno para relevar a Soto.

La forma como Soto fue reemplazado por Cure tiene el sello inconfundible de Santo Domingo. En la asamblea de accionistas de 1980, al agotarse el orden del día, Santo Domingo anunció a los asambleístas que Soto sería reemplazado por Cure. El primer sorprendido con la decisión fue el propio Soto, a quien Santo Domingo no informó con anticipación de la decisión que acababa de tomar. No obstante, Soto continuó en la junta directiva de Bavaria y después ocupó el cargo en interinidad justamente cuando Cure salió por la puerta de atrás.

El Turco Cure tenía 35 años cuando fue nombrado presidente de Bavaria. Inteligente, carismático y tomador de pelo, el ingeniero civil de la Escuela de Minas de Medellín fue el cerebro de varias operaciones de expansión del grupo. Durante su gestión, Bavaria recibió un crédito de 25 millones de dólares del banco Chase, lo cual permitió que la producción nacional pasara a 12 millones de hectolitros al año y se duplicara la capacidad de la planta de Bogotá.[5] Fue responsable de un proyecto de ampliación y modernización de Cervecería Águila con una inversión de 1,500 millones de pesos obtenidos en la banca nacional e internacional. Cuando la obra fue inaugurada, el 7 de abril de 1981, en su ejecución habían participado 35 firmas nacionales y 1,050 trabajadores, y la capacidad productiva había pasado de 2'635,000 decenas/año a 5'358,080 decenas de botellas de cerveza[6]. "Siete años más tarde, Águila era todo un emporio. Su planta medía 75,000 metros cuadrados, contaba con 970 trabajadores, y generaba ventas superiores a los 4,000 millones de pesos anuales (14 millones de dólares). Para medir la incidencia de Águila en la economía barranquillera, bastaba ver en la ciudad el barrio Águila, en el cual los empleados de la cervecera poseían vivienda propia. Controlaba 43,880 expendedores de cerveza, 300 vehículos diarios salían de la factoría, es decir, 120,000 cajas de cerveza".[7]

"Las cosas estaban relativamente baratas en ese tiempo y eso permitía que la expansión fuera muy ágil", me explicó un ex funcionario financiero de Bavaria en un esfuerzo por justificar la carrera expansionista de Cure. Durante la administración de Cure se logró también que el Incomex suspendiera la importación de cerveza enlatada, lo que de inmediato se reflejó en un aumento del ocho por ciento de las ventas.[8] Quizás el mejor negocio de la cervecería a comienzos de la década de los ochenta fue la compra de Cervezas Nacionales (65 por ciento) en Guayaquil y de Cervecería Andina de Quito (58 por ciento) por 56 millones de dólares.

Las cerveceras ecuatorianas eran de la familia Norton, de los Estados Unidos, propietaria de Norlin Corporation, una empresa dedicada a la fabricación de instrumentos musicales. Los Norton controlaban sus intereses ecuatorianos a través de una compañía panameña denominada Latin Development Corporation (Ladco). Analizadas las diferentes posibilidades de compra, se llegó a la conclusión de que lo más fácil era adquirir Ladco y no las cerveceras ecuatorianas directamente. [9] Para manejar el nuevo frente de batalla fueron enviados a Ecuador empleados veteranos de Bavaria, entre quienes se encontraba Héctor Devia, ex presidente de Malterías Unidas. Devia sacó adelante la cervecería en Ecuador. Logró aumentar las ventas y fue el cerebro de una hazaña tributaria sin antecedentes: consiguió que el gobierno ecuatoriano redujera de un 85 a un 30 por ciento el impuesto de consumos especiales que pagaba la cerveza. Pero el final de sus 30 años de trabajo para el Grupo Santo Domingo fue tan amargo como la cerveza que produjo. En 1998, al regresar de un viaje de vacaciones a Estados Unidos, encontró que alguien más ocupaba su puesto de gerente de la cervecería. Desde Bogotá se había dado la orden de su despido.

Intrigado, Devia llamó a Bogotá, y Augusto López le explicó que estaba en desacuerdo con su decisión de haber concedido un crédito el día de la madre a los distribuidores de cerveza sin autorización de la junta directiva de la cervecería ecuatoriana. Devia quedó aún más extrañado, recuerda, porque esos créditos siempre se habían concedido a los distribuidores. Preguntó entonces si es que ellos pensaban que se había robado algo, a lo que López le respondió que en absoluto, que lo consideraban una persona muy honorable.

Ante esta incertidumbre, un periodista ecuatoriano le preguntó a Devia la razón por la cual lo habían botado, y el ejecutivo, que pesa 110 kilos, le respondió: "Es que un día le caí gordo a Julio Mario Santo Domingo, y salí". Sus recuerdos de Santo Domingo, sin embargo, son positivos.

"Un tipo simpático, de él no tengo sino recuerdos buenos, me parece un excelente señor, lógicamente él maneja tantas industrias, tantas empresas y tanta gente, que no está al tanto de qué es lo que hace cada persona. Sí tiene que aceptar lo que le dicen las personas que él ha designado para que mejoren las cosas". Entre los buenos recuerdos que conserva Devia mencionó el de un día que fue invitado a un breve paseo junto con otros directivos del conglomerado en el velero chino de Santo Domingo y sintió que alguien se recostaba en su espalda. "Era Don Julio Mario, que había ido hasta donde yo estaba [en la cubierta del barco] a ofrecerme una ostra en su concha, advirtiéndome de que estaban deliciosas". [10]

Cure fue además el gestor de la toma de Colseguros, a finales de 1981, y al parecer allí comenzaron sus problemas. Tras una tensa batalla bursátil, el Grupo Santo Domingo se apoderó de la empresa centenaria de seguros que además tenía intereses en algunas compañías de construcción. La toma fue concebida por Cure como una manera de cortar camino para controlar un grupo importante de empresas con sede en Antioquia. Las operaciones comenzaron cuando Guillermo Sefair Name puso a la venta el 12 por ciento de sus acciones en Colseguros a principios del año. Santo Domingo usó Colseguros como una plataforma de lanzamiento para su asalto de Bancoquia, el corazón del complejo industrial y financiero de Antioquia. Gracias a la adquisición de cuatro millones de acciones, en enero de 1980, Colseguros se convirtió en la llave para controlar un banco que tradicionalmente tuvo una propiedad accionaria dispersa. Pero la inversión no resultó muy rentable debido a la crisis económica que azotó al país en los años siguientes.[11]

A finales de 1980, Cure informó con orgullo de que la empresa había registrado en ese año el más alto volumen de ganancias en su historia. Bavaria reportó utilidades, después de impuestos, de 1,295 millones de pesos (23 millones de dólares) y ventas de 18,393 millones de pesos (340 millones de dólares)[12]. El grupo se hizo con un paquete importante de Avianca, empresa en la que controlaba el 17.13 por ciento, y en octubre de 1981 consolidó la toma de Colseguros.

Posiblemente la década de los ochenta fue la más alegre y festiva de Santo Domingo. Lo tenía todo: empresas que sólo producían utilidades y una vida de fiestas y celebraciones en sesión continua. Llevaba un clavel en el bolsillo de sus sacos de Anderson and Sheppherd, se ponía chalecos finísimos, zapatos John Lobb y posaba de chef para relajarse preparando para sus amigos y amigas íntimas recetas de Paul Bocuse, Alain Chapelle y los hermanos Troisgros. Vivía intensamente porque pensaba entonces que lo más valioso en este mundo era tener tiempo para hacer lo que uno quiere. "Todo es temporal, todo es transitorio", decía, "y por lo tanto no hay que ponerle mucha trascendencia a las cosas... Frente a la eternidad todo es efímero y fugaz". Además lo mortificaba el mensaje que el escritor existencialista Albert Camus plasmó en una frase de su novela *Calígula*, que Santo Domingo se aprendió de memoria y repitió en varias ocasiones: "El hombre no puede ser feliz porque sabe que se va a morir"[13]

Su perseverancia en los negocios era constantemente alabada y premiada.

"Necesitamos empresas como éstas, que no cambien de dueño cada tercer día", dijo Turbay en un discurso de inauguración de una ampliación de la fábrica de Bavaria en Bogotá, que fue seguido por otro, colmado de elogios a la empresa del presidente del Sindicato Nacional de Trabajadores, Luis Pedraza. Según el dirigente sindical la dinámica industrial de Bavaria "no puede catalogarse como un efecto de privilegios inconfesables o de coyunturas históricas hábilmente aprovechadas o de afortunados movimientos financieros. Son, sin lugar a dudas, consecuencia de un largo y persistente proceso".[13]

Largo y persistente fue el dominio de Avianca por parte de los Santo Domingo, un proceso que comenzó en la Segunda Guerra Mundial y se consolidó a finales de la década del 70. A raíz del estallido de la Guerra, los ciudadanos alemanes que vivían en América Latina quedaron bajo la lupa obsesiva del gobierno de Estados Unidos. Poco a poco fueron incluidos en una despiadada lista negra de potenciales enemigos de los aliados elaborada por los organismos de inteligencia norteamericanos, que sirvió de pretexto para fomentar entre los gobiernos locales una campaña de acoso a los ciudadanos alemanes, aunque éstos no tuvieran vínculos probados con el Reich.

Una de las primeras empresas que cayó en la lista negra fue la aerolínea Scadta, fundada y operada por pilotos alemanes. El gobierno de Estados Unidos logró que Colombia expulsara tanto de Scadta, que había sido constituida en diciembre de 1919, como de Saco (Sociedad Aeronáutica de Colombia) a los pilotos y accionistas alemanes que la fundaron. El presidente Eduardo Santos, quien nunca ocultó su simpatía por los pioneros alemanes, hizo lo que estuvo a su alcance para mantenerlos en las empresas que competían con la gigante aerolínea estadounidense Pan-American. Pero ni con promesas logró persuadir al gobierno gringo.

"Prometió que si los Estados Unidos entraban a la guerra, quince minutos después él ordenaría el retiro de los pilotos alemanes, eso sí, bajo el entendimiento de que la Pan-American los sustituiría por norteamericanos para evitar la paralización de la empresa. De nada sirvieron negativas ni promesas. El Departamento de Estado, a través de la Pan-American, arrancó al Presidente la aprobación del despido de los héroes de la guerra contra el Perú a cambio de adquirir el 51 por ciento de las acciones de Avianca. Uno por uno, los pioneros de la aviación colombiana abandonaron sus aviones o dejaron sus escritorios".[15]

Después de una compleja negociación entre el gobierno colombiano, el de Estados Unidos y los inversionistas nacionales se llegó a un acuerdo mediante el cual Scadta incorporó a Saco. En la nueva compañía, Pan-American conservó una mayoría de las acciones. Saco era una empresa cuyo capital pertenecía en un 75 por ciento al gobierno de Colombia y el resto a inversionistas de Antioquia. Constituida bajo estas condiciones, el 14 de junio de 1940, la nueva empresa se llamó Aerovías Nacionales de Colombia (Avianca). Una vez *desalemanizada*, la aerolínea se puso al servicio de los americanos, prestando su base en Barranquilla para que aterrizaran los aviones e hidroaviones que patrullaban el Atlántico, en procura de prevenir cualquier ataque de submarinos alemanes y proteger el Canal de Panamá. [16]

En febrero de 1944 las acciones de Avianca estaban distribuidas así:

Pan-American	64%
Gobierno colombiano	6%
Peter Paul Von Bauher	
(ciudadano alemán nacionalizado)	10%
Otros colombianos	20%

Entre los accionistas colombianos se encontraba Don Mario Santo Domingo, quien no sólo tenía una participación importante en la junta directiva sino un lazo afectivo que lo unía a la empresa desde el día en que se aventuró a lanzar el primer paquete de correo aéreo en la historia de Colombia. Por ello, Don Mario y los demás barranquilleros (José Blanco y J. Montes, R. Obregón) dieron una ardua batalla en octubre de 1942 para mantener la sede de la aerolínea en Barranquilla, al enterarse de que el nuevo director, Martín del Corral, quien era del bando de Saco, estaba empeñado en trasladar la sede a Bogotá.

"Una intensa campaña de prensa y radio fue seguida por manifestaciones durante tres días y una huelga general" ... Los políticos en el consejo municipal no perdieron oportunidad para capitalizar a su favor el fervor popular: se acordó que si el traslado de Avianca a Bogotá tenía lugar, el concejo declararía el paro total de actividades comerciales, industriales, de transporte aéreo, fluvial, terrestre, y además se cerrarían almacenes, fábricas y oficinas privadas y públicas. [17]

Finalmente, el 29 de octubre se llegó a un acuerdo. La sede principal se mantendría en Barranquilla, pero la oficina de la presidencia se establecería en Bogotá, lo cual se hizo.

Avianca se quedó con el monopolio de la aviación en Colombia. Para cualquiera que quisiera montar la competencia en esos tiempos (mediados de los años 40) no era suficiente comprar aviones. "Había que construir los aeropuertos porque Avianca era propietaria de todos o casi todos los aeropuertos del país y, salvo escasas excepciones, no permitía que otras líneas los utilizaran".

Hasta 1975 el mayor accionista de la aerolínea fue el grupo Grancolombiano, liderado por Jaime Michelsen Uribe. En esa época Michelsen le vendió su participación al urbanizador Fernando Mazuera Villegas por una suma cercana a 1'600,000 dólares (50 millones de pesos). Pero la tajada accionaria de Mazuera no se reflejó en el manejo de la compañía, pues en los últimos 20 años la administración de Avianca fue quedando poco a poco en manos de la familia Santo Domingo.

En los archivos de la compañía quedaron las evidencias de los infructuosos esfuerzos que hizo Mazuera por ganar el control de la administración de la empresa. Al interior de Avianca, Santo Domingo erigió una barrera inexpugnable en compañía de Carlos Ardila Lülle, uno de los accionistas, para evitar que otros controlaran la junta directiva. En vísperas de la asamblea anual de accionistas de 1976, –y preparándose para el primer asalto– Mazuera adquirió pequeños paquetes de acciones que agregó a la compra que hizo a Michelsen. Al llegar a la reunión de los accionistas en Barranquilla, el urbanizador se encontró con un panorama adverso. De los 104 millones de acciones de Avianca, cerca de 80 millones estuvieron representados en la asamblea y de esta cantidad, 30 millones estaban bajo el control de la administración. Para complicar aún más los planes de Mazuera, en el momento de la sesión Santo Domingo estaba además aliado con Pan American World Airways, que tenía 12 millones de acciones.

"La estrategia de Mazuera era quedarse con tres de los cinco renglones que tenía el sector privado en la junta... La batalla se libró durante la asamblea de accionistas de 1976, en la cual se sometieron a votación cinco listas para junta directiva. La primera, encabezada por Julio Mario Santo Domingo y Pablo Obregón, su cuñado, obtuvo el

16.6% de los votos. La segunda, liderada por Hernando y Alejandro Castilla Samper, quienes representaban a Pan-American, recibió el 14%. La lista encabezada por Mauricio Obregón, primo de Pablo, y Luis Pérez Escobar, representaba al Grupo Suramericana que obtuvo el 13.6%. Fernando Mazuera y su yerno Rudolph Kling consiguieron la mayor votación, 19.1% de las acciones representadas en la reunión. Sin embargo, debido al procedimiento que se utilizó, sólo salieron elegidas las cabezas de lista. Es decir, que a Mazuera sólo le tocó un renglón en la junta, y ésta siguió manejada por Santo Domingo". [18]

La administración de la aerolínea hizo todo lo posible por amargarle la vida al urbanizador. Durante una sesión de la junta directiva y otra de la asamblea general de la compañía, los representantes de Santo Domingo le reclamaron públicamente a Mazuera por haber orinado en un estacionamiento de Nueva York frente a unos financistas norteamericanos. Consulté sobre éste y otros episodios con el abogado Fernando Londoño, quien representó a Mazuera en la asamblea de Avianca en Barranquilla, y me comentó lo siguiente:

"Eso fue una cosa muy baja. Don Fernando ya estaba viejito y se orinó, pero no fue en el Jumbo, fue en alguna parte en Nueva York. Estaban con unos financistas muy importantes, el pobre Don Fernando, con el problema de la próstata, se orinó ahí, al lado del carro o alguna cosa. Y eso lo llevaron a la asamblea en Barranquilla, ya habían hecho de eso mérito en la junta directiva porque se agarraron con ellos (los representates de Mazuera) en la junta directiva y le recordaron la orinada y me la recordaron en la asamblea de Barranquilla. Pero ahí les fue mal porque la volví en contra de ellos, les dije que un anciano tiene derecho a orinarse cuando tiene afán, lo que no tiene derecho es una persona sana y joven a burlarse de un anciano que tiene un problema de salud, que entonces ¿quién pierde?, si el anciano que está en esa circunstancia o si el hombre joven que no tiene piedad, compasión o sentido de la caridad por una persona que se lo merece". [19]

En la asamblea de 1977 Mazuera intentó nuevamente obtener el control de la administración de Avianca. En esta oportunidad contrató a Londoño, quien denunció que las utilidades del balance fueron infladas por el grupo Santo Domingo con el único fin de lograr que la masa de accionistas se acercara a recibir dividendos y firmara los tristemente célebres poderes de ventanilla a su favor para garantizar su permanencia en la administración. Según el equipo de Mazuera las verdaderas utilidades de Avianca eran de un millón de dólares y no cuatro millones, como lo reportaba el balance. La denuncia no cambió la situación. Al someterse a votación el presupuesto, 61 millones de acciones votaron a favor de la administración y 21 respaldaron a Mazuera. Derrotado, Mazuera salió a criticar en los medios de comunicación el manejo de la administración de Avianca y aseguró que las ganancias de la empresa venían en pérdida desde 1971. [20]

Después de un largo periodo de tensión, Mazuera terminó rindiéndose ante Santo Domingo. Como protagonista de primera línea, Londoño ofreció algunos detalles de cómo el empresario costeño ganó la batalla contra Mazuera. Su versión es la siguiente: alrededor de 1977, Mazuera le pidió a Londoño que lo representara en la asamblea general de Avianca para que le pusiera la cara a un debate en Barranquilla contra Santo Domingo por el tráfico de poderes de ventanilla, una costumbre que no se limitaba a Bavaria. Una vez más Londoño se cruzaba en el camino de Santo Domingo. "Se necesitaba una persona de choque que tuviera la irresponsabilidad de medírsele al Grupo Santo Domingo. Yo fui, miré las cosas, me pareció aberrante lo que pasaba. Conformamos un equipo interesante con Samuel Hoyos Arango, con Gilberto Alzate Ronga, con un sobrino de Abdón Espinosa, Luis Guillermo Sorzano Espinosa, buen orador. La situación era muy fácil: las acciones de Avianca en grandes números eran 100 millones. Fernando Mazuera tenía 20 millones de acciones, Julio Mario Santo Domingo tenía siete millones, pero Santo Domingo ponía a cuatro miembros de la junta directiva y Fernando Mazuera ponía a uno. Carlos Ardila tenía como unos tres millones. Quiere decir que el 70 por ciento restante de Avianca pertenecía a Pedro, a Juan y a Diego, una cosita del gobierno que tenía un ocho o un 10 por ciento, así que había un 60 por ciento en poder del taxista, la señora de la casa. Entonces por poderes de ventanilla la gerencia de una compañía conseguía poderes, como en el caso de Avianca, y se los entregaba a Julio Mario Santo Domingo. Porque el gerente de la compañía era de Santo Domingo, entonces para ser dueño de una compañía no se necesitaba tener mayoría de acciones sino tener al gerente, el que tenía al gerente era el dueño del poder. Entonces Fernando Mazuera me dijo: 'Haga un escándalo', y me contrató para que yo ayudara a conseguir puestos en la junta directiva. Le dije: 'Perfecto, Don Fernando y le hago el escándalo allá [en Barranquilla]'. Invité a Yamid Amat. Hice un debate demostrando varias cosas, pero una de ellas es que era absolutamente falso que Avianca estuviera dando utilidades, les demostré que Avianca estaba

dando pérdidas, pero que a través de unos artificios –que demostré–
estaban repartiendo utilidades con el único propósito de que la gente
fuera a firmar poderes de ventanilla. Esos dividendos se pagaban
con cargo al patrimonio de Avianca, y como el señor Julio Mario
Santo Domingo ejercía esa tiranía sobre los accionistas de Avianca...
Recuerdo que mis adversarios fueron Pacho Posada de la Peña, que
no iba preparado y salía con generalidades como la importancia de
la Costa Atlántica, y es que vienen éstos del interior a quitarnos
la empresa, pero no se atrevieron a llegar al fondo del asunto. Yo
fui con los balances, con los datos, y ellos no se lo esperaban. Ahí
estaba Julio Mario, eso fue en el Hotel del Prado, intervino mucho
el doctor [Pedro] Bonett, otro de los fuertes del grupo. El presidente
de Avianca era Ernesto Mendoza Lince. Los tuvimos hasta las 12 de
la noche. ¿Qué seguía después? Conseguir la lista de los accionistas
de Avianca para comunicarnos con ellos, la propuesta mía, que don
Fernando Mazuera me aceptó, era que hiciéramos una lista integrada
con gente de Cali, Medellín y decirles: 'Señores, reúnanse todos los
accionistas, manden representantes, si les faltan unas acciones, Don
Fernando se las da'. Él podía hacerse elegir con 14 millones. Era vital
tener la lista de accionistas de Avianca. Fui a la Superintendencia de
Sociedades mil veces, era super el doctor Narváez, que se puso muy
nervioso y terminó negándome la lista de los accionistas, porque
sabían que ahí era que estaba el tesoro. Narváez estaba con Santo
Domingo y no me dio la lista, pero ellos habían cometido un error
y era que me habían nombrado a mí para aprobar el acta de esa
asamblea. Ya a las 12 de la noche, muertos de cansancio, nombraron
a uno de Ardila, Carlos Upegui Zapata, a uno del grupo Santo
Domingo y a mí. Nos reunimos en la oficina de Avianca. Estaban
Eduardo Mendoza, el presidente, el vicepresidente jurídico, y les dije:
'Bueno, primer punto de la orden del día, el quórum, yo quiero ver la
lista'. Trajeron la lista y yo les dije: 'Vamos a tener copia, ¿verdad?'
'Sí, vamos a tener copia.' Aprobamos el acta. 'Ahora denme la copia
de todo', pero me la dieron sin la lista de accionistas. Entonces me
dijeron: 'Eso no se lo vamos a dar'. '¿Cómo que no me lo van dar,
doctor Upegui? ¿No quedamos en que nos iban a dar la lista de los
accionistas?' Pues Upegui me traicionó y dijo que no y de viva fuerza
me quitaron los papeles, y yo les dije: 'Esta pelea no termina, esta
pelea empieza. El doctor Carlos Upegui no se podrá olvidar en la
vida de eso.' Él era el hombre fuerte de Ardila, yo lo aprecio
mucho, pobrecito, tuvo ese momento de debilidad porque tenía

instrucciones de su jefe porque Santo Domingo y Ardila iban a estar juntos en contra de Mazuera. Yo no lo sabía, pero ellos estaban haciendo alianzas. Yo seguí con mi tarea. Puse unos grupos de trabajo en Medellín y en Cali, y me estaba yendo bien, ya estábamos contactando por distintos conductos. Yo iba localizando a accionistas de Avianca y grupos de accionistas y le iba a montar, ahí sí, el debate a Santo Domingo. Necesitaba tener un número suficiente para convocar a una asamblea extraordinaria y pedir una elección de junta directiva. En eso andábamos cuando me llamó un día Don Fernando Mazuera. Yo tenía mi oficina en la calle 13 entre carreras octava y novena, y Don Fernando Mazuera la tenía en el edifico del Banco Popular, en la calle 17, y me dice: 'Doctor Londoño, véngase para acá que necesito compartir con usted la más grande alegría de mi vida'. Y le dije: 'Hizo pacto con Julio Mario y él acepta ponerlo en la junta directiva con tres miembros'. Me fui para allá. Plan de triunfo, plan de victoria, me encontré a Don Fernando ya con unas copas de whisky, aunque era por la mañana. Don Fernando al final se tomaba sus tragos, estaba muy eufórico, muy contento, estaba con su yerno Rudolph Kling, con uno de sus asesores, Rafael Montejo, y lo que me comunicaron es que por la noche Don Fernando había hecho la más grande operación bursátil que se había hecho en Colombia en toda su historia. Me dijo: 'Anoche gané más dinero que en toda mi vida de constructor de vivienda, le vendí todas mis acciones a Julio Mario Santo Domingo.' Y me quedé frío porque yo comprendía que lo que Julio Mario estaba pagando era salir de mí y de mi debate, y eso a mí no me interesaba, es que yo estaba enamorado de la idea, entiéndame que yo soy un penitente, y así me voy a morir, la idea era que eso no podía suceder en Colombia, que no se podían seguir manejando las sociedades anónimas a través de los poderes de ventanilla, que ése iba a ser el final de la sociedad anónima en Colombia, y que si la sociedad anónima se acababa, se acababa el sentido del ahorro y la inversión en el país.

No tuve valor para felicitar a Don Fernando. Le dije: 'Don Fernando, usted está en su derecho, pero yo debo decirle que esto me produce una tristeza infinita porque yo estaba enamorado de mi causa.' Y entonces me respondió: 'Doctor Londoño, es que desde hoy somos amigos de Don Julio Mario Santo Domingo.' 'Lo felicito por su amistad, yo no la voy a poder compartir porque yo no entiendo de esos procedimientos".

El escándalo Jumbo

En los dos últimos años de su mandato, Turbay impuso un tenebroso decreto de medidas de emergencia conocido como el Estatuto de Seguridad, que dio carta blanca a los organismos de inteligencia del Ejército para allanar sin autorización judicial las residencias de quienes eran considerados sospechosos de pertenecer o dar apoyo al M-19. La campaña de represión antisubversiva activó las sensibles alarmas de las organizaciones de derechos humanos en el ámbito mundial, habida cuenta de que entre los arrestados y torturados se encontraban artistas, periodistas y dirigentes políticos de izquierda que, por el solo hecho de haber mantenido una relación personal o profesional con los integrantes del movimiento clandestino, eran acusados de complicidad. Fue entonces cuando Turbay resolvió hacer una gira por Europa para tratar de limpiar la imagen de su gobierno. Como el avión presidencial no estaba en condiciones técnicas ni poseía la suficiente autonomía de vuelo para ser sometido a una de las giras más largas que ha dado un presidente colombiano, Turbay pidió prestado el Jumbo a Avianca para trasladarse con una nutrida comitiva a varios países de Europa. En alguno de los artículos del contrato de transporte del correo aéreo firmado entre la aerolínea y el gobierno se establecía que, en contraprestación, el Presidente de la República tenía facultades para usar la flota de Avianca en caso de que así lo requiriera. Al parecer el gobierno se acogió a esa disposición y el flamante Jumbo, inaugurado con bombos y platillos en 1976, fue puesto a disposición del Presidente para cumplir con una gira que se recuerda por la improvisación generalizada y el despilfarro. Tratándose de una solicitud del Presidente, que llevaba implícito el compromiso de Santo Domingo como embajador en China, Ernesto Mendoza Lince, presidente de Avianca, no tuvo otra alternativa que ceder el avión durante 20 días. De paso aceptó la invitación a integrar la comitiva presidencial.

La salida temporal del aparato creó un grave problema de imagen de la empresa, pues muchos pasajeros que habían comprado tiquetes para estrenar el Jumbo, al llegar al aeropuerto se encontraban con los mismos aviones que Avianca usaba anteriormente. Avianca asumió el oneroso lucro cesante de esa operación. Según informes contables de la compañía, las utilidades netas que producía el aparato al mes eran de unos 300,000 dólares, una cifra nada despreciable para una empresa que empezaba a sentir la turbulencia de la deuda externa. Una multitudinaria comisión viajó con el Presidente a varios países de Europa. Turbay fue el hazmerreír de la prensa europea al declarar que era el único prisionero político del país. A los dos meses del regreso de la gira, Mendoza Lince renunció a Avianca. Sin ofrecer mayores explicaciones, el amigo de Julio Mario, cuya familia ha estado vinculada a la de Santo Domingo por casi un siglo, dejó el cargo y detrás de él una colección inédita de rumores. Hasta ese punto el préstamo del avión era reconocido públicamente como un gesto de generosidad y retribución de Santo Domingo con el presidente Turbay. Sin embargo, en los pasillos de Avianca, donde los chismes tienen más horas de vuelo que los pilotos, se rumoreaba que Santo Domingo estaba disgustado con Mendoza Lince por una de dos razones. La más ambigua: que se había arrepentido del préstamo del avión y se quejaba de que no se le había informado de la duración del viaje presidencial. La más clara: que Mendoza Lince había cometido el imperdonable descuido de no invitar a Santo Domingo a una cena en los Campos Elíseos en la que el presidente Giscard D'Estang y Turbay se condecoraron mutuamente. El descuido estaba agravado por el hecho de que Santo Domingo era íntimo amigo de la hija del Presidente francés.

Acorralado por los rumores, Mendoza guardó silencio por respeto a la larga amistad que lo une con los Santo Domingo, pero en sus círculos íntimos atribuyó su salida a la insoportable situación que se vivía en esa empresa como resultado de los enfrentamientos de Santo Domingo, primero con Jaime Michelsen, después con Mazuera y al final con Ardila Lülle, que resultó menos dócil que los dos primeros. "Avianca era entonces como una cantina del oeste, todo el mundo peleaba en grupos", comentó alguna vez Mendoza. En el exterior, la imagen de la cantina era bien conocida. Bob Booth, un consultor aeronáutico de Miami, especializado en América Latina, decía en 1992 que Avianca fue una de las aerolíneas más fuertes y mejor manejadas del mundo, pero las cosas cambiaron cuando el conglomerado de Santo Domingo tomó el control de la empresa.

"Desde entonces, Avianca tiene una política de puertas abiertas, seis o siete ejecutivos [han pasado por su presidencia] en media docena de años, esa clase de movimiento es siempre debilitador".[21]

Con el favor de los gobiernos, los egopolios de Santo Domingo y Ardila fueron creciendo y empezaron a rozarse en sus límites. Primero ensayaron la convivencia pacífica, compartiendo juntas directivas de empresas clave, pero esa fórmula no funcionó por mucho tiempo porque ambos querían ostentar el poder absoluto; luego se pelearon a muerte, y a medida que el polvo del combate fue descendiendo, hicieron acuerdos de no agresión para dedicarse a una competencia febril, desgastadora, que se extendió hasta finales del siglo XX y cuyos costos aún están por pagar. Un escenario de esa guerra fue Avianca, la aerolínea más antigua de América.

NOTAS

1. "Julio Mario Santo Domingo, embajador en China: 'Lo chino me conmueve, me excita, me encanta", Margarita Vidal., revista *Cromos*, # 3272 del 30 de septiembre de 1980.

2. ¿Quién es y cómo piensa el primer embajador de China?", Lucy Nieto de Samper, *El Tiempo* 2 de octubre de 1980.

3. The Xinhua General Overseas News Service, 27 de febrero de 1981.

4. "Julio Mario Santo Domingo, embajador en China: 'Lo chino me conmueve, me excita, me encanta", Margarita Vidal, revista Cromos, # 3272 del 30 de septiembre de 1980.

5. Enrique Ogliastri, *Cien años de Cerveza Bavaria*, Monografías, Serie Casos, Universidad de los Andes, febrero de 1990, pág. 32.

6. "Las Empresas de los Santo Domingo", Bernardo Parra, artículo de sustento preparado para la revista *Punto-Com*, no publicado en su integridad. Copia enviada por correo electrónico, Miami, agosto de 2001.

7. *Op. cit.*

8. Enrique Ogliastri, *Cien años de Cerveza Bavaria*, Monografías, Serie Casos, Universidad de los Andes, febrero de 1990.

9. Revista *Semana*, 4 de junio de 1991.

10. Entrevista telefónica con Héctor Devia, 22 de marzo de 2002.

11. Latin America Regional Reports: Andean Group, 11 de diciembre de 1980, pág. 5.

12. "Utilidades por $1.295 millones tuvo Bavariam, *El Tiempo*, 6 de febrero de 1981, pág. 13A; "Ventas por $18.393 millones en Bavaria, *El Tiempo*, 28 de febrero de 1981, pág. 8A.

13. "Julio Mario Santo Domingo, embajador en China: 'Lo chino me conmueve, me excita, me encanta", Margarita Vidal, revista *Cromos*, # 3272 del 30 de septiembre de 1980.

14. "Necesitamos empresas que no cambien de dueño cada tercer día, afirma Turbay", *El Tiempo*, 30 de octubre de 1981, pág. Última B

15.Alberto Donadío, Silvia Galvis, *Colombia Nazi 1939-1945*, Editorial Planeta, Bogotá, 1986, pág. 173.

16. *Op. cit.* pág. 72.

17. *El Caribe Colombiano (1870-1950)*, Eduardo Posada Carbó, Banco de la República y El Áncora Editores, 1998, pág. 308.

18. "El mundo al vuelo", revista *Dinero*, febrero de 1996, número 32.

19. Entrevista personal con Fernando Londoño, Bogotá, 12 de febrero de 1999.

20. Latin America Economic Report, 27 de enero de 1978, pág. 26.

21. "Avianca Dismisses 102 workers", *The Miami Herald*, 16 de mayo de 1992, sección Businnes, pág. 1.

10

La Cantina

"Yo no sé qué estoy haciendo aquí", dijo en un acto de desesperación Santo Domingo. "Yo les estaba diciendo a estas simpáticas damas que están aquí que nosotros en Avianca estamos totalmente abrumados por la conducta del presidente de la compañía, y ahora ellos tienen las agallas de llamarnos a aquí a hacer una declaración. ¡Es como si los pájaros le dispararan a las escopetas! ¡Es totalmente ridículo y yo quiero expresar mi indignación por este cinismo!".[1]

Santo Domingo estaba atrapado en una oficina en Washington D.C., tratando de evitar que dos abogados lo obligaran a hablar de sus negocios y de su vida personal frente a una cámara de vídeo de un servicio legal de registro. La insoportable ironía de la escena consistía en que, en efecto, él era el hombre de la escopeta y no el pájaro, el demandante y no el demandado, y que ahora tenía que defenderse alegando que jamás incurrió en las mismas conductas por las que demandó a dos ejecutivos de su empresa.

Pero era el turno de la defensa y los abogados de los acusados querían saberlo todo.

"¿Está usted al tanto de las acusaciones de que usted recibió comisiones relacionadas con el arrendamiento de los aviones?", le preguntó uno de ellos.

"Bueno", dijo Santo Domingo, "esto sí es el colmo del cinismo. Nunca admitiré, porque nunca lo he hecho, haber recibido comisiones de nadie en el negocio de la aviación o en cualquier otro negocio. Soy una persona honorable, un hombre de negocios y no he recibido comisiones".

–¿Cuántas acciones tiene usted en Avianca?

–No puedo decirle, no puedo decirle, no recuerdo.

–¿Bavaria vende cerveza a Avianca?

–No sé, ellos la reparten pero no estoy seguro.

–¿Y le vende gaseosas a Avianca?

–De lo que estoy seguro es de que le vende Pony Malta.

–¿Qué clase de producto es ése?

–Es un refresco hecho de malta.

–¿En qué costa queda la isla?, le preguntó otro de los abogados al referirse a Barú, uno de los santuarios de descanso del empresario en el Caribe colombiano.

–No hay número de teléfono, no hay dirección, no hay calles. Es una isla –dijo Santo Domingo.

–¿Hay sólo una casa en la isla?

–Hay tres casas.

–¿Y usted es dueño de las tres casas?

–No, yo no soy dueño.

–Ya veo. ¿Usted las arrienda?

–No, tengo el usufructo de ellas.

El abogado le preguntó en qué sitio se alojaba cuando vivía en Nueva York.

Santo Domingo respondió con una dirección: 620 Park Avenue.*

–¿Eso es un apartamento en ese edificio? –inquirió el abogado.

–Sí.

–¿Alguna de las compañías suyas le facilita el uso del apartamento?

–No.

–¿Usted lo arrienda?

–No.

–¿Usted es dueño?

–No.

¿Cómo es, entonces, que se queda ahí?

–Porque mi esposa es dueña y me deja quedar.

La obsesión personal de Santo Domingo por vencer en juicio a quienes se habían convertido en sus principales enemigos de turno parecía la única razón que lo asistía para soportar el mal rato que pasaba en las oficinas de los abogados de sus ex empleados Mark Corriea y Andrés Cornelissen. Verse obligado a describir de qué está

* Éste fue el primer apartamento de Santo Domingo en Park Avenue. Después se mudó al 740.

hecha la Pony Malta y a dar el teléfono de su isla de la discreción era una experiencia humillante para un hombre que hacía muchos años que no tenía que dar explicaciones a nadie. Pero si quería ganar el juicio, Santo Domingo no tenía otra alternativa que responder a la artillería preparada por los abogados de Hamel & Park en Washington D.C. ese 4 de junio de 1986. El magnate jugaba de visitante.

Corriea y Cornelissen, los demandados, manejaban una firma que se dedicaba al alquiler y la compra de aviones en Estados Unidos para las aeroelíneas de Santo Domingo: Avianca, Sam y Helicol. Por ser empleados de confianza tenían libertad para comprar, vender y alquilar equipos, sin mayores controles de la empresa en Colombia. Los ejecutivos, según la acusación, se aprovecharon de ese ambiente desprevenido para hacer negocios personales y cobrar comisiones por el *leasing* de los aviones. Como en casi todos los casos en que se siente traicionado, Santo Domingo asumió como una tarea personal la investigación del fraude y la batalla legal que siguió. Esta vez lo hizo con la ayuda de dos ejecutivos: Augusto López y Edgar Lenis.

A diferencia de los tediosos careos del sistema judicial colombiano, donde abogados y jueces se explayan en ceremoniosas disquisiciones, al lento ritmo de una vieja máquina de escribir, los interrogatorios en Estados Unidos son verdaderos pugilatos jurídicos en los que se admiten algunos golpes bajos; las preguntas están desprovistas del formalismo napoleónico del código de procedimiento civil, y hasta la última palabra queda registrada en un estenógrafo que funciona a la velocidad de una conversación normal. Una de las finalidades de esta diligencia procesal es ofuscar al interrogado para sonsacar información que no estaba dispuesto a revelar y eventualmente usarla en su contra.

Santo Domingo cayó en la trampa.

Los abogados lo forzaron a recordar todos sus viajes a Washington y de nada valió que respondiera, con cierta jactancia, que en uno de ellos estuvo en la Casa Blanca.

–¿Perdón?–le dijo el abogado incrédulo.

–Vine a la Casa Blanca–recalcó Santo Domingo.

–¿Y cuándo fue eso?

–Con el presidente [Alfonso] López para una cena y un baile durante la presidencia del Señor Ford.

A sabiendas de que Santo Domingo no tenía en su memoria la información o en ciertos casos no quería revelarla, le preguntaron por el número de acciones que él y su familia poseían en cada empresa del Grupo Santo Domingo, y una por una las fueron mencionando en una ráfaga inclemente. Preguntaron por Bavaria, por La Nacional de Seguros, por el Banco Santander, por el Banco Comercial Antioqueño, Invercrédito, Banque Aval, Cervecería Unión, Valores del Norte, Corporación Financiera del Norte, Águila, Fondo Crecimiento, Malterías Unidas, Colinsa, Aluminio Reynolds

Hasta que Santo Domingo perdió la paciencia y, en un esfuerzo por racionalizar su furia, interrumpió el interrogatorio diciendo:

"Vea, usted me pregunta toda esta minucia que yo no puedo responder porque, le voy a explicar, y voy a aprovechar para explicarle lo que significa ser un director de una compañía colombiana y lo que significa ser un presidente de la junta de una compañía americana. No es, ni lo que se imagina, comparable con lo que es aquí. En otras palabras, un presidente de una empresa en Colombia o director, no es jefe de operaciones, no es un CEO de ninguna manera. Yo, por ejemplo, he estado ausente de los negocios de Avianca y Bavaria algo así como un año y medio. Estaba de embajador en China durante un año y medio y en esos días yo no fui a ninguna reunión de la junta directiva de Avianca o Bavaria o de cualquier otra empresa. Y aun así, mantenía mi cargo de presidente, y eso es lo que ocurre. No es como aquí, que el presidente de la junta es alguien que se encarga de los negocios en una forma intensa, exacta y precisa. Usted me hace preguntas que le pueden hacer pensar que soy una persona descuidada en mis obligaciones, pero mis obligaciones no se extienden tanto como usted cree. Es como decir que yo vine aquí y soy un gran amigo de ustedes o que conozco muy bien esta firma de abogados, sólo porque pasé a visitarlos por un momento.

"Yo era un inversionista y en esa condición hacía parte de la junta, pero nunca he tenido un poder de representación de Avianca, nunca firmé un documento de Avianca, nunca hice nada en Avianca que pueda inferirse que actué como administrador o como alguien con esta cantidad de conocimientos. Quiero dejar esto en claro porque, de otra manera, usted me sigue preguntando y lamento tener que decirle que no recuerdo, que no sé. No es que yo no sepa, es que yo no intervengo en los negocios no sólo día a día sino de mes a mes".

La minuciosa analogía de Santo Domingo entre el mundo empresarial colombiano y el estadounidense no conmovió al abogado, que continuó como si nada buscando nuevas preguntas para incomodar al empresario, preguntas que insistían en que Santo Domingo incurrió en la misma práctica de la cual acusaba a sus ejecutivos. Esta vez recurrió a datos muy concretos.

"¿Alguna vez, le preguntó a Santo Domingo, usted pidió ayuda a Cornelissen para buscar un avión y venderlo en Filipinas al empresario azucarero de ese país Jorge Araneta?". Santo Domingo admitió que conocía a Araneta, pero rechazó la irrespetuosa sugerencia de que el negocio implicaba una comisión, y aprovechó para recordar que Cornelissen fue despedido como presidente de Avianca porque no explicó satisfactoriamente el origen de un supuesto préstamo de 250,000 dólares que recibió de manos desconocidas. A pesar de no responder en forma convincente sobre el origen de ese dinero, agregó Santo Domingo, Cornelissen continuó más tiempo de lo que debía en el cargo de presidente de Avianca gracias al apoyo que recibió de Carlos Ardila Lülle, otro de los accionistas de la aerolínea. Eso fue "terrible" para Avianca, dijo, pues los documentos de la transacción cuestionada desaparecieron.

"Esos documentos fueron desaparecidos por gente que obviamente quería esconder muchas cosas que estaban ocurriendo en Avianca", agregó. "Me gustaría salir de aquí y buscar a diez amigos para que me presten 250 mil dólares por cuatro años sin interés, sin un pedazo de papel, sin ni siquiera una servilleta de papel de un restaurante diciendo 'Usted me debe 250,000'. Para mí, esa es una historia increíble", agregó el empresario.

Santo Domingo contraatacó sugiriendo que Cornelissen recibió pagos por debajo de la mesa por la compra de dos jets ejecutivos West Wind, uno de ellos para Ardila Lülle. Recordó que alguna vez que un directivo de Sam viajó a Panamá para arrendar aviones, le preguntaron de entrada si Cornelissen quería comisión.

"Si hay una comisión para Cornelissen el precio es éste, pero si no hay se la deducimos obviamente del precio", dijo Santo Domingo citando al intermediario panameño.

El abogado de Cornelissen no se dio por aludido e insistió:

¿A usted nunca le dijo el señor [Edgar] Lenis (directivo de Avianca) que había alegatos de que usted había recibido una comisión por el alquiler de un avión de Sam?

"No lo recuerdo", respondió Santo Domingo

El abogado entonces le preguntó si él prestaría atención a ese tipo de acusaciones, a lo cual el empresario le respondió que lo haría dependiendo de quién viniera.

"No en el caso de Cornelissen", exclamó, "es como si Al Capone lo acusara a usted".

La diligencia en Washington quedó olvidada en un archivo judicial de Estados Unidos. Ningún medio colombiano la publicó. Al final del litigio, Julio Mario Santo Domingo salió victorioso.

El proceso judicial en Estados Unidos tenía raíces en una incontrolable rivalidad que se fermentó en las oficinas de Avianca como resultado de la lucha por el dominio de la administración de la aerolínea. A mediados de 1985, Avianca estaba dividida en dos bandos irreconciliables: los seguidores de Ardila Lülle y los fieles de Santo Domingo. La empresa no funcionaba. Algunos ejecutivos ignoraban a otros porque no hacían parte de su equipo, y las juntas directivas terminaban en torneos de pulso donde los sectores en pugna se pedían cuentas de las cosas más triviales. Ardila prohibió servir gaseosas que no fueran producidas por Postobón en los aviones de Avianca. Los representantes de Santo Domingo trataban de boicotear la medida leyendo cartas en la reunión de juntas directivas de usuarios de la aerolínea que se quejaban por la falta de Coca-Cola en los aviones. A lo que los directivos de Ardila respondían que podían tomar Pepsi Cola, que sí estaba permitida. Toda esta contienda de corbatas sueltas se intensificó y finalmente terminó con el rompimiento de los dos grandes accionistas. El detonante del conflicto fue una supuesta traición. Julio Mario Santo Domingo estaba convencido de que uno de sus amigos de Barranquilla, Andrés Cornelissen, presidente de Avianca y a quien identificaba como del bando de Ardila, lo engañó. Cornelissen era uno de los funcionarios con mayor experiencia internacional de Avianca. Graduado de Stanford University, empezó a trabajar en Barranquilla como gerente en 1968 y llegó en 1979 a vicepresidente ejecutivo. Cuando renunció en 1980 para montar sus propios negocios, Avianca no aceptó la renuncia y le concedió el privilegio de continuar vinculado a la aerolínea y al mismo tiempo trabajar en sus asuntos particulares. En 1982 renunció a Avianca pero se mantuvo como asesor del presidente hasta 1984, cuando fue nombrado presidente.

La administración Cornelissen impuso un programa drástico de reducción del gasto. "No sólo recortó los gastos en unos 4,000 millones, sino que reorganizó las rutas, renegoció la deuda externa y redujo la burocracia. A pesar de la polémica que generó este plan, había consenso en que estaba desempeñando una buena gestión".[2] Entre las decisiones más difíciles que debió tomar Cornelissen estuvo la de despedir al vicepresidente administrativo Alfonso Ramírez. La decisión contó con el apoyo de Ardila y de Santo Domingo. Pero por tratarse de una posición clave en la empresa, ambos grupos se liaron en una guerra de intrigas que culminó con la renuncia de Cornelissen.

El vacío en la presidencia de Avianca fue muy mal recibido por el gobierno y la banca internacional, que no sólo veían con buenos ojos la gestión de Cornelissen, sino que estaba preocupada por el manejo que se le daría a la renegociación de la deuda externa de 171 millones de dólares, un tema trascendental para asegurar la continuidad de la aerolínea. Por esta razón, el nombramiento de un nuevo presidente se convirtió en *prioridad nacional*.[3]

Mientras Avianca buscaba un nuevo presidente, Santo Domingo se dedicó a perseguir judicialmente al anterior y a su socio, un abogado de Estados Unidos llamado Mark Corriea, bajo el convencimiento de que ambos habían hecho un desfalco a la aerolínea.

Corriea se graduó de la escuela de derecho de Golden Gate University en San Francisco. Al terminar su carrera en 1972, se empleó como secretario de un tribunal en Washington. Posteriormente, entre 1974 y 1978, fue consejero en cuestiones tributarias del Bank of America en San Francisco. Asesoraba a la institución en legislación tributaria internacional y comparecía como experto ante el Congreso de Estados Unidos en asuntos relacionados con las operaciones del banco. En 1978, Corriea se vinculó al departamento jurídico de Itel Corporation, una compañía que se dedicaba a la compra, venta y alquiler de aviones. Trabajó dos años con Itel, donde fue nombrado abogado de la división de *leasing* de aviones. Desde finales de 1979 hasta 1980, Corriea participó en una transacción por medio de la cual Itel compró dos Boeing 707 a Avianca que luego alquiló a la misma compañía colombiana. Durante esta negociación, Corriea conoció Cornelissen, que entonces era vicepresidente ejecutivo de Avianca. Al mismo tiempo Intel estaba desarrollando otro negocio de alquiler de un Boeing 727 con la aerolínea colombiana, que estaba representada por Cornelissen y varios abogados de la firma Squire Sander & Dempsey.

Por esa época, Corriea dejó Itel, que estaba al borde de la quiebra, y abrió su oficina de abogado en San Francisco con la idea de montar su propia compañía de alquiler de aviones. Con el argumento de que Avianca reduciría costos cada vez que tuviera la necesidad de adquirir aviones en Estados Unidos, Cornelissen le propuso a Avianca contratar a Corriea para estas actividades. Avianca siguió el consejo de Cornelissen y por solicitud de la empresa, Corriea creó en febrero de 1980 una compañía en Delaware llamada North American Air Service Company (Norasco). A pesar de que Corriea aparecía como el único accionista de Norasco, en la práctica era Avianca la empresa que controlaba un 100 por ciento en virtud de un acuerdo privado y "al margen". Norasco fue creada para servir como intermediaria en el alquiler de aviones entre Avianca y las empresas que los alquilaban o los vendían. De esta forma, supuestamente, la aerolínea colombiana evitaba pagar grandes sumas en impuestos por concepto de la compra e importación de aviones a Colombia.

Las relaciones de Corriea con Avianca eran muy buenas. Con la idea de tener su propio negocio de alquiler de aviones, Corriea creó la compañía Fund Sources International Inc. FSI. A mediados de 1982, Martín J. Tierney se unió a Corriea, con quien fundó la firma Corriea and Tierney (CT). De 1980 a 1985 Corriea y CT le prestaron servicios legales a Avianca y sus subsidiarias. Entre otros: unas 25 transacciones de aeronaves, la reestructuración de la deuda externa de la compañía y varios procesos de desmovilización de aviones retenidos por el Servicio de Aduanas de Estados Unidos al hallarse droga en su interior.

Según la versión del abogado de Corriea en Washington, en 1985 los problemas de poder entre Santo Domingo y Ardila Lülle no parecían tener solución a la vista. A pesar de que Cornelissen era amigo de Santo Domingo, aquél dio algunas señales de independencia que fastidiaron al magnate, como negarse a despedir a un empleado del bando de Ardila. Cuando la situación se hizo insostenible, Cornelissen renunció a Avianca y debió confrontar una campaña manejada directamente por Santo Domingo para "desacreditarlo y destruir su reputación".

La crisis se agudizó con la salida o el despido de importantes funcionarios de la aerolínea, como el ex gerente de Helicol, Pedro Albarracín; el abogado de Avianca, José Hernández; el tesorero, Hernán Galindo; el vicepresidente financiero, Luis Guillermo Torres; el director de operaciones de tierra, Hernán Duarte; el director de mantenimiento, Francisco Pereira, y el vicepresidente de mantenimiento, Ramiro Ramírez. En la estampida salió también Corriea, quien recibió en agosto de 1985 una carta de Avianca con la terminación del contrato.

Santo Domingo puso a trabajar a un equipo de los mejores abogados en Colombia y Estados Unidos para demostrar que Cornelissen se aprovechó de la confianza que le dio y sacó una tajada del negocio de alquiler de aviones en complicidad con su amigo Corriea. En octubre de 1985, Avianca demandó a Cornelissen, a Corriea y a su socio Tierney.

El punto de conflicto era un negocio de compra y alquiler de aviones Twin Otter para Helicol que serían usados para atender la creciente demanda que originó la exploración petrolera en varias regiones de Colombia. En 1981 esa bonanza convirtió a Helicol en una de las empresas más activas del Grupo Santo Domingo. Ante los pedidos de compañías internacionales urgidas de transportar personal, Helicol le dio amplios poderes al gerente general de la empresa, Augusto Lequerica, para buscar los aviones Twin Otter en el mercado internacional. Con una capacidad para 20 pasajeros y un bajo costo de mantenimiento, el avión se adaptaba a las condiciones de los lugares inhóspitos donde se hacían las labores de exploración de petróleo. Aunque en principio se acordó que la solución más rápida era alquilar el equipo, Helicol empezó trámites para adquirir uno de los aviones a la fábrica DeHallivand, y en octubre llegó a un acuerdo de compra con esa empresa. En medio de la negociación, Corriea dijo que estaba en capacidad de obtener mejores condiciones de precio y financiación si los aviones se negociaban en arriendo y no en compra a través de su empresa. Actuando como presidente de FSI, su compañía, Corriea le envió a Helicol una propuesta para alquilar un Twin Otter con un plan de financiación de una firma de inversión canadiense. Lequerica sometió a estudio la propuesta de Corriea y se concluyó que resultaba más ventajoso para la compañía alquilar y no comprar, como lo sugería Corriea. Después de un año de discusiones, Lequerica firmó un acuerdo de intención con FSI para alquilar tres o cuatro Twin Otters. El acuerdo fue conocido por la junta directiva de Helicol. Pero la financiación tomó más tiempo del prometido por Corriea y eso llevó a Helicol a anunciarle a Corriea en 1982 que, debido a la demora, haría la negociación directamente con DeHavillan para comprar un avión. Corriea protestó por la decisión y advirtió a Helicol que la empresa podría ser demandada por las pérdidas ocasionadas por la reversión del negocio. Hasta ese punto el problema era de interpretaciones y malentendidos. Pero la cosa se complicó porque el mismo día en que Corriea reclamó por el supuesto incumplimiento, Cornelissen giró 247 mil dólares de Avianca a la cuenta de FSI sin el conocimiento de la junta directiva de Avianca ni la de Helicol. De ese dinero, Corriea utilizó 130 mil para asegurar la financiación que le permitía a FSI obtener los Twin Otter.

¿Cuánto sabía de esta negociación Santo Domingo antes de utilizarla para enjuiciar a Corriea y a Cornelissen? La respuesta sólo la conocen el magnate y sus más cercanos colaboradores. Lo cierto es que Santo Domingo tenía muy buenos fundamentos para demandar a ambos ejecutivos, lo cual no dudó en hacer. Al final de un proceso que demoró 15 años y que marcó un hito en la jurisprudencia de

Estados Unidos en materia de ética para abogados, la justicia le dio la razón a Santo Domingo, pero no la plata que reclamaba.

Avianca demandó en 1985 a Corriea y a Cornelissen en el distrito de Columbia, sede de las oficinas y empresa del abogado Corriea, por incumplimiento de las responsabilidades fiduciarias, representación fraudulenta y violación de un estatuto que combina varias conductas delictivas, conocido como RICO Act. Ante los fuertes alegatos de los abogados de Corriea, Avianca desistió de la mayoría de sus pretensiones y sólo prosiguió con la acusación de incumplimiento de contrato. En 1989, el juez Royce Lamberth falló a favor de Avianca argumentando que Corriea había incumplido el contrato por cuanto estaba incurso en un conflicto de interés con su cliente. En efecto, aunque Corriea actuaba como representante de su firma, no podía negar que al mismo tiempo era el único accionista de Norasco, la empresa que intermediaba en el alquiler de los aparatos.

Durante el juicio salió a relucir un préstamo de 250,000 que hizo el Village Bank a Corriea. Julio Mario sugirió que ésa no era más que una comisión recibida por el negocio de los Twin Otter. Corriea respondió que mal pudiera ser una comisión, por cuanto el préstamo del Village Bank fue registrado en los papeles entregados por su empresa a Avianca con motivo de la transacción.

El litigio no fue fácil para Santo Domingo ya que los demandados no se limitaron a defenderse sino que además se las ingeniaron para hostigar directamente al magnate. Corriea argumentó que Avianca debía estar agradecida de que su empresa, FSI, se hubiera embarcado en una negociación colmada de riesgos tales como el de aceptar de fiador al Banco Anval de Panamá, de propiedad de Santo Domingo, un banco, que según dijo, no es más que "una pequeña compañía de fachada que le presta dólares al Banco de Santander [también de Santo Domingo] y no tiene o tiene muy poco patrimonio"[4].

En medio de la batalla campal en Avianca, la Unidad Investigativa de *El Tiempo* se enteró de que Santo Domingo acusaba también a Cornelissen de haber recibido comisiones en el *leasing* de tres aviones Boeing 727-100 en Panamá. Los aviones eran propiedad de Aeronnautics and Astronautics Services (AAS). Según la versión conocida por los periodistas, el gerente de Sam, Javier Zapata Escobar, viajó a Panamá con la misión de desmentir rumores de que esa aerolínea estaba pagando contratos excesivamente altos por el alquiler de aviones. Después de su investigación, Zapata llegó a la conclusión de que existía un sobreprecio cercano a los 30,000 dólares en total por el arriendo de las tres aeronaves. En carta a la junta directiva de Avianca, Zapata explicó que cuando averiguó la razón de este mayor costo, el presidente de AAS respondió que ello se debía a que había sido pactado con comisión. Enterado de la acusación Cornelissen, quien había hecho el leasing, anunció que demandaría por difamación a quien repitiera esa acusación.[5] Nunca lo hizo. Cornelissen salió de Colombia y se dice que vive en una campiña italiana. Los medios de comunicación de Colombia acogieron versiones de que el ejecutivo acusaba a su vez a Santo Domingo de cobrar comisiones por el alquiler de aeronaves. Un año después, los abogados de Cornelissen y Corriea en Washington no ahorraron en modales para preguntárselo varias veces a Santo Domingo en la oficina de uno de ellos en Washington.

–¿Usted estuvo al tanto de las acusaciones a mediados de 1985 de que usted había recibido comisiones en relación con el alquiler de aviones?, le preguntó John Spellman, abogado de Corriea.

–Esas acusaciones, si es que las hubo, y de las cuales no estoy al tanto, son una cortina de humo tendida por la gente que realmente recibió las comisiones– respondió Santo Domingo.

–¿A usted no le dijo el señor [Edgar] Lenis, a mediados de 1985, que algunos pilotos de Sam estaban diciendo que usted recibió comisiones relacionadas con el *leasing* de aeronaves?

–Sí, él me pudo haber contado eso. Me lo pudo haber contado. Mejor dicho, yo no… es decir, no podría pasar [en este punto no se entiende lo que dice] porque lo que querían era encubrir todo. Es decir, querían encubrirlo. Sabían que tenían que taparlo. Y la cosa más fácil era decir, bueno, qué caramba, el tipo que está de jefe es el que recibió la comisión. Es decir, si yo digo que no, que no recibí ninguna comisión, fue el Presidente de la República el que la recibió, es decir, es totalmente ridículo y no le presto atención a eso.

–¿Lo que usted está diciendo es que los pilotos están tratando de encubrir algo?– preguntó el abogado

–No los pilotos, las personas que estaban recibiendo la comisión, si es que las hay. Yo no lo puedo probar, y creo que Cornelissen y sus asociados aquí estaban recibiendo algo.

La temperatura del interrogatorio fue subiendo, y después de que el abogado insistió con el tema del supuesto pago de comisiones, Santo Domingo perdió la paciencia y respondió:

"Yo soy totalmente inocente así que no tengo miedo de nada, de manera que puedo venir aquí diez veces y contar la misma cosa, porque sé que no hice un carajo. Perdón".

Una vez más Spellman preguntó si la razón por la cual Santo Domingo había ordenado una investigación interna en Avianca era para indagar sobre los rumores de que él mismo había recibido comisiones.

"No", respondió Santo Domingo, "fue porque yo escuché que Cornelissen había recibido la comisión. Eso fue lo que escuché".

A pesar de que el abogado de Santo Domingo, Mac Dunaway, objetó la siguiente pregunta por considerarla hipotética (Spellman quería saber cómo reaccionaría Santo Domingo si se enteraba que estaban diciendo que recibió comisiones), Santo Domingo se lanzó a responderla: "Aunque sea hipotética, aunque sea hipotética, yo me reiría".

Hasta ese momento los negocios de Avianca en el exterior eran desconocidos en Colombia. La existencia de Norasco salió a la luz pública en un debate de seguridad aérea promovido por el senador Jorge Tadeo Lozano a finales de julio de 1985, el año de la gran crisis de la aerolínea. Tadeo Lozano dijo que Norasco era propiedad de los accionistas de Avianca. En ese momento Santo Domingo detentaba el 45 por ciento de Avianca a través de 11 sociedades y Ardila Lülle controlaba el 30 por ciento por intermedio de ocho sociedades. En estricto sentido la afirmación del senador era imprecisa, pues Norasco estaba a nombre exclusivamente de Corriea, pero en la práctica, estaba en lo cierto. Norasco funcionaba bajo el control absoluto de Avianca Inc. y así quedó consignado en los acuerdos de creación de la firma. Una vez que se hizo pública la existencia de Norasco, Hernando Castilla Samper, presidente interino de Avianca, tuvo que salir a justificar la creación de la empresa por cuyo funcionamiento la aerolínea pagaba 5,000 dólares mensuales. Dijo que fue creada con el fin de aprovechar algunos beneficios tributarios que concedía Estados Unidos y acogerse al tratado que evita la doble tributación. Los críticos del *leasing* sostenían, sin embargo, que era una modalidad que implicaba riesgos financieros porque privaba a la empresa de activos fijos; de hecho, desde entonces Avianca dejó de cumplir con las normas de la Aeronáutica Civil que exigían una proporción equilibrada de equipos propios y alquilados. Por otra parte, en un país que devaluaba gradualmente su moneda todos los meses, el pagar alquiler en dólares era una gran carga presupuestal, especialmente para una empresa que tenía altísimas obligaciones en moneda extranjera con 23 bancos acreedores.

Corriea murió de cáncer en 1992. Tenía 46 años. Avianca continuó el proceso contra la viuda y la herencia en busca de un resarcimiento pecuniario. La corte castigó la sucesión con 1 millón 415 mil dólares y obligó devolver 34,000 dólares que Corriea se apropió ilegalmente de Avianca, según el juez. La decisión judicial produjo una mezcla de críticas y aplausos en las firmas de abogados de Estados Unidos, pues por primera vez en la historia del país un juez citaba una falta de ética –el conflicto de intereses– como el origen de una falla legal, el incumplimiento del contrato, para imponer una indemnización.

Para el Grupo Santo Domingo, la batalla contra Cornelissen y Coriea pasó a la historia del conglomerado como un acto heroico de limpieza moral promovido por Don Julio Mario. En una síntesis de los hechos que hizo Augusto López en 1991 ante la asamblea de accionistas, aseguró que la administración Santo Domingo salvó a Avianca de la corrupción.

"Encontramos una administración corrupta, una administración que para tratar de esconder todo aquello corrompido que estaba haciendo, se había dado a la tarea de propalar las versiones de que las compras de los repuestos, y en fin una serie de negociaciones, se hacían dizque a través de lo que la gente conocía como compañías del Grupo Santo Domingo.

"Como nadie mejor que nosotros sabía que esto no pasaba de ser una calumnia, nos dimos a la tarea de investigar, y efectivamente encontramos que era esa misma administración quien estaba cometiendo esa serie de pecados contra Avianca y fue así como forzamos la salida de esa administración, y no contentos con eso, para que no hubiera la más mínima duda, pusimos en Estados Unidos las demandas y las denuncias penales que exigían esas circunstancias. Ese ex presidente de la compañía está huyendo por el mundo entero con órdenes de captura porque siempre hemos querido capturarlo para que purgue el castigo que merecen esas faltas y las calumnias que levantó contra un grupo de accionistas cuya única preocupación ha sido la de tratar de sacar Avianca adelante". [6]

La intervención consagró a Augusto López en el papel que asumió con gusto durante más de 15 años, el de fiel escudero de un empresario antagonista que no dejaba descansar a quienes consideraba sus traidores. Años después, cuando Santo Domingo hizo las paces con Ardila y se peleó con su escudero, decía que había sido Augusto, y nada más que Augusto, el instigador de todos los altercados entre ellos.

NOTAS

1. Avianca Inc. Et Al vs. Mark F. Corriea, United States Dictrict Court for the District of Columbia, Washington, 4 de junio de 1986.

2. "El mundo al vuelo", revista *Dinero*, febrero de 1996, número 32.

3. *Op. cit.*

4. "Finding of fact and conclusion of Law", expediente C.A. No. 85-3277, In the United States District Court of Columbia, Avianca vs Barbara Harrison Corriea, 13 de abril de 1993, pág. 40.

5. "Investigaciones en Avianca: Mucho ruido y ¿cúantas nueces?", Unidad Investigativa, *El Tiempo*, 11 de agosto de 1985.

6. Acta número 12 de la asamblea de accionistas de Aerolíneas Nacionales de Colombia S. A., Avianca, del 15 de marzo de 1991. págs. 9 y 10.

11

El Emperador

Entre el grupo de asistentes de Julio Mario Santo Domingo que lo mantuvieron informado en el apartamento 755 de Residencias Tequendama de lo que ocurría en la tempestuosa asamblea general del Teatro Olympia, había un paisa tímido, de cachetes rosados, a quien le decían *Tierrafría*. Su canturreado contrastaba con el acento costeño del grupo de amigos bulliciosos de Julio Mario que entraban y salían al apartamento en la madrugada del 29 marzo de 1969, trayendo y llevando las cuentas de las votaciones de los miembros de la junta directiva. Allí estaba el Bebé Cepeda, ronco de los gritos que había dado en la sala del teatro arreando votos.

Augusto López Valencia era entonces vicepresidente de ventas de Cervunión, una próspera cervecería de Antioquia que fue un buen ejemplo de auténtica sociedad anónima de la época, hasta que los Santo Domingo la conquistaron mediante una operación que fue objeto de un litigio judicial por competencia desleal. La controversia surgió luego de que los directivos de la cervecería descubrieron que Colinsa, la empresa madre de Grupo Santo Domingo, compraba acciones por medio de una firma extranjera. Los Santo Domingo ganaron el pleito y después perfeccionaron la toma de la empresa a la luz del día: Águila se vendió a Bavaria y ellos recibieron en pago acciones de Cervunión.

La sociedad anónima Cervecería Unión se creó en 1930 como resultado de la fusión de la Cervecería Antioqueña Consolidada y la Cervecería Libertad. La razón social se modificó en 1931 por Cervecería Unión S.A., nombre que aún conserva. Sus más exitosos productos han sido la cervezas Pilsen, Clarita y la bebidas Malta y Maltica. Durante muchos años la empresa resistió los embates de la competencia de Bavaria. López se contaba entre uno de los más acérrimos enemigos de la intromisión. Junto a un amigo de Cervunión, recorría el departamento de Antioquia comprando acciones de Bavaria para participar en las asambleas y enterarse de lo que estaba ocurriendo en las entrañas del monstruo de Bogotá. Empezó a trabajar en Cervunión como ingeniero electricista en 1960. Tenía 25 años. Estudió primaria en una escuela que llevaba el nombre de su abuelo en su pueblo natal, Santo Domingo, un municipio cafetero y azucarero situado al norte del departamento de Antioquia. Fue el quinto de 12 hijos del matrimonio de Roberto López Gómez, un dirigente cívico y político del pueblo, y Magdalena Valencia.

Al padre de Augusto le decían sus opositores Cachón porque arrasaba con quien quería oponerse a sus planes.

Luego de graduarse de bachiller en el Colegio San José de Medellín, Augusto López prestó servicio militar en la escuela Miguel Antonio Caro. En 1959 se graduó de ingeniero eléctrico de la Universidad Pontificia Bolivariana y al salir de la universidad su padre, que tenía buenas influencias –era Diputado a la Asamblea Departamental– le puso a su disposición dos puestos: uno en la planta de Ecopetrol en Barrancabermeja y otro en Cervecería Unión. La oferta de la planta en Barranca era más tentadora. El nivel vida de los trabajadores de Ecopetrol solía ser el más alto del país y la rutina laboral no parecía muy agobiante. Algunos días la jornada terminaba a las dos de la tarde, y a partir de esa hora los ingenieros se dedicaban a beber cerveza fría en el casino de la base. A sus 23 años, López sabía que ese ambiente era un riesgo para un profesional joven y soltero, y resolvió emplearse en la fábrica de cerveza en Medellín que entonces gerenciaba Gabriel Fernández.

Cuando los Santo Domingo se hicieron dueños mayoritarios de Cervunión, en 1969, mantuvieron la plana mayor de la administración y prefirieron no hacer grandes cambios en las estrategias de la cervecería. Entonces López era vicepresidente de la empresa y gozaba del aprecio de los directivos porque era un joven dedicado a su trabajo y dispuesto a escalar la jerarquía, relativamente flexible, de la industria cervecera. Para demostrar sus deseos de superación, el ingeniero participaba en numerosos comités informales de la cervecería.

"Me quedaba conversando en las tardes en la fábrica con el personal y los jefes me vieron como alguna aptitud. Y un día me llamaron y me dijeron que si quería tomar un curso en Suiza, que me podía quedar allá dos años. Era un curso sobre refrigeración. Pedí un tiempo para consultar y todo el mundo me dijo 'váyase, no sea pendejo', y me quedé. Acepté la jefatura de ventas, si no la hubiera aceptado posiblemente estaría arreglando refrigeradores".[1]

Al primero de los Santo Domingo que conoció López, y con quien más trato tuvo en un principio, fue a Don Mario. En las reuniones de Colinsa en Barranquilla, el joven paisa tuvo la oportunidad de estudiar la personalidad del empresario, a quien admiraba por su habilidad de poner a discutir a la gente para sacar sus propias conclusiones. Nunca ha contado cómo conoció a Julio Mario Santo Domingo, pero al parecer fue en alguna de esas reuniones en Barranquilla. Lo cierto es que entre ambos se formó una relación profesional de mutua admiración y dependencia. Santo Domingo admiraba de López su rapidez para el cálculo, su diligencia casi servil, su lealtad, los números, las cosas exactas, y López quedaba deslumbrado con los conocimientos de Santo Domingo sobre política internacional, de su roce con gente famosa en todo el mundo y de sus gustos tan refinados. Aunque parezca increíble, Augusto López nunca reconoció en Santo Domingo a un empresario con olfato para los buenos negocios ni con el sentido del oportunismo que se requiere para descubrir la mejor opción en el lugar adecuado y en el momento ideal. Para él, Santo Domingo es un millonario que se deja aconsejar y después de escuchar todas las opciones toma una decisión sobre la cual clama su paternidad si tiene éxito o se la atribuye a otros cuando fracasa.

En las asambleas de Bavaria, López se volvió un experto en el cálculo a contrarreloj de votos, residuos, cocientes y otras operaciones de matemáticas parlamentarias, muy útiles para conquistar puestos en la junta directiva. Sus cálculos fueron cruciales para neutralizar las incursiones de otros accionistas durante la asamblea del Teatro Olympia y las tres siguientes que sirvieron para consolidar en el poder a los Santo Domingo. A partir de ese momento, López inició una rápida carrera laboral en Bavaria que lo llevó a la dirección de mercadeo, la dirección de publicidad, luego a la vicepresidencia de mercadeo y en 1985 a la presidencia de la cervecería de Bogotá. Cuando Julio Mario le pidió que asumiera el cargo, López estaba enfermo de una inflamación en las venas de una pierna y dijo que lo pensaría. No le tomó mucho tiempo. Al día siguiente aceptó. Su nombramiento se produjo en medio de la conmoción que desató el enfrentamiento de Julio Mario con el entonces presidente de la empresa, Carlos Cure. Discusiones y amenazas de denuncias iban y venían en torno al pago de las comisiones durante la venta fallida de Banco Comercial Antioqueño al grupo del Banco del Estado. No era un conflicto desconocido por López. En los últimos meses, antes de su nombramiento, el ejecutivo trabajó arduamente en la reversión del complicado negocio con el Banco del Estado por instrucciones directas de Santo Domingo. Algunos de los participantes en el desmonte de la venta recuerdan que López andaba para arriba y para abajo con unos dibujos a mano que él mismo hizo para explicar con mayor claridad el sinuoso recorrido de los pagos de las acciones.

Al hacerse cargo de la presidencia de Bavaria, el llamado Grupo Santo Domingo era un conglomerado de ruedas sueltas. Los ejecutivos del centenar y medio de empresas que conformaban el grupo no se conocían entre sí. Poco a poco, el nuevo presidente convocó a reuniones para poner en contacto a sus directivos, y en menos de un año creó una identidad corporativa con mayor coordinación, colaboración y sentido de pertenencia al grupo.

Pero su primera batalla pública la libró en los campos de Avianca, donde Santo Domingo y Carlos Ardila Lülle se disputaban milimétricamente el control de la empresa sin reparar en el daño que la rivalidad estaba causando en su funcionamiento y administración. Al estilo de cualquier ministerio del gobierno, en Avianca cada posición estaba apadrinada por uno de los dos jefes en conflicto; si el vicepresidente de operaciones era recomendado de Ardila, el vicepresidente técnico debía ser de Santo Domingo, y entre ellos, los empleados, la comunicación era nula.

Ardila tenía dos renglones de los siete de la junta directiva. Santo Domingo tenía tres y el gobierno, dos. Esta tensión llegó a su máximo nivel cuando salió el presidente de la empresa, Andrés Cornelissen, en junio de 1985, bajo presiones y acusaciones de manejo irregular de fondos por parte de Santo Domingo. Mientras se buscaba un reemplazo, fue nombrado Hernando Castilla Samper. La lucha por encontrar un candidato que satisficiera a ambos accionistas estuvo a punto de provocar la paralización de Avianca. Los representantes en la junta del presidente Belisario Betancur no tomaron partido, lo cual favorecía a la minoría en las votaciones. Bajo órdenes precisas de Julio Mario, que estaba en Francia, López discutía con Ardila cada movimiento en el tablero. Para Santo Domingo resultaba inadmisible que un socio "minoritario" como Ardila se creyera con derecho a presentar candidatos a la presidencia de la empresa. Pero no había mucho espacio para moverse. Ardila tenía un gran poder en la administración. Cuando Santo Domingo se cansó de dar órdenes por teléfono, viajó a Colombia y se encabalgó en la crisis. El magnate, que pocas veces asistía a las tediosas reuniones de junta directiva, resolvió presentarse a la sesión del 30 de julio. Los primeros sorprendidos con su presencia fueron los representantes de Ardila. Pero faltaba otra sorpresa: Santo Domingo metió en la orden del día el nombramiento del presidente de la compañía y presentó como candidato a su amigo Edgar Lenis, quien lógicamente fue apoyado por López, el flamante presidente de Bavaria. Ardila estaba en Escocia sin saber lo que ocurría en Bogotá. Sus representantes se opusieron, y tan pronto vieron la posibilidad se comunicaron con el empresario para ponerlo al tanto de la situación. Finalmente la junta decidió esperar a que Ardila regresara a Colombia y semanas despues nombró a Benjamín Martínez por acuerdo entre los dos grupos. [2]

Cuando las conversaciones llegaron a un punto muerto, López le dijo Ardila: "O nos compran o nos venden, pero aquí no cabemos los dos". Las partes sostuvieron una reunión en las oficinas de Bavaria con el ex alcalde de Bogotá, Alfonso Palacios Rudas, que solía referirse a Santo Domingo como "El príncipe caprichoso" y que había servido de intermediario en los momentos de incomunicación entre ambos grupos. También estaba Carlos Upegui, el directivo de Avianca que representaba los intereses de Ardila. López propuso comprar las acciones de Ardila (quien tenía en ese momento el 31 por ciento) y éste decidió venderlas en Bolsa a un precio ridículo: un millón de dólares.

Las relaciones entre ambos magnates quedaron resquebrajadas y pasaron al plano de la competencia sin cuartel. Unos 23 años después de la crisis de Avianca, Augusto López hizo las paces con Ardila. Ocurrió en España en septiembre de 1998. López viajó de Venecia a Madrid, donde se reunió con el magnate de las gaseosas y después de varias horas ambos empresarios hicieron borrón y cuenta nueva.

Augusto López fue quien convenció a Santo Domingo de la necesidad de entrar al mundo de las telecomunicaciones. Desde que tomó las riendas del grupo no vaciló en expresar su preocupación por la indiferencia del empresario hacia el mejor negocio del fin del siglo. Al cabo de una laboriosa campaña de persuasión, López logró convencer a Santo Domingo de la compra de Caracol Radio en 1984. Santo Domingo, para quien la experiencia en el *Diario del Caribe* había dejado más deudas que satisfacciones, aceptó a regañadientes la aventura.

En poco tiempo López demostró que el negocio de Caracol fue una de las inversiones más inteligentes del grupo. No era sólo una mina de hacer dinero en efectivo sino una extraordinaria máquina de hacer política que convirtió a Grupo Santo Domingo en el elector número uno de Colombia. En un país imprevisible, ansioso de noticias, de deportes y de circo político, Caracol se transformó en un monstruo de la información al instante. A partir del ingreso en 1979 del periodista Yamid Amat, la estación llegó a los primeros lugares de sintonía (*) en gran parte gracias a un noticiero que Amad montó, 6 AM-9AM, y que cambió la historia de la radio en Colombia. La fórmula que produjo el éxito de la emisora tenía varios elementos: un trabajo de equipo de periodistas veteranos bajo la coordinación de Juan Gossaín; información al instante con toda clase de fanfarria de cobertura especial; ronda de corresponsales nacionales y extranjeros, humor, y, lo más popular de todo, la lucha libre, al aire y sin árbitro, de personajes que estaban de bronca. Ministros, empresarios y políticos soñaban con una entrevista con Yamid. Originalmente las estaciones de radio solían leer los periódicos en los informativos. Con el nuevo programa de Caracol, los periódicos empezaron a citar a la radio como fuente de información y en las salas de redacción de los principales diarios del país siempre había una cinta grabando la potente emisora.

Cuando el grupo empresarial Bavaria tomó el control de Caracol en 1986, la situación económica de la cadena radial no era muy buena. Una huelga de 47 días de los trabajadores, con reinvindicaciones salariales, dejó un cuantioso déficit en la tesorería y una grave baja en las ventas de la empresa. La emisora quedó fuera del aire durante varios días. Esta situación desanimó a un grueso grupo de accionistas para recapitalizar la empresa y sacarla adelante. "Como el valor de los activos eran tan alto, no fue fácil encontrar quien entrara a la convaleciente empresa, que requería una inyección de capital para normalizar su operación y actualizar su tecnología".[3]

Santo Domingo adquirió un 71 por ciento de la sociedad, y el resto quedó en poder de Fernando Londoño Henao y el ex presidente Alfonso López Michelsen. Julio Mario nombró en el cargo de presidente de su nueva compañía a Ricardo Alarcón Gaviria, un ingeniero y periodista de 33 años nacido en Cali.

Caracol, una cadena radial con corresponsales en todas las capitales y en los más remotos lugares del país, sintonizada por pobres y ricos, desde taxistas hasta ejecutivos de la Bolsa de Bogotá, se transformó en la más apetecida caja de resonancia de la clase política nacional. La oficina de Augusto López se llenaba de congresistas y candidatos de todos los pelambres que imploraban pauta publicitaria gratuita para

SANTO DOMINGO el "Digno y brillante exponente y continuador de las nobles tradiciones y magníficas empresas de su padre", como decía la nota social de El Heraldo el día de su matrimonio con Beatrice Dávila (1975)

JULIO MARIO SANTO DOMINGO en su apartamento de Nueva York, al lado de su esposa Beatrice Dávila y sus hijos Alejandro y Andrés Santo Domingo (1996)

AHMET ERTEGUN fundador de la legendaria casa disquera Atlantic Records, es posiblemente el mejor amigo de Santo domingo. Se conocieron desde las épocas de universidad en Washington cuando el magnate colombiano llegaba a clases con smoking para salir de allí a sus fiestas

ÁLVARO CEPEDA ZAMUDIO con Enrique
Santos Calderón y Daniel Samper Pizano (1967)

MARIO SANTO DOMINGO, padre de Julio Mario Santo Domingo

FEBRERO DE 1975. Celebrando su matrimonio con Beatrice Dávila, en casa de Carlos Pérez Norzagaray, esposo de Josefina Dávila.

JULIO MARIO SANTO DOMINGO, Beatrice Dávila y uno de los padrinos del matrimonio: el ex presidente de Colombia Alfonso López Michelsen

AUGUSTO LÓPEZ fue nombrado en 1985 presidente de Cervecerías Bavaria y fue quien convenció a Santo Domingo de entrar en el mundo de las telecomunicaciones. Renunció en 1999

JULIO MARIO SANTO DOMINGO con el ex presidente de Colombia Belisario Betancur y el entonces presidente de Bavaria Carlos Cure

JULIO MARIO SANTO DOMINGO con los presidentes Belisario Betancur y César Gaviria Trujillo. Al lado Augusto López

CERVECERÍA ÁGUILA en Barranquilla

SEIS MIL QUINIENTOS trabajadores reclaman en la huelga su derecho a la estabilidad laboral. Febrero 26 de 2001

ESCENA DE LA HUELGA en Bavaria que se mantuvo por más de dos meses. Marzo 1 de 2001

▌ JULIO MARIO SANTO DOMINGO
durante una fiesta taurina, al lado del reconocido periodista colombiano Roberto Pombo

▌ JULIO MARIO SANTO DOMINGO
BRAGA, el mayor de sus tres hijos, con la ex reina de Colombia Tatiana Castro

❚ DURANTE EL
relanzamiento de *El Espectador* (septiembre de 2001), el ex candidato liberal a la presidencia Horacio Serpa al lado de Julio Mario Santo Domingo, y en la mitad Carlos Lleras de la Fuente

❚ JULIO MARIO
SANTO DOMINGO
en Cartagena, una de sus ciudades favoritas

❚ JORGE ANDRÉS
OBREGÓN SANTO
DOMINGO presidente de Bavaria hasta el 8 de noviembre de 2000

sus campañas; eran visitas que se producían con tal asiduidad que Augusto López terminó implantando un método criollo de cabildeo, con más agresividad y menos escrúpulos que el *lobby* americano. Colocó a Javier Hoyos, vicepresidente de relaciones públicas de Bavaria, como su principal cabildero en los pasillos del Congreso para recordar los favores a senadores y representantes cuando las campanas de los pasillos del Parlamento llamaran a votar proyectos tributarios. A juzgar por las declaraciones de los congresistas que entrevisté para este libro, Hoyos respondió perfectamente a su misión.

Mucho antes de que en la agenda del Congreso figuren temas de interés del Grupo Santo Domingo, tales como proyectos de ley de presupuesto o impuestos a la cerveza, debates sobre Avianca o proyectos de telecomunicaciones, Hoyos se ha movido intensamente para lograr que las órdenes de Santo Domingo queden fielmente plasmadas en la legislación que se debate. Algunos artículos de los proyectos de ley son redactados o modificados por asesores del grupo empresarial. Descrito como un hombre amable y discreto, Hoyos se mueve en el Congreso como si fuera un senador.

"Él está sentado como cualquier otro congresista y está en la jugada permanentemente. Lo llaman "el congresista 162", dice el representante a la Cámara Gustavo Petro.[4] "En las reformas tributarias usted puede palpar la influencia del Grupo Santo Domingo. Hay artículos expresos que lo benefician y son votados por la mayoría del Congreso".

En agosto de 1998, Petro presentó una proposición en la Comisión Tercera de la Cámara citando a Santo Domingo y Carlos Ardilla Lülle a fin de que respondieran por la medida tomada por sus empresas de retirar la pauta de los canales públicos para dirigirla a los dos nuevos canales privados de televisión. La modalidad de la proposición presentada por Petro hacía obligatoria la comparecencia de ambos industriales. Como una de muchas muestras del poder de los cacaos en el Congreso, recuerda Petro, la comisión cambió la naturaleza de la proposición, quitándole el carácter de obligatoria para los convocados, todo esto sin haber invitado a Petro a la votación. El congresista recuerda que el entonces presidente del Partido Liberal, Guillermo Vélez, presentó una propuesta, aprobada por mayoría, que cambió un par de palabras en la convocatoria original para eliminar la obligatoriedad de la presencia de Santo Domingo y Ardila en el Congreso.

"Por mayoría lo aprobaron [el cambio en el lenguaje] y la mayoría lo quiso así porque estaba influenciada económicamente por el doctor

Santo Domingo. Los congresistas no querían ver a su líder ir al Congreso como cualquier Bill Gates".[5] Y lo lograron. Ninguno de los empresarios se presentó.

Otro congresista me dijo que en el Congreso no se aprueba una ley de impuestos si no tiene la bendición de Hoyos. Cuando se discutía la reforma tributaria del presidente Ernesto Samper, los ocho ponentes del proyecto de ley se reunieron varias veces con Hoyos a puerta cerrada para acomodar la legislación a los intereses de Grupo Santo Domingo. "Hoyos tiene derecho a intervenir como cualquier senador, a dar su concepto, pasaba papeles sobre cómo debía redactarse el artículo y presentaba modificaciones", comentó un testigo de la participación del cabildero de Bavaria en esas reuniones.

La ciega solidaridad de la bancada de Santo Domingo en el Senado quedó en evidencia el día en que por lo menos 75 senadores se declararon impedidos para votar un artículo mediante el cual se gravaba con un impuesto la cerveza en el marco de la ley de reforma tributaria del presidente Andrés Pastrana (1999). Alegaban los congresistas que el impedimento se debía a que ellos habían recibido financiación de Grupo Santo Domingo para sus campañas. El insólito gesto de ética congresista no era más que un esfuerzo por bloquear la aprobación. Un senador de Santo Domingo argumentó que el artículo no podía agregarse en plenaria después de que el cuerpo principal de la legislación había sido aprobado por las comisiones. Se procedió entonces a nombrar una comisión de cinco senadores que presentó dos proyectos, uno que defendía la constitucionalidad del agregado y otro en contra. Pues los mismos senadores que anteriormente se declararon impedidos para votar el artículo del impuesto, esta vez consideraron que no había inconveniente en participar en la votación de la constitucionalidad del mismo y, por unanimidad, lo sepultaron. Ese día no hubo transmisión de Señal Colombia. Tampoco titulares al día siguiente sobre la maniobra de los congresistas. Uno de los principales productos de consumo del país, como es la cerveza, se había salvado de los impuestos sin que muchos colombianos lo supieran.

Se calcula que el Grupo Empresarial Bavaria invierte un promedio de 10,000 a 15,000 dólares en la campaña de un congresista de modesto perfil, y hasta 50,000 en un parlamentario veterano como Víctor Renán Barco.

En las ligas presidenciales, la contribución es mucho más generosa como se verá en el capítulo del espaldarazo de Santo Domingo a

Ernesto Samper. Para tener una idea de estas contribuciones solicité al Fondo Nacional de Financiación de Campañas, en marzo de 1999, un listado de los aportes recibidos por los candidatos presidenciales. [6]

La siguiente es sólo una muestra de las contribuciones de Grupo Santo Domingo para primera vuelta (mayo 31 de 1998) declaradas por la candidata Noemí Sanín:

Bavaria	50 millones (35,000 dólares)
Cervecería Unión	50 millones
Celumóvil	25 millones (17,000 dólares)
Cerveza Águila	25 millones
Colseguros	25 millones
Avianca	24 millones
Malterías de Colombia	
	10 millones (7,000 dólares)
Petroleum Helicopters de Colombia	
	10 millones
Sofasa	10 millones
Inversiones Cromos	10 millones

También por iniciativa de Augusto, Santo Domingo extendió su imperio cervecero a Portugal a comienzo de la década de los 90, cuando las cervecerías de ese país fueron lentamente privatizadas. A precios de liquidación, Santo Domingo adquirió un importante paquete de acciones de Unicer y luego de Centralcer, las dos grandes compañías cerveceras de ese país.

La dedicación de Augusto López al Grupo Santo Domingo no tuvo límites de tiempo ni espacio. A bordo del avión Citation 3 de Bavaria llegó a visitar tres países en un solo día: Panamá, donde funciona un banco y un *holding* de Santo Domingo; Ecuador, sede de empresas cerveceras del grupo; y Costa Rica, donde Julio Mario tenía inversiones en el Hotel Meliá.

Llegaba a las 8:30 de la mañana a las oficinas de Bavaria luego de haber jugado tenis con amigos o con Ernesto Samper cuando era presidente. Se dedicaba a responder correspondencia interna y externa con el apoyo del primero de tres contingentes de secretarias que trabajaban en turnos diferentes. Después recibía a los vicepresidentes de las empresas del grupo para conocer las novedades, y al terminar la mañana generalmente almorzaba en compañía de algún ejecutivo en el escritorio de su oficina del edificio de Bavaria del centro de Bogotá.

López recibía por lo menos tres llamadas diarias de Santo Domingo. Todas sus citas con los nombres de quienes habían asistido y una buena cantidad de apuntes personales, los anotaba en agendas que aún conserva como materia prima para un libro de sus memorias durante los 25 años que ejerció la posición más influyente de Colombia en el sector privado.

Muy pocas veces tomó vacaciones. En su casa casi nunca lo veían su esposa y sus hijos, pues se despertaba a las cinco de la mañana y llegaba al anochecer.

Caracol, Celumóvil y Avianca fueron las compañías a las que más tiempo dedicó. En épocas de crisis, como las que se vivieron durante los cuatro años de gobierno del presidente Ernesto Samper, no era extraño ver a López sentado frente a un televisor, teléfono en mano, resumiendo a Santo Domingo las noticias de los últimos acontecimientos del escándalo de la filtración de dineros del narcotráfico en la campaña presidencial. De la intensidad de sus puentes telefónicos con Augusto, Santo Domingo dio una idea, durante su careo en Washington, aunque lo hizo con una sospechosa precisión que parecía más una forma de burlar la exactitud que exigía el abogado interrogador. En la diligencia de junio de 1986, el abogado lo interpeló para que precisara cuántas veces había hablado el año anterior con Augusto. Santo Domingo respondió "50 veces, 49, 53, algo así. Digamos entre 49 y 53".[7]

Lo más seguro es que fueron muchas más, pues Santo Domingo es compulsivo con el uso del teléfono. Siempre tiene que estar muy cerca de un aparato para llamar a quien se le ocurra y localizarlo donde se encuentre. Y Augusto López siempre estaba atento al otro lado de la línea.

A pesar de esta dedicación, Julio Mario y Augusto López no fueron amigos íntimos, como podría esperarse de una relación que duró casi 30 años. Para el magnate, Augusto López siempre fue un paisa de mal gusto y de corto vuelo cultural con quien trataba de limitar sus conversaciones a asuntos de negocios, chismes de Colombia y uno que otro comentario de mujeres. Quizás por ello Augusto hizo muchos esfuerzos para refinar su imagen emulando algunos gustos de su jefe en materia de vestuario y comidas sofisticadas, y poco a poco se contagió de una arrogancia que nunca tuvo cuando arreglaba refrigeradores en Cervunión.

"En un principio, Augusto se teñía las canas, usaba algo que se llamaba Negrumina, pero con el tiempo aprendió que las canas daban caché y respeto, y se las dejó", recuerda una ex secretaria ejecutiva de Bavaria. "Al entrar a Bavaria prometió que su administración sería de puertas abiertas, que cualquiera podía entrar a su oficina a hablarle, y a medida que fue cogiendo poder las fue cerrando hasta que esa oficina se volvió como un santuario, había que verlo llegar a las celebraciones de los empleados con su séquito de colaboradores. Llegaba, repartía tres risitas y se iba volando".

Tal vez la principal virtud de Augusto López, que ayuda a explicar su larga permanencia en la organización, es que fue el presidente del grupo que transmitió con mayor fidelidad el contenido y el estilo de las órdenes de Julio Mario a través de la larga cadena de mando del conglomerado. Varios directivos que fueron eslabones de esa cadena coinciden en que Augusto, *El Emperador*, como se referían a él secretamente, hacía un eco perfecto de su máximo jefe; imitaba en cuerpo y alma a Santo Domingo, y sus órdenes llevaban una incómoda inflexión intimidatoria, como que su incumplimiento implicaba el despido inmediato. En momentos de crisis de las más importantes empresas del grupo, el poder se ejercía a gritos que pasaban sin perder decibeles de Santo Domingo a López, de López al presidente de la empresa en apuros y del presidente al vicepresidente hasta culminar en despidos, amonestaciones y humillaciones públicas. Un alto ex funcionario financiero de Avianca me comentó que en ese ambiente dictatorial y de intolerancia, los presidentes de la aerolínea eran como "mayordomos" de López.

"Temblaban cuando *El Emperador* los llamaba, y al dirigirse a uno le decían, 'hay que terminar ese informe de inmediato porque si no está listo a tal hora, Augusto me bota". Como resultado de ese estilo de administración, que por supuesto no es exclusivo de Grupo Santo Domingo, fueron despedidos de la empresa ejecutivos muy valiosos, que se equivocaron en cuestiones de "criterio" pero no de manejo. Objetar una decisión, como por ejemplo una cuenta cuyo pago había sido ordenado por el binomio Augusto-Julio Mario, era un acto laboralmente suicida, recordó un ejecutivo.

Augusto López capoteaba en Colombia todas las embestidas que provocaba la expansión del grupo y sus bajos niveles de tolerancia a las críticas. Tal vez la batalla más visible para la opinión pública colombiana fue la que libró contra el ministro de Hacienda Rudolph Hommes en el segundo semestre de 1992. Basado en la premisa de que la disminución de impuestos desmotiva la evasión tributaria, el ministro del presidente César Gaviria presentó un proyecto de ley que reducía los impuestos a la cerveza. Bavaria tenía entonces el monopolio de la cerveza en

Colombia y se suponía que el proyecto era una buena noticia para el conglomerado. La reacción fue totalmente contraria por cuanto la exposición de motivos del proyecto de ley, una justificación filosófica o política que sirve como introducción pero no es parte de la ley propuesta, aseguraba que la ley era necesaria para contrarrestar una gran evasión en el sector cervecero. En efecto, un estudio del ministerio concluyó que en 1991 el gobierno había dejado de percibir 71,000 millones de pesos (12 millones de dólares) por concepto de impuestos a la cerveza. El gobierno calculó la evasión con una fórmula simple: aplicando el 48 por ciento de impuesto a la producción reportada por la empresa, que era de 399,919 millones de pesos.

Augusto López consideró que ese cálculo era una insólita pifia matemática del gobierno del presidente Gaviria por cuanto la cifra de producción que el ministerio tomó como referencia ya incluía el pago de impuestos. Al conocerse la iniciativa de Hommes, el coro de la cadena Caracol, dirigido por Darío Arizmendi, fue puesto en acción por Santo Domingo para desacreditar al ministro. Pidieron su renuncia, exigieron una investigación penal por pánico financiero y crearon el ambiente para un debate en la Cámara de Representantes, al cual fue citado Hommes a fin de explicar el contenido del proyecto.

No contento con las diatribas radiales, López se presentó en las barras del Congreso para apoyar una infantería de congresistas fieles a la chequera del grupo que pidieron la palabra, y uno a uno fueron cumpliendo con la agresiva partitura del día. Mientras el ministro soportaba el embate de los congresistas, López siguió el espectáculo desde el balcón de la Cámara "como un emperador que mira a los leones devorarse a un cristiano",[8] comentó Hommes.

"Asistí como un simple ciudadano", sostuvo López. "De hecho me invitaron a sentarme abajo pero yo preferí arriba, con el público".

"Media docena de senadores le propinaron al ministro el mayor número de ataques que recibió ningún miembro del gabinete en dos años de gobierno de César Gaviria. El senador costeño Roberto Gerlein acusó al ministro de desatar un pánico en la Bolsa de Valores y de hacer bajar la cotización de la acción de Bavaria; el santandereano Tito Rueda le dijo que se había convertido 'en un verdadero Kaiser'; el senador Ricardo Mosquera lo acusó de autoritario; el liberal antioqueño Darío Londoño exclamó en tono apocalíptico: 'Sálvese quien pueda de los desafueros del ministro de Hacienda'.[9]

El proyecto no fue aprobado

"La lección fue clara: ningún funcionario se puede meter con ellos", dijo Hommes. En un aparente esfuerzo por mejorar las relaciones con el grupo, el presidente César Gaviria invitó a Augusto López a la inauguración de la represa del río La Miel. López se negó en un principio citando la disputa con Hommes pero terminó aceptando ante la insistencia de Ana Milena, esposa del Presidente, quien hizo la llamada de invitación. Al llegar al aeropuerto militar de Catam, situado a un costado del aeropuerto Eldorado de Bogotá, López saludó a varios de los ministros que esperaban la salida el vuelo.

Cuando le llegó el turno a Hommes, el ministro le dijo: "Yo no te voy a dar la mano". López le respondió: "Me parece muy bien" y se apartó del ministro. En La Dorada, la comitiva debió abordar un helicóptero. Ana Milena le señaló a López una silla justo al lado de Hommes, a lo cual López respondió en voz alta, como para que el resto de los invitados se dieran cuenta: "No, Ana Milena, yo no me siento ahí". La primera dama tuvo que repartir los puestos en diferente forma. Hommes posó como el heroico David, frente al Goliat de Santo Domingo hasta 1999, cuando empezó a trabajar con Violy McCausland, una de las asesoras más importantes de Santo Domingo en Wall Street. En marzo de 2002, el ex ministro fue nombrado miembro de la junta directiva de Bavaria.

A principios de 1998, el imperio que manejaba Augusto era de tal magnitud que la revista *Latin Trade* comparó al grupo con Dios: "Si para un conglomerado es posible alcanzar cualidades más comúnmente relacionadas con Dios, el candidato colombiano debía ser Grupo Santo Domingo, que el año pasado cambió su nombre a Grupo Empresarial Bavaria. Con tentáculos que llegan a casi todas las esferas de los negocios, el Grupo Bavaria se ha convertido en una criatura verdaderamente omnipresente". [10] El portafolio del grupo tenía unas 150 compañías con ganancias de130 millones de dólares en los primeros nueve meses de 1997, un incremento del 23 por ciento sobre las ganancias del mismo periodo del año anterior.

En febrero de 1999 López renunció a Bavaria y al manejo del imperio de Santo Domingo. Aunque los medios de comunicación presentaron su salida como un hecho normal, producto de un relevo generacional que abría paso a los jóvenes ejecutivos de la familia Santo Domingo, no había tal. López salió en malos términos con Julio Mario, como salieron todos sus colaboradores de este nivel en los últimos años. Varias circunstancias contribuyeron al deterioro de la situación.

Aunque Santo Domingo deja de visitar Colombia durante meses, el magnate tiene una red de contactos a sueldo que lo mantienen informado de los chismes inéditos. A través de esa red de informantes, Santo Domingo seguía con mucho interés la relación de Augusto López con una de las ejecutivas más exitosas del grupo, Mabel García, directora de Caracol Televisión. Talentosa y dedicada, Mabel llegó a ese cargo con el respaldo de López y obtuvo algunos beneficios que provocaron toda clase de chismes en torno a la amistad de la ejecutiva y su jefe. A Santo Domingo no le gustaba esa relación tan estrecha y lo enfureció enterarse de que López le cedió a García un Range Rover que Caracol recibió como parte de un canje publicitario.

La verdad es que García usaba esporádicamente el automóvil y el resto del tiempo estaba al servicio del canal de televisión. Santo Domingo no hizo mayores esfuerzos por ocultar su animadversión por la ejecutiva. Tanto es así que en la presentación de la *premiere* en Venecia de la película de Sergio Cabrera *Ileona llega con las lluvias*, al descubrir que en una de las sillas reservadas en su misma fila estaba el nombre de Mabel, tomó el rótulo, le pidió al actor Salvador Basili que lo pusiera en la segunda fila y dijo algo así como: "Esa señora [otras versiones apuntan a que se refirió a ella como lagarta] no se sienta aquí, que se siente atrás". Mientras el público entraba al teatro, Santo Domingo se dedicó a poner los rótulos según sus predilecciones. La razón por la cual se designó uno de los puestos de honor para García era porque Caracol fue una de las empresas coproductoras del filme y la ejecutiva había estado muy activa sacando adelante el proyecto. García salió de Caracol Televisión pocos meses después del retiro de López.

El caso Shellmar fue otro de los motivos de distanciamiento entre Augusto y Santo Domingo. Shellmar de Colombia S.A. es una productora de empaques flexibles para la industria de alimentos y etiquetas para cerveza que tiene contratos con Bavaria y en la cual tenía acciones el hijo de López (el 15 de febrero de 1999 el propio Augusto aparece como accionista junto con Luis Fernando Lenis, Banco Santander, Aníbal Arango Flexpack I y Flexpack II, según informe de la Comisión Nacional de Valores).

En noviembre de 1997, durante una junta directiva de Bavaria, Julio Mario Santo Domingo hijo hizo una pregunta que sugería una posible sobrefacturación de los precios de las etiquetas. Al enterarse del comentario, Augusto López llamó a Santo Domingo y le dijo que renunciaba porque no estaba dispuesto a soportar más señales de desconfianza de parte de su familia.

Augusto siempre pensó que él era un intruso para los herederos de la fortuna de Julio Mario Santo Domingo porque cuestionaba y ponía tranqueras a los negocios y planes de sus hijos y sobrinos. Además era un papel que el mismo Santo Domingo había alentado todo el tiempo. En Bavaria se recuerda que el magnate celebró como un niño feliz cuando hace una travesura el día en que logró, con la ayuda de Augusto López, sacar de Cervunión a su sobrina Cooki. A Santo Domingo y López se les ocurrió retirar de la Bolsa de Valores de Bogotá la cotización de las acciones de la empresa para provocar un descenso vertical del precio de las mismas. Al parecer Cooki y el entonces marido de su sobrina, José María Reyes, no tuvieron una alternativa diferente a vender sus devaluadas acciones.

Santo Domingo llamó a su hijo y lo reprendió por la torpeza de su pregunta en la junta directiva acerca del precio de las etiquetas de Shellmar. No contento con eso, López citó a los vicepresidentes de Bavaria y exigió que se hiciera claridad sobre los precios de las etiquetas. La junta directiva emitió una aclaración el 28 de noviembre de 1997 en la cual afirmó que al hacer la pregunta, en la junta no había el más mínimo "asomo de desconfianza".

Un tiempo después fue el propio Santo Domingo quien ordenó suspender los contratos con esa firma argumentando que Bavaria podría conseguir precios más bajos en el mercado. La orden no podía ser más inoportuna. En ese momento López, quien confiaba en la estabilidad de la relación de su empresa con Bavaria, estaba desembolsando una inversión de millones de dólares en maquinaria para la fábrica. Preocupado por las graves consecuencias que tendría la decisión de Santo Domingo, envió a su hijo Jaime a Nueva York para hablar con el empresario. Santo Domingo lo recibió con tres piedras en la mano y le expresó sus sospechas de que las etiquetas estaban sobrefacturadas.

Pero el insólito episodio que precipitó el retiro de Augusto nunca apareció en los comunicados de prensa. Ésta es la historia: Augusto López forjó una amistad muy estrecha con un joven colombiano de origen judío que podría ser su hijo y que se coló precozmente en la vida política y de los medios de comunicación del país. Su nombre es Isaac Lee. A los 23 años, Lee, estudiante de la maestría de periodismo de la Universidad de los Andes, era asesor en temas de seguridad de

Santo Domingo. Educado en el Colegio Hebreo de Bogotá, el joven hizo varios cursos de seguridad en Israel. A su regreso a Colombia los militares que había conocido en Israel le pidieron que les ayudara en determinados temas relacionados con su especialidad. La puerta de entrada al gobierno se la abrió el general Óscar Botero Restrepo, ministro de Defensa, quien lo presentó a los demás ministros y a la gente más importante del gobierno del presidente César Gaviria. A pesar de su edad, el joven fue uno de los principales asesores del gobierno de Gaviria en asuntos de seguridad, y cuatro años después se ganó la confianza de Fernando Botero, ministro de Defensa del presidente Ernesto Samper.

Lee conoció a Santo Domingo en Nueva York y fue el magnate quien se lo presentó a Augusto López. Para esa época el joven aventurero había hecho algunas prácticas periodísticas con Yamid Amat en el noticiero "CM&" que dejaron una muy buena impresión en el veterano periodista. Con la recomendación de Amat y el refuerzo de Darío Arizamendi, director de noticias de Caracol, Lee fue nombrado director de *Cromos*, un tradicional semanario de salón de belleza que Santo Domingo estaba empeñado en convertir en una suerte de *Vanity Fair* en español.

López y Lee se cayeron muy bien y mantenían largas conversaciones sobre la complicada situación de Santo Domingo frente al gobierno de Estados Unidos como consecuencia de su persistente respaldo al presidente Samper. Santo Domigo defendía a capa y espada a Samper argumentando que mientras no existiera una condena oficial, respaldaría la legitimidad de su gobierno. En esta época, en la que Santo Domingo soportaba fuertes presiones del Departamento de Estado, Lee recomendó contrarrestar los efectos de la campaña gringa poniendo la cara en Washington. Si bien López manejaba a la perfección hasta los recónditos laberintos parroquiales de la política colombiana, sus conocimientos de las intrigas, el mundo del cabildeo de Washington y del idioma inglés eran mínimos. En cambio Lee mantenía buenas relaciones con el congresista conservador Jessie Helms y se movía como pez en el agua en las más importantes oficinas del Departamento de Estado hablando un cálido inglés. Durante una maratónica gira a Washington que el joven organizó en 1997, López comprobó de primera mano la precaria situación de Samper en el gobierno de Bill Clinton.

Tal vez la situación más incómoda que vivió López en el ambiente de rabia y desprecio que reinaba en Washington contra Samper ocurrió en la entrevista que sostuvo durante más de una hora con Robert Gelbard, el subsecretario de Estado para Asuntos de Narcotráfico. Cuando López entró a su despacho, Gelbard lo invitó insistentemente a sentarse en una silla señalada por el funcionario, frente a su escritorio. Extrañado por la insistencia de Gelbard, López tomo asiento donde se le indicó y fue entonces cuando Gelbard le recordó que en ese mismo sillón, dos años antes, se había sentado el entonces candidato Ernesto Samper para escuchar una advertencia que ignoró descaradamente: que el gobierno de Estados Unidos tenía serios indicios de que su campaña estaba infiltrada por dinero del narcotráfico.

Al terminar la conversación, López se comunicó con Santo Domingo y le comentó que la situación era más grave de lo que él pensaba en relación con la imagen de Samper. Lo que López no sabía era que la obstinación de su jefe por defender al presidente también sería objeto de represalias por parte del gobierno gringo. En esos momentos el Departamento de Estado ya estaba fraguando toda clase de movidas para hacer sentir la ira de Washington a Santo Domingo. Tenían en la mira a Avianca y estaban esculcando el archivo migratorio del magnate rebelde.

A las pocas semanas de ser director de *Cromos*, Lee cambió la cara de la revista y se dedicó a publicar portadas sugestivas que causaron un gran revuelo en Colombia y varias pataletas de Santo Domingo. Una de las portadas mostró desnudo al ex arquero de la selección colombiana de futbol René Higuita, cubriéndose los genitales con un balón. A Santo Domingo le pareció que la gráfica fue una decisión de mal gusto y desatinada, y así se lo dijo al director de la revista en una reunión para la cual lo citó en su oficina en Bogotá.

Vestido de jeans y con una barba de tres días, Isaac Lee le respondió que en cuestión de gustos era muy difícil ser unánimes y menos cuando *Cromos* era una revista dirigida a un público cuyas preferencias no eran exactamente las de Santo Domingo. Al empresario no le gustó la respuesta y decidió atacar personalmente al director de la revista al decirle algo así como: "A propósito de gustos, a mí no me parece de buen gusto la combinación de sus zapatos con los pantalones y el hecho de que usted no esté afeitado".

La conversación terminó luego de que Lee le recordó a Santo Domingo que el director de una revista hace lo que le parece bueno para la publicación, pero que obviamente quien lo nombra está en libertad de retirarlo cuando quiera. Santo Domingo se abstuvo de ejercer ese derecho pero sabía que al judío altanero le quedaban pocos días en su reino. Semanas después Santo Domingo llamó a Lee para anunciarle que había nombrado como editor político de *Cromos* a Carlos Ruiz, quien hasta entonces era jefe de prensa de Samper en la Presidencia de la República. Lee entonces le respondió: "¿Y quien será el director?".

El episodio que colmó la copa ocurrió a finales de 1996. Santo Domingo estaba empeñado en publicar en la revista *Cromos* una diatriba contra los Santos de *El Tiempo*, y en particular contra Juan Manuel Santos, como respuesta a un editorial del periódico en el cual se hablaba de los riesgos de que la televisión quedara en manos de dos monopolios. En ese momento, Santo Domingo y Ardila Lülle eran los únicos empresarios en capacidad de pagar cada uno los 90 millones de dólares que costó la concesión de los canales privados de cobertura nacional. En cierta forma *El Tiempo* estaba respirando por la herida pues los Santos estuvieron aliados con Ardila Lülle para participar en el canal, pero a última hora el magnate de las gaseosas prefirió presentarse solo en el proceso. La idea de Santo Domingo era que su cáustica respuesta a la editorial fuera "ensamblada" en un artículo sobre el tema que escribió Andrés Jiménez, el editor de Nación de la revista, pero Lee consideraba que no tenía muy buena presentación responder en *Cromos* a un comentario de *El Tiempo* y se negó a la solicitud. El adendum de Santo Domingo decía que Juan Manuel Santos, a quien identificaba como accionista de *El Tiempo*, utilizaba el periódico para sus ambiciones políticas. Al enterarse de que el comentario no fue publicado, Augusto López le pidió a Lee que lo incluyera en la siguiente edición de la revista. Lee respondió que no era posible porque esa edición sería el número especial de celebración de los 80 años de *Cromos*. Cuando Santo Domingo recibió en su apartamento de Nueva York el domingo de la primera semana de diciembre de 1996 el ejemplar de *Cromos* con el "Retrato Hablado del futuro de Colombia" y no encontró su gacetilla contra los Santos, se comunicó con Lee y desencadenó su ira en un concierto de gritos e insultos. Santo Domingo le pidió a Lee que despidiera a Jiménez por no haber obedecido sus órdenes, a lo cual Lee le respondió que no lo haría porque el responsable final de la decisión había sido él.

En ese punto Lee escuchó una de las frases célebres de Santo Domingo, que sintetiza la concepción del grupo sobre la verdadera utilidad de un medio de comunicación.

"Los medios de comunicación -dijo el magnate- son como un revólver, que cuando uno lo necesita, lo saca y dispara".

A los pocos días Lee renunció. En una de las paredes de su oficina dejó colgado un mensaje que había puesto su antecesor Alberto Zalamea, en el que decía que la juventud es un mal que sólo curan los años.

Lee fue contratado como director de la revista *Semana*, en reemplazo de Mauricio Vargas.

En todo este tiempo, Augusto López sirvió de pararrayos de la furia de Santo Domingo hacia el director de *Cromos*. Trataba de suavizar las disputas, de justificar las decisiones de Lee por su juventud, pero eran tan desafiantes los temas que Lee sacaba en la revista que la situación se hizo insostenible. Lee publicó una encuesta en la cual se afirmaba que los programas radiales de noticias de Juan Gossain de RCN y Julio Sánchez Cristo La FM, ambos competencia de Caracol, eran más escuchados que el noticiero de Darío Arizmendi, el gurú de la cadena de Santo Domingo. Tampoco tuvo problema en publicar un perfil de Felipe López a raíz del premio que el director de *Semana* recibió a la vida y obra de un periodista.

En esa ocasión Santo Domingo lo llamó y le dijo: "¿Usted no sabía que yo compré *Cromos* para destruir la revista de Felipe López?

La obsesión de Santo Domingo con Felipe López tenía visos tragicómicos como los que se vivieron en una de las reuniones del Comité de Medios del grupo a mitad de 1996. Ese día, Augusto López citó a los miembros del comité, Darío Arizmendi, de Caracol; María Cristina Mejía, de Celumóvil; Gonzalo Córdoba, y Álvaro García, editor general de *Cromos*. La razón de la reunión era establecer cuál de ellos había filtrado a la revista *Semana* la información de que el grupo estaba cargando baterías para atacar a la revista en venganza por alguna de las camorras periódicas entre Felipe López y Santo Domingo. Como un profesor de escuelita de su pueblo antioqueño, Augusto le advirtió a los presentes: "Yo me voy a salir cinco minutos (del salón de juntas) y cuando regrese quiero saber quién fue el que lo hizo". Los directivos se quedaron atónitos mirándose los unos a los otros y sólo salieron de su asombro cuando López regresó y preguntó si ya tenían una respuesta. En ese momento cada uno, sin poder ocultar su nerviosismo, fue explicando los términos de su relación de amistad o enemistad, según el caso, con Felipe López. García dijo que no lo conocía; Arizmendi repasó todo el repertorio de vulgaridades contra el enemigo número uno de la organización; Córdoba dijo que no podía negar su amistad con López y confesó que había tenido una reunión recientemente con él pero que nunca le comentó sobre los planes del grupo. Tal vez la que se puso más a tono con el ambiente de juicio escuelero de la reunión fue María Cristina Mejía. La gerente de Celumóvil se quitó una de las candongas de la oreja, marcó su celular a la oficina y mientras contestaban le explicó a López que le pediría a su secretaria que examinara sus cuadernos de citas y llamadas, para establecer la fecha de la última vez que tuvo contacto con el enemigo. María Cristina preguntaba en voz alta y repetía textualmente a López la respuesta de su secretaria, todo para demostrar que la última vez que habló con Felipe, según sus registros, fue cuatro semanas antes de lanzarse la campaña contra *Semana*, lo cual la liberaba de cualquier sospecha.

Como compensación a Augusto por el fracaso de la confesión pública, varios de los miembros de la junta se entregaron a una tormenta de ideas de cómo vengarse de Felipe López. La propuesta más favorecida fue contratar un fotógrafo para que se apostara a la entrada del edificio de Nueva York, donde pasa vacaciones el director de *Semana*, y sorprenderlo con alguna de sus amantes. La idea no prosperó.

La relación de Lee –como director de *Semana*– con el presidente de Bavaria continuó en buenos términos y a un nivel de confianza que le permitía al periodista pedirle favores, como el que originó el rompimiento definitivo de Augusto y Santo Domingo. El segundo viernes de enero de 1999, en una de las usuales carreras de cierre de la revista *Semana*, Felipe López buscaba desesperadamente un fotomontaje publicado por el extinto diario *La Prensa* de Juan Carlos Pastrana, para ilustrar un artículo sobre los supuestos vínculos de Santo Domingo con el cártel de Cali. Vestidos con camisetas que tenían el aviso de cerveza Póker, Santo Domingo y Augusto López aparecían en la fotografía como integrantes del equipo de futbol América de Cali, junto al narcotraficante Miguel Rodríguez Orejuela, dueño del club deportivo.

Según *La Prensa*, Santo Domingo pagó a los Rodríguez Orejuela el derecho a que los jugadores del equipo llevaran la camiseta con el nombre de productos de Bavaria. Pues bien, en vista de que la fotografía no aparecía en los archivos de *Semana*, Miguel Silva, presidente de publicaciones *Semana*, le recomendó a Lee contactar a Augusto pues tenía una vaga idea de que el presidente de Bavaria guardaba una copia del periódico motivo de la disputa judicial. Silva ya había sido informado por Juan Carlos Pastrana que no tenía en su poder una copia del artículo.

Lee llamó a López a Medellín y le pidió el ejemplar de *La Prensa*, a lo cual el ejecutivo no le vio ningún inconveniente. Al fin y al cabo se trataba de un archivo que cualquier conocido le podría facilitar a la revista. El problema es que era casi medianoche y el ejemplar de la prensa con la fotografía estaba en una carpeta que López tenía en su oficina en Bogotá bajo "Asuntos Personales". Ante la insistencia de Lee, el empresario llamó a su secretaria a la casa para que acompañara al director de la revista a la oficina de la presidencia de Bavaria y le entregara el recorte del periódico con la famosa fotografía. Alrededor de las 11 de la noche, la secretaria de Augusto y Lee entraron a la oficina, sacaron un folder de color madera donde estaba guardado el recorte que finalmente fue usado para ilustrar el reportaje sobre el litigio entre Pastrana y el magnate. Lo que Augusto no sabía es que las imágenes en blanco y negro de Isaac Lee y la secretaria ingresando al edificio quedaron grabadas en el circuito cerrado de televisión de la compañía. El video con esas imágenes le llegó a los pocos días a Santo Domingo.

Aunque aparentemente no había ninguna mala intención al prestar la carpeta con el recorte, pues finalmente no era un secreto industrial sino un documento público en el que el mismo López aparecía retratado, para su jefe la escena tenía visos en flagrante de deslealtad. Santo Domingo no podía concebir que las oficinas de su empresa más importante en el país estuvieran disponibles, a cualquier hora del día o de la noche, para que un emisario de un enconado enemigo suyo como lo es Felipe López tuviera la libertad de entrar y sacar documentos que lo denigraban.

Santo Domingo pidió explicaciones a Augusto de dónde había salido la fotografía publicada en *Semana* y al parecer no quedó satisfecho con las respuestas. (Una versión detectivesca que conocí es que Santo Domigo sabía de antemano que el recorte usado por *Semana* pertenecía a Augusto porque tenía la marca de la base de un vaso de whisky que Santo Domingo le puso como sello distintivo pero sin sospecha de que ésa era la copia de la casa. Pero esa hipótesis es improbable pues Santo Domingo ordenó hacer varias copias del artículo para repartir entre sus amigos de Estados Unidos como prueba de la infamia de la que había sido víctima). La relación estaba deteriorada irreversiblemente y Santo Domingo no parecía ocultarlo.

En enero de 1999 lanzó un dardo venenoso a su fiel escudero en una entrevista con Roberto Pombo, editor de la revista *Cambio*. A la pregunta de si aceptaba críticas por la manera como el grupo manejaba las peleas públicas, Santo Domingo respondió: "Errores cometemos todos, claro que sí. Pero lo confieso que, por ejemplo, la decisión de cambiar el nombre de Grupo Santo Domingo por Grupo Bavaria la tomé con la esperanza de que los incautos como usted no crean que todo lo malo corre por mi cuenta".[11]

La entrevista se publicó a raíz de que el magnate y el presidente Andrés Pastrana hicieron las paces en la casa presidencial de Cartagena. Esa conciliación cerraba varios episodios de confrontaciones en las que Augusto López había puesto la cara. Fue él quien comunicó a la campaña de Pastrana que no colaboraría con un solo peso después de que el candidato devolvió un aporte porque, supuestamente, no correspondía a la cantidad que el Grupo Santo Domingo le prometió; fue Augusto quien sostuvo la caña ante la avalancha de la furiosa fuerza de oposición, liderada por Pastrana para precipitar la salida de Samper del gobierno. Ahora, paradójicamente, Santo Domingo aceptaba una invitación de Pastrana a cenar en la casa presidencial y declaraba que su problema no era con Andrés sino con Juan Carlos Pastrana.

"Yo tengo un problema con el hermano del Presidente por un artículo de su periódico, calumnioso contra mí. Pero nunca con el Presidente", le dijo Santo Domingo a Pombo.

Disgustado con la actitud de desconfianza y los demás incidentes de los últimos meses, López viajó el 27 de enero a Nueva York y le ofreció a Santo Domingo la renuncia. Santo Domingo la aceptó sin titubear pero antes le preguntó si quería ver el video. López se negó. Fue la última vez que ambos se vieron. La relación de más de 30 años estaba rota de cabo a rabo. El hombre que tenía un poder de representación amplio y general de los bienes e intereses de la esposa de Santo Domingo y sus hijos en Colombia; el ejecutivo que sabía los números de las cuentas bancarias y negocios del hombre más rico del país, y quien administraba sus odios y sus amores, salió por la puerta de atrás de un conglomerado al que había entregado su vida profesional.

Días después Augusto López le envió una carta a Santo Domingo argumentando que el episodio de Lee había sido sobredimensionado a lo cual el magnate le respondió que era inaceptable que tratara de "banalizar" un "incidente escandaloso ocultando la realidad de los hechos".

Después de recibir un jugoso pago de retiro de unos dos millones de dólares, López se mudó a Miami donde se instaló en un apartamento de su propiedad situado en un elegante edificio de Cocoplum, una isla artificial al sureste de la ciudad. Sus amigos no le creen cuando dice que no extraña el poder. López asegura que lo único que lo hace sentir raro en su nueva vida de ciudadano común es tener que oprimir el semáforo de aduanas cuando llega al aeropuerto El dorado como cualquier viajero. En sus tiempos de emperador, lo recogía un automóvil parqueado frente a la escalerilla del avión ejecutivo de la compañía.

Juega tenis o hace ejercicio en las mañanas. Recibe clases de inglés y luego se sienta a leer los principales periódicos del mundo en internet en la comodidad de un estudio del apartamento que tiene una vista espectacular a la Bahía de Biscayne. A sus 72 años y después de dirigir el imperio económico más poderoso del país, a López se le olvidó manejar.

NOTAS

1. Entrevista del autor inédita, originalmente hecha para la revista *Semana*.

2. "El mundo al vuelo", revista *Dinero*, febrero de 1996, número 32.

3. Gustavo Pérez, Nelson Castellanos, *La Radio del Tercer Milenio, Caracol 50 años*, Editorial Nomos S.A., Bogotá, 1998, pág. 150.

4. Entrevista telefónica con Gustavo Petro, 15 de marzo de 2002.

5. Entrevista con Gustavo Petro, 15 de marzo de 2002.

6. Respuesta de la entidad a un derecho de petición.

7. Avianca Inc. Et Al vs. Mark F.Corriea, United States Dictrict Court for the District of Columbia Washington, 4 de junio de 1986.

8. Declaración de Rudolph Hommes al periodista José de Córdoba de *The Wall Street Journal*. Las declaración fue consignada en el primer borrador de un artículo publicado en ese diario el 6 de febrero de 1996 y después suprimida por razones de edición. El autor conoció el borrador el día 3 de diciembre de 1995. El párrafo original dice: "While Mr. Hommes was excoriated on the floor of the Senate by half dozen senators, Mr. Lopez, Mr. Santo Domingo right hand man, sat in the Senate gallery, loking down on the scene, says Mr Hommes 'like a Roman emperor watching the lions devoring a Christian".

9. Notas en borrador del periodista Héctor Mario Rodríguez, cedidas al autor en el mes de febrero (1999).

10. "The Empire Expands", *Latin Trade*, marzo de 1998.

11. "Habla Santo Domingo", Roberto Pombo, revista *Cambio*, 18-25 de enero de 1999..

12

El Cambiazo

"Porque estas cosas se perdonan siempre
en Colombia pero jamás se olvidan".

Antonio Caballero.

A principio de los años ochenta Jaime Mosquera Castro, un astuto payanés, accionista y directivo del Banco del Estado, estaba empeñado en convertirse en el banquero número uno de Colombia. Su problema era que tenía más sueños que plata. Hasta entonces había escalado algunos peldaños de la estrecha jerarquía del mundo financiero colombiano, aplicando métodos poco ortodoxos pero muy comunes entre los banqueros del país: usaba el dinero de los ahorradores y cuentacorrientistas para comprar empresas y entidades financieras a espaldas de los organismos de vigilancia. Con el dinero ajeno, el Banco del Estado concedía préstamos a empresas ficticias cuyos verdaderos socios eran miembros de la junta directiva del banco. Para ocultar su identidad, los directivos utilizaban testaferros, nombres ficticios y las cédulas de identidad de personas inocentes. Pero la realidad era que el dinero iba a parar al bolsillo de Mosquera y de algunos miembros de la junta directiva. La prensa bautizó estas transacciones con el nombre de "autopréstamos", que en un principio fueron castigados con sanciones administrativas y después con cárcel.

Uno de los principales asesores de Mosquera era Eduardo Zambrano, vicepresidente del banco, acusado de varias de las maniobras ilegales que provocaron la intervención de la entidad. Mosquera contaba además con el respaldo económico de Jorge Castro Castro, un sombrío personaje conocido como el "eslabón perdido" de la crisis financiera de los años ochenta. Este personaje se ganó el apodo por su manera discreta de moverse en el mundo financiero, alejado de los titulares de los periódicos pero con una gran influencia en las más importantes operaciones bancarias de la época. Si hay alguien que conoce los pecados y las virtudes del mundo bancario en Colombia en los últimos 25 años, es Jorge Castro. De carácter campechano y sin títulos académicos, Castro hizo una fortuna y le apostó al proyecto de grandeza de Mosquera. El origen de parte de la fortuna de Castro está ligado a su familia, que se había especializado en manejar fondos de comunidades religiosas femeninas, negociar en dólares de contado y a futuro con buena suerte e información. "Los Castro prestaban plata a quebrados y a personas con negocios secretos y a muy altos intereses, buscando quedarse con valiosas propiedades", comentó un ex socio de Castro.

Los fondos que manejó Castro en el Banco del Estado no eran solamente de él sino de su padre Gildardo Castro Morales, un conocido corredor de la Bolsa de Bogotá, y de su hermana Gloria Castro de Mylott. Pero los *drafts* que respaldaban la deuda estaban a nombre de la firma Coloca Internacional Corp., una empresa panameña que pertenecía solamente a Jorge Castro. La disputa sobre dónde fueron a parar los dineros que tenía Castro en el Banco del Estado es la más larga en la historia judicial de Colombia y está directamente relacionada con el tema que nos ocupa.

Entre los sueños de Mosquera estaba el de adquirir un banco en Atlanta, otro en Ecuador y varios en Colombia, pero el que más lo entusiasmó por su solidez y tradición fue el Banco Comercial Antioqueño, controlado por empresas del Grupo Santo Domingo (Colseguros tenía un 33 por ciento y Colinsa un 17 por ciento, aproximadamente).

"En esos momentos el banco de mostrar, cuando empezaba la crisis financiera, era el Banco Comercial Antioqueño. Tenía la mejor reputación entre la banca alemana y americana, era un banco ortodoxo manejado muchos años por don Vicente Uribe Rendón", comentó un banquero de la época.

Lo que pocos sabían es que el Banco del Estado estaba al borde de la quiebra y la única manera de recuperarlo era comprando el Bancoquia para luego aplicar el sistema de tesorería única y así compensar el déficit del Estado con los sobrantes del Bancoquia. Mosquera empezó a sondear las posibilidades del negocio en varios encuentros que tuvo con personas clave. El epicentro de la operación fue el restaurante

El Museo, un sitio de reunión de los empresarios y financistas de la época situado en una tranquila zona cercana al Parque Nacional de Bogotá y a pocas cuadras de la antigua embajada de Estados Unidos. Jaime Michelsen Uribe, presidente del Grupo Grancolombiano; el empresario Carlos Ardila Lülle; Carlos Cure, presidente de Bavaria; Augusto López, directivo de Cervunión, eran clientes asiduos del lugar. Parte importante del éxito del negocio era su propietario Byron López, pues en torno a él se hacían alianzas, se planeaban negocios y los banqueros y empresarios se enteraban de los mejores chismes del sector. Casado con la representante a la Cámara María Paulina Espinosa, más conocida como *Pum Pum* por su personalidad balística, Byron López fue intermediario y *broker* de Michelsen en operaciones bursátiles de gran calado en la década de los 70 y uno de los grandes vendedores de arte a narcotraficantes de los 80.

Byron López no sólo se enriqueció con sus negocios de intermediación en el arte –es uno de los más importantes mercaderes de pinturas y esculturas del país– sino que le sacó un gran provecho a sus influencias vendiendo y alquilando helicópteros al gobierno y al sector privado en Colombia. En su restaurante se relacionó con Jaime Mosquera, que entonces aspiraba a ser el nuevo rey de la banca con una imagen menos arrogante que la de Michelsen, aunque no necesariamente más pulcra. Mosquera le pidió su intervención para convencer a los directivos del Grupo Bavaria de que aquel era un buen momento para vender el banco. Las empresas del Grupo Santo Domingo que tenían acciones en el Comercial Antioqueño atravesaban por una etapa de iliquidez preocupante como resultado de una batalla bursátil que el grupo libró contra Michelsen por el control de empresas del Sindicato Antioqueño.

Santo Domingo finalmente se apoderó de Colseguros y de esa manera encontró el camino más corto para ganar el control de un conglomerado de importantes compañías antioqueñas en los sectores no solamente de los seguros sino de la banca y la construcción. Colseguros quedó con un saldo en rojo que se reflejaba en los libros de Bancoquia y que forzó a la Superintendencia Bancaria a exigir una capitalización urgente.

Mosquera ofrecía un excelente precio por las acciones de Bancoquia y tenía la esperanza de que el propio banco le prestara el dinero para comprar una parte del paquete. La propuesta del financista payanés entusiasmó al presidente de Bavaria, Carlos Cure, quien convenció a Santo Domingo de vender el banco. No pasó mucho tiempo desde ese momento hasta el día en que Santo Domingo se enteró de que el entusiasmo de Cure tenía que ver más con una jugosa comisión que recibió de Mosquera que con un serio convencimiento de que el grupo Santo Domingo estaba haciendo un buen negocio. Estudiada la propuesta, el 4 de junio de 1982, la junta directiva de Colinsa, la empresa matriz de Santo Domingo, aprobó un plan de venta de acciones que Julio Mario presentó en esa misma reunión[1]. En un principio todas las empresas del Grupo Santo Domingo que tenían acciones en Bancoquia acordaron vender directamente a Mosquera por el mismo precio, 170 pesos por cada acción. Sin embargo, en la reunión de la junta de junio, Santo Domingo propuso una extraña variación del plan: dos de las empresas del grupo en las que ejercía un mayor control, Colinsa y Valores del Norte, comprarían las acciones en 170 a sus primas hermanas, Bavaria y Cervunión, que también tenían intereses en Bancoquia. Esta operación se haría, según palabras de Santo Domingo, aun corriendo el riesgo de no poder vender las acciones luego al mismo precio.

Como era de esperar, la propuesta de Santo Domingo se convirtió en orden. Colinsa y Valores del Norte compraron acciones en 170 (2.8 dólares) cada una. Lo extraño es que días más tarde las mismas acciones fueron vendidas a Mosquera en 60 (97 centavos de dólar) y Santo Domingo absorbió la pérdida sin chistar. Tratándose de una empresario que no daba puntada sin dedal, el gesto magnánimo despertó sospechas entre los investigadores que años después reconstruyeron el negocio y hallaron los indicios del mayor escándalo personal en el que se ha visto envuelto en su vida.

¿Cómo era posible que, en menos de una semana, Santo Domingo asumiera casi a título personal una pérdida de varios millones de dólares?

No hubo tal pérdida, concluyó la Superintendencia de Control de Cambios. El Grupo Mosquera y Santo Domingo acordaron una fórmula secreta en virtud de la cual Santo Domingo recibió 60 pesos por cada acción en Colombia por encima de la mesa y el resto (110 pesos) se lo pagaron en el exterior. De esta manera, Santo Domingo se ahorró una significativa suma de dinero en el pago de impuestos sin tener además que rendir cuentas a los demás socios de sus empresas ni al Banco de la República por la salida de las divisas del país.

"Si se aceptara el hecho de que decidió hacerse cargo de una posible pérdida, se estaría hablando de un ejemplarizante caso de altruismo en los negocios", señaló la superintendencia. "Altruismo que significó la pérdida de 820 millones de pesos (11 millones 744 mil dólares), léase bien, ochocientos veinte millones de pesos".[2]

La superintendente Clara Laignelet llegó a la conclusión de que Santo Domingo recibió 11 millones 744 mil dólares "por debajo de la mesa" como producto de la venta de las acciones del Banco Comercial Antioqueño. De acuerdo con la investigación, el pago se hizo en el banco Hentsch & Co. de Ginebra a nombre de Jean J. Boissier. El sobreprecio en las acciones "corresponde a los giros hechos a Suiza, y el beneficiario era el señor Julio Mario Santo Domingo", agregó la investigación administrativa. En conclusión, Santo Domingo vendió en Colombia acciones del Bancoquia en 60 pesos, cuando en realidad el precio era de 170, y logró que los compradores depositaran la diferencia en una cuenta en el banco Hentsch & Co de Ginebra por un total de 11 millones 744 mil dólares,

La historia de esta operación es larga y compleja y existen algunos baches que sólo se pueden llenar si sus protagonistas –incluyendo a Santo Domingo– rompen el silencio que han mantenido durante casi 20 años. Muchos episodios que han salido a la luz pública y otros que el autor reconstruyó a través de documentos y entrevistas con personas muy cercanas a las negociaciones que pidieron no ser identificadas permiten, sin embargo, conocer una versión convincente de lo que ocurrió tras bastidores. Parte importante de las memorias secretas de la negociación son los documentos confidenciales –hasta ahora inéditos– que los abogados de Jorge Castro aportaron a finales del año 2000, al proceso de reclamación al gobierno colombiano de una suma multimillonaria. Por otro lado, existe una voluminosa información de la investigación administrativa que adelantó la Superintendencia de Control de Cambios y que culminó con una burda trama para exonerar a Santo Domingo.

Los documentos aportados por Castro entrañan un riesgo, y es que Castro es parte interesada en el escándalo, pero al mismo tiempo hay que advertir que en ninguna de las instancias de la investigación de la Superintendencia de Control de Cambio, ni después de los fallos de la misma, sus declaraciones fueron desmentidas.

Como se trata de una operación engorrosa y complicada, ahorraré al lector detalles técnicos a fin de dejar en claro el papel que jugó Santo Domingo y las empresas del grupo, antes, durante y después de la investigación.

Hasta el momento en que se hicieron los giros a la cuenta suiza, el proceso de venta del Bancoquia marchaba sobre ruedas. Siete empresas englobadas bajo la denominación del Grupo Colseguros vendieron el 5 de agosto de 1982 al Grupo Financiero del Estado, "actuando éste mediante la interposición de 15 personas naturales". La situación se complicó a finales de ese mes luego de que el nombre de Mosquera, que no era muy conocido a nivel nacional, saliera a relucir en medio de uno de los escándalos de la crisis financiera de la época. Se trataba de una denuncia de autopréstamos en el Banco del Estado, publicada por la Unidad Investigativa de *El Tiempo*, y que no tenía ninguna relación directa con el negocio de Bancoquia. Bajo la coordinación del periodista Alberto Donadío, el equipo de investigación del diario, en el cual trabajó el autor de este libro, descubrió que los directivos del Banco del Estado falsificaron pagarés por 53 millones de pesos (828,000 dólares) para justificar préstamos que ellos mismos se hicieron con fondos del banco[3]. En medio de la zozobra que creó en el país el cierre intempestivo de otras instituciones financieras, manejadas como fincas por sus dueños, la publicación de *El Tiempo* provocó un retiro masivo de cuentas que forzó al Banco de la República a inyectar más de 4 mil millones de pesos (63 millones de dólares) en el banco. Mosquera fue destituido por órdenes del superintendente bancario. Dos meses después de intervenido el banco, el gobierno del presidente Belisario Betancur decretó la emergencia económica y lo nacionalizó.

Otro revés complicó aún más el negocio. Mosquera contaba con que Jaime Michelsen le pagaría con dinero contante y sonante la venta de un edificio del Banco Comercial Antioqueño en Medellín, una vez quedara bajo el control de su conglomerado. Pero eso no ocurrió. El banquero quedó estupefacto al enterarse de que el pago lo haría Michelsen con unos terrenos dispersos por diferentes partes del país. Así pues que la debacle del grupo Mosquera por el escándalo de los autopréstamos, las cuentas alegres del banquero y la intervención del gobierno hicieron fracasar la negociación con Santo Domingo. Ante esas circunstancias, la única salida que les quedaba, tanto a los compradores como a los vendedores del Bancoquia, era poner reversa al negocio. Y fue en ese movimiento en el que salieron a la luz los entuertos: autopréstamos, participación de testaferros voluntarios e involuntarios para burlar la vigilancia del Estado, falsificación de firmas, sobregiros ilegales, pago de comisiones y giros millonarios al exterior. Al tener que disolverse la compraventa, los ejecutivos que participaron en la negociación se vieron forzados a explicar a los organismos de vigilancia el origen de las comisiones y transferencias.

Lo que se había hecho con trampas había que desahacerlo sin ellas, o al menos ocultándolas, y ésa era una labor imposible de encubrir sin dejar rastro. A la escena llegaron primero los investigadores de la Superintendencia Bancaria que descubrieron una muy bien montada operación por parte de los compradores, el Grupo Financiero del Estado y los vendedores el Grupo Santo Domingo para eludir controles.

Para la época de la negociación, agosto de 1982, existían normas que obligaban a las entidades del sector financiero a presentar ciertos trámites ante la Superintendencia Bancaria y la Comisión Nacional de Valores, antes de hacer cualquier negociación de más del 10 por ciento de sus acciones.

Al parecer ni Santo Domingo ni Mosquera estaban muy interesados en que la transacción pasara por ese filtro, así que decidieron hacer la negociación en dos frentes: una parte de las acciones la compraría Mosquera en bolsa y otra a través de 15 intermediarios en cantidades que no extralimitaban el tope del gobierno.* Un porcentaje del dinero de la operación (10 millones de dólares) no salió del bolsillo de Mosquera sino del propio Banco Comercial Antioqueño, sucursal Panamá, en calidad de préstamo. El crédito se concedió a nombre de los 15 intermediarios y de las sociedades panameñas Frajure S.A., Kirona Corp. y Kargsea Inc. Los intermediarios, a quienes la investigación se refiere como testaferros, firmaron una fianza para garantizar el crédito.

Algunos de ellos aceptaron haber dado su consentimiento para el negocio, pero otros pusieron el grito en el cielo al enterarse de que sus nombres fueron utilizados sin su autorización y que, al deshacerse la compra, tendrían que responder por la fianza que supuestamente habían firmado para garantizar el préstamo. Es el caso del señor José

---

* Al respecto dice la resolución: "El análisis de la procedencia de los dineros con los cuales el grupo de presuntos compradores pagó a las empresas del Grupo de Colseguros la cuota inicial de las acciones del Banco Comercial Antioqueño, demuestra que los dineros provinieron de fuentes totalmente diferentes a los adquirentes y que su pago se canalizó a través del Banco del Estado. Este hecho concuerda con las declaraciones de la mayoría de los presuntos compradores de las acciones del Banco Comercial Antioqueño rendidas ante la Superintendencia en las cuales se expuso además que algunas firmas fueron falsificadas, que los nombres de algunos de ellos fueron utilizados sin su consentimiento y que de los supuestos compradores del Grupo, que reconocieron la operación, sólo dos manifestaron haber dispuesto de estos recursos propios para la adquisición de acciones". Algunos de los testaferros presentaron denuncia penal por la falsedad de la fianza que fue usada para justificar un préstamo del banco a su favor y de la cual, supuestamente, no tenían idea.

Vicente Castañeda, quien denunció penalmente la maniobra después de que Augusto López y Hernán Rincón, como representantes de Bancoquia, le informaron de la existencia de la fianza en una reunión que se realizó el 6 de diciembre de 1982.

En su denuncia penal, Castañeda aseguró que su firma fue falsificada y que mal podría haber firmado el documento pues se encontraba fuera de Colombia en la fecha en la que se certificó que lo hizo. Pero quizás el caso más comprometedor fue el de René Caballero Madrid, quien también denunció la falsificación de su firma para el mismo fin. La información que estaba en su poder sobre el oscuro negocio de Bancoquia era tan delicada que él mismo admitió que se le entregó la suma de 50,000 dólares "para que desistiera de la denuncia penal que había instaurado por tal hecho". Caballero relató a los investigadores que algunos miembros de la junta directiva de Bancoquia viajaron a Panamá y recibieron cheques que fueron "entregados a tres personas muy conocidas cuyos nombres prefirió no mencionar y procedieron a consignarlos en cuentas de bancos suizos"[4]. Al final de cuentas, Caballero y Castañeda desistieron de la acción por falsificación de documento ante el juzgado 10 superior de Bogotá.

La situación que creó la intermediación postiza de los presuntos compradores del Banco era de sainete, pues a pesar de que se suponía que debían conocerse entre sí –toda vez que "compraron" las acciones en bloque con el préstamo de Bancoquia y se comprometieron en forma solidaria a pagar las deudas de las tres empresas panameñas ante una notaría– cada uno respondía por sí mismo y desconocía lo que hacía el otro. Al menos eso fue lo que estos señores reflejaron en las declaraciones rendidas a las superintendencias bancaria y de control de cambios; la mayoría afirmó que no conocía a la totalidad de los otros.

Las pruebas del sórdido negocio de Bancoquia no sólo salieron de los organismos de vigilancia del gobierno. En la disputa que Jorge Castro mantiene desde hace más de 15 años con el Banco del Estado han surgido otras evidencias que ahondan en la oscuridad de la transacción. Cuando todavía estaban frescos los acontecimientos, María Beatriz Cabrera Cabrera, asesora jurídica de la presidencia del banco bajo el control del gobierno, y Juan de la Cruz Morales Arcila, director de Control y Asistencia Operativa, se reunieron con Castro Lozano y su señora Celia López de Castro en Panamá para escuchar la versión directa de las pretensiones legales del banquero. Uno de los puntos tratados fue la compra del Banco Comercial Antioqueño, un negocio que le interesa mucho a Castro porque según él, Mosquera usó dinero suyo para pagar una de las cuotas al Grupo Santo Domingo. Allí Castro explicó el acuerdo del pago a Santo Domingo "por debajo de la mesa", del cual se sabía algo en los medios de comunicación, pero dio detalles de otro pago que nunca salió a relucir en la prensa colombiana. El financista aseguró, sin citar fuentes, que en la negociación entre Santo Domingo y Mosquera además se convino pagar al Grupo Santo Domingo, a través de una cuenta cifrada en el Hentsch & Cia en Ginebra, manejada por Jean Jacques Boissier, "la cantidad de un dólar por acción como comisión por permitir que el Grupo Santo Domingo, y en particular Bavaria, Colinsa y Colseguros, cediera al Grupo Banco del Estado el control del Banco Comercial Antioqueño".[5]

Castro parecía preparado para soltar sus perros, y ese día, 24 de junio de 1984, dictó pausadamente a los ejecutivos del banco que fueron a Panamá las transferencias que se hicieron a la cuenta número 32517 del Hentsch:

- En junio 21 de 1982 mediante un giro de 2 millones 500,000 dólares desde la cuenta del Banco del Estado en el Citibank de Nueva York.
- En junio 22 de 1982, mediante un giro de 2 millones 500,000 dólares de la cuenta del Banco del Estado en Nueva York.
- En junio 28 mediante un giro por 4 millones 267,000,350 de la cuenta del Banco del Estado en el Swiss Bank Corp. de Nueva York.
- En julio 8 de 1982 mediante giro por 907 mil 417 con 70 centavos de la cuenta del Banco del Estado en Swiss Bank Corp. de Nueva York.
- En julio 9 de 1982 mediante giro por un millón 570,000 de la cuenta del Banco del Estado en Swiss Bank Corp. de Nueva York.

A esta lista agregó otra de avances solicitados por el Banco del Estado a sus corresponsales en Chicago, Miami, Dallas, Oregón, Caracas y Nueva York "para el pago de la comisión al Grupo Santo Domingo".[6] Citando a Castro como fuente, los representantes del Banco del Estado describieron paso a paso la complicada operación de compra de Bancoquia y su reversión, indicaron los nombres de las personas que recibieron comisiones, los testaferros, las cifras exactas de las transacciones y los números de las cuentas bancarias.

Más de tres años después, el vicepresidente bancario del Banco del Estado, Víctor Eduardo Londoño Arango, agregó otro haz de luz al cuadro oscuro de la negociación. Entrevistó a Jaime Mosquera en Puerto Rico y allí, por primera vez, el banquero convicto, quien está dedicado a negocios de plásticos en la isla, habló oficialmente del tema y no tuvo problema en revelar que Carlos Cure, presidente de Bavaria, también recibió comisiones por el negocio.

"En relación a los giros por 5 millones y 2.5 millones de dólares al señor Byron López en marzo de 1982, asegura el doctor Mosquera que ésta fue la comisión pagada al señor Carlos Cure y al mismo señor López por la venta del Banco Comercial Antioqueño".

A renglón seguido, soltó otra primicia: "El expediente con relación a esta transacción fue destruido en el momento de la nacionalización del Banco del Estado". [7]

Los descubrimientos de los funcionarios del Banco del Estado coinciden en muchos aspectos con la investigación de la Superintendencia de Control de Cambios y confirman que la operación fue planeada con un alto grado de refinamiento para ocultar la concentración de la propiedad y el pago de comisiones.

La operación de compra del banco fue organizada por Mosquera, Eduardo Zambrano y Gustavo Moreno Jaramillo, ex gobernador del Quindío, miembro de la junta directiva del Banco del Estado y quien después fue presidente de Bancoquia durante los cortos días en que estuvo Mosquera como propietario de ese banco. Por parte del grupo del Banco del Estado intervinieron también Carlos Zambrano, asesor de Mosquera, Oscar y León Steremberg, este último cuñado de Mosquera.

No hay certeza si una vez que se deshizo el negocio, Santo Domingo devolvió en su totalidad ambas sumas recibidas, la del pago de las acciones y la de la comisión. Al respecto, Castro informó al Banco del Estado: "La devolución de la comisión por parte del Grupo Santo Domingo fue parcial, giró a través del Banco Anval dineros de los corresponsales. No sabe si Octavio Gallo, Humberto Jiménez y Byron López devolvieron".[8] Lo que sí es cierto es que todos los agujeros que quedaron en el Banco del Estado fueron luego cubiertos con dinero de los colombianos a través del Fondo de Garantías. Los indicios de que Santo Domingo cobró por ambos conceptos –acciones y comisiones– los ratificó en su momento Jorge Castro en una carta que la Superintendencia de Control de Cambios utilizó como prueba y citó copiosamente en la investigación de las transferencias ilegales a Suiza. Los abogados de Santo Domingo calificaron la carta de "fábula".

En el momento de la reversión del proceso, escribió Castro, Santo Domingo "quedó con el dilema de cómo devolver sus comisiones. No queriéndolas perder, le pasó el problema a Colseguros, salvando de paso a los testaferros". Castro se enteró a través de León Sterenberg, representante de Mosquera en la junta directiva del Banco del Estado, de cómo se pagaron comisiones a diestra y siniestra a los vendedores del banco. "El mayor beneficiado fue Julio Mario Santo Domingo pues recibió comisiones por dos conceptos: uno por la venta de acciones (un dólar por acción) y otro por la diferencia del precio de la acción". La piñata de comisiones es descrita por Castro en los siguientes términos: "Mosquera pagó una jugosísima comisión por debajo de la mesa a Santo Domingo por concepto de la venta de acciones de Bancoquia, ya que controlaba el 44 por ciento de dicho banco". "Como habían acordado pagarle a razón de un dólar por acción, le giraron esa misma cantidad de dólares (unos 23 millones de dólares). A Santo Domingo le dieron otra comisión, explicando que las acciones de Bavaria y Colinsa registradas en la bolsa a 60 pesos, se venderían a 170 cada una. Pactaron pagar esta gran diferencia de 110 pesos por acción también por debajo de la mesa, equivalente a U.S. 11,744,000 dólares". Ambas comisiones, agregó Castro, se giraron a la cuenta 32517 a la atención de J.J. Boissier en el Hentsch & Co. de Ginebra, Suiza, por un valor total de 35 millones de dólares, siguiendo las instrucciones recibidas del Grupo Santo Domingo"[9]. Bajo el subtítulo "Augusto hace su agosto", Castro escribió que Augusto López Valencia fue el encargado de supervisar el periplo del dinero entre Cúcuta–Nueva York-Suiza desde la oficina en Nueva York de Julio Castellanos, quien representaba al Banco del Estado"[10].

¿Pero, a quién pertenecía la cuenta?. Castro señaló : "El Espíritu Santo o algún santo utilizó fondos de esa cuenta al reversarse la operación para prepagar corresponsales del Banco del Estado a través del Banco Anval de Panamá, curiosamente controlado por Santo Domingo". Más adelante afirmó que cuando Mosquera y Zambrano adquirieron a través de los testaferros 7,800,000 acciones que Bavaria y Colinsa tenían en el Banco Comercial Antioqueño, hicieron figurar de común acuerdo con Santo Domingo un precio ficticio por acción en la bolsa. "Por eso se giró el sobreprecio a la bendita cuenta. De esa forma el Espíritu Santo o algún santo burló a los accionistas de una utilidad que hubiera sido reflejada en un aumento de dividendos". Castro asegura que los testaferros actuaron a nombre de Mosquera y Zambrano debidamente asesorados por Santo Domingo y los Steremberg.

A primera vista podría pensarse que la carta de Castro era un testimonio temerario rendido por el enigmático financista en su afán por recuperar los fondos que supuestamente perdió en el Banco del Estado. Pero ese documento, después de confirmarse paso a paso, adquirió un valor que el mismo superintendente encargado, Luis Fernando Alvarado, tuvo que reconocer en su fallo absolutorio. "Cuando este despacho citó la carta del señor Jorge Castro, lo hizo basándose en que se verificaron los hechos narrados en él, y no como si ese documento, por sí solo, fuese elemento constitutivo de plena prueba". Más adelante asegura: "La existencia de las operaciones investigadas no fue artificiosamente construida por esta superintendencia, sino que, por el contrario, fue objetivamente apareciendo, llegando a producir una certeza definitiva de que efectivamente existió cuando menos una negociación de divisas por parte de varias personas que concurrieron en los diversos pasos de la negociación, todo esto por fuera de las disposiciones cambiarias".[11]

La expresión "por debajo de la mesa" parece ser la constante entre quienes se han sumergido en el análisis de la operación del banco en el expediente número 8,399. No sólo fue usada por la funcionaria del Banco del Estado en su manuscrito y el propio Castro sino también por la superintendente Clara Laignelet en su informe de investigación. Laignelet concluyó que Santo Domingo recibió los 11 millones 744 mil dólares "por debajo de la mesa" como producto de la venta de las acciones del Banco Comercial Antioqueño.

Hay que señalar que los investigadores de la Superintendencia no se limitaron a presentar el testimonio de Castro sino que siguieron la trayectoria del pago –hasta cierto punto– y descubrieron que la cantidad girada a la cuenta en Suiza era equivalente a la diferencia del precio de acciones, y que la época en que se hizo coincidió con la fecha de la transacción en Colombia. Los funcionarios del Banco del Estado, Jaime Urdaneta y Jaime Camacho, declararon ante la Superintendencia de Control de Cambios que las divisas transferidas al Hentsch Co. de Ginebra correspondían a las operaciones de compra de Bancoquia por parte del grupo del Banco del Estado y se hicieron por instrucciones de Eduardo Zambrano.

Aunque las pruebas contra Santo Domingo eran comprometedoras, la superintendencias Bancaria y la de Control de Cambios terminaron exonerándolo por las vía de la prescripción y de la manipulación. La Supercambios fue la entidad que llegó más lejos en las pesquisas. En una carrera contra el reloj de la prescripción, la superintendente Laignelet elaboró una resolución por medio de la cual impuso una sanción de 300 millones de pesos (600 mil dólares) a Santo Domingo y a un grupo de conocidos banqueros y corredores de bolsa por utilizar divisas sin autorización del Banco de la República.

Un día antes de notificar la resolución, la supercambios sacó varias copias del fallo y por las salas de redacción de las secciones económicas se extendió el rumor de que Santo Domingo había sido multado. Era un chisme muy bueno para dejarlo sin confirmar, pensó el reportero de la revista *Semana* Héctor Mario Rodríguez, quien se había convertido en un experto en descubrir los tesoros de la superintendencia. En la mañana del viernes 11 de mayo de 1990, Rodríguez fue uno de los primeros en llegar a las oficinas de la Superintendencia en el centro de Bogotá a reclamar una copia de la resolución. En un país donde negociar con dólares negros es una práctica generalizada, la sanción cambiaria parecía un tema secundario comparado con la trama de fondo que comprometía a Santo Domingo.

Un nervioso funcionario dijo que la resolución no estaba disponible y cuando el reportero pidió una entrevista con la superintendente Clara Laignelet, quien llevaba más de dos años dirigiendo la investigación, le informaron que había sido citada de urgencia por su jefe, el ministro de Hacienda, Luis Fernando Alarcón[12]. En los pasillos del edificio se comentaba que las copias de la resolución de 59 páginas, impresas el día anterior para repartir a los periodistas, habían sido mandadas a recoger.

Convencido de que algo extraño estaba ocurriendo, el periodista esperó que la superintendente regresara de su entrevista con Alarcón, pero al llegar a su despacho la funcionaria se negó a dar declaraciones y sus subalternos se limitaron a señalar que las conversaciones entre ella y el ministro eran confidenciales. Al atardecer, tres abogados de Santo Domingo se presentaron en la superintendencia y uno de ellos dejó constancia de que no fueron notificados de la resolución. Santo Domingo estaba al borde de quedar libre de culpas.

Después de la reunión con Alarcón, la superintendente se declaró impedida para continuar con el caso argumentando que el nuevo abogado de Santo Domingo era amigo suyo. ¿Qué ocurrió en esa intempestiva reunión entre Laignelet y Alarcón? ¿Qué instrucciones le dio Alarcón a la funcionaria? Las repuestas a esos interrogantes pasarán a la historia de los misterios nacionales. Un mes después de la sesión secreta, Santo Domingo fue exonerado y años después Alarcón fue contratado por Bavaria.

El primer escogido por Alarcón para fallar el proceso fue el superintendente bancario Néstor Humberto Martínez, pero el funcionario, al ver el volumen de la investigación y a sabiendas de que no tenía más de tres días para estudiar el caso, declinó la propuesta y sugirió que se lo pasaran al superintendente de Sociedades.

La noticia de la frustrada multa salió publicada únicamente, y sin mayor despliegue, en el diario *El Colombiano* de la ciudad de Medellín. Los detalles se conocieron meses después, cuando Felipe López, director de la revista *Semana*, y Héctor Mario Rodríguez escribieron la historia secreta del cambiazo. Bajo el título de "El Caso Santo Domingo. ¿Qué pasó la noche del 10 de mayo en la Superintendencia de Control de Cambios?" [13], los periodistas revelaron la manipulación de la investigación oficial y el intento de acallarla. Aunque el artículo no citaba una prueba definitiva sobre la existencia de presiones directas del gobierno, era obvio que Santo Domingo había puesto en juego sus mejores fichas en el palacio presidencial para descarrilar el proceso. Hay que recordar que en esta época el presidente Virgilio Barco estaba gravemente afectado por la enfermedad de Alzheimer que lo llevó a la muerte en mayo de 1997, y que las riendas del poder quedaron en manos del secretario general de la presidencia, Germán Montoya, un hombre de confianza de Santo Domingo. Montoya pasó a ser 15 años después uno de los hombres fuertes del grupo.

¿Ocurrió algo fuera de lo normal en su conversación con el ministro?, le pregunté a Laignelet.

"Lo único raro que hubo es que un amigo mío, Alejandro Vélez Múnera, logró que se le diera el poder. Era muy amigo mío y desafortunadamente me inhabilitó, necesariamente tuve que declarar el impedimento".[14]

En efecto, Gabriel Jaime Arango, apoderado de Santo Domingo, sustituyó el poder el día 25 de mayo a nombre de Vélez Múnera, abogado de la Universidad Javeriana. Esa jugada le costó una demanda a Vélez Múnera por falta de ética ante la sala disciplinaria del tribunal Superior del Distrito Judicial de Bogotá. Los magistrados del tribunal lo exoneraron. El abogado, hoy profesor de la Universidad Sergio Arboleda, sostuvo que no tuvo jamás la intención de producir la inhabilidad pues de haber sido así, él mismo la hubiera solicitado. Aseguró que no fue él quien pidió el impedimento sino su amiga, la superintendente. De todos modos la intervención de Vélez Múnera a última hora fue interpretada inevitablemente como un recurso de Santo Domingo para detener un proceso que apuntaba peligrosamente hacia él y que, de quedar en firme, lo hubiera puesto en la incomodísima situación de explicar el origen de un dinero que terminó en una cuenta suiza.

Laignelet fue separada de la investigación por el impedimento de la amistad, que fue aceptado por el ministro Alarcón a pesar de que no era una "amistad íntima", un requisito exigido varias veces por la jurisprudencia del Consejo de Estado para evitar "la corruptela de designar determinado apoderado con el objeto de impedir al juez lo que contraría la buena fe". [15]

Al quedar impedida la superintendente Laignelet, el expediente de 14,000 folios fue resuelto en menos de cuatro días, "un tiempo ciertamente angustioso", según palabras de *Hefestos*, el seudónimo irreverente del ex presidente Carlos Lleras. Y el encargado de tomar la decisión fue el superintendente de Sociedades Luis Fernando Alvarado, un funcionario que desconocía el enredo, pero no el manejo de la ley. Después de cuatro días de encierro en su casa, según él mismo lo declaró, Alvarado falló en favor de Santo Domingo. Su argumento principal: "No es posible encontrar certeza que permita afirmar que J.J. Bossier es Julio Mario Santo Domingo, lo que constituye un presupuesto esencial para tenerlo como infractor cambiario". [16]

A pesar de la velocidad, Alvarado dio con la mejor defensa de Santo Domingo, que no era necesariamente alegar su inocencia, sino exaltar un descuido de los investigadores. En efecto, los funcionarios de la Superintendencia de Cambios fueron muy diligentes al probar que hubo una manipulación de los precios de las acciones –lo cual confirmó el propio Alvarado–; que existieron negociaciones ilícitas con divisas, y que varias personas se beneficiaron. Pero no exhibieron la misma agudeza para demostrar la identidad de Boissier y sus vínculos con Santo Domingo. En la sustentación de la multa explicaron que el sobreprecio en las acciones "corresponde a los giros hechos a Suiza, y el beneficiario era el señor Julio Mario Santo Domingo, sin importar el nombre que se hubiera dado al titular de la cuenta".

El nombre sí importaba y no era supuesto, pero la Superintendencia de Control no le prestó la atención que merecía. Boissier resultó ser un alto funcionario de cuentas de Hentsch, amigo de Santo Domingo. Un hijo suyo se casó con María Cristina Urrea, la hija del fallecido político Emilio Urrea, en una ceremonia en Cartagena a la cual asistió –muy nervioso– Santo Domingo. ¿A alguien en la superintendencia se le ocurrió preguntarle a Santo Domingo si conocía a Boissier? Al menos en los alegatos finales del proceso no hay ninguna referencia a esa pregunta elemental. Tampoco se trabajó la hipótesis más simple de que posiblemente los giros se hicieron a una cuenta cifrada con atención a J.J. Boissier, pero no a Boissier como titular de la cuenta. En algunos círculos sociales de Colombia el nombre de Boissier no es desconocido pues el banquero ha manejado las relaciones del Hentsch con otras familias adineradas del país. Demostrar la relación de la cuenta con Santo Domingo debía haber sido entonces una prioridad del organismo investigador. Pero en los centenares de documentos del expediente no se encuentra ningún esfuerzo en ese sentido por parte de la Superintendencia. El propio Alvarado se extraña de que no se hubieran practicado pruebas en Colinsa o en Valores del Norte para establecer quiénes fueron los beneficiarios de los pagos,[17] pero esa carencia tan importante tampoco le pareció a Alvarado un vicio de fondo de la investigación como para dejar de absolver a Santo Domingo. Al concluir que Santo Domingo usó un nombre supuesto, los investigadores sirvieron el plato más fuerte a la defensa y fue precisamente de ese argumento que se valió el superintendente *ad hoc* para borrarlo de la lista de acusados.

De lo que no logró salvarse Santo Domingo fue del escándalo. Sus maniobras fueron tan evidentes, tan aparatosas y burdas, que era difícil encubrirlas con el manto del silencio de sus medios de comunicación. De todas las demostraciones de intriga y poder de Santo Domingo, ésta fue la que mayor indignación causó en la opinión pública. Decía el escritor Antonio Caballero en una columna de *El Espectador* que no era extraño que Santo Domingo hubiera sido exonerado: "Como todo el mundo sabe, JMS es el dueño del país. Por eso no es extraño que también la Superintendencia de Control de Cambios le pertenezca". Tampoco fue extraña la actuación de Santo Domingo ni el delito, agregó. "Lo que sí es extraño sin embargo es que el presidente Virgilio Barco se quede tan tranquilo cuando sus funcionarios proclaman que sólo responderán por todo el episodio ante Dios, cuyo poder, por lo visto, es menos temible que el de Julio Mario Santo Domingo".[18]

Como en sus viejos tiempos, el ex presidente Carlos Lleras se unió al coro de protestas pidiendo explicaciones al ministro y los columnistas de *El Tiempo*, Enrique y Francico Santos Calderón, expresaron su extrañeza por el silencio de *El Espectador*. Para ellos resultaba insólito que un periódico que resistió heroicamente el embargo publicitario al cual fue sometido por el banquero Jaime Michelsen, como represalia por las publicaciones sobre sus negocios turbios, le diera un tratamiento de noticia secundaria al escándalo de Santo Domingo.

"¿Cómo explicar el silencio informativo de *El Espectador*? Sobre todo cuando este diario se ha autoproclamado como el más puro personero de la ética y de la independencia periodística", se preguntaba Enrique Santos Calderón.[19]

La respuesta a esa timidez repentina del diario de los Cano estaba en los libros de contabilidad del periódico. Santo Domingo, más exactamente Bancoquia, el banco protagonista de lo hechos, era uno de los mayores acreedores de la empresa editorial que años después pasaría a formar parte del grupo. Alfonso Cano respondió que *El Espectador* no comprometía su independencia por los créditos recibidos y como prueba de ello citó el hecho de que su diario publicó la resolución definitiva en primera página mientras que *El Tiempo* lo hizo en páginas interiores.

"Lo que no ha hecho ni hará *El Espectador* es servir de caja de resonancia del informe de *Semana*", dijo Cano.

En una larga carta, el ministro de Hacienda respondió a Lleras afirmando que el relato de *Semana* era "una mezcla de actuaciones concretas del gobierno con interpretaciones subjetivas, con consejas y con frases sugestivas, logrando que el lector superficial quede con la sensación de que algo raro ha sucedido". La resolución, en el caso de Santo Domingo, estaba basada en indicios, anotó el ministro, lo que, "como usted comprenderá dificulta llegar a una conclusión exenta de controversias". El ministro, que no es abogado, aclaró que respetaba ambas posiciones, tanto la de Laignelet como la de Alvarado, pero en una cronología de los hechos expuesta en la carta al ex presidente se abstuvo de dar detalles sobre el contenido de su conversación con Laignelet en la mañana del viernes 11 de mayo.[20]

Lleras no quedó satisfecho con las respuestas de Alarcón.

"Señor ministro, le dijo en boca de *Hefestos*, ¿no se da usted cuenta que mucho de sucio y condenable ha rodeado el proceso?... Maniobras para buscar la prescripción, la sustitución del poder para que la superintendente se declarara impedida, el rescate de las copias de la providencia original".[21]

En una coletilla de su columna en *El Tiempo*, el editorialista Plinio Apuleyo puso también sus granos de duda acerca de las respuestas de Alarcón. "En su carta a Carlos Lleras Restrepo, el ministro Luis Fernando Alarcón parece coadyuvar los conceptos de su tocayo, el doctor Alvarado, a propósito del caso Santo Domingo: los indicios no son elementos concluyentes para multar al conocido industrial. Curiosa jurisprudencia. Según ella, si una señora entra en un motel con un señor que no es su marido, ésta no sería prueba de adulterio, sino un indicio. La única prueba válida para el ministro Alarcón y para su tocayo sólo la daría un hilo dental que no pasara entre los dos cuerpos. ¡Diablos! Así, nada o casi nada tendría valor concluyente. ¡Pobre país!".

Ante la andanada de publicaciones, los abogados de Santo Domingo dijeron que no se pronunciarían hasta que estuviera resuelto el recurso de apelación. Aunque negó que hubieran existido presiones sobre ella, la ex superintendente Laignelet dijo que nunca estuvo de acuerdo con la apresurada decisión del superintendente *ad hoc*.

"Yo ya llevaba dos años con ese caso y tenía más claras las disposiciones legales y toda la legislación cambiaria, la misma experiencia permitía hacer un análisis más concienzudo de las pruebas".[22]

De cualquier forma, agregó, la resolución de sanción a Santo Domingo la dejó marcada laboralmente para el resto de su vida. Durante los ocho años siguientes a esa amarga experiencia, las puertas del sector público se le cerraron. De nada valió su experiencia de más de una década en la administración pública, incluyendo asesoría a la Presidencia de la República, ni el coraje que demostró en la misma superintendencia al asumir investigaciones de lavado de dinero de clubes deportivos de futbol manejados por narcotraficantes.

"He tratado de borrar ese episodio de mi vida, fue algo demasiado desagradable. Después de que las cosas pasaron y se me aceptó la renuncia protocolaria, la gente ni siquiera me pasaba al teléfono... A mí se me cerraron las puertas, me sentí sola, tantos amigos que tenía, una trayectoria de 12 años de ejercicio, asesora de la secretaría jurídica de Palacio, de los ministros de hacienda, y de un momento para otro no le serví al Estado. Todas las puertas donde toqué se me cerraron sin haber una razón específica".

La pesquisa murió a los pies del magnate y ahí se detuvo, pero eso fue suficiente para desencadenar una deficiencia cardiaca por la cual fue hospitalizado en un centro especialista en Atlanta, Georgia. En un esfuerzo insulso por tratar de desligar su participación directa en el negocio, Julio Mario Santo Domingo aportó a la investigación una constancia en la cual se certificó que para la época de la negociación se desempeñaba como embajador ante la República Popular de China. En la misma defensa sus abogados negaron que Colinsa fuera controlada accionariamente por Santo Domingo, como se afirmaba en el pliego de cargos.

A juzgar por los documentos del proceso, los abogados del Grupo Santo Domingo se concentraron más en dilatarlo y en apostar a la prescripción que en controvertir las pruebas. Cuando un conglomerado como éste, que se caracterizó por su susceptibilidad ante las más insignificantes ofensas, es cuestionado con cargos graves que mencionan a su máximo líder en manejo de comisiones por debajo de la mesa y violaciones cambiarias, era de esperar que respondiera con una gran campaña publicitaria de defensa y rectificaciones. Es más, era muy probable que el grupo abriera un frente judicial para entablar demandas por calumnia contra aquellos que se atrevieron a poner en duda la reputación de Santo Domingo. Pero nada de esto ocurrió; el caso se manejó con una extraña serenidad, como si la consigna fuera no alborotar aún más el avispero. Nadie fue demandado por calumnia. La revista *Semana* pasó limpia la prueba y Jorge Castro, el hombre que señaló con el dedo en la cara a Santo Domingo, acusándolo de recibir comisiones por la venta de las acciones, jamás fue denunciado. Un vocero del grupo que pidió no ser identificado dijo a los periódicos que no había nada que aclarar:

"No tenemos nada que decir, sería la primera vez en la historia de la humanidad que una persona, juzgada y declarada inocente, tuviera que salir a explicar su conducta".[23]

En agosto de 1990 Santo Domingo solicitó una investigación a la Procuraduría haciendo eco de un editorial de *El Tiempo* escrito por su amigo, el director Hernando Santos, en el que se pedía sacar la controversia del ámbito de "los comentarios periodísticos, las condenas y los rumores".

La Procuraduría ya había avanzado por su cuenta, pero bajo un curioso hermetismo. En un informe preliminar, fechado el 25 de julio de 1990, un funcionario de la Procuraduría General propuso formular un pliego de cargos contra Alvarado y contra otros cuatros funcionarios del organismo que intervinieron en la investigación. Pero el informe quedó "extrañamente archivado" durante un año, comentó el periodista Jorge González.[24]

Al final del proceso, la decisión se apartó del informe preliminar. La Procuraduría Departamental de Cundinamarca, en un fallo proferido a mediados de 1991, no encontró anomalías en la forma como se produjo la resolución administrativa que exoneró a Santo Domingo del pago de 322 millones de pesos de multa por infracciones cambiarias. La procuradora departamental, Beatriz Vargas de Rohenes, quien años después fue nombrada presidenta del Consejo Nacional Electoral de Colombia, se abstuvo de abrir una investigación disciplinaria contra Luis Fernando Alvarado Ortiz, el funcionario que tomó la decisión. Pero sí encontró méritos para abrir un pliego de cargos contra la ex superintendente Laignelet y Nelly Álvarez de Visser, secretaria general de la Superintendencia de Control de Cambios

A Laignelet la acusó de una posible restricción al derecho de defensa del ex comisionista de bolsa Juan Claudio Morales, multado por haber actuado como intermediario en operaciones de divisas. Y a Nelly Álvarez la conminó a explicar la forma como hizo el emplazamiento de Julio Mario Santo Domingo en la investigación cambiaria. El problema con este procedimiento había surgido porque Santo Domingo, como era de esperar, se negó a responder a las citaciones personales de notificación de los cargos. Al no cumplir el emplazamiento, Nelly Álvarez dejó constancia, por escrito, de que no se había localizado al investigado "con el fin de correrle traslado del acto de formulación de cargos".

Los abogados de Santo Domingo acusaron a Álvarez de haber actuado de mala fe al afirmar que el empresario no había sido localizado para notificarle los cargos a pesar de que el 15 de enero de 1990 Santo Domingo envió una carta diciendo que se encontraba en Nueva York. Lo que no aclararon los abogados es que Santo Domingo jamás indicó en su carta la dirección ni el número del teléfono en Nueva York, lo cual hacía virtualmente imposible su localización en una de las ciudades más grandes del mundo. Pero hubo más descuidos: la carta de Santo Domingo fue enviada un día antes de que se vencieran los términos para notificar personalmente al inculpado. De allí que la funcionaria se vio obligada a hacer la notificación por emplazamiento, una forma pública –y penosa– de llamar a comparecer a un acusado desobediente.

A los abogados de Santo Domingo tampoco les pareció correcto que el proyecto de fallo, en el que aparecía la sanción a su cliente, hubiera sido distribuido a los medios de comunicación y acusaron de esta falta a la superintendente Laignelet. Decían que la resolución fue usada por la revista *Semana* para hacer una publicación que causó perjuicios "al buen nombre del señor Santo Domingo". Augusto López declaró ante la Procuraduría que existía un interés de la familia López Caballero en perjudicar a Santo Domingo "por sus diferencias a raíz de la liquidación de dividendos de la empresa Caracol".

Las funcionarias afectadas apelaron la decisión y ganaron. El fallo absolutorio afirmó que no eran responsables de ninguna anomalía en el procedimiento de notificación. En cuanto a la distribución de la resolución a los medios de comunicación, la Procuraduría aseguró que no se pudo demostrar que Felipe López Caballero, presidente de *Semana*, recibió copia de la resolución, entre otras razones porque se acogió a la reserva periodística para abstenerse de rendir testimonio.

Años después del escándalo, el ministro Luis Fernando Alarcón fue nombrado miembro de la junta directiva de Bavaria y luego presidente de medios de comunicación del Grupo Empresarial Bavaria. El ex secretario general de la presidencia Germán Montoya, quien tenía entonces tanto poder como el Presidente de la República, es también miembro de la junta directiva de Bavaria y a principios del año 2001 adquirió un gran poder en la organización.

Jorge Castro continúa su batalla legal contra el Estado colombiano desde Palm Beach, Florida. Castro es prófugo de la justicia de Colombia. La corte de Casación fusionó tres procesos en su contra y dejó en firme decisiones de otros tribunales que lo hallaron culpable de estafa y falsedad. Jaime Mosquera se mudó a Puerto Rico donde se dedicó a negocios privados. Allí lo visitaron varias veces los abogados del Banco del Estado para aclarar el entreverado caso de las reclamaciones de Castro. En todas las entrevistas en que se tocó el tema de las comisiones, estuvo presente Gustavo Alberto Lenis, entonces presidente de Avianca, quien a pesar de que no tenía nada que hacer formalmente en esas diligencias, fue enviado por Santo Domingo.

En noviembre de 1996, el Grupo Santander de España adquirió el 55 por ciento de Bancoquia, el sexto banco más grande del sistema bancario colombiano, con un patrimonio de 1,360 millones de dólares. Colinsa, la empresa a través de la cual se hizo la negociación de las acciones fue liquidada. Jorge Castro explicó a la Superintendencia su teoría del porqué Santo Domingo ordenó sepultar la legendaria empresa de negocios familiares:

"Al reversarse la operación Bancoquia, Bavaria y Colinsa han debido volver a adquirir esas acciones. Jamás han debido obligar a Colseguros a que absorbiera semejante pérdida. Por ese motivo, y debido a una posible investigación al respecto, Santo Domingo liquida hoy con rapidez vertiginosa a Colinsa. A través de Colinsa se cometieron estos ilícitos y quién sabe cuántos más". [25]

NOTAS

1. Acta de la Junta Directiva de Colinsa, 4 de junio de 1982.

2. Resolución Superintendencia de Control de Cambios, 22 de enero de 1990.

3. "Millonarios Autopréstamos en el Banco del Estado", Unidad Investigativa de *El Tiempo*, agosto de 1982, 1A.

4. Resolución Superintendencia de Control de Cambios, 23 de enero de 1990 pág. 20.

5. Memorando de Asesoría Jurídica de la Presidencia, Dirección de Control y Asistencia Operativa para Dr. Luis Prieto Ocampo, presidente Banco del Estado, julio 9 de 1984.

6. Memorando de Asesoría Jurídica de la Presidencia, Dirección de Control y Asistencia Operativa para Dr. Luis Prieto Ocampo, presidente Banco del Estado, julio 9 de 1984, pág. 4.

7. Memorando de Vicepresidencia Bancaria para Presidencia, doctor Hernán Rincón Gómez, referencia: Comisión a Puerto Rico, 19 de octubre de 1987.

8. Memorando de Asesoría Jurídica de la Presidencia, Dirección de Control y Asistencia Operativa para Dr. Luis Prieto Ocampo, presidente Banco del Estado, julio 9 de 1984, pág. 5.

9. Resolución Superintendencia de Control de Cambios, 23 de enero de 1990, pág. 33

10. Resolución Superintendencia de Control de Cambios, 23 de enero de 1990, pág. 33.

11. Resolución 486 del 12 de junio de 1990, Superintendencia de Control de Cambios, pág.23.

12. Entrevistas personales con Héctor Mario Rodríguez, Bogotá, febrero y marzo de 1999.

13. El Caso Santo Domingo, *Semana*, 19-26 de junio, 1990, pág. 24.

14. Entrevista telefónica con Clara Laignelet, 30 de octubre de 1998.

15. Auto de 5 de octubre de 1989, Sala de lo Contencioso Administrativo, Sección Tercera, expediente N. 5828.

16. Resolución Superintendencia de Control de Cambios, 12 de junio de 1990, pág. 36.

17. Resolución Superintendencia de Control de Cambios, 12 de junio de 1990, pág. 29.

18. "El caso Santo Domingo", Antonio Caballero, *El Espectador*, 8 de julio de 1990.

19. "Hay silencios de silencios", Enrique Santos Calderón, columna Contraescape, *El Tiempo*, 15 de julio de 1990 pág.4A.

20. "Respuesta de min-Hacienda al expresidente Lleras", *El Espectador*, 18 de julio 1990, págs. 1 y 9A.

21. "Pero…señor Ministro", *Nueva Frontera*, #790, julio de 1990.

22. Entrevista telefónica con Clara Laignelet, 30 de octubre de 1990.

23. "Grupo Santo Domingo: 'No hay nada que aclarar", *El Tiempo*, 21 de junio de 1990. págs. 1A y 8A.

24. "Procuraduría tiene sus dudas", Jorge González, *El Tiempo*, 5 de febrero de 1991.

25. Resolución del 23 de enero de 1990, Superintendencia de Control de Cambios, pág. 39.

13

Adiós a Cure

La remoción de los escombros de la frustrada venta de Bancoquia dejó al descubierto los verdaderos motivos de la salida del presidente de Bavaria, Carlos Cure, uno de los más cercanos asesores de la corte costeña del magnate. Cure era considerado por Santo Domingo un hombre brillante para los negocios hasta que empezó a sospechar que también usaba ese talento para lucrar a sus espaldas.

Estas sospechas surgieron primero de Francisco Posada de la Peña, otro de los amigos de Barranquilla de Santo Domingo, y después de Edgar Lenis y Augusto López. Desde un comienzo, Pacho Posada no estaba muy a gusto con la relación entre Cure y Mosquera pues tenía la impresión de que parecía más de socios que de vendedor y comprador. Estaba además un poco resentido porque Santo Domingo volcó su atención hacia el joven y simpático ejecutivo ignorando sus propuestas y su larga carrera en el grupo.

Después de pensarlo mucho, Pacho Posada le comentó a Santo Domingo que no le olía muy bien el negocio del banco. Pero el magnate reaccionó con cierto escepticismo y dio a entender que Cure no se atrevería en su vida a traicionarlo. Cure y Posada ya habían tenido sus discrepancias a raíz de una discusión sobre el destino que se le dio a una casa propiedad de Bavaria. La discusión llegó al punto que Posada acusó a Cure de haber alterado el acta de una junta directiva para salir beneficiado con la posesión del inmueble.

Los años le darían la razón a Posada. Intranquilo por otras quejas en el mismo sentido, Santo Domingo envió a Barranquilla al vicepresidente de Bavaria, Augusto López, con la orden de evaluar las actuaciones no sólo de Cure sino de Roberto Pumarejo Korkor, presidente de Colseguros, que participó directamente en la venta de las acciones del banco. Pumarejo era íntimo amigo de Cure. López no necesitó mucho tiempo para darse cuenta de que el manejo de las negociaciones era caótico, pero lo que más le molestaba, y así se lo comentó a Santo Domingo, es que cada vez que proponía subir el precio de venta de las acciones de Bancoquia, Cure le decía que no era necesario.

El cuadro lo completó el propio Jaime Mosquera, presidente del Banco. Abocado a la reversión del proceso de venta, el banquero no tenía muchas posibilidades de tapar las comisiones y fue entonces cuando se sentó con Edgar Lenis, presidente de Avianca, y relató los pormenores del complicado negocio. La versión de Mosquera dejó al descubierto a Cure. Santo Domingo los despidió y ordenó que lo borraran de la historia de Bavaria. En ningún documento oficial de la empresa aparece el nombre de este ejecutivo. Una breve nota de *El Tiempo* de diciembre de 1982 afirmó que su salida, efectiva a partir de febrero del año siguiente, se debía "a cuestiones estrictamente personales".

En la primera semana de febrero de 1983, Yamid Amat soltó la chiva por Caracol: Cure salía de la presidencia de Bavaria. Esta vez se especuló que su retiro obedecía a una tensa situación que produjo en la junta directiva de Bavaria algunas decisiones tomadas por el ejecutivo en las inversiones en Avianca y la compra de Colseguros. Se hablaba de que los miembros de la junta directiva Francisco Ulloa y Hernando Castilla Samper, habían cuestionado enérgicamente a Cure en una reunión del 30 de enero. Pero en los círculos empresariales y financieros se sabía que Cure había sido echado de la cervecería como un perro en misa por el negociado en Bancoquia, una especulación que se encargó de confirmar el propio Lenis cuando llamó ladrón a Cure en una entrevista en Caracol. En vísperas de su retiro, la junta directiva de Bavaria no tocó el tema de las comisiones, pero Cure fue acorralado con interrogatorios y recriminaciones sobre nuevas adquisiciones de Bavaria que supuestamente no fueron reportadas a la junta. Allí, una vez más, le sacaron en cara las pérdidas que causó al grupo la adquisición de Colseguros, la compañía de seguros más grande del país. Lo paradójico de la situación es que mientras Santo Domingo expulsaba a Cure de su reino, en el Banco del Estado alguien se dedicaba a destruir documentos para no dejar rastro sobre quién o quiénes fueron los beneficiarios de las comisiones en Suiza.

No se limitó Santo Domingo a hacer sentir su poder en el despido humillante de Cure sino que amenazó con denuncias penales. Ante semejante provocación, Cure consultó con un abogado de Bogotá que aceptó el desafío y le escribió una carta a Santo Domingo diciendo que estaba dispuesto a enfrentarse en cualquier tribunal, pero con la seguridad de que no iba a escatimar esfuerzos para demostrar que el cobro de comisiones no era una práctica excepcional en la compañía, sólo atribuible a su cliente. Con la herida todavía sangrando, Cure mostró a sus amigos un documento "comprometedor", según me dijo uno de ellos, con el que planeaba contener los ataques de Santo Domingo para que "se dejara de bravuconerías con él, que conocía casi todas sus jugadas y cuentas bancarias".

Contraria a su tradición de batallador en tribunales, Santo Domingo se abstuvo de entablar juicios y se dedicó a despotricar en privado contra Cure, quien pasó a engrosar su larga lista de perseguidos. Después de su salida de Bavaria, el empresario barranquillero de 41 años se mudó a Inglaterra donde vivió a sus anchas durante casi una década y luego regresó a Barranquilla. Alguna vez Cure le comentó a un grupo de personas cercanas a él un episodio que nunca salió a flote durante el atercado.

De todas las cosas que más le dolían a Santo Domingo, explicó, era que estaba convencido que Cure fue el autor del robo de tres lingotes de oro que conservaba en un banco de Panamá. Aunque Cure juró que jamás sacó ese botín del banco, cree que Santo Domingo morirá con el falso presentimiento de que fue él y nadie más que él. Cuando Santo Domingo se convenció de que Cure recibió una comisión por la venta de Bancoquia, gracias a los informes de Lenis y López, tuvo un ataque incontenible de ira. Enterado de la reacción de Santo Domingo, Cure lo llamó Nueva York. Cada vez que respondían las llamadas en el apartamento del empresario, uno de sus asistentes le informaba que el señor estaba jugando tenis. Dejó pasar dos horas, y volvió a llamar. La respuesta: "Don Julio Mario sigue jugando tenis". Pasaron cuatro horas y seguía jugando tenis, seis horas y nada. Entonces entendió que era una decisión irrevocable.

En vísperas de enviar este libro a imprenta, Cure finalmente respondió mis numerosas llamadas, y como muchos otros prefirió no hablar sobre su relación con Santo Domingo. Se limitó a decir que era un seductor. "Si tú lo conoces, te seduce también". Durante la conversación, y a manera de advertencia sobre la exactitud que deben observar los escritores en sus relatos, citó una de sus historias clásicas, que después me enteré que se la había contado varias veces a muchos de sus amigos en Barranquilla. Cure sostiene que descubrió un error histórico en las memorias del escritor norteamericano Gore Vidal (Palimpsest). "Como te parece que el hombre dice que uno de sus compañeros de clase en el colegio en St. Albans era Alfonso López Michelsen y que les mostraba la paloma (el pene) a sus amigos para que vieran que ya tenía pelos, y yo le pregunté a López y él me dijo que él nunca estudió en ese colegio". Lo que Vidal dice en su libro es que, en efecto, el ex presidente López "fue el primero de nuestra clase al que le salió vello púbico: sangre latina, observamos con tono crítico de pequeños anglosajones".[1] Pero Cure tiene razón: el ex presidente nunca asistió al colegio de Vidal.

NOTAS

1. Gore Vidal, *Palimpsest, a memoir*, editorial Anaya and Mario Muchnik, 1997, pág. 92.

14

Los Años Incestuosos

Después de aparecer por primera vez en la revista *Forbes* como uno de los hombres más ricos del mundo, Julio Mario Santo Domingo concedió a la famosa publicación económica una de las pocas entrevistas que ha dado en su vida. Joel Millman, el periodista que escribió el artículo en agosto de 1992, describió así la imagen que le dejó el empresario:

"Como salido de las páginas de una de las novelas surrealistas de Gabriel García Márquez, el colombiano Julio Mario Santo Domingo III refleja las fuerzas complejas y contradictorias que embargan a un país latinoamericano, a medida que sale de su letargo feudal y emerge dentro del mundo capitalista".[1]

No explicó Millman qué tenía de macondiano Santo Domingo III, pero era claro que el empresario no hallaba reparo en aceptar que las claves de su fortuna eran de novela: la herencia y el incesto. La herencia porque recibió de su padre las bases del imperio cervecero y de otras empresas que adquirieron una gran importancia a medida que el país creció y se industrializó. "No tengo ningún reparo en decirlo. -sonríe-Soy producto de la herencia". Respecto al incesto, la metáfora utilizada por Santo Domingo no es muy clara, pero todo indica que fue el estilo familiar de tomarse las empresas, primero adquiriendo acciones minoritarias y luego el control absoluto. Con las ganancias de la cerveza, afirmaba el artículo, los Santo Domingo lograron ingresar a la banca, la agricultura y los seguros.

"No somos aventureros", dijo Santo Domingo. "Invertimos incestuosametnte".

Santo Domingo tenía un embeleco literario con el concepto de lo incestuoso aplicado a sus empresas. En la declaración en Washington en junio de 1986, a raíz del pleito con Andrés Cornelissen, acudió también a la metáfora para explicar la complicada urdimbre de sus compañías. En este caso los abogados querían saber cuáles eran sus intereses en la empresa Valores del Norte, que según Santo Domingo pertenecía a sus sobrinos. Cuando uno de los abogados de la contraparte le pidió que explicara en qué consistía ese negocio, respondió que sus sobrinos tenían inversiones allí.

"Pero no sé, porque yo creo que es su compañía, pero no estoy seguro, creo que pertenece a mis sobrinos".[2]

"¿Y usted tiene algún interés en esa compañía?"

"No, no creo, no sé. Porque era como, en un momento, como una cosa incestuosa, así que yo podría tener [intereses] pero no estoy seguro".

La entrevista con *Forbes* (en la que dijo que tenía 66 años) marcó, literalmente, el inicio de la década de oro del imperio Santo Domingo; en los diez años que siguieron, Santo Domingo y su ejecutor paisa, Augusto López, lograron una relación muy eficiente que facilitó el desarrollo de grandes inversiones en sectores que los radares de Wall Street señalaban como los más prósperos para invertir. Fue la década de las telecomunicaciones: televisión, telefonía celular, prensa, internet; la década de los grandes dividendos políticos obtenidos a través del dominio de los medios de comunicación; de los duelos públicos con su rival Ardila Lülle y de los privados con el gobierno americano; fue la década del incesto, en efecto, pero entendido como la relación viciosa entre el poder económico y la información.

Durante estos diez años, Santo Domingo compró el segundo diario más importante de Colombia, la revista más antigua y obtuvo en subasta uno de los dos canales más grandes de televisión privada y una de las empresas de telefonía de mayor cobertura del país.

Todo esto sin descuidar el negocio original. Adquirió la cervecería Centralcer de Portugal; en 1992 obtuvo el 70 por ciento de la Compañía Andaluza de Cervezas, en Córdoba (España), y compró en ese mismo país la fábrica de gaseosas La Cacerita, que controlaba un 60 por ciento del mercado español. Mientras tanto Augusto López hacía ofertas para comprar fábricas de cerveza y gaseosas en lugares tan lejanos como Rusia, Angola, Mozambique y las Islas Azores, donde los procesos de privatización ofrecían grandes industrias a precios de liquidación.

En el mundo de la especulación financiera, la banca y otras inversiones en el exterior, Santo Domingo se movió en estos diez años a través de una compañía poco conocida en Colombia pero que es muy importante para el empresario: se llama Deltec International S.A. y está registrada en Panamá. Deltec International ha tenido varias subsidiarias dedicadas a la banca de inversión o a la asesoría de inversión en Estados Unidos, Inglaterra y Bahamas. Las actividades de la compañía se canalizan a través de dos grandes frentes: The Deltect Banking Corporation Limited y Deltec Panamerican Trust Limited, ambas con sede en Bahamas.

Durante varios años Santo Domingo ha sido miembro de la junta directiva de Deltec International S.A. junto con varios financistas y empresarios de Estados Unidos, Bahamas y Venezuela[3]. Por tratarse de una firma registrada en un paraíso financiero es casi imposible establecer la participación de sus socios.

Se sabe que para sus operaciones en Estados Unidos Deltec Banking ha contado con la subsidiaria Depasa Corporation de Nueva York, que se dedica a inversiones comerciales y banca mercantil y que a su vez tiene como subsidiaria a Deltec Asset Management Corporation. Para tener una idea hasta dónde se han ampliado los intereses de Santo Domingo, Deltec Asset Management es una firma que tiene inversiones en Khanty Mansiysk Oil Corporation (KMOC), una compañía petrolera domiciliada en Estados Unidos que explota y comercializa petróleo del oriente de Siberia, en la región de Khanty Mansiysk. El presidente de Deltec Asset es a su vez miembro de la junta directiva de Anadarko Petroleum Corporation, una de las compañías independientes más grandes de exploración y producción de gas en el mundo, con reservas de 2,300 millones de barrilles en el 2001 y negocios en el Golfo de México, Estados Unidos, Canadá, Algeria, Qatar, Omán, Túnez, Congo, Gabón, Venezuela y Australia.

Portugal fue el país escogido por Santo Domingo para entrar a Europa en la década del noventa, porque la oferta era muy atractiva en cuestión de precio y producción. La primera vez que Augusto López estudió la posibilidad de invertir en ese país fue en 1989, cuando un alto funcionario del Banco Eurocapital le preguntó si estaría interesado en adquirir una participación en Uniao Cervejeira E.P. Unicer, un cervecería que Portugal se preparaba a reprivatizar. Unicer controlaba cerca de la mitad del mercado de cerveza de ese país calculado en 450 millones de dólares[4]. La otra gran cervecería era Centrancel, que virtualmente dominaba el resto del mercado. Ambas empresas tenían problemas de saturación de empleados como resultado del manejo del sector oficial desde que fueron nacionalizadas por el gobierno comunista del general Vasco Goncalves. En 1989 el nuevo primer ministro, Aníbal Cavaco Silva, comenzó a privatizar empresas y ofreció las cervecerías en venta. En la puja se presentaron firmas de la talla de Heineken, Carlberg y Stella Artois que apabullaban al desconocido inversionista colombiano.

Como buen recién llegado, Santo Domingo se sometió al escrutinio y para generar confianza contrató al prestigioso abogado Sáraga Leal, que lo representó en la compleja conquista de ambas cervecerías. Al mismo tiempo Augusto López se encargó de mostrar el origen y la tradición de la fortuna del magnate, y así despejó las dudas que siempre surgen en el exterior cada vez que aparece un colombiano a comprar negocios grandes. La entrada no fue fácil. Después de un largo y agotador proceso de negociaciones con otros inversionistas, Santo Domingo se quedó con un 24 por ciento de Unicer (porcentaje por el que pagó unos 40 millones de dólares) y al concluir que no podía tener el control de la empresa, dio un salto para apoderarse en forma directa e indirecta de un 51 por ciento de Centralcer con una inversión de 60.5 millones de dólares.[5] Sumadas las inversiones de Portugal a las de Ecuador, Santo Domingo quedó en quinto lugar en el mundo en producción de cerveza con un imperio que producía 23 millones de hectolitros al año. Esta cifra sólo era superada entonces mundialmente por la Anheuser Bush y la Miller de Estados Unidos, la Heineken de Holanda y la Kirin de Japón.

Mientras tanto, en Colombia, las máquinas registradoras de Bavaria no paraban de sonar. Una empresa con 17 millones de clientes, la mayoría de clase social baja, que consumían 1,500 millones de litros de cerveza al año, casi toda servida al clima, en el frío altiplano cundiboyacense, tenía que ser un buen negocio. A mediados de los 90, la fábrica sacaba a la calle un promedio de 50 millones de botellas de cerveza a las cuales no era necesario ponerle fecha de vencimiento porque el contenido se lo bebían sus clientes en menos de una semana. Una brillante caricatura de Osuna ilustraba la situación: Santo Domingo, con el sol a su espalda en un rincón del paraíso privado de la isla de Barú, le dice al periodista Roberto Pombo: "El problema de los pobres es que invierten en cerveza". El saldo triste de la prosperidad lo delataban las estadísticas de mortandad en Colombia. Un informe sobre la incidencia de la bebida decía que "gran parte de la sangre derramada en el país contiene grados de alcohol. De los 25,000 muertos que hubo en 1992, el 13 por ciento fue por cuenta del narcotráfico y la subversión, mientras que los 21,750 restantes tuvieron como común denominador la existencia de alcohol en el cuerpo".[6]

La entrada del Grupo Santo Domingo a la década del 90 fue triunfal. En los últimos años de la administración del presidente Virgilio Barco (1986-1990) el grupo prácticamente tenía un embajador en Palacio, Germán Montoya, y gracias a esa situación el conglomerado logró quitarse de encima pesquisas incómodas y limitaciones regulatorias. Años después, Montoya pasó a ser uno de los hombres clave de Santo Domingo en el Grupo Empresarial Bavaria.

En agosto de 1990 tomó posesión un Presidente también liberal, que saltó a la historia empujado por el magnicidio de Luis Carlos Galán, líder político con quien Santo Domingo mantuvo una distancia moderada. César Gaviria Trujillo llegó al poder en medio del desafío sangriento del narcotráfico. En una guerra sin límites contra la extradición, el capo del Cártel de Medellín Pablo Escobar, que había aparecido en la lista de *Forbes* primero que Santo Domingo, explotaba bombas en centros comerciales, ejecutaba brutalmente a sus enemigos o socios desleales, sobornaba funcionarios y políticos, y pagaba a sus sicarios por cada policía que mataban. La ola terrorista tocó trágicamente a una de las empresas de Santo Domingo. Un avión de Avianca fue explotado en el aire por un sicario de Escobar que compró un pasaje con el nombre de Julio Mario Santo Domingo. Ocurrió el 27 de noviembre de 1989. En la silla 14F, un joven entrenado para llevar encargos y mensajes del cártel de Medellín no se desprendía de un maletín que recibió de su jefe inmediato con instrucciones muy claras: debía oprimir un interruptor instalado en la parte externa de la valija tan pronto como el avión levantara vuelo. Con este interruptor, le explicaron, se pondría en funcionamiento una grabadora secreta para captar las conversaciones de su vecino de asiento, a quien le describieron como un peligroso enemigo de la organización.

A pocos minutos de haber despegado del puente aéreo el Boeing 727, el joven hundió el botón y en el cielo grisáceo de Bogotá decenas de testigos vieron una bola de fuego. El HK 1803 estalló en mil pedazos como resultado de la detonación de los explosivos RDX y PETN que el mensajero del cártel llevaba en el maletín. Murieron 107 personas.

Aunque la misión se había cumplido exactamente como estaba planeada, los narcotraficantes no pudieron celebrarla porque en el avión no iba el pasajero a quien querían matar. César Gaviria Trujillo, candidato a la Presidencia de la República por el Partido Liberal, había decidido cancelar a última hora el vuelo a Cali.

Rodeado de una legión de jóvenes de buena familia, inteligentes y bien educados, Gaviria llegó a la Presidencia con un plan de apertura económica. El plan se inspiró en la doctrina neoliberal que estaba en boga en América Latina y que prescribía la abolición del Estado paternalista, omnipresente y acaparador para dar paso a un Estado moderno que renuncia al control de empresas paquidérmicas y ruinosas, fuentes de burocracia y corrupción, para entregarlas al sector privado. Como parte de esta nueva visión, el gobierno abrió sus fronteras arancelarias para permitir la importación de toda clase de bienes y servicios así como los cielos del país para estimular la competencia.

Santo Domingo votó por Gaviria con su chequera. El primer gesto de agradecimiento del Presidente fue el nombramiento de la esposa del empresario en el cuerpo consular de Washington.

El gobierno de Gaviria creó un cargo en la embajada de Estados Unidos en esa capital bajo el nombre de agregado cultural *ad honorem* para colocar a la señora de Santo Domingo, Beatrice Dávila. El nombramiento tenía un propósito claro: liberar a Santo Domingo del pago de impuestos en Estados Unidos dado que los diplomáticos y sus cónyuges están exentos de esa obligación. El 30 de octubre Beatrice fue nombrada por Gaviria como agregada cultural *ad honorem* en la embajada en Washington, cargo que no existía y fue creado para tal fin[7]. Pero hubo un error de cálculo que delató las verdaderas intenciones del nombramiento. Al gobierno colombiano se le pasó por alto que la ley estadounidense solamente cobija a funcionarios diplomáticos que devengan salarios del Estado, y el cargo de la señora Santo Domingo no era remunerado. De manera que fue necesario trasladar a la señora Dávila a una posición con honorarios. En noviembre fue nombrada segundo secretario, encargada de funciones culturales de la misma embajada. Pero había otro inconveniente. No tenía sentido que la funcionaria tuviera un cargo en Washington cuando su residencia estaba en Nueva York. Así que fue necesario hacer otro decreto. El 22 de febrero de 1991, Beatrice de Santo Domingo fue nombrada tercer secretario, grado ocupacional 1, en la embajada de Colombia ante las Naciones Unidas (Nueva York) con una asignación de 1,816 dólares, sin incluir la prima por costo de vida. Respondería por las funciones culturales de la embajada. El decreto fue firmado por el ministro de relaciones exteriores, Luis Fernando Jaramillo, y el de Hacienda, Rudolf Hommes.[8]

En junio de 1996 solicité al Ministerio de Relaciones Exteriores una certificación de los ingresos de la funcionaria. En ese momento Beatrice devengaba 3,160 dólares de sueldo básico más 1,170 por costo de vida para un total de 4,330 dólares mensuales. A la esposa del hombre más rico del país, ¡los colombianos le pagaban una prima por costo de vida! La asistencia al lugar de trabajo no parecía un requisito esencial para recibir el sueldo, como ocurre con miles de trabajadores del Estado, pues llamé varias veces a la misión en Naciones Unidas en Nueva York y nunca la encontré. Una asistente tomaba nota de las llamadas. Como respuesta a mi solicitud sobre las funciones que desempeñaba Beatrice Dávila de Santo Domingo, la Cancillería me envió un memorando de cinco páginas en el que hizo un recuento de 18 exhibiciones del Colombian Center, que fueron organizadas por ella desde diciembre de 1991 hasta la fecha de la solicitud. El 20 de julio de 1998, Beatrice Dávila renunció a su cargo y con ello terminó el paraíso fiscal de la pareja durante casi ocho años en Estados Unidos.

A pesar del invaluable gesto con los Santo Domingo en Estados Unidos, el gobierno de Gaviria no resultó tan dúctil como el grupo hubiera querido. Varias confrontaciones públicas dejaron en claro que en este periodo presidencial Santo Domingo no podía maniobrar con la facilidad que lo hizo en el anterior. Bajo su mando, sus escuadrones tuvieron enconadas peleas con cuatro ministros de Gaviria: el de Hacienda, Rudolph Hommes; el de Agricultura, Alfonso López Caballero; el de Trabajo, Francisco Posada de la Peña, y en menos intensidad con el de Comunicaciones, Alberto Casas Santamaría.

El plan de liberación de importaciones afectó a Bavaria. Al ponerse en práctica, la fábrica tuvo que competir con cervezas extranjeras cuya calidad sabían apreciar los colombianos y debió soportar el coletazo del contrabando como consecuencia de las medidas aperturistas de Gaviria. La amenaza estaba a la vuelta de la esquina. En Venezuela, la cerveza Polar controlaba más del 80 por ciento del mercado y tenía todas las de ganar en la conquista del mercado de la costa norte del país.

Mientras Santo Domingo pedía protección en Colombia, su cervecería se beneficiaba de las ventajas de expandirse más allá de las fronteras nacionales. En marzo de 1991, Augusto López anunció a la junta directiva de Bavaria que con la compra de Centralecer en Portugal, Bavaria se convertía en el quinto grupo cervercero mundial. La fiesta de la celebración la aguó el ministro de Hacienda del nuevo gobierno, Rudolf Hommes, que empezaba a proyectarse entonces como un funcionario independiente. Hommes planteó en marzo de 1991 una pregunta que muchos colombianos se hacían: ¿cómo es posible que mientras el Grupo Santo Domingo anuncia inversiones millonarias en el exterior, el gobierno colombiano tiene que salir a rescatar a Avianca cada vez que está en malas condiciones?

"En otras palabras, decía *Semana* al respecto, cuando Augusto López Valencia hablaba con el gobierno con la camiseta de cervecero puesta, no sabía qué hacer con la plata, mientras que cuando lo hacía con la ruana roja, pedía limosna". Hommes autorizó la inversión de Bavaria en el exterior pero con la condición de que Bavaria repatriara las utilidades de unos 60 millones de dólares al año.[9]

Santo Domingo libró la primera batalla con Alberto Casas Santamaría, el ministro de Comunicaciones de Gaviria que puso en marcha un cambio en las reglas del juego del proceso de licitación de los espacios de televisión en Colombia. Casas, un cachaco conservador que en los últimos 20 años se las ha ingeniado para mantener su nombre en el escenario público, con un pie en la política y otro en los medios de comunicación, fue el cerebro de una cláusula en los pliegos de licitaciones de televisión que impidió a las empresas productoras de noticieros participar en los otros espacios de la programación y viceversa. La medida estaba sólidamente respaldada en la ley 14 de 1991, que en su artículo tres dice que el gobierno impedirá "la concentración del poder informativo así como las prácticas monopolísticas que tiendan a eliminar la competencia y la igualdad de oportunidades entre todas las empresas que prestan los servicios de comunicación social".

Y tenía una intención clara: abrir el abanico de la información que hasta entonces estaba dominado en la radio por los dos grandes grupos empresariales, Caracol y RCN, y dejar que otras empresas, con o sin objetivos políticos definidos, participaran en la emisión de noticieros. Frente a la licitación de televisión, las dos grandes fábricas de noticias del país debían decidir entre dedicarse al entretenimiento o producir noticieros, pero no se les permitiría participar en ambas actividades. Era un disyuntiva incómoda tanto para Santo Domingo como para Ardila Lülle.

En cambio para los colombianos era una buena medida. Si se aprobaba la licitación, tendrían un menú de 11 noticieros de variadas tendencias políticas. A raíz de la decisión de Casas, los altoparlantes de Caracol Radio apuntaron contra el ministro conservador acusándolo de actuar bajo la presión o el compadrazgo de quienes resultarían beneficiados con la adjudicación. En ese momento Casas comentó que se quedó solo en su batalla y al final el único apoyo que tuvo fue el del presidente Gaviria. El gobierno adjudicó 11 noticieros, todos aparentemente controlados por personas extrañas a Caracol y RCN. Los dos grandes conglomerados se quedaron con importantes espacios de programación de entretenimiento, telenovelas o dramatizados, pero sin noticieros.

Como si nada hubiera ocurrido, años después, siendo ministro de Cultura del presidente Andrés Pastrana, Santo Domingo le propuso a Casas manejar los medios de comunicación de la organización, pero el ex ministro tenía un compromiso con RCN, y al renunciar a su cargo oficial, se vinculó al popular programa informativo y de variedades de La FM por invitación de su director, Julio Sánchez Cristo.

La licitación de televisión fue demandada ante el Consejo de Estado que falló a favor del gobierno. Cerradas las puertas legales, Santo Domingo no se dio por vencido y buscó otras salidas de emergencia. En el mundo de la televisión se supo que el grupo estaba preparando caballos de Troya para penetrar las franjas informativas de la televisión a través de dos empresas que fueron favorecidas con espacios en la nueva licitación. Esas versiones llegaron a oídos de los miembros del Consejo Nacional de Televisión, organismo adscrito al Ministerio de Comunicaciones y que supervisa las relaciones entre los particulares y el gobierno en materia de televisión. En la sesión del 18 mayo de 1992, el Consejo expresó su preocupación por "las versiones de diferentes medios de comunicación, en el sentido de que se está llevando a cabo la compra de empresas concesionarias de espacio de televisión por parte de otras programadoras".[10] Dada la situación, el Ministerio de Comunicaciones consultó con la Procuraduría General de la Nación si era procedente que esa entidad investigara los indicios que apuntaban a un presunto testaferrato, a lo cual la Procuraduría respondió que no eran esas sus funciones. Mientras tanto continuaron las versiones de que el testaferrato se había consumado. Para salirle al paso de esas maniobras, el Ministerio de Comunicaciones se mostró especialmente estricto con las programadoras Prego Televisión Ltda. y Universal Televisión.

Las sospechas surgieron a raíz de la venta de Prego, a menos de un año de que la empresa fuese favorecida con un espacio de noticias en la nueva programación (Noticiero Nacional), a un grupo de accionistas que se afirmaba que tenían vínculos con el Grupo Santo Domingo. Los accionistas originales de Prego eran los periodistas Gabriel Ortiz y Javier Ayala y la empresa Inversiones América del Sur Ltda. Invamérica, cuyo representante legal era Julio Molano González.[11] A mediados de mayo, Prego pidió autorización al Consejo Nacional de Televisión para ceder la totalidad de sus acciones a varios compradores que declararon bajo juramento que no eran socios o poseían acciones en empresas concesionarias de espacios del Instituto Nacional de Radio y Televisión (Inravisión). De lo contrario la transacción no podría recibir la bendición del gobierno. Entre los nuevos socios que hicieron esa declaración se encontraban Alejandro Urdaneta Santos, ingeniero civil; Enrique José Arboleda Perdomo, abogado de la Universidad del Rosario, hermano de Juan Arboleda, secretario de Bavaria; Gonzalo Jaramillo, abogado de la Universidad de los Andes en representación de G. Jaramillo y Cía., Alonso Sánchez Palacios, en representación de Inversiones Tarragona, una firma que, según la solicitud de permiso de cesión de las acciones, dirigida al Ministerio de Comunicaciones, estaba compuesta por profesionales vinculados al sector cafetero. [12]

Otro de los motivos de suspicacia se desprendía de la coincidencia de que uno de los accionistas de la firma Universal Televisión, que también obtuvo un noticiero en la licitación, era Gonzalo Córdoba, hijo de la mejor amiga de Beatrice de Santo Domingo y luego director de *Cromos*. El periodista Alfonso Castellanos también aparecía como socio de la programadora.

Las preocupaciones del Consejo Nacional de Televisión sobre el supuesto testaferrato no pasaron a mayores. La entidad aprobó sin objeciones la cesión de las acciones de Prego a los nuevos dueños y ninguno de los socios de Universal Televisión ni de Prego fue investigado por prestar sus nombres a otras empresas.

Las confrontaciones de Santo Domingo con el gobierno continuaron. En octubre de 1992 el ministro de Hacienda, Rudolph Hommes, declaró que la industria cervecera estaba evadiendo el pago de impuestos del consumo de cerveza. Las declaraciones del ministro, que Augusto López calificó de "falsas", provocaron un gran dolor de cabeza a la compañía. La Administración de Impuestos inició una investigación interna del grupo cervecero que removió un tema muy delicado en el negocio de Santo Domingo: el impuesto al envase de la cerveza. Resulta que gracias a una de las campañas de desgravación tributaria de Santo Domingo, a mediados de la década de los setenta se logró que Bavaria y sus productos cerveceros fueran eximidos de ese impuesto. A raíz de las objeciones de Hommes, las visitas de los inspectores de la Administración de Impuestos provocaron dos revisiones de liquidación tributaria de la Compañía de Envases Colenvases por concepto de impuesto al consumo en los años 1991 y 1992. La posición del gobierno era que el valor del envase de aluminio no recuperable debía computarse para determinar el impuesto.

Nada de eso, alegó Bavaria. Desde hace 20 años la Superintendencia de Control de Precios y, posteriormente, el propio Ministerio de

Desarrollo Económico "siempre entendieron y así lo dijeron en varias resoluciones que la tarifa del impuesto, que es del 48 por ciento *ad-valorem*, debía aplicarse al valor del líquido exclusivamente, sin tomar en cuenta el del envase".[13]

La discusión con Hommes revivió otros pleitos viejos entre el gobierno y la cervecería. La magistrada del Consejo de Estado, Consuelo Sarria Olcos, falló que la Pony Malta debía pagar impuestos a las ventas. Con esa decisión se puso punto final a una disputa que comenzó en 1985. Acogiéndose a ese fallo, los visitadores reliquidaron los impuestos de 1992, 1993 y 1994, y exigieron a Bavaria que pagara por el excedente, las sanciones y los intereses de mora un total de 10,145 millones de pesos (12 millones 700 mil dólares).

Todo esto originó una furiosa ofensiva de Santo Domingo y Augusto López contra Hommes. La cervecería denunció penalmente al ministro por abuso de autoridad, falsedad en documentos y pánico económico, cargos de los cuales fue exonerado en septiembre de 1994 por la Fiscalía General de la Nación. Bavaria se constituyó en parte civil y pretendía una indemnización de 2,000 millones de pesos (2 millones 380 mil dólares), que según sus directivos fue el monto del daño que le ocasionaron a la empresa las declaraciones de Hommes. No contento con la demanda ante la fiscalía, Santo Domingo ordenó denunciar a Hommes ante la Procuraduría General, que también lo exoneró. Por la batalla librada contra el ministro, la junta directiva de Bavaria felicitó Augusto López en noviembre de 1992.

A la vuelta de 10 años ese mismo ministro, que un día fue acusado de haber ocasionado un daño terrible a la cervecería, que fue humillado en el Congreso y atacado a mordiscos en Caracol, aceptó el cargo de miembro de la junta directiva de Bavaria.

Después del pleito por los espacios de televisión y la intensa esgrima tributaria con el ministro de Hacienda se cruzó en el camino del grupo Pacho Posada, ex miembro de varias juntas directivas de las empresas del grupo, que todavía tenía atravesada la espina de su rompimiento con Santo Domingo por hechos que fueron relatados en un capítulo anterior.

En su calidad de ministro de Trabajo de Gaviria, Posada sacó adelante una legislación que forzó al Grupo Santo Domingo a revelar con exactitud sus porcentajes de participación en las empresas del conglomerado. Bajo la presión de los sindicatos, el Congreso aprobó una ley por medio de la cual se ordenó a los conglomerados constituir una unidad empresarial para efectos laborales. Los resultados: el grupo Santo Domingo dominaba el 59.24 por ciento de Bavaria, el 94.5 por ciento de Cervunión y el 100 por ciento de las cervecerías Águila y del Litoral. La ley fue una victoria no reclamada de Posada, pero Santo Domingo la entendió como una venganza tardía de un amigo ingrato, y denunció por prevaricato al ministro ante la Procuraduría General de la Nación. Según los abogados de Santo Domingo, Posada se debía haber declarado impedido para participar en la reglamentación de la legislación por la relación conflictiva que existía con el grupo empresarial afectado.

La Procuraduría Tercera Delegada para la Vigilancia Administrativa no encontró mérito para investigar al ex ministro por cuanto no se logró demostrar realmente que Posada salió de la organización en malos términos, y que si existió algún problema entre éste y los directivos del grupo fue algo pasajero.[14] Desde su lecho de enfermo Posada aceptó una entrevista con la revista *Semana* para hablar de su larga y hasta entonces silenciosa decepción de Julio Mario Santo Domingo, pero en vísperas de la entrevista, su salud se complicó y murió .

"Mi papá fue una persona muy reservada", me escribió su hijo Eduardo Posada Carbo, "además poco dispuesta a hacer públicas las relaciones con sus amigos, menos aún con quienes le depositaron responsabilidades y confianza. Espero que comprendas que, inclusive si tuviera conocimiento de algo, mal haría yo en hablar sobre lo que él no quiso en vida. Me consta que al renunciar de su cargo en el Grupo Santo Domingo para aceptar la embajada de Colombia ante la OEA, sus relaciones personales con Julio Mario seguían siendo muy buenas y cordiales. A ratos se ha especulado sobre los motivos de su renuncia. Pero desde hace tiempo mi papá quería regresar a la vida pública y el ofrecimiento del presidente Betancur para que ingresara a su administración fue la razón de renunciar a su cargo".[15]

A sus 66 años, Santo Domingo, quinto cervecero mundial, sin pagar un centavo de impuestos en Estados Unidos y viendo cómo crecían como espuma las utilidades de las empresas del grupo en Colombia, apareció por primera vez en la lista de *Forbes* de los hombres más ricos del mundo. Su figuración en la edición de 1992 llevaba además una coletilla que lo hacía más orgulloso: la revista aseguró que la suya fue la única fortuna de ese nivel en Colombia que "no salía del narcotráfico o del tambor de un revólver".

La fortuna fue calculada en más de 1,000 millones de dólares y la revista se la atribuyó al virtual monopolio de la cerveza en Colombia y Ecuador; al dominio del 50 por ciento del mercado de la bebida en

Portugal, y a la participación accionaria en el Banco Comercial Antioqueño, el tercero más grande del país, una compañía de seguros, y una red de radio y televisión a nivel nacional. Las ventas consolidadas de las compañías controladas por Santo Domingo fueron calculadas por la revista en 2,200 millones de dólares y las utilidades en 145 millones de dólares.

La única mancha en la contabilidad de la empresa seguía siendo Avianca, pero ésa no era una novedad sino una costumbre. A los colombianos se les olvidó, de tanto saberlo, que Santo Domingo opera una empresa aérea que desde hace 20 años arroja pérdidas en libros, y por una razón que nadie explica con claridad, y por tanto nadie entiende, el magnate continúa manteniéndola y sale a implorar ayuda al gobierno cada vez que está a punto de quedar paralizada por sus deudas.

Es como un *show* que se repite por temporadas. La versión de 1991 ilustra la manera como funciona. El entonces presidente Gaviria promovió una política de cielos abiertos –competir sin protección del Estado– que no le cayó muy bien a Santo Domingo. En marzo de 1991, Avianca presentó pérdidas acumuladas de 67.2 millones de dólares de los cuales 45 millones correspondían a la banca extranjera y 22 millones a la nacional. En esa oportunidad la junta directiva de la compañía justificó la situación por "el efecto del terrorismo" que produjo una reducción importante de tráfico de pasajeros tanto a nivel nacional como internacional, mayores costos por el aumento de las primas de seguros, fallas en las superficies de las plataformas y aeropuertos y la necesidad de asumir directamente los costos de la seguridad.

Adicionalmente, a raíz del conflicto del Golfo Pérsico, el precio del combustible sufrió considerables aumentos, "en tanto que en tarifas hubo un desfase en su aplicación".[16]

El patrimonio de Avianca también iba en picada. Según un informe del sindicato de trabajadores de la aerolínea, Sintrava, la empresa cada vez favorecía más el sistema de *leasing* al punto que en 1991 sólo tenía cinco aviones propios y 17 eran alquilados, un proporción muy distante de la que mantenía en 1980, cuando poseía 18 aviones y 17 eran arrendados.[17] El análisis financiero del sindicato, que cubrió 12 años de actividades de Avianca, ofrece una explicación muy bien sustentada en torno a la razón por la cual Santo Domingo continúa con la aerolínea a pesar de sus aparentes recaídas: "Avianca tiene un alto índice de concentración accionaria y sus propietarios no esperan la repartición de utilidades para comer y vestirse: sus acciones no están en función de presentar operativa y contablemente a la empresa en cada ejercicio con saldos positivos o gananacias, por lo que ello representa. Su función, de acuerdo a los balances, está en generar ganancias a terceros y reinvertir estas utilidades bajo otra modalidad".[18] A partir del análisis financiero, los trabajadores sindicalizados concluyeron que, después de los bancos, Avianca se nutre de las reservas de sus prestaciones legales que ascendían a 60 millones de dólares, 24 veces superior a los aportes de los accionistas. (En 1991 Avianca tenía 6,200 trabajadores)

En Colombia esta clase de análisis queda olvidado en los archivos de los sindicatos y tiene muy poca publicidad. Al menos en el caso de Avianca es más fácil encontrar un titular sobre su grave crisis que un artículo que la explique.

Pues bien, Avianca buscaba afanosamente refinanciar sus deudas, pero las conversaciones con los bancos se rompieron por un malentendido que surgió en el tema de las condiciones de un preacuerdo del pago de la deuda. Fue entonces cuando Santo Domingo dejó saber al gobierno que ante las difíciles circunstancias no tenía otra salida que buscar el concordato. Era una "audaz jugada de póquer", como lo dijo la revista *Semana*.[19] Con su amenaza Santo Domingo logró asustar a los bancos acreedores, particularmente a los extranjeros, y obtener condiciones más favorables. De otra parte era un argumento útil frente al Gobierno para evitar que la Aeronáutica Civil se pronunciara sobre las nuevas rutas que estaba estudiando para conceder a otras aerolíneas. Después de un período de tensión, Santo Domingo logró que los bancos internacionales le descontaran un 53 por ciento de la deuda, lo cual equivalía a 25 millones de dólares. "Julio Mario Santo Domingo siempre cae parado y en esta ocasión ha caído más parado que nunca. Ante la perspectiva del concordato, la banca internacional decidió no arriesgarse y más bien pararse de la mesa con las fichas que había, así fueran menos de las que esperaba".[20]

Desde las antiparras gringas de Millman, el reportero de *Forbes* que lo entrevistó, Santo Domingo lucía como un magnate refinado, "un noble patricio" que se movía como pez en el agua en el jet–set internacional mientras observaba "impotente cómo los barones de la cocaína y las guerrillas marxistas de su país han secuestrado y asesinado a sus empleados, bombardeado sus pozos de petróleo y derribado sus helicópteros".

No era una imagen muy cercana a la que tenían –y tienen hoy– los colombianos que saben quién es Santo Domingo. Para la gente de clase media ilustrada de las ciudades grandes, Santo Domingo es más bien un potentado distante a quien el país sólo le ha interesado para hacer negocios y buscar pleitos.

Una anécdota ilustra esa desconexión del empresario con Colombia. A finales de 1999, la revista *Cromos* celebró su nuevo diseño y presentación con una reunión en las nuevas instalaciones de la publicación, un edificio situado al norte de Bogotá. Al llegar a la sede, Santo Domingo preguntó a un grupo de invitados, entre quienes se encontraban el caricaturista Vladdo y el periodista Roberto Pombo: "¿Y dónde estamos?". Luego de que Pombo le informó de la ubicación del edificio, el industrial preguntó si todo el piso correspondía a *Cromos*. A lo cual el periodista le respondió que no sólo ese piso sino todos los demás. Vladdo entonces metió la cucharada y le dijo: "Don Julio Mario no sólo el piso sino el edificio son suyos".

Santo Domingo *vs.* Ardila

Tarde de toros en Bogotá, 1995. El matador César Rincón, patrocinado por Bavaria, brinda el toro al director de Caracol Radio, Darío Arizmendi. El público responde al gesto con un chiflido que se va transformando en un coro provocador, y en medio del chiflido va surgiendo un barahúnda en la que claramente se empieza a entender el nombre de la cerveza de la organización Carlos Ardila Lülle: Le-o-na, Le-o-na, Le-o-na. Alguien del palco llama a Ardila Lülle por celular y lo deja escuchar el coro con el nombre de su nuevo producto cervecero. El empresario se emociona y anota en su memoria una victoria en su largo enfrentamiento con Julio Mario Santo Domingo.

La escena de la Plaza Santamaría de Bogotá fue en realidad un paseíllo público de una rivalidad entre Santo Domingo y Ardila que se enconó desde la estruendosa crisis de Avianca a mediados de los años ochenta. En medio de acusaciones mutuas de malos manejos de la empresa (Santo Domingo sugirió en su careo en Washington que Ardila encubrió las actividades ilícitas del presidente de la empresa Andrés Cornelissen), las relaciones entre los dos grandes magnates se rompieron y pasaron al plano de la competencia implacable. Desde entonces, en cada organización se volvió una obsesión seguir los pasos de la otra, indagar sobre sus dificultades para hacerlas públicas y no ahorrar un solo peso para competir en los nuevos frentes de inversión.

A mediados de la década de los 90 ambos empresarios se mostraban fuertes. Santo Domingo era el quinto cervecero del mundo. Su fortuna superaba los 1,200 millones. La cervecería con filiales en Ecuador, España y Portugal valía 3 mil millones de dólares.

La Organizacion Ardila Lülle tenía ventas de 1,400 millones dólares. Su imperio de gaseosas contralaba 3,000 camiones de distribución puerta a puerta, tienda a tienda. Ardila cautivó en todo el país por lo menos a 20,000 tenderos regalándoles los refrigeradores con la condición de que sólo vendieran su producto. Desde el ingenio azucarero hasta las botellas, toda la cadena de producción era controlada por la organización.

En 1987 Augusto López firmó con Ardila un pacto de no agresión que impedía invadir terrenos que el otro dominaba. La cerveza y la aviación eran de Santo Domingo y las gaseosas de Ardila. Una disputa sobre los derechos de transmisión de los partidos de futbol de la Copa Libertadores de América ese mismo año puso a prueba la frágil tregua entre ambos magnates . Caracol tenía todos los derechos para la transmisión, pero como el torneo tuvo que extenderse por un empate en la final, fue necesario programar un partido adicional que no estaba contemplado en el acuerdo. RCN adquirió los derechos para ese partido, lo cual indignó a Augusto López. La pataleta de López no logró impedir que RCN transmitiera el partido. En el mismo campo el Grupo Santo Domingo se anotó una victoria que distanció aún más a los contrincantes mayores. Caracol logró el patrocinio de la selección colombiana de futbol a través de León Londoño el controvertido presidente de la Federación de Futbol. RCN respondió con una campaña de denuncias sobre las actuaciones de Londoño en la federación que precipitaron su caída. Años después los grupos acordaron no sonsacarse personal de sus compañías de radio y televisión, pero tampoco lo cumplieron.

El pacto se rompió en abril de 1992 cuando Santo Domingo sacó al mercado la Cola y Pola, una mezcla de gaseosa con cerveza conocida en Colombia como refajo. La antesala del anuncio fue una guerra publicitaria en la que, por un lado, el Grupo Santo Domingo invitaba a los consumidores a acompañar sus comidas con cerveza y no con "una dulce" (gaseosa), y por el otro la Organización Ardila afirmaba que era mejor una gaseosa que una bebida alcohólica.

Ardila esperaba al menos que Santo Domingo le hiciera una llamada de cortesía anunciando la salida del nuevo producto, pero éste puso en la tarea a un asistente que lo llamó a la oficina durante Semana Santa, a sabiendas de que no estaba allí.

"Si ésa es su interpretación es problema suyo", comentó Santo Domingo.[21]

La asamblea general de accionistas de Bavaria modificó la razón social de la compañía para incursionar en la producción y distribución del refajo, "aguas de mesa" y gaseosas. Hasta ese momento los estatutos restringían las actividades de la fabricación y comercialización de cerveza y en el campo de los refrescos a Pony Malta.

En respuesta a la invasión del refajo, Ardila resolvió incursionar en el mercado de la cerveza montando una moderna planta en la cual invirtió 270 millones de dólares que le prestaron los bancos. El anuncio de la nueva fábrica lo hizo Ardila en octubre de 1992.

Dice el escritor Charles L. Mee en su libro Playing God (*Jugando a ser Dios*) que todos aquellos historiadores que reconstruyen los grandes conflictos de la historia reparando solamente en el tamaño de los ejércitos enemigos, los recursos económicos de sus bandos y sus posiciones geográficas y otros "hechos materiales del mundo", se olvidan de los verdaderos factores "que causan que la gente cometa grandes errores de cálculo"[22]. Esos factores son generalmente cosas accidentales, muy subjetivas, casi siempre pasionales, que no aparecen en los libros de historia.

En el caso de Ardila contra Santo Domingo hay un episodio que se ajusta a la descripción de Mee. Si bien es cierto que Ardila no descartaba incursionar algún día en el campo de la cerveza, aprovechando la infraestructura de su emporio de gaseosas, y que había capoteado los enfrentamientos que violaron el acuerdo de no agresión, su decisión fue prácticamente detonada por la indignación que le causó un mezquino desplante de su competidor: Santo Domingo ordenó a sus subalternos en Avianca que le pidieran a Ardila retirar su avión ejecutivo de un hangar propiedad de la aerolínea en el Aeropuerto Eldorado con el pretexto de que se había vencido el contrato de arrendamiento. Aunque Ardila prefirió no hablar sobre sus relaciones con Santo Domingo, dos fuentes que conocieron el episodio me lo confirmaron.

Una vez Ardila tomó la decisión de competir en cerveza, Santo Domingo la calificó como un acto de torpeza.

"En mi opinión, es muy estúpido lo que él ha hecho. Él se queda con un porcentaje [de la venta de cerveza] ¿y qué? Nosotros nos quedaremos con mucha más de sus gaseosas, y eso es donde él hace dinero"[23]. Lo que no comentó Santo Domingo es que él mismo viajó a España para persuadir a Ardila de que desistiera de montar la competencia en cerveza, y Ardila se negó. En estos días surgió además el rumor de que Ardila pondría al frente de su nuevo proyecto al ex presidente de Bavaria Carlos Cure, con la doble intención de tener a su lado a alguien que no sólo conocía el negocio de la cerveza sino la personalidad y los secretos del enemigo. El propio Ardila desmintió el chisme y aseguró que ni siquiera aparecía como asesor[24].

De todas maneras Santo Domingo anunció que ganaría la batalla: "Le daremos una buena pelea".[25]

No era un amenaza retórica. A las pocas semanas de introducir al mercado Cola y Pola, Santo Domingo hizo el lanzamiento del agua Brisa para competir con Agua Cristal, de Ardila. A mediados de 1994, Ardila respondió con la inauguración de jugos Postobón, importados de la fábrica de Batidos Ryalcao de España, para anticiparse al lanzamiento de los jugos Tutti Frutti de Bavaria [26]. Santo Domingo no sólo lanzó los jugos Tutti Frutti sino que además, en septiembre, puso en circulación la gaseosa de Bavaria, Konga, los sabores de Link y la soda Wizz con una costosa fanfarria publicitaria de fondo.

La meta que se propuso Ardila para el primer año fue arrebatar a Bavaria el 15 por ciento de las ventas de cerveza en Bogotá. A mediados de enero de 1995, en una rueda de prensa que fue precedida por un fuerte temblor de tierra –Augusto López bromeó diciendo que fue el zapatazo que dio Santo Domingo desde Nueva York–, Ardila presentó en sociedad la cerveza Leona.

Gracias a la curiosidad natural de los consumidores ante un nuevo producto y sus deseos de un cambio, las ventas de la nueva cerveza llegaron a un punto que preocuparon a los ejecutivos de Bavaria. Como en cualquier guerra, las cifras de los bandos nunca coincidían.

En abril de 1995, la Organización Ardila anunció la conquista del 43 por ciento del mercado de cerveza de Bogotá, pero a Augusto López no le cuadraban las cuentas. "Si eso fuera cierto, las ventas de Bogotá en los cuatro primeros meses habrían crecido un 37 por ciento en volumen. Si tomamos todo el país, el consumo de cerveza ha crecido un 13 por ciento este año, luego las cuentas no nos dan". [27]

Mientras Ardila decía que su cerveza no había podido salir de Bogotá porque la fábrica estaba copada en producción, López sostenía que Leona sí salía de Bogotá hacia Cundinamarca, pero de contrabando. Por un lado Ardila afirmaba que le había hecho un hueco enorme a su competidor quitándole del mercado 400,000 hectolitros de cerveza y por el otro López le respondía que el verdadero hueco lo hicieron ellos al desviar hacia su cauce 200,000 hectolitros de gaseosa.

"Las gaseosas que vende Postobón son alrededor de 12 millones de hectolitros al año, y nosotros esperamos vender este año cerca de dos millones, un 20 por ciento", advertía López.[28]

Ni las gaseosas de Santo Domingo inundaron a Ardila ni la Leona de Ardila postró a Bavaria. Un año después de la fiebre de Leona, las ventas se estancaron y Ardila empezó a sentir la sobrecarga financiera de los créditos en dólares. En uno de los actos más humillantes para su historial de 30 años de éxitos sostenidos, Ardila debió aceptar una oferta del propio Santo Domingo para quedarse con un 43.93 por ciento de la cervecería Leona cinco años después. Santo Domingo nunca hizo alarde de esta victoria anunciada, que se selló con un contrato de adquisición de acciones a mediados del año 2000. De esa manera, quedaba de nuevo con el virtual monopolio de la cerveza en Colombia.

Al mismo tiempo que se invadían sus tradicionales industrias, los dos empresarios también probaron fuerzas en la televisión a mediados de los años 90, cuando el gobierno entregó los canales al sector privado en la modalidad de concesión. La privatización se logró por medio de una ley que el Congreso aprobó en 1995 –por iniciativa del ejecutivo– no sin antes haber consultado su contenido y alcance con ambos magnates. En el Ministerio de Comunicaciones se hicieron varios ajustes al articulado del proyecto con base en sugerencias precisas de Augusto López.

Cada organización, RCN Televisión y Caracol Televisión, pagó 95 millones de dólares por el derecho a manejar su propio canal, la licencia más cara en la historia de la televisión de América Latina. Los primeros cálculos del negocio no eran muy halagüeños. Los ingresos por publicidad en todo el mercado de Colombia en 1996 no pasaban de 260 millones de dólares, y a pesar de que las dos terceras partes correspondían a la publicidad en televisión, la tajada para compartir nunca fue suficiente para mantener el ritmo de la competencia. Pero esos cálculos no fueron un obstáculo para contener el frenesí de ambos magnates por arrancar como si se tratara de la fundación de una sucursal de Hollywood. Las empresas contrataron directores y ejecutivos con sueldos que ni siquiera se pagan en estaciones regionales en Estados Unidos, donde la facturación publicitaria es igual o el doble de los canales de Colombia. Los primeros directores de los noticieros de las cadenas se ganaban un promedio de 40,000 dólares mensuales y los artistas exclusivos devengaban un poco menos, aun si no estaban grabando telenovelas.

Fue una época de bonanza para periodistas, productores y guionistas. Pero de bonanza efímera, artificial. A los dos años, cuando las cifras en rojo invadieron los libros de contabilidad y los créditos de los bancos se secaron, ambos canales hicieron podas laborales inclementes. Se recortaron sueldos de ejecutivos y los directores con honorarios exorbitantes fueron despedidos. Los costos de producción se redujeron al máximo, las transmisiones por *fly away* y microondas se limitaron a las estrictamente necesarias, se recurrió a los enlatados baratos, y el papel de faxes y de impresión de las salas de redacción empezó a usarse por ambos lados, una de las señales más conocidas de la austeridad de primer grado.

La última víctima de la poda fue Yamid Amat, director de noticias de Caracol Televisión. Sus honorarios, que alcanzaron a llegar a 70,000 dólares mensuales, los resentía la contabilidad del canal en una época de recesión y de recortes sustanciales de publicidad por parte de los grandes anunciantes. Después de varias reducciones en el sueldo de la gran figura de Caracol, el presidente del canal, Paulo Laserna, se vio obligado a terminar su contrato. Por supuesto que se trataba de una decisión consultada con Santo Domingo en abril de 2002. Sin embargo, una vez tomada, las críticas cayeron sobre Laserna por la manera como le pidió la renuncia al veterano periodista, una decisión que el columnista D'Artagnan llegó a calificar de "desahucio" y "zancadilla", salvando la responsabilidad de Santo Domingo, como era esperar del mosquetero de *El Tiempo*.

En el negocio de la telefonía celular, Ardila y Santo Domingo también midieron sus fuerzas aunque sin la energía que le pusieron a la competencia en los canales de televisión. Desde que en 1991 el gobierno de César Gaviria señaló las reglas y los límites geográficos de la concesión –la más tardía en adjudicarse en América Latina– los empresarios expresaron su interés en participar en la subasta. Después de un año de preparación, Ardila decidió retirarse y concentrar su inversión en la cervecería. Aceptó, sin embargo, participar con un 9.9 por ciento en la empresa de Luis Carlos Sarmiento Anguló, Compañía Celular de Colombia (Cocelco).

Santo Domingo comprometió más dinero en la inversión. Asesorado financieramente por Chase Manhattan Bank, se alió con la compañía Mc Caw Cellular, la más grande del mundo que posteriormente fue comprada por ATT, para crear Celumovil de Colombia.

Desde junio de 1994, el año en que comenzó a operar la telefonía celular, hasta finales de 1999, el servicio creció de 69.795 usuarios a 1 millón 921 mil, un total de 87.2 por ciento. La compañía de Santo Domingo tenía 768,000 suscriptores.

A pesar de su crecimiento –la telefonía celular en Colombia batió el récord latinoamericano de penetración– el negocio no resultó tan lucrativo como se había proyectado. El precio de la licencia, la imposición del gobierno a las empresas licitantes de aceptar la cobertura de regiones inhóspitas y remotas del país y los planes de telefonía social, todo esto como compensación por las regiones que recibieron con usuarios garantizados, fueron factores que encarecieron la operación.

En otro frente menos público, Santo Domingo contrató en 1996 a la firma de investigaciones privadas más grande de Estados Unidos, Kroll Associates, para que indagara sobre la posible infiltración de dineros del narcotráfico en la organización Ardila Lülle. Oficialmente, la firma, a través del ex director de la DEA de Miami Tom Cash, dijo que el trabajo consistía en un estudio de cómo evitar esa infiltración en el Banco Comercial Antioqueño. Pero una fuente diferente, relacionada con esa empresa, me aseguró que el objetivo original del contrato era buscar información que pudiera comprometer al conglomerado de Ardila en líos de lavado de dinero.

Coincidió que por esa misma época de la investigación de Kroll, algunos reporteros encargados de la cobertura de América Latina recibieron unos datos sueltos, confusos y anónimos que sugerían que algunas persona de la Organización Ardila Lülle tenían vínculos con lavadores de dinero en Europa. Esta información le llegó a José de Córdoba, reportero de *The Wall Street Journal*, en el momento en que preparaba una crónica sobre la confrontación de Ardila y Santo Domingo en Colombia. Su artículo original presentaba a los magnates como los dos grandes empresarios cuyas fortunas eran de fuentes legítimas. Ante las dudas sembradas por el anónimo, Córdoba llamó a sus fuentes en el gobierno federal para conocer su opinión y allí le respondieron que estaban siguiendo las mismas pistas pero que no tenían nada confirmado. Para curarse en salud, y debido a la vacilación de sus fuentes federales, Córdoba cambió su nota a última hora, y lo que comenzó como una interesante crónica de una contienda entre los dos gladiadores del sector privado en Colombia, evocando la misma escena taurina arriba descrita, terminó como un perfil de Santo Domingo y la crisis del presidente Samper. La semblanza de Santo Domingo fue publicada en la primera página de la edición del 6 de febrero de 1996 de *The Wall Street Journal*.[29]

El artículo original de Córdoba, que no fue publicado, mostraba a Ardila como el gran retador del duelo, apoyado por un amplio sector empresarial de Colombia. Más allá de haber provocado ese cambio de última hora en el artículo del periódico de Nueva York, los rumores sobre la Organización Ardila no tuvieron consecuencias legales en Estados Unidos. Ardila viaja sin problemas a este país y uno de sus hijos, Antonio José, vive en Miami y participa en actividades comerciales y de la comunidad colombiana en el sur de Florida.

En la versión nunca publicada del artículo, Augusto López respondió lo siguiente a la pregunta del desafío cervecero de Ardila:

"Envidia, Ardila siempre ha visto a Santo Domingo como un ejemplo". La diferencia es de estilo y tono, agregó el director de *El Tiempo*, Hernando Santos: "Ardila Lülle es suave, Santo Domingo es fortísimo".[30]

En una actitud que sorprendió a muchos, Santo Domingo decidió bajar la guardia ante su competidor. A principios de siglo ambos magnates revivieron sus afectos con la natural prevención que dejaron los golpes del pasado.

NOTAS

1. "We invest incestuously", Joel Millman, revista *Forbes*, 13 de agosto de 1992, sección Internacional, pág. 74.

2. Avianca Inc. Et Al vs. Mark F.Corriea, United States Dictrict Court for the District of Columbia Washington, 4 de junio de 1986.

3. En un informe de Securities Exchange Comission de diciembre de 1995, Santo Domingo figura como director de Deltec International S.A. (Informe del tipo 13D, United States Securities Exchange Commission, 31 de diciembre de 1995).

4. "Santo Domingo Conquista Portugal", *Semana*, 4 de junio de 1991, pág. 14.

5. *Semana*, 4 de junio de 1991, pág. 14.

6. "Entre la Rubia y la Violencia", *El Tiempo*, 1 de mayo de 1994, sección Panorama, pág. 2B.

7. Decreto 2614 del 30 de octubre de 1990, Ministerio de Relaciones Exteriores de Colombia.

8. Decreto 541 del 22 de febrero de 1991, Ministerio de Relaciones Exteriores de Colombia.

9. "Santo Domingo Conquista a Europa", revista *Semana*, 4 de junio de 1991, pág. 20.

10. Consejo Nacional de Televisión, acta del día lunes 18 de mayo de 1992.

11. Certificado de la Cámara de Comercio de Bogotá del 5 de mayo de 1992.

12. Carta de Prego Televisión al Consejo Nacional de Televisión, 30 de julio de 1992.

13. Carta de Augusto López, presidente de Bavaria, a Mauricio Rodríguez, director de *Portafolio*, 19 de julio de 1994, publicada por *Portafolio*, 9 de agosto de 1994, sección Controversia.

14. "Procuraduría absolvió a ex ministro de Trabajo", *El Tiempo*, 29 de abril de 1993, sección Judiciales, pág. 12A.

15. Correspondencia electrónica con Eduardo Posada Carbó, 27 de mayo de 1999.

16. "We invest incestuously", Joel Millman, revista *Forbes*, 13 de agosto de 1992.

17. "Avianca por Dentro", Análisis Financiero de Avianca 1980-1992, Guillermo Koenigsbberg CEIS-INEDO, redacción Junta Directiva del Sindicato de Trabajadores de Avianca. Sintrava.

18. *Op.cit.* pág.3.

19. "La Última Jugada", *Semana*, 22 al 29 de octubre de 1991, pág. 31.

20. "La Última Jugada", *Semana*, 22 al 29 de octubre de 1991, pág. 32..

21. "Vendetta", Joel Millman, revista *Forbes*, 15 de agosto de 1994, sección Internacional, pág.58.

22. Charles L. Mee, Jr., "Playing God, Seven fateful moments when great men met to change the world", Simon & Schuster, Nueva York, 1993, pág. 14.

23. "Vendetta", Joel Millman, revista *Forbes*, 15 de agosto de 1994, sección Internacional, pág. 58.

24. "Competencia tamaño litro: ni las maltas se librarán de la confrontación", *El Espectador*, 15 de octubre de 1992, pág. 1A

25. "Vendetta", Joel Millman, revista *Forbes*, 15 de agosto de 1994, sección Internacional, pág. 58.

26. "Ardila Suelta su Leona", *Semana*, 24 de enero de 1995, pág. 44.

27. "Guerra de 'Polas': ¿Quién muerde a quién?", *El Tiempo*, 11 de junio de 1995, pág. 6C

28. "Guerra de 'Polas'...Quién muerde a quién?", *El Tiempo*, 11 de junio de 1995, pág. 6C

29. "Colombian Paradox: Embattled President has Powerful Friend", José de Córdoba, *The Wall Street Journal*, 6 de febrero de 1996, pág. 1.

30. Copia inédita obtenida por el autor, 3 de diciembre de 1995.

15

El Samperato

*"Julio Mario Santo Domingo, el hombre
a quien Samper se lo debe todo"*

VANITY FAIR

Algunos amigos de Santo Domingo en Valledupar lo propusieron como candidato presidencial para el periodo 1994-1998, exhibiendo como virtudes del empresario "su recia personalidad y su profundo conocimiento de los problemas y la realidad del país", y convencidos de que es "un hombre... apartado de las querellas políticas y de las componendas electoreras"[1]. A diferencia de otros magnates de América Latina que sueñan con ser presidentes y que de hecho se han potulado, Santo Domingo nunca ha dado una sola señal de esa ambición, primero porque no lo necesita y segundo porque no tiene algunos de los dones que sus generosos amigos de Valledupar le atribuyeron. "Yo no sirvo para la política. Zapatero a tus zapatos. Uno debe dedicarse a lo que sabe hacer bien. Creo que no me arriesgaría a ser un político malo, y seguramente lo sería, porque no tengo, por ejemplo, facilidad para hablar en público, ni soy amigo de componendas. Digo las cosas como son y carezco de las sutilezas de los políticos. Por otro lado no conozco a fondo el país y ésa es una premisa básica para quien quiera dedicarse con éxito al ejercicio político"[2].

El periodo para el cual fue postulado por sus admiradores vallenatos era además el menos indicado si se considera que durante esos cuatro años Santo Domingo no fue, pero tuvo presidente. En el Palacio de Nariño se instaló un mandatario de su entera confianza a quien apoyó en las buenas y en las malas, desde el principio hasta el final como si fuera, y de hecho lo fue, una valiosa inversión.

Ernesto Samper Pizano pasó a la segunda vuelta de las elecciones de 1994 con una votación que presagiaba un reñido final en votos –y en efectivo– frente a su contendor, el conservador Andrés Pastrana Arango. Al menos Samper necesitaba 4,000 millones de pesos (unos 4 millones de dólares) para esta segunda etapa electoral, según cuentas del tesorero de la campaña, Santiago Medina. En su urgencia por conseguir nuevos fondos, al día siguiente de cumplida la primera vuelta electoral (31 de mayo de 1994) el candidato Samper; Fernando Botero, director de campaña; Rodrigo Pardo, quien coordinaba los gastos de publicidad, y Ricardo Alarcón, gerente de Caracol, acudieron a la casa de Augusto López. Además de la cuestión financiera la campaña samperista quería disipar rumores de los últimos días en el sentido de que Santo Domingo había iniciado un acercamiento con Pastrana.

"A lo cual les respondí que no era cierto puesto que hasta ese momento no se había celebrado ningún contacto", afirmó Augusto López[3]. En esa reunión López le dio la mala noticia a Samper de que las arcas de contribuciones del grupo Santo Domingo estaban casi vacías debido a que el tren de gastos había sido muy fuerte en el último año. El Grupo Santo Domingo hizo desembolsos para las elecciones del Congreso, la consulta liberal y la primera vuelta presidencial. En conclusión, dijo López, Santo Domingo sólo podría contribuir con un millón de dólares más a la campaña a través de la Asociación Colombia Moderna y del Fondo Liberal del Pueblo.

Al candidato y sus colaboradores, que esperaban una contribución mucho más generosa para engrasar la maquinaria política, el anuncio de López los dejó fríos. Al día siguiente, Medina viajó a Cali a pedir ayuda a los jefes del cártel de esa ciudad. Era su segundo viaje. El 6 de mayo había logrado que aportaran un millón de dólares para la primera vuelta.

"El miércoles primero de junio volvimos a Cali", recuerda Medina. [Alberto] Giraldo y yo viajamos en un vuelo comercial de Avianca. Al llegar, nos dirigimos al mismo lugar de la primera reunión. Nos esperaban los hermanos Rodríguez Orejuela, [José] Santa Cruz y [Pacho] Herrera.[4]

Un día después de la conversación de Medina con el cártel de Cali, Botero y Samper insistieron en pedir más ayuda durante un almuerzo en la casa de Augusto López. Samper acudió con Botero y Juan Manuel Turbay. En la casa de López estaba Ricardo Alarcón, presidente de Caracol, y luego llegaron Julio Mario hijo y Andrés Obregón. Cuenta Samper que en un momento determinado, "cuando ya estábamos en los postres, Augusto recibió una llamada de Julio Mario Santo Domingo a quien informó de nuestras aspiraciones. Julio Mario pidió que pasara al teléfono, me felicitó por los resultados de la primera vuelta y me dijo que él ayudaría a conseguir los recursos que necesitábamos con personas amigas relacionadas con el grupo. La buena nueva nos dejó a todos convencidos de que nuestros problemas financieros estaban resueltos, pues otros donantes también nos habían prometido aportes que ayudarían a cubrir los gastos imprevistos que se pudieran presentar. Salimos del almuerzo con la tranquilidad de que la campaña estaba totalmente financiada y encargamos, con Augusto, a Fernando Botero y Carlos Quintero, vicepresidente del grupo, para que pusieran en marcha la operación de tesorería correspondiente".[5]

Al menos una parte del dinero aportado por Santo Domingo y otras sumas de origen desconocido, según Samper, fueron a parar a las cuentas de Botero en el Chase Manhattan Bank, el Morgan Guaranty Trust y el Banco de Nueva York. Es una conclusión que dedujo de un documento preparado el 22 de marzo de 1996 por su abogado, Luis Guillermo Nieto, y en el que se muestra que los saldos de las tres cuentas privadas se dispararon durante la campaña:

"Lo más sorprendente es que entre mayo y junio, meses de la primera y segunda vuelta, el total de las cuentas llegó a ascender a 4.5 millones de dólares, y estas mismas cifras se mantuvieron después de terminar la campaña por un tiempo relativamente largo. Eso sugiere con mucha fuerza que tales fondos no fueron utilizados para cubrir ningún gasto importante en Colombia"[6]. Aunque sobre este aspecto no hay un fallo definitivo, en Estados Unidos quedaron indicios de que Botero hizo todo lo posible por mantener en secreto el movimiento de una cuenta en Barklay's Bank de Nueva York que la Agencia de Lucha contra las Drogas, DEA, estaba muy interesada en examinar. Un juez de Nueva York negó un recurso presentado por Frankel & Abrams, la oficina de abogados de Botero en esta ciudad, para mantener en secreto el movimiento de una cuenta del ex ministro colombiano en ese banco, alegando una falla en el procedimiento para obtener la información de los movimientos bancarios por parte de la DEA.[7] Por tratarse de un investigación interna, la DEA nunca reveló qué tipo de datos buscaba en una orden que envió al banco el 15 de septiembre de 1995 solicitando información sobre las cuentas de Botero.

El abogado de Botero, Fernando Londoño Hoyos, tiene otra versión del recorrido del dinero que entregó Santo Domingo, y llegó a la conclusión de que los aportes del empresario se canalizaron de un manera ilegal para eludir los topes de contribuciones a la campaña. Pero la ilegalidad, según él, quedó silenciada por el escándalo de los ingresos de las contribuciones del Cártel de Cali. La operación se hizo a través del Banco de Colombia en Panamá en donde se adquirieron Bonos República de Colombia. Contra la orden de venta de los bonos, la casa principal del banco en Bogotá expidió 12 cheques de gerencia por valor de casi 900 millones de pesos cada uno.

"En concreto, afirma Londoño, el Grupo Santo Domingo dio en dólares americanos para la campaña, a través de la sociedad panameña Overseas Wide Trading Inc; un total de 1,725,002 dólares de ese gran monto en junio, para la segunda vuelta transfirió 505,002 dólares, mientras que en mayo los había hecho con un millón doscientos mil dólares".[8]

Algunos de estos fondos se canalizaron a través de una cuenta de Botero en Nueva York cuya utilización fue justificada así por Londoño: "La única razón para que el doctor Botero hubiese tenido la cortesía de permitir el uso de su cuenta en Nueva York para su ingrato compañero de viaje era precisamente la extralimitación de los topes. Bavaria no tenía para qué acudir a sus filiales panameñas cuando tienen tantas disponibles en Colombia [...] Y a nadie se le antojará cómo recibir dólares en Nueva York para reintegrarlos, con muchas peripecias, a Bogotá. Pero era preciso hacerlo. Los aportes en dólares llegarían más tarde camuflados en cheques de gerencia girados a nombre de colaboradores incondicionales, o a través del servicio de cambistas que entregarían cheques en pesos a favor de los proveedores de servicios públicos contratados por el doctor Rodrigo Pardo".[9]

Según los cálculos de Londoño, el total de los montos de los aportes de las grandes fuentes de financiación de la campaña de Samper para ambas vueltas fueron:

Santo Domingo	6 millones de dólares
Cártel de Cali	6 millones de dólares
Luis Carlos Sarmiento Angulo	1.9 millones de dólares
Carlo Ardila Lülle	1 millón de dólares
Grupo Sanford	800,000 dólares

"Cuando una persona puede, sin que llegue a ser motivo del menor cuestionamiento, darle a cualquiera de los candidatos una vez y media de lo que la ley permite gastar en campañas, algo anda muy mal en el sistema. Con toda razón cabría pensar que ese grupo o esa persona tiene presidente propio y que ese presidente y los colaboradores suyos que deben conocer por fuerza de estas relaciones pierden por completo su independencia frente a los intereses en juego, por descontado enormes, de su espléndido benefactor".[10]

El 9 de junio un torrente de dinero en efectivos del cártel de Cali entró como por entre un tubo a la mansión de Medina en Bogotá y otro tanto, con el cuño del Grupo Santo Domingo, ingresó a las cuentas bancarias de la campaña a través de la casa de cambios Moravia.

"Finalmente el jueves 9 de junio Eduardo Mestre llega a mi casa con la mitad de los 3,000 millones de pesos acordados. Los otros 1,500 llegaron dos días después en manos de Alberto Giraldo", escribió Medina en sus memorias[11].

La campaña estaba a salvo y lo que siguió fue una distribución de emergencia de paquetes de dinero en efectivo a las sedes del movimiento por todo el país. En Cali, los jefes del cártel celebraron la victoria con una fiesta a la que acudieron todos vestidos de rojo, el color del partido ganador, tal y como lo recordó el ex contador del cártel Guillermo Pallomari en una corte federal de Florida. En Bogotá, Augusto López brincaba de la felicidad.

El gobierno de Samper quedó en entredicho desde sus primeros días. Sus programas de gobierno fueron ensombrecidos por el escándalo de la financiación de la campaña. Washington lanzó una cruzada tan implacable como hipócrita contra el presidente para sacarlo del poder. Los funcionarios del entonces presidente Bill Clinton –quien también llegó a la gobernación de Arkansas con aportes de un narcotraficante socio de su hermano– estaban rabiosos porque Samper había sido advertido por ellos y con suficiente anticipación de que su campaña estaba infiltrada por el narcotráfico.

Toda esta situación perturbaba visiblemente a Santo Domingo, quien trataba de tomar el pulso del gobierno americano a través de su asesor Henry Kissinger. La gran admiración que Santo Domingo siente por el ex canciller parece ser la única razón por la cual no tiene problemas en pagarle por lo menos unos 10,000 dólares por cada sesión de análisis de situación. El problema es que Kissinger ya no es un personaje influyente en Washington. Los días en que el secretario de Estado era, según las encuestas, la persona más admirada en Estados Unidos, se han ido. A paso lento la "prensa liberal", como se conoce en Estados Unidos a los medios de comunicación que no siguen la agenda de Washington, ha decolorado su prestigio con revelaciones que van desde el encubrimiento de hechos históricos importantes hasta crímenes en Indochina y la planeación del asesinato de un alto militar chileno (René Schneider)[12]. "Si él fuera 10 por ciento menos brillante y 10 por ciento más honesto sería un gran hombre", comenta Nahum Goldmann, un líder judíoamericano amigo de la familia Kissinger.[13] Su más extenso biógrafo dice que Kissinger imprimió a la diplomacia las características más visibles de su personalidad: encanto, seducción, zalamería y duplicidad. "Napoleón una vez dijo en Metternich que él confundía la política con la intriga. Kissinger fue un maestro en ambas".[14]

En un intento por distensionar las relaciones entre Estados Unidos y Colombia, Santo Domingo envió al propio ex canciller americano a Cartagena para que se entrevistara con representantes del alto gobierno. A mediados de 1995, Kissinger se reunió en la Casa de Huéspedes de esa ciudad con Samper, el ministro de defensa, Botero, el secretario de la presidencia, Jorge Cristo, y el ministro de Relaciones Exteriores, Rodrigo Pardo.

En la reunión de Cartagena la recomendación de Kissinger fue buscar todos los medios para lograr un acercamiento con el gobierno de Clinton y uno de los gestos internacionales que, según él, podría contribuir con mayor firmeza para ese fin era cancelar la Cumbre de los Alineados convocada por Colombia para octubre de ese año. La sugerencia no tuvo eco. Entre los asistentes quedó la impresión de que el asesor de Santo Domingo tenía una imagen del país distorsionada por los cristales oscuros de Washington.

Julio Mario Santo Domingo mantuvo en forma incondicional su respaldo a Samper hasta que entregó su banda presidencial a Andrés Pastrana, a pesar de la campaña que desató el gobierno de Estados Unidos contra él y sus empresas para forzarlo a retirar su apoyo.

Fui testigo de esa campaña. Durante una larga conversación que sostuve con un funcionario del Departamento de Estado en marzo de 1995, me enteré que Santo Domingo era el tema central de varias reuniones en las oficinas de América Latina de esa entidad. Los funcionarios buscaban los "mecanismos" para ejercer presiones sobre él o sus empresas con el único propósito de hacerle sentir la inconformidad del gobierno por su porfiada solidaridad con Samper. Uno de los frentes de ataque, según el funcionario, fue estudiar el "estatus tributario" del magnate. Ellos sabían que Estados Unidos era un paraíso fiscal para el empresario colombiano. Desde que el presidente César Gaviria nombró a su esposa Beatrice como agregada cultural en Washington, Santo Domingo no tuvo que preocuparse más por pagar impuestos en ese país. Si bien es cierto que la costumbre de muchos magnates del mundo entero que se aprovechan de sus influencias para obtener un cargo diplomático en Estados Unidos y vivir en el regazo de la exención tributaria es muy conocida –y tolerada–, a los funcionarios del Departamento de Estado encargados de Colombia les parecía inaudito que, mientras Santo Domingo disfrutaba de semejante estatus en su lujoso apartamento de Nueva York, estuviera respaldando al presidente a quien más odiaba el gobierno de Clinton. Estudiado el caso, el Departamento de Estado no pudo ir más allá de filtrar a la prensa el rumor de que Santo Domingo estaba en la mira de un posible investigación tributaria. Todo esto bajo la presunción de los funcionarios especializados en Colombia de que si Santo Domingo le retiraba su apoyo al Presidente, éste renunciaría. Un diplomático se lo decía a la prensa: "Si Santo Domingo le dice [a Samper] que se vaya, es su final, pero hasta que eso no ocurra, Samper se mantendrá". [15]

Las presiones al industrial estaban alimentadas en Colombia por el embajador estadounidense Myles Frechette, un diplomático entrometido y locuaz, que constantemente aparecía en las noticias nacionales, y en un español perfecto, salpicado de expresiones bogotanas, irritaba al presidente –y a una buena parte del país– con comentarios sobre la ilegitimidad de su gobierno. Al mismo tiempo se reunía con los personajes más influyentes con el propósito de "hacer saber cuál era la posicion de Estados Unidos". [16]

Como parte de esa labor, que para algunos tenía más características de campaña de desprestigio que de información diplomática, Frechette se reunió en 1997 con Santo Domingo en el apartamento del empresario en Manhattan. Santo Domingo lo invitó a almorzar. El embajador quedó sorprendido al descubrir que los ayudantes del empresario hablaban portugués, idioma que él domina además del ruso y el francés. Frente a frente, y sin más compañía que los sirvientes, Santo Domingo y Frechette hablaron de la situación del país y de la manera como el magnate concibe su papel en la política de Colombia. Como aperitivo, después de un delicioso pescado, Santo Domingo ordenó servir unas copas de cognac Armagnac, cosecha de 1943, de un botellón que tiene marcado con su nombre.

"Me contó que compró un tonel en Francia. Eso cuesta mucho, pero mucho dinero, y yo le dije que la última vez que había estado en Francia me había tomado una copa de Armagnac de esa época, de la Segunda Guerra Mundial, y que me había costado 50 dólares. Era supremamente delicioso, qué delicia. Hablamos sobre Colombia y todo lo demás y cómo él veía la cosa".[17] Con mucha cortesía y cautela, Santo Domingo le dejó en claro a Frechette que no estaba de acuerdo con la política de Estados Unidos frente al gobierno de Samper. Pero lo más interesante, según el ex embajador, es que en términos hipotéticos, Santo Domingo aventuró una explicación sobre el motivo por el cual Samper habría aceptado el aporte financiero de los narcotraficantes.

"Me hizo un cuento también de que Samper le había pedido mucha plata, porque discutimos la razón por la cual Samper le aceptó esta plata a los narcos, y Julio Mario, obvio, me dijo que no sabía, pero que él había notado que era tal la ambición de Samper, que Samper le pidió plata varias veces, y que finalmente no se la daba, porque él quería hacer una cosa un poco balanceada. Dijo que él [Santo Domingo] era como los grandes hombres de negocios de Estados Unidos que le dan a los dos partidos, y en este caso le había dado a las campañas de los dos (Pastrana y Samper). Entonces, ésa fue la explicación, de que Samper, si es que fue verdad, porque él no admitía que Samper había pedido la plata a los narcos, 'si es que ustedes tienen razon', así fue la cosa, para ser bien justo, 'si es que ustedes tienen la razón, la única razón que yo me puedo imaginar, es la ambición', tanta era la ambición de Samper para llegar al poder que la ambición lo cegó y le aceptó la plata a los chimbos".

La reunión terminó en muy buenos términos. Frechette se llevó en su bolsillo un fino habano cortesía de Santo Domingo y la impresión de que nadie cambiaría la manera de pensar del potentado colombiano. Pero el encuentro no bajó la temperatura de los funcionarios de Washington. Aunque Frechette no lo decía abiertamente, al gobierno de Estados Unidos le parecía que tenía muy poca presentación que, en medio de la tormenta de acusaciones, Santo Domingo tuviera la insolencia de jugar tenis en Barú con Samper.

La campaña del embajador no quedó impune en la laboriosa lista de desquites de Santo Domingo. En 1998, cuando Frechette buscaba puesto en Estados Unidos, se enteró que Santo Domingo estaba torpedeando su nombramiento como director del Council of the Americas, una prestigiosa institución de Nueva York fundada por David Rockefeller en 1965 para que los hombres de negocios, académicos y profesionales de Estados Unidos entiendan los problemas de los demás países de América. Santo Domingo, quien dona entre 25,000 a 50,000 dólares cada año a la fundación, es miembro de la junta de asesores internacionales. Como candidatos a la posición estaban Frechette y el ex embajador Thomas E. McNamara. Dos personas me comentaron que Santo Domingo intrigó para impedir el nombramiento de Frechette, y una vez que supo que McNamara fue nombrado presidente del consejo no ocultó su satisfacción por la derrota del perseverante crítico de Samper. Al enterarse del rumor de que era Santo Domingo quien estaba bloqueando su nombramiento, Frechette le pidió una cita al empresario para hacerle el reclamo.

"Un amigo mío que conocía el Consejo me dijo 'mire, es que dicen que Santo Domingo dijo que a usted no le debían enganchar'. Bueno, yo me imaginaba que [las presiones de Santo Domingo se debían a] la actitud de mi gobierno con respecto a Samper. Es decir, eso no me lo inventé yo, yo era el embajador, yo hacía lo que mis instrucciones decían. Pero francamente no me comí el cuento... Entonces el cuento subsistió y finalmente pedí una audiencia nuevamente con él, y fui a Nueva York y le hablé y le dije, 'mire esto es lo que dicen'. Nos encontramos en la oficina. Me recibió muy bien y me dijo 'no, eso simplemente no es verdad, y para qué me voy a meter en esa cosa, yo no tengo ninguna objeción, el Consejo es una organización americana', etcétera. Claro, él siempre se cuidaba, él de ninguna manera me dejó ver que tenía una posición frente a Samper ni èn pro ni en contra. La posición de él era la de un hombre de negocios colombiano que le daba plata a los candidatos a la presidencia de los dos partidos, como en esa época le estaba dando a Noemí también. Así es que ésa era la posición, 'yo soy una persona que tiene plata, soy colombiano, me importa lo que pasa en mi país, y doy contribuciones y sanseacabó'. Y me dijo que él no se había opuesto a mí. Y yo me quedé tranquilo, y pude haberme metido pero no, creí francamente que me había dicho la verdad y mientras más pensaba, menos me parecía que él hubiera dicho eso".[18]

Frechette se quedó con la sospecha de que la persona que había metido el palo en la rueda en su camino a la presidencia de la fundación era el entonces embajador de Colombia ante Naciones Unidas, Julio Londoño Paredes. En su sentir, Londoño había quedado muy contrariado por una conferencia que él, siendo embajador de Estados Unidos en Bogotá, dictó en Nueva York sobre Colombia en 1995.

En Colombia la gente esperaba ansiosamente una señal de los grandes empresarios frente al escándalo de Samper. El país estaba dividido entre quienes querían que Samper renunciara y quienes no lo resistían un día más en la Casa de Nariño.

Finalmente Santo Domingo se pronunció desde Nueva York. "Hasta que no sea enjuiciado y condenado lo apoyaremos", dijo en la única entrevista que concedió durante la crisis. "Pero si se llega a la conclusión de que es culpable, agregó, ése será el final de su respaldo. Nos sentiríamos traicionados". En la declaración no pudo faltar el brochazo del subconsciente de Don Juan: "Si Samper fuera hallado culpable, dijo , seríamos el esposo engañado".[19]

A finales de ese año la Comisión de Acusaciones de la Cámara de Representantes ordenó la preclusión (archivo por falta de méritos) de la investigación contra Samper. Fue sólo entonces que los "tres cacaos", Luis Carlos Sarmiento Angulo, Santo Domingo y Ardila Lulle, aplaudieron públicamente la decisión. En una carta publicada en *El Tiempo* bajo el título "Santo Domingo, Ardila y Sarmiento apoyan a Samper", los tres empresarios afirmaron: "Como colombianos queremos aprovechar este momento histórico, una vez proferido el fallo de la Comisión de Acusación de la Cámara de Representantes que ordenó archivar la investigación, para reiterarle nuestra solidaridad con usted y su gobierno".[20]

Al día siguiente, Santo Domingo aclaró al diario que, estando de acuerdo con el contenido de la carta de apoyo al Presidente, él no fue uno de los firmantes de la misma. Quien la firmó fue Augusto López, presidente de Bavaria, señaló.[21]

Con el argumento de que la absolución del Presidente fue una farsa organizada por sus copartidarios, el gobierno gringo continuó con las presiones. Por un lado, le retiró la visa a Samper en julio, y puso en cuarentena las visas del ministro de gobierno Horacio Serpa y la del canciller Rodrigo Pardo, y por el otro, siguió escarmentando a Santo Domingo, esta vez con la amenaza de cerrar la lucrativa ruta de Avianca a Nueva York . En agosto, el Departamento de Transportación anunció que cancelaría el permiso de vuelo a las aerolíneas Avianca y Aces a Miami y Nueva York. El tema fue manejado al más alto nivel. El propio secretario general del Departamento, Federico Peña, dijo que se trataba de una respuesta de la administración Clinton a la negativa del gobierno colombiano a autorizar a American Airlines la reapertura de la ruta Bogotá-Nueva York que suspendió en 1993. Pero era evidente que la razón que el funcionario ocultó detrás del ultimátum era otra.

"Los Estados Unidos quieren fastidiar al principal soporte del presidente, que es Santo Domingo", dijo claramente el ex ministro y columnista de *El Tiempo* Fernando Cepeda.[22] Al mismo tiempo, el gobierno estadounidense estaba estudiando la posibilidad de suspender todos los servicios aéreos entre ambos países con fundamento en una ley americana que impone sanciones a los gobiernos que no cumplen con los parámetros de la lucha contra el narcotráfico. Esto por cuanto Colombia había sido descertificada por Clinton.

Ninguna de las amenazas contra Santo Domingo se cumplió. La fiscalía no encontró méritos contra Serpa ni contra Pardo, y la embajada se abstuvo de anular sus visas. El gobierno gringo comprendió que la mejor táctica era exigir al Presidente acorralado lo que se les antojara en materia de lucha antinarcóticos con la seguridad de que lo aceptaría, como de hecho ocurrió. Después de conocerse el fallo de la Comisión de Acusaciones, Samper aseguró que continuaba de Presidente, pero anunció varias medidas que complacieron a Washington: el final de la política de sometimiento de los narcotraficantes y el aumento de las penas por narcotráfico.

Ese fin de año de la crisis política más grave de la historia de Colombia, Santo Domingo respiró tranquilo las brisas salinas de Barú en compañía de su consejero Henry Kissinger, de la periodista Barbara Walters y del diseñador dominicano Oscar de la Renta. Varios congresistas de Estados Unidos a quienes invitó prefirieron excusarse para no crear problemas con la orden de la Casa Blanca en el sentido de que ningún funcionario de alto rango debía reunirse con Samper. Algunos sospechaban que el Presidente se presentaría en Barú. "Los congresistas decidieron no ir porque en la época la política de Estados Unidos es que ninguna persona de alto rango se iba a reunir con él, y ellos no querían quedar fuera de esa instrucción que había dado la Casa Blanca", explica Frechette.[23] Había varias razones para celebrar: Samper se quedaba en el Palacio, el Congreso colombiano aprobó a pupitrazo limpio el primer aumento del precio de la cerveza; las ventas de ésta crecieron en un 16.8 por ciento y Avianca, conjuntamente con sus filiales Sam, Helicol, Presto y Coviajes, arrojó utilidades netas por 19.543 millones de pesos (18 millones de dólares).

Al año siguiente Santo Domingo vio impreso un sueño de su vida. Bajo el título "El hombre a quien Samper se lo debe todo", fue elegido por la revista *Vanity Fair* como uno de los 65 personajes más influyentes del mundo. El criterio de selección partía del principio de que después de la Guerra Fría el poder mundial ha pasado de las manos de jefes de Estado a grandes empresarios. De esa manera,

Santo Domingo compartió sitial con Bill Gates y George Soros, pero también con el Papa Juan Pablo II, Fidel Castro y Alberto Fujimori.

La verdad es que la deuda de la que hablaba el titular de la revista existía en ambas vías. La comunicación entre el gobierno y el empresario era constante y fluida. Augusto López jugaba tenis con el Presidente una o dos veces a la semana y hablaba con él constantemente por teléfono.

El propio Samper lo recordó después al evocar el portazo que le dio en las narices a los empresarios conservadores que le pidieron la renuncia: "Decidí también que de ahí en adelante me entendería con los dueños del balón, ya que sus jugadores habían fracasado. Ese día nacieron los llamados cacaos: Augusto López, a nombre del Grupo Santo Domingo; Luis Carlos Sarmiento, Carlos Ardila Lülle y Adolfo Arango, el gran gurú del Sindicato Antioqueño. Poco a poco, los almuerzos con los cacaos se hicieron más y más frecuentes; de la formalidad pasamos a la tertulia, y de las tertulias a las complicidades sanas". [24]

Samper fue además un Presidente muy agradecido con sus defensores. Además de los favores tributarios que concedió al Grupo Santo Domingo, un año antes de terminar su mandato, el 24 de julio de 1997, su gobierno adjudicó en forma directa 81 emisoras de radio en la banda de FM que terminaron beneficiando a Caracol. Fue una decisión en la que Samper no podría repetir lo de la complicidad sana. La adjudicación estuvo plagada de irregularidades que quedaron al descubierto en una conversación telefónica entre el entonces ministro Saulo Arboleda y el de Minas, Rodrigo Villamizar, publicada por la revista *Semana*,[25] y en la cual ambos funcionarios se ponen de acuerdo para repartir las emisoras entre los amigos del gobierno.

"El tercer argumento, se le escucha decir a Arboleda, es que [los beneficiados con las emisoras] son periodistas que todos los días le van a hacer, lo van a apoyar, lo van a respaldar [a Samper] ¿entiendes?".[26]

El ministro se refería a periodistas del Valle. Lo que pocos supieron entonces es que en el mismo paquete de las 81 emisoras, por lo menos dos periodistas y un ejecutivo de Caracol, muy conocidos por su defensa del Presidente –tal y como los quería Arboleda– también recibieron el regalo en estéreo.

Ellos fueron: Darío Arizmendi, director de noticias de Caracol, Ricardo Alarcón, presidente de Caracol Radio, y Edgar Artunduaga, periodista del programa satírico La Luciérnaga, incondicional de Samper.

Los beneficiarios constituyeron sociedades con Caracol, familiares y amigos para recibir la emisora en condiciones ampliamente favorables. Caracol se encargó de las instalaciones, los equipos y el mantenimiento a cambio de un porcentaje en la propiedad de la emisora. El ex ministro Villamizar fue condenado en marzo de 2002 a 52 meses de prisión luego de que un juez penal del circuito de Bogotá lo halló responsable del delito de interés ilícito en la celebración de contratos, dentro del famoso caso de la repartición de emisoras, más conocido como "miti-miti".

Agente antinarcótico

Julio Mario Santo Domingo se vanagloria de que su fortuna está libre de cualquier sospecha por contaminación del narcotráfico. En su entrevista con la revista *Forbes* acusó a los narcotraficantes colombianos de haber "arruinado el país más bello del mundo"; en otra oportunidad ordenó el despido inmediato de un jefe de pilotos de Avianca que había estado preso en Estados Unidos por narcotráfico y luego fue absuelto por una corte de apelaciones de ese país; contrató a la empresa estadounidense Kroll Associates para que investigara a Ardila Lülle por lavado de dinero; nombró en la junta directiva de Avianca al director de la policía Rosso José Serrano, considerado por Estados Unidos como "el mejor policía del mundo"; desplegó un escuadrón de abogados en Colombia, Estados Unidos y Portugal para desmentir categóricamente insinuaciones de fuentes no identificadas de la policía portuguesa sobre presuntas conexiones de su conglomerado con el blanqueo de capitales en una institución educativa, y dio una feroz batalla contra el ex director del extinto diario *La Prensa*, Juan Carlos Pastrana, por la publicación de artículos en los cuales afirmó que hizo arreglos comerciales con el Cártel de Cali.

A primera vista los escrúpulos del magnate parecen radicales. Sin embargo, en el caso del patrocinio del equipo América de Cali, que fue el motivo de una fuerte garrotera con Juan Carlos Pastrana, sus criterios y los de sus colaboradores para prevenir tratos cuestionables con los narcos dejaron mucho que desear. Podría decirse que la manera como el grupo se enredó en el problema se debió más al afán de competir con la Organización Ardila Lülle en materia de patrocinio deportivo, que de tratar de favorecer al equipo del Cártel de Cali. Pero a juzgar por el ambiente en el que se produjo el contrato, la prisa tampoco fue una buena disculpa.

La historia se remonta a 1995 cuando Póker, uno de los productos de Bavaria, asumió el patrocinio exclusivo del Club Deportivo América de Cali. En virtud de esta transacción, Bavaria entregaba una suma de dinero, y en contraprestación los jugadores del equipo exhibían en sus camisetas la marca de la cerveza. Los precios de patrocinio de camisetas se dispararon a mediados de la década de los 90 en Colombia por la competencia entre Santo Domingo y Ardila Lülle. Augusto López culpó del encarecimiento del patrocinio a Ardila al asegurar que si cuatro años antes se compraba el patrocinio de una camiseta al año en unos 50 o 60 millones de pesos, en 1995 valía 1,000 millones (un millón de dólares).[27]

Pues bien, al calor de la competencia, los magnates no evaluaron con quién estaban negociando. Para ninguno de los directivos del Grupo Santo Domingo era un misterio que el equipo estaba bajo el control del Cártel de Cali. Miguel Rodríguez Orejuela apareció en los cuadros directivos de la corporación desde 1980[28] y con el correr de los años invirtió en el equipo millones de dólares para contratar a los mejores jugadores nacionales y extranjeros. En la época en que los directivos del Grupo Santo Domingo y Juan José Bellini, señalado como uno de los testaferros de los Rodríguez, se sentaron a negociar el precio del patrocinio –enero de 1995– no había duda de que el equipo tenía otra marca registrada: la del narcotráfico. No una sino decenas de veces la prensa nacional y extranjera denunció los lazos del club con los narcotraficantes de Cali. Para no ir más lejos, los periodistas deportivos de Caracol lo sabían. Pero hay otro factor para tener en cuenta, y es que el ambiente del país no estaba como para girar o recibir cheques de sociedades de narcotraficantes. Ese año, 1995, fue el año del proceso 8,000. Los nombres de los negocios de los Rodríguez Orejuela, incluyendo el del América, aparecían por todas partes y muchos personajes de la política, el deporte y la farándula tuvieron que presentarse en la fiscalía a explicar el origen de cheques girados por esas empresas. Los Rodríguez Orejuela eran buscados por la justicia de Estados Unidos y de Colombia por cargos de narcotráfico y lavado de dinero. En la lista negra del Departamento del Tesoro de Estados Unidos que relaciona individuos y entidades con las cuales ningún americano debe hacer negocios por sus vínculos con el narcotráfico aparecían en ese momento no sólo los Rodríguez sino varias personas y firmas relacionadas directamente con el equipo de Cali. Estaba por ejemplo la *Revista del América*.[29]

¿A nadie en el Grupo Santo Domingo se le ocurrió pensar que era inconveniente el patrocinio del equipo de futbol propiedad de uno de los delincuentes más buscado en el país y en el mundo, entre otros por èl general Serrano, que años después se sentó en la junta directiva de Avianca?

Según los argumentos que Santo Domingo consignó en la demanda por calumnia e injuria contra Pastrana, el patrocinio no sólo se contrató con este equipo sino con otros del país porque una de las actividades de sus empresas es patrocinar el deporte nacional. Hasta ahí, la defensa podría tener algún sustento. Pero lo que sigue en el expediente es una joya: "Igualmente, señala el señor Santo Domingo Pumarejo, que las empresas que han patrocinado el equipo de futbol en mención lo han efectuado independientemente de quiénes sean sus socios".[30] Con ese mismo criterio cualquiera de los acusados en el famoso proceso 8,000 podría eludir los cargos de enriquecimiento ilícito. Después de todo ellos estaban contratando con una sociedad, llámese Export Café, Seguridad Hércules o Agropecuaria La Estrella, "independientemente de quiénes sean sus socios". El hecho es que el fiscal aceptó el argumento para dictar medida de aseguramiento contra Pastrana por dos artículos publicados en noviembre de 1996 contra Julio Mario Santo Domingo. En una de las notas, el hermano del Presidente acusó al magnate de "delitos de pública notoriedad" y de "prolongar la narcodemocracia".[31] Juan Carlos Pastrana publicó además el célebre fotomontaje en el que aparecía Julio Mario Santo Domingo con la camiseta de Póker, como si fuera un jugador del América, alineado con Augusto López y los hermanos Rodríguez Orejuela. Aunque eso de tipificar conductas criminales no es una labor de un periodista, y a Pastrana se le fueron las luces con sus afirmaciones de que se trataba de un delito de pública notoriedad, la discusión en frío sobre la responsabilidad del Grupo Santo Domingo de patrocinar un narcoequipo nunca se abordó ni en la empresa, ni en el proceso penal ni en un medio de comunicación independiente. La Fiscalía cerró el tema afirmando que "ninguna de las pruebas que militan dentro del plenario nos permiten colegir la comisión de hecho punible alguno por parte del querellante".[32]

NOTAS

1. "Para la Presidencia de la República: Vallenatos Postulan a Santo Domingo", *El Tiempo*, 1 de febrero de 1993. Firmaron la carta 41 personas. (Archivo de *El Tiempo*, sin página).

2. "Julio Mario Santo Domingo, embajador en China: 'Lo chino me conmueve, me excita, me encanta", Margarita Vidal, revista *Cromos*, # 3272 del 30 de septiembre de 1980, pág. 18.

3. Declaración rendida por Augusto López ante la Comisión de Acusaciones de la Cámara de Representantes, citada por Ingrid Betancur en su libro *Sí sabía*, págs 408-409.

4. Santiago Medina, *La Verdad sobre las Mentiras*, Editorial Planeta, Bogotá, 1997, pág. 110.

5. Ernesto Samper, *Aquí estoy y aquí me quedo*, El Áncora Editores, Bogotá, 2000, pág. 118.

6. *Op. cit. Aquí estoy, y aquí me quedo*, pág. 119.

7. Caso 95 CIV 8448, Opinion and Order, Fernando Botero vs. United States of America, United Sates District Court of New York.

8. Fernando Londoño Hoyos, *La Parábola del Elefante*, Editorial Planeta, 1996, pág.118.

9. *Op. cit.* pág. 119.

10. *Op. cit.* pág. 257.

11. Santiago Medina, *La Verdad sobre las Mentiras*, Editorial Planeta, Bogotá, 1997, pág. 113.

12. "The Case against Henry Kissinger", Christopher Hitchens, *Harpers Magazine*, febrero de 2001, Primera Parte, pág.33.

13. Citado por Walter Isaacson en *Kissinger a Biography*, Simon & Schuster, New York, 1996, pág. 762.

14. Walter Isaacson, *Kissinger: A Biography*, Simon & Schuster, New Yortk,1996, pág. 760.

15. "Samper Clings to presidency in Colombia", Douglas Farah, *The Washington Post*, 5 de marzo de 1996, pág. A16.

16. Entrevista personal con Myles Frechette, Miami, 28 de marzo de 2002.

17. Entrevista personal con Myles Frechette, Miami, 28 de marzo de 2002.

18. Entrevista personal con Myles Frechette, Miami, 28 de marzo de 2002.

19. "Colombian Paradox: Embattled President has Powerful Friend", José de Córdoba, *The Wall Street Journal*, 6 de febrero de 1996, pág. 1.

20. "Le dirigieron carta tras el fallo de la Comisión: Santo Domingo, Ardila y Sarmiento apoyan a Samper", *El Tiempo*, 19 de diciembre de 1995, págs. 1A y 6A.

21. "Aclaración (Santodomingo, Ardila y Sarmiento apoyan a Samper)", *El Tiempo*, 20 de diciembre de 1995, pág. 4A.

22. "Washington Targets Bogota Airlines, Colombia Sees Move as Part of Pressure for Samper's Ouster", Diana Jean Schemo, *International Herald Tribune*, 5 de agosto de 1996, sección News, sin página en archivo electrónico.

23. Entrevista personal con Myles Frechette, Miami, 28 de marzo de 2002.

24. Ernesto Samper, *Aquí estoy y aquí me quedo*, El Áncora Editores, Bogotá, 2000, págs. 128 y 129.

25. "El Miti-Miti", *Semana*, 17 de agosto de 1997.

26. "El Miti-Miti", *Semana*, 17 de agosto de 1997.

27. "Guerra de 'Polas': ¿Quién muerde a quién?", *El Tiempo*, 11 de junio de 1995, pág. 6C.

28. *Los Amos del Juego*, Juan Ignacio Rodríguez, Tecimpres S.A., Bogotá, 1989, pág. 56.

29. Office of Foreign Assets Control Listing of Specially Designated Nationals and Blocked Persons, enero de 1996.

30. Fallo de la Fiscalía General de la Nación sobre medida de aseguramiento contra Juan Carlos Pastrana Arango, pág. 21.

31. *Op. cit.* pág. 21.

32. *Op. cit.* pág. 21.

16

Santo Domingo vs. Felipe López

En los 20 años que Felipe López ha estado a la cabeza de la revista *Semana*, ha tenido tres obsesiones periodísticas: Pablo Escobar, Julio Mario Santo Domingo y el proceso, 8,000. Por un empeño que tiene tanto de fascinación como de envidia, el presidente y propietario de la revista *Semana* se ha dedicado durante mucho tiempo a esculcar la vida del magnate. López conoce casi a todas las amantes de Santo Domingo; sabe cuándo se deja la barba y cuándo se la quita; sabe qué cosas le duelen y cuáles lo hacen feliz; sabe en qué ciudad del mundo está en este momento; los nombres de sus sastres, las direcciones de sus fiestas, quiénes son sus nuevos héroes y enemigos, y maneja como si fuera su contador de cabecera las cifras de su imperio; las pérdidas y las ganancias; los negocios lícitos y los chuecos. No hay en Colombia ningún diario o revista que haya publicado más artículos y notas confidenciales sobre Santo Domingo, su familia y sus empresas que la revista *Semana*. Casi todos han sido dictados o editados por López, calibrando cada palabra, sacándole punta a frases que sabe que exasperan al magnate, pero dejando romas aquellas que lo podrían malherir. Y a pesar de que Santo Domingo le ha dado golpes bajos, le ha quitado la pauta publicitaria de la revista y ha permitido que sus corifeos digan que *Semana* está quebrada, de la boca de Felipe López nunca he escuchado ningún comentario de odio hacia el empresario.

Santo Domingo profesa la misma curiosidad por López. Siempre quiere saber de él. Está constantemente preguntando por sus negocios, logros y fracasos, y su furia con las publicaciones de Felipe llegó al punto que compró en 1992 la revista *Cromos* con el único fin de destruir *Semana*. Pero su pasión por conocer al enemigo fue mucho más allá de fisgoneo insidioso en 1993. En abril de ese año Felipe López denunció que Santo Domingo grababa sus conversaciones telefónicas.

La fuente del director de *Semana* no fue un agente del DAS ni un detective privado. Fue el concuño de Santo Domingo, el enigmático empresario Carlos Pérez Norzagaray, cuya voz se escuchaba en las grabaciones al otro lado de la línea telefónica hablando con Felipe. Pérez Norzagaray está casado con Josefina, hermana de Beatrice Dávila, la esposa de Santo Domingo.

La historia comenzó en septiembre de 1993 cuando *Semana* publicó un artículo en el cual se reconstruyeron los hechos que provocaron la renuncia de Álvaro Jaramillo, presidente de Avianca, por supuestamente aprobar la venta de unos terrenos de la aerolínea en Barranquilla a una compañía vinculada con el narcotráfico. Jaramillo se defendió diciendo que la venta fue autorizada por la junta directiva en una sesión de agosto y que contaba con el visto bueno de Augusto López. Fue la primera y la última vez que el empresario costeño habló en público sobre ese incidente. Cuando traté de conocer más detalles, lo llamé a su oficina en Miami y me respondió que prefería continuar con su promesa de no hablar más sobre el caso.

"El tema no me mueve la aguja", me explicó, aunque dio a entender que su problema no fue tanto con Julio Mario como con Augusto[1]. En su momento, en el Grupo Santo Domingo se conoció otra versión de la salida de Jaramillo, y es que fue precipitada por Augusto temiendo que Jaramillo, que había demostrado ser un ejecutivo competente en cuestión de finanzas y con más proyección internacional que él, se quedara con su puesto.

La salida de Jaramillo era un bocado de cardenal para Felipe López, quien se puso al frente de la reportería del caso llamando a varios de los miembros de la junta directiva de la aerolínea para conocer su versión de lo que ocurrió ese día en la sesión en la que se aprobó la venta de los terrenos. Uno de los consultados fue Pérez Norzagaray. Aunque entonces éste era miembro de la junta directiva de Avianca en representación de Santo Domingo, no tuvo muchas cosas para contarle a Felipe pues no estuvo presente durante la discusión de la venta de los terrenos. De todas maneras, durante la conversación, Pérez Norzagaray hizo algunos comentarios que no ocultaron su desacuerdo y sorpresa con la decisión de Santo Domingo de desvincular a Jaramillo, a quien consideraba un hombre honesto. Lamentó además la decisión con el argumento de que los Jaramillo habían sido toda la vida muy cercanos a la familia Santo Domingo.

Aparentemente el caso murió ahí. La revista publicó un artículo equilibrado que dejó entrever que la cesión de los terrenos de Avianca fue conocida por todos los miembros de la junta directiva de la aerolínea, incluyendo a Augusto López, el causante del despido de Jaramillo.

Seis meses después, cuando ya nadie se acordaba del incidente, un episodio insólito y mucho más grave lo revivió. En la tarde del viernes 25 de marzo de 1994, Augusto López Valencia llamó a Pérez Norzagaray a su casa y le comunicó que, por órdenes de Julio Mario, quedaba destituido de la junta directiva de Avianca, cargo que le daba derecho a viajar por todo el mundo con pasajes gratis.

El motivo invocado era que Santo Domingo tenía conocimiento de unas conversaciones de Pérez que "no podían ser negadas". Aparentemente López no dio más explicaciones y Pérez Norzagaray quedó preguntándose qué había ocurrido y por qué Augusto López hizo tanto énfasis en que las pruebas eran irrebatibles.

En pocas horas Pérez Norzagaray lo supo. La esposa de Pérez, Josefina Dávila, llamó a su hermana Beatrice a Nueva York y ésta le informó que conocía el contenido de unas grabaciones de conversaciones telefónicas entre Felipe López y Pérez Norzagaray. Según ella, Pérez Norzagaray se refería al Grupo Santo Domingo, en términos desleales y ofensivos, a raíz del despido de Jaramillo. Al parecer, en medio de los comentarios, Pérez Norzagaray se refirió a Santo Domingo como "el negro". Esas grabaciones, explicó Beatrice, fueron hechas por Felipe López, a espaldas de Santo Domingo, y llevadas a Nueva York especialmente por Augusto López para ponerlas en su conocimiento. Josefina exigió a su hermana que le enviara los casetes y Beatrice aceptó, pero nunca entregó las grabaciones o sus transcripciones. Cuando Josefina le reclamó a su hermana, ésta le respondió que eran órdenes de Julio Mario.

Fue entonces cuando Pérez Norzagaray, que es un llanero atrevido y malhablado, decidió hacer público el hecho. Primero llamó a Felipe López para hacerle el reclamo. Lo citó en su casa a las 11 de la noche y se lo dijo. Felipe lo negó rotundamente. Le respondió que le parecía absurdo que lo acusara de semejante cosa cuando ninguno de los favorecidos con la grabación era amigo suyo, ni Julio Mario ni Augusto. Aceptada la explicación, Pérez Norzagaray se reunió con Hernando Santos, director de *El Tiempo*, y luego con el presidente de la República, César Gaviria, para ponerles la queja. Hernando Santos, "no salía de su asombro ante las acusaciones de Pérez Norzagaray" y Gaviria "se limitó a escuchar de manera prudente y sin comentarios", según Felipe.[2]

Con la preocupación de que había sido culpado de grabar a Pérez Norzagaray, Felipe se reunió con el fiscal Gustavo de Greiff para relatar estos hechos y pedir una investigación. El asunto no era un simple escándalo de familia. El Grupo Santo Domingo estaba aspirando a las mejores concesiones de telefonía celular en el país y si no tenía escrúpulos para hacer una interceptación como ésa, pues la haría con cualquier persona aprovechando el manejo de la empresa celular. En la oficina del fiscal, Felipe López, a quien le divierten mucho las confrontaciones telefónicas a través de *speaker phone*, convenció a Greiff de que escuchara la versión de Augusto López en ese momento.

Así describió Felipe la situación: "Para simplificar las cosas se decidió realizar una comunicación inmediata con Augusto López Valencia para que expresara sus puntos de vista. Así se hizo, y al pasar el presidente de Bavaria al teléfono se le dijo que se trataba de una conversación por altoparlante en presencia del doctor Gustavo de Greiff para aclarar algunas acusaciones que se habían formulado. Silenciosamente, López Valencia escuchó el recuento de la totalidad de la versión de la señora de Santo Domingo. Una vez oído el episodio, manifestó que consideraba de la mayor importancia que el Fiscal General de la Nación conociera su versión al respecto. En resumen, afirmó que Felipe López nunca había estado en su despacho, que no tenía conocimiento de la existencia de ningún casete y que, en consecuencia, no podía haber llevado ninguna cinta de éstas a Nueva York".[3]

Pérez Norzagaray fue retirado de su cargo y remplazado por el político conservador Juan Diego Jaramillo el 31 de marzo, a 24 horas de realizarse la asamblea general de Avianca.

La publicación de *Semana* bajo el título "Espionaje Telefónico" desató un escándalo en Colombia. El candidato presidencial Andrés Pastrana, que estaba de pelea con el grupo, fue uno de los primeros en salir a pedir una investigación:

"Es muy grave, y creo que el país lo que está esperando es que se esclarezca, porque lo que no entendemos es que un grupo tan importante como es el Grupo Santo Domingo estuviera, como dice la propia revista, inmiscuido en espionaje telefónico. Yo creo que lo que el país quiere un día es credibilidad, que se recupere la credibilidad en Colombia y por eso creo que es importante esclarecer este tema".[4]

Desde Nueva York, Santo Domingo reviró calificando el informe de *Semana* como un "calumnioso montaje".[5]

En un tono indignado, Augusto López rechazó las acusaciones y amenazó con demandar por calumnia a la revista, cosa que nunca cumplió. Según Augusto, durante la conversación telefónica sostenida con Felipe frente al fiscal "se aclaró debidamente la información" sobre la presunta grabación y aseguró que él nunca recibió una grabación de Felipe "por ende, nunca envió al señor Julio Mario Santo Domingo".

Augusto no explicó en qué forma se aclaró el asunto y ahora se mostraba sorprendido: "Me dicen que en la revista *Semana* hay una versión completamente distinta. Esa versión la están estudiando nuestros abogados y durante el día de hoy o a más tardar mañana por la mañana se expedirá un comunicado. Yo creo que el país ha sido testigo de la persecución. La revista *Semana* armó una noticia que muestra la persecución de la cual somos víctimas desde hace tiempo y que se ha visto incrementada desde que obtuvimos la adjudicación de la concesión para la prestación del servicio de telefonía celular para las regiones del oriente y la costa, en las cuales dicha publicación tuvo y aún tiene interés".[6]

Mientras RCN le sacaba jugo al escándalo, Caracol lo ignoraba en silencio.

Aunque años después hicieron un pacto para no hablar del asunto nunca más, la relación de las hermanas Dávila no volvió a ser la misma y mucho menos la amistad entre Santo Domingo y Pérez Norzagaray, todo por cuenta de la grabación. Después del incidente, los concuños se hablaron un par de veces, una en el matrimonio en Cartagena de Carlos Alejandro, el hijo de Pérez Norzagaray de quien Santo Domingo es padrino de bautizo. De regalo de matrimonio, Santo Domingo contrató a Mica Ertegún, la esposa de su mejor amigo, para que decorara el apartamento de Carlos Alejandro en Nueva York. La otra ocasión fue cuando le diagnosticaron un cáncer a Pérez Norzagaray y fue sometido a una quimioterapia en Nueva York.

La pregunta que quedó en el aire fue quién grabó.

Felipe López fue llamado a declarar en la Fiscalía en un proceso que hoy no aparece en los archivos de esa entidad, según informaciones verbales que recibí de la oficina de prensa de la entidad en agosto de 2001. Lo máximo que se sabe en la Fiscalía es que el proceso "pasó a jueces" pero como en esa época no se llevaba un registro electrónico, nadie sabe dónde está el expediente. En su momento, el vicefiscal General de la Nación, Franciso José Sintura, dijo que la Fiscalía no había abierto investigación, porque el presunto delito que se tipificaría –el espionaje teléfonico– exige querella de parte o una denuncia formal por parte de los afectados y ninguno de ellos la presentó.

La versión final que los Pérez comentaban en reuniones sociales, años después de este episodio, cuando las hermanas Dávila se reconciliaron, es que todo había sido responsabilidad de Augusto López, a espaldas de Julio Mario Santo Domingo y con la ayuda de Isaac Lee, quien entonces asesoraba al grupo en cuestiones de seguridad. Nada de esto fue probado y nadie se atrevió a sostenerlo judicialmente. No obstante, Felipe López compró la teoría de que Lee había participado en "la cableada", como suele llamar la interceptación, y la comentó esporádicamente en sus conversaciones con amigos después de que Lee renunció a la dirección de Semana, en la que estuvo tres años. Lee se fue a vivir a Miami y se llevó a varios de los mejores periodistas de la revista.

A finales de mayo de 2001 Felipe se reunió en su finca de Anapoima, un pueblo al oriente de Bogotá, con el saliente presidente del Grupo Empresarial Bavaria, Andrés Obregón, y le puso el tema. Obregón dijo, según Felipe, que cuando estaba en Bavaria pensaba que la grabación había sido hecha por Lee en su calidad de asesor en asuntos de seguridad del grupo.[7] Aunque Julio Mario autorizó la grabación, agregó Felipe, cuando estalló el escándalo de Semana cambió repentinamente y culpó del fiasco a Augusto López. Le comenté a Lee la versión de Felipe que acababa de oír y le pareció absurda, ridícula e irresponsable. Estaba indignado. Tan pronto como colgó conmigo Lee llamó a Obregón para hacerle el reclamo y de inmediato me llamó y me comentó que lo que había contado López no era cierto y que quien había salido con esa tesis había sido el propio Felipe.[8]

Lee le dijo a Obregón que a él no le importaba que Santo Domingo estuviera repartiendo culpas para taparse sabiendo quién fue el responsable.

Al parecer Obregón estaba muy confundido con la llamada. No se esperaba que una conversación informal en la piscina de una hacienda terminara en una discusión con tono seudojudicial.

A Felipe López le pregunté que si él pensaba que Lee lo había cableado, ¿cómo era posible que dos años después lo hubiera nombrado director de Semana? Isaac Lee hay sólo uno en Colombia. Felipe me dijo que en ese entonces no estaba tan seguro y que no sabía si era la misma persona y luego, cuando se enteró, ya no era para él algo trascendental. Él está convencido de que la grabación se hizo en el teléfono de Semana y no en el de Pérez Norzagaray.

Obtener una grabación de un personaje como Carlos Pérez Norzagaray no era misión imposible ni se necesitaba un equipo de detectives al mando de Santo Domingo o de Lee. El mundo en el que se movía Pérez Norzagaray era lo suficientemente atractivo, en términos de intriga nacional e internacional, como para que sus teléfonos clasificaran en la lista de interceptados de los organismos de inteligencia del Estado. Hay que recordar que Pérez Norzagaray fue durante mucho tiempo un discretísimo y refinado correveidile de presidentes y gobernantes de América Latina, que no sólo lo usaban para llevar y traer secretos de Estado entre ellos sino para hacer negocios personales.

En una entrevista que sostuve con el ex presidente Carlos Andrés Pérez en Miami le pregunte si conocía a Pérez Norzagaray y me respondió:

"De toda la vida. Él visitaba mucho Venezuela y era muy amigo nuestro, teníamos una relación permanente y fue muy útil, porque él era muy amigo de Alfonso López y nos servía muchas veces de mensajero, muy útil, muy útil, muy buena gente"[9].

El ex presidente no aclaró qué clase de mensajes llevaba el colombiano. Lo que sí es claro es que Pérez Norzagaray fue citado por la prensa venezolana como intermediario y asesor de la segunda esposa de Pérez, Cecilia Matos, en la compra de inmuebles y otros negocios, durante el escándalo del manejo de fondos públicos que estalló en Venezuela en el segundo gobierno de Carlos Andrés Pérez, con quien no tiene ninguna relación familiar. En su libro *Las Cuentas Ocultas del Presidente*, el periodista venezolano Francisco Olivares afirma que la conexión de Pérez Norzagaray con la familia presidencial de Venezuela surgió a través de su primo hermano George Valery Norzagaray, más conocido como *Yoyo* o *El Padrino*, uno de los personajes que hacía parte del círculo íntimo del poder del presidente Pérez en tiempos de bonanza, derrroches y escándalos de corrupción. La esposa de George Valery Norzagaray es madrina de Matos. Olivares asegura que Carlos Pérez Norzagaray fue quien manejó los negocios de Matos en Venezuela.

"Este misterioso personaje, sólo conocido en los cerrados círculos del poder, desde hace muchos años logró una extraordinaria influencia tanto en Colombia, su país de origen, como en Venezuela. Su nombre salió a la luz pública al finalizar el primer periodo presidencial de Carlos Andrés Pérez, cuando se le vinculó al caso Sierra Nevada".[10]

Y también salió a la luz en mayo de 1996 en Colombia, cuando el contralor general, David Turbay, denunció que fue invitado a la casa de Pérez Norzagaray "por portavoces oficiales" de la embajada norteamericana a conspirar contra el tambaleante gobierno del presidente Ernesto Samper y allí le comentaron que "en este país el que no conspiraba contra el gobierno recibiría conspiraciones en contra suya". [11]

Intenté hablar con Pérez Norzagaray varias veces en uno de sus viajes a Miami a ver a su nieta favorita. Antes de llegar me había dicho desde Bogotá que me recibiría en el Hotel Mandarín, pero nunca pasó al teléfono. Pérez Norzagaray nació en Arauca. Su padre, el médico Julio Pérez Hoyos, era amigo del ex presidente Alfonso López Pumarejo. De allí la amistad de Pérez Norzagaray con Alfonso López Michelsen, quien lo nombró durante su presidencia embajador volante para el Caribe. Hasta entonces los únicos cargos públicos que había tenido Pérez Norzagaray eran intendente de Arauca de 1942 a 1946 y dos años después secretario del consejo de ministros del presidente López Pumarejo. Al lado de López Michelsen y por su propia cuenta, López Norzagaray se las ingenió para ganarse la amistad de personajes como Pérez; Omar Torrijos, a quien conoció cuando López Michelsen visitó Panamá en 1974, y Fidel Castro, de quien solía recibir buenas provisiones de tabacos Cohiba con anillo marcado con la bandera nacional, un detalle que sólo tenía con Tito, Bumedien y Torrijos.

Se casó con Josefina Dávila, con quien tuvo tres hijos. Carlos Alejandro, Luis Felipe y Juan Manuel. Carlos Alejandro fue contratado por Violy McCausland, principal asesora de inversiones de Santo Domingo, lo cual disminuyó las tensiones entre ambas familias.

Una de las versiones en torno a su papel de enlace entre mandatarios apunta a que Pérez Norzagaray tenía acceso directo al hombre fuerte de Panamá, general Manuel Antonio Noriega. Pregunté por escrito al ex general Noriega en qué circunstancias lo conoció o departió con él y Noriega me respondió desde la prisión de Miami, donde purga una pena por narcotráfico, la siguiente respuesta que transcribo en su totalidad por su precisión militar:

"Mi respuesta de manera atenta y expedita es: Carlos Pérez N, como amigo personal del ex presidente Carlos Andrés Pérez, de Venezuela, fue presentado por éste al sr. General Omar Torrijos H., de la Rep. de Panamá. El hecho anterior le abrió las puertas e hizo visitas concurrentes en la agenda del comandante Torrijos, en suelo panameño. En un momento de esa concurrencia me fue presentado. Después de la muerte del Gen. Torrijos, él continuó las visitas y las comunicaciones amistosas conmigo, en Panamá, esporádicamente.

"Sus últimas visitas fueron a finales de 1988, cuando acompañado del presidente Pérez de Venezuela y el ex presidente López M. de Colombia, se almorzó en la base militar de Río Hato, y en el año de 1989, al principio cuando procedente de Washington, acompañado del presidente de Venezuela Carlos Andrés Pérez, conversamos en el salón ejecutivo de la Fuerza Aérea Panameña.

"La relación con el señor Pérez Norzagaray fue estrictamente social; ni política ni de negocios, y cuando él visitaba tierra panameña".[12]

De manera pues que Pérez Norzagaray era un blanco telefónico indispensable para cualquier funcionario medio de los servicios de inteligencia del país, y considerando que es un gran aficionado al teléfono, no resultaba muy extraño que una grabación de sus conversaciones se ofreciera al mejor postor en el bullicioso mercado secreto de las interceptaciones telefónicas del país. Lo que no resulta creíble es el papel que Santo Domingo trató de presentar como si fuera un extra de la película que, de un momento a otro, se ve involuntariamente enredado en los cables de una grabación que él no pidió ni ordenó ni patrocinó.

De todas las garroteras familiares de los López y los Santo Domingo, la de la interceptación telefónica fue posiblemente la más encarnizada. Pasaron casi cinco años durante los cuales la comunicación entre el magnate y el ex presidente López fue casi nula.

Los motivos de los golpes que se han propinado ambas familias han sido de todos los calibres. En los años 60 fue la furia que le provocó a Santo Domingo al enterarse que su padre le entregó un poder a López Michelsen para administrar la herencia familiar; a finales de los 60, Julio Mario no estaba muy contento con que López fuera ministro de Carlos Lleras, el presidente entrometido que le amargó su primera victoria empresarial. Por ello, López Michelsen todavía está convencido que fue Santo Domingo quien organizó un sabotaje a una intervención suya en Barranquilla en defensa de Lleras, en el marco de la legendaria discusión del Presidente con el político de la costa Nacho Vives. Según versiones de la época, el jefe de escoltas de López tuvo que salir del automóvil y hacer unos tiros al aire para evitar que las turbas lincharan al ministro.

Los López también sospechan, y lo comentan socialmente, que fue Santo Domingo quien escribió por esos días un editorial contra López Michelsen titulado "El Sapo" en un periódico barranquillero.

En los 70 se distanciaron por el escándalo de los bonos de nacionalización de triplex Pizano; más tarde porque López no invitó al empresario a una recepción con el canciller Henry Kissinger en Bogotá. Después vinieron las conflagraciones que originaron los artículos publicados por Felipe en la revista *Semana*. Una de las primeras fue la publicación de un nota, al parecer escrita de afán en 1989, en la que se afirmó que no se descartaba la posibilidad de que el accidente del avión de Avianca, que estalló cerca de Soacha, se debiera a la fatiga del material del aparato por su antigüedad. El día del accidente López Michelsen y Santo Domingo estaban en la casa del segundo en Cartagena, tomando sol en la piscina. Las investigaciones del FBI determinaron que un sicario del narcotraficante Pablo Escobar activó un carga de explosivos que llevaba en su maletín. Después, en 1990, vino el amplio informe de la resolución de la Superintendencia de Control de Cambios, posiblemente el que más dolores de cabeza le causó a Santo Domingo de todas las publicaciones de *Semana*. En otro reportaje, esta vez sobre el accidente del avión de Avianca en Nueva York, *Semana* hizo una referencia a la posibilidad de que hubiera podido presentarse una falla humana de los pilotos debido a que no dominaban el inglés. Y en un confidencial reveló que la esposa de Santo Domingo tenía un puesto en la embajada de Nueva York para obtener el estado de excepción tributario que el gobierno estadounidense le reconoce a los diplomáticos.

A raíz del informe periodístico sobre la explosión del avión de Avianca en Bogotá, Santo Domingo ordenó retirar toda la pauta publicitaria de la revista y dio orden a Caracol Radio que repitiera varias veces un comunicado de rectificación en el que se decía que no se sabía quién era más "pérfido si los terroristas que volaron el avión o la revista que publica esas falsedades".[13]

Del lado de Santo Domingo también se respondió con fuego. En diciembre de 1992, *El Espectador* publicó una serie de artículos en los cuales acusó al entonces ministro de Agricultura, Alfonso López Caballero, hermano de Felipe, de tráfico de influencias para lograr que un predio situado en Casanare, al oriente del país, fuera parcelado favoreciendo una empresa en la que tenía intereses.

Durante las dos semanas siguientes a su publicación, Caracol Radio se encargó de mantener viva la denuncia dedicando largos segmentos del noticiario de la mañana a entrevistas con el reportero que dirigió la serie periodística en *El Espectador*, Ignacio Gómez, y a las opiniones del senador Eduardo Chávez, que promovió un debate sobre el tema en el Parlamento. Si a Santo Domingo le dolió profundamente el artículo del extraño viraje en la decisión de la Superintendencia de Cambios, al ex presidente López le causó el mismo impacto los ataques de *El Espectador* y Caracol contra su hijo.

El ministro Alfonso López Caballero no tenía dudas de que la campaña radial en su contra estaba dirigida por Julio Mario Santo Domingo y así lo denunció.

"En los 15 días que lleva Caracol martillando en forma diaria el tema de la compra del hato de la hacienda Arizona, nunca se le ha dado la oportunidad de expresarse ni al acusado ni a un solo colombiano que tenga una opinión diferente de la del eje Julio Mario Santo Domingo-Augusto López–Darío Arizmendi. Aun el diario *El Espectador* publicó las rectificaciones con un despliegue equitativo... Considero que lo que está sucediendo en Colombia con los medios de Julio Mario Santo Domingo debe ser estudiado por las autoridades oficiales y analizado con detenimiento por la opinión pública, no como algo relacionado con mi caso, que al fin y al cabo es pasajero, sino como un problema institucional que merece ser registrado en toda su dimensión real... ¿Se tendrán, acaso, que someter todos los gobiernos de Colombia a una escalada de terrorismo informativo cada vez que un ministro incomode al señor Santo Domingo, como ha sido el caso de los ministros de Hacienda y Agricultura en el último mes?" [14]

Arizmendi respondió que el comunicado del ministro lo único que pretendía era desviar la atención de la opinión pública "convirtiendo un problema personal suyo con las autoridades en una polémica con un grupo económico, con medios de información, con periodistas y hasta el Congreso de la República, cuya independencia cuestiona. Este estilo, esta forma de convertir los asuntos personales en problemas nacionales, es conocido de vieja data y el país ha tenido que padecerlo durante casi medio siglo, unas veces desde el Ejecutivo, otras desde fuera del Ejecutivo y las más desde el seno de una familia acostumbrada a identificar sus intereses con los de la Nación Colombiana".[15]

Caracol era el único punto de intersección de ambas familias. Los López han mantenido un buen paquete de acciones en la compañía. A los pocos días de publicarse el confidencial de Beatrice sobre su cargo diplomático, Santo Domingo dio la orden de sacar de la junta a los representantes de López Michelsen.

Por petición de Felipe López, a la llegada de Isaac Lee como director de *Semana*, Santo Domingo volvió a pautar discretamente en la revista y conversaba con Lee esporádicamente. Felipe le ofreció a Augusto un almuerzo en su honor en las oficinas de *Semana* para normalizar las relaciones y desde ese entonces hablaron y se reunieron constantemente.

Felipe estaba en el proceso de comprarle a sus dos hermanos y a su papá las acciones que tenían en Caracol Radio y Televisión para formar un pequeño grupo de comunicaciones con el sello de *Semana*. Por esa época creía que estaba en condiciones de salir a la bolsa con el prestigio que le daba *Semana*. Para esta operación Felipe necesitaba que Santo Domingo no se atravesara y que en el grupo interpretaran que el cambio de dueño era un asunto interno de los hermanos López Caballero.

La revista logró recuperar parte de la publicidad del Grupo Santo Domingo a mediados de los años 90. El distanciamiento de López Michelsen y Santo Domingo lo resentían ambos, pero sólo uno lo confesó públicamente. Santo Domingo pidió que insertaran en su entrevista con Roberto Pombo de la revista *Cambio* un mensaje sentido, que dictó al borde de las lágrimas, y era que le hacía falta conversar con el ex presidente.

"¿Ha vuelto a ver a López?", le preguntó el periodista Roberto Pombo.

"Hace rato que no lo veo y le confieso que tanto Beatrice como yo añoramos lo mucho que siempre gozamos en su compañía".[16]

En abril de 1999, el periodista Yamid Amat organizó un desayuno de reconciliación en el que ambos patriarcas volvieron a dirigirse la palabra y desde entonces mantienen encuentros esporádicos y fríos. Con Felipe la relación nunca se compuso. Yamid, el componedor, fue retirado de Caracol en marzo de 2002 en un nuevo capítulo de intrigas.

NOTAS

1. Entrevista telefónica con Álvaro Jaramillo, Miami, 10 de abril de 2001.
2. "Espionaje Telefónico", revista *Semana*, 5 de abril de 1994, pág. 23.
3. "Espionaje Telefónico", revista *Semana*, 5 de abril de 1994, pág. 24.
4. Transcripción Noticiero 24 Horas, 4 de abril de 1994.
5. "Responde Santo Domingo", *El Tiempo*, 5 de abril de 1994, pág. 1A.
6. Transcripción Noticiero 24 horas, 4 de abril 1994.
7. Entrevista telefónica con Felipe López, 20 de mayo de 2001.

8, Entrevistas personales y telefónicas con Isaac Lee, mayo y junio de 2001.

9. Entrevista personal con Carlos Andrés Pérez, Miami, julio 2001.

10. Francisco Olivares M. *Las Cuentas Ocultas del Presidente*, Gráficas Monfort, Caracas, 1995, págs. 50 y 51.

11. "Invitado a Conspirar", *El Nacional*, Caracas, 18 de mayo de 1996, sin página ni autor en archivo electrónico.

12. Carta enviada por el general Manuel Antonio Noriega al autor desde una prisión de Florida, 9 de abril de 2001.

13. "López-Santo Domingo: de grandes amigos a encarnizados rivales. Historia de un enfrentamiento", *El Tiempo*, 23 de diciembre de 1992, sección A.

14. "López acusa al grupo de terrorismo informativo", *El Tiempo*, 23 de diciembre de 1992, págs. 1A y 8A.

15. "Respuesta de Arizmendi", *El Tiempo*, 23 de diciembre de 1992, sección A.

16. "Habla Santo Domingo", Roberto Pombo, revista *Cambio*, 18-25 de enero de 1999, pág.14.

17

'El Espectador'

La llamada a las seis de la mañana despertó al embajador Rodrigo Pardo en su residencia de París. Era Pablo Gabriel Obregón para preguntar si podía atender por teléfono a su tío Julio Mario. Pardo respondió que por supuesto, y al colgar despertó a su mujer para decirle que tenía el presentimiento de que le ofrecerían la dirección de *El Espectador*. A los pocos minutos sonó de nuevo el teléfono. Como es su costumbre, Santo Domingo se ahorró el saludo y de inmediato le preguntó al ex ministro si estaba interesado en dirigir el periódico que acababa de comprar a la familia Cano. Pardo fue igual de rápido y aceptó de inmediato la propuesta.

Santo Domingo no ocultó su alegría por la pronta decisión de Pardo ni dejó pasar mucho tiempo para comentar, sin prudencia, su más urgente interés en el manejo del diario. "Es que además hay que ayudar a la cosa de Serpa", recuerda Pardo que le dijo en esa misma conversación.[1]

La cosa de Serpa era la candidatura presidencial. En ese momento, Serpa era el candidato de Julio Mario Santo Domingo a la Presidencia de la República. Su contrincante, Andrés Pastrana, escalaba lentamente en las encuestas pero no lo suficiente como para menguar el triunfalismo de la maquinaria liberal. Aun así, Serpa necesitaba un refuerzo de publicidad para superar el estigma de su anterior posición como ministro y defensor desgañitado del gobierno del presidente Ernesto Samper.

Esa madrugada del 17 de diciembre de 1997, que recibió la llamada, a Pardo lo asaltó un recuerdo irónico de Santo Domingo, sentado frente a él, dos años antes, en un rincón de la sala de sesiones plenarias de las Naciones Unidas en Nueva York. Pardo era entonces ministro de Relaciones Exteriores de Colombia. Santo Domingo estaba furibundo por las declaraciones irresponsables que Serpa, como ministro de Gobierno, había dado a la prensa en relación con el atentado en Bogotá contra el abogado del presidente Samper, Antonio José Cancino. Un día después del atentado, el 28 de agosto de 1995, un periodista le preguntó a Serpa si pensaba que la DEA estaba detrás del ataque del que salió ileso el abogado, y respondió: "Frente a la pregunta de que si hay intereses de fuera del país dedicados a originar circunstancias de desestabilización, yo pienso que sí. Y ante la pregunta de que si es la DEA, yo digo que me suena y me suena bastante". [2]

Era tal la rabia de Santo Domingo por la salida en falso de Serpa, que él mismo fue hasta el edificio de las Naciones Unidas a descargar su indignación con Pardo. El ministro estaba en Nueva York en una maratónica jornada de conversaciones con los cancilleres de los Países No Alineados que participarían en la cumbre programada para octubre en Colombia. Cada 15 minutos Pardo tenía que entrevistarse con un diplomático, cumpliendo con la apretada agenda que le preparó el ex ministro Julio Londoño, embajador ante Naciones Unidas. En medio de ese ajetreo, el ministro recibió una llamada de Santo Domingo pidiéndole que lo visitara en su apartamento urgentemente, pero el ministro se disculpó explicando la labor que tenía por delante, ante lo cual Santo Domingo decidió visitarlo en el salón de sesiones del primer piso del edificio de Naciones Unidas.

"Entonces entre uno y otro canciller lo vi 15 minutos", recuerda Pardo sobre la intempestiva visita. "Pero lo recuerdo muy bien porque estaba muy preocupado por la situación del país, y concretamente estaba muy emputado con Horacio Serpa, que era el ministro del Interior... Julio Mario básicamente lo que va a decirme es que hay que decirle al Presidente que tiene que sacar a Serpa. 'Es una locura, me dijo, se está tirando las relaciones con Estados Unidos, el problema en realidad con Estados Unidos es Serpa'. A mí me llamó mucho la atención que me buscara para decirme eso, me llamó la atención lo caliente que estaba la sangre del tipo, estaba furioso, como exaltado, acelerado".

Pardo sólo atinó a decir que le comunicaría el mensaje al Presidente, aunque más tarde supo que Samper ya había sido notificado del malestar de Santo Domigo de boca de Augusto López.

En el momento en que Santo Domingo lo visitó, Pardo no sólo estaba enterado de las explosivas declaraciones de Serpa sino de las medidas que el gobierno estaba a punto de tomar. El presidente Samper le comentó dos días antes que estaba dispuesto a llamar a consultas al embajador de Colombia en Washington, Carlos Lleras de la Fuente, como señal de protesta. Pardo recuerda que Samper también estaba convencido de que los americanos metieron la mano en el atentado.

"A mí me llamó Samper, yo estaba desayunando con Julio Londoño, y me dijo 'hay un atentado a Cancino, esta vaina no puede seguir así, nos van a volver mierda, nosotros no estamos haciendo nada, tenemos que hacer algo diplomático, voy a llamar a consultas al embajador', que era Carlos Lleras. Yo le dije tranquilo, cálmese, llamar a consulta ¿como por qué? ¿Qué tiene que ver un atentado a Cancino con las relaciones con Estados Unidos?, 'No, es que la DEA está metida'. '¿Y usted cómo sabe?' 'Eso es evidente porque es mi abogado'. Yo le dije, 'mire Presidente, déjeme estudiar el tema yo voy a mirar la cosa con Julio [Londoño] y hablamos más tarde".

Robert Gelbard, el subsecretario de Estado para asuntos hemisféricos del Departamento de Estado, también estaba irritado y llamó para expresar su indignación a Pardo. El Departamento de Estado declaró que los cargos hechos "por este individuo" refiriéndose a Serpa, "particularmente son infames y los rechazamos totalmente. Es un comportamiento vergonzoso que sólo puede generar cosas negativas en nuestras relaciones bilaterales, si es que este personaje está verdaderamente hablando a nombre del gobierno colombiano". [3]

A su regreso a Colombia, el ministro se reunió con Serpa y le anunció que saldría en público a desmentir la declaración suya sobre la participación de la DEA en el atentado. Serpa aceptó. Samper se había calmado siguiendo el consejo de Londoño en el sentido de que llamar a consultas al embajador sería un espectáculo bochornoso. Ante el anuncio de que sería desmentido, Serpa respondió que si bien entendía que se debía proceder de esa manera, seguía convencido de que la DEA auspició el ataque a Cancino. Pardo salió en público a desacreditar la versión de Serpa, afirmando, en forma cándida, que ésa era sólo la posición de un ministro (Nada más y nada menos que el del Interior).

Dos años después Santo Domingo consideró que ese mismo personaje que le sobraba al gobierno de Samper ahora le faltaba a los colombianos como Presidente. Y había que darle un mano.

Pardo entendió el mensaje y le preocupó no sólo por el contenido, sino porque se producía a pocos segundos de ofrecerle la dirección de uno de los periódicos más importantes y tradicionales del país.

Llamó a varios amigos para consultarles su decisión y todos le dijeron que asumiera el riesgo. García Márquez le comentó: "No hay periódicos independientes sino directores independientes", recuerda. Pardo se reunió con Augusto López y Daniel Samper en Madrid para analizar las que serían las pautas éticas del periódico frente a los posibles conflictos de intereses. En esa oportunidad, Augusto López le garantizó que el diario gozaría de total independencia. Daniel propuso crear la figura del defensor del lector para que se encargara de marcar las fronteras con los intereses empresariales.

Pardo se sentó en la silla de director de *El Espectador*, en la sede principal del diario en la Avenida 68, el 1 de marzo de 1998. En una de las ediciones siguientes el Grupo Santo Domingo publicó una declaración de principios en la cual se comprometió a respetar la independencia del periódico. El nuevo director escribió un editorial reforzando los compromisos en ese sentido.

En los meses siguientes, Pardo comprobó que la independencia y la libertad no eran más que los comodines retóricos de los discursos del día del periodista. A pocas semanas de estar despachando desde la oficina de Guillermo Cano, el director del periódico asesinado por narcotraficantes, Pardo comenzó a recibir llamadas muy cordiales de Santo Domingo quejándose de la falta de interés de *El Espectador* en la campaña de Serpa. "Fotos. Que el tamaño de las fotos, que hay que sacar más grandes las fotos de Serpa, que hay que escoger bien las fotos de Serpa", recuerda Pardo. A medida que la campaña electoral se calentó, el tono de los reclamos fue subiendo de intensidad.

A Santo Domingo no lo entusiasmaba profundamente Serpa, es más, su corazón estaba con Noemí Sanín, la candidata a quien apoyó con publicidad y dinero (Frechette dice que con la condición de que si perdía en la primera vuelta no diera ninguna señal de quién era el candidato de su predilección para la segunda). Pero sabía que Serpa era el mejor detente contra Pastrana, a quien consideraba un inepto, un muchachito malcriado y prepotente. Lo que más disgustaba a Santo Domingo de Andrés era su hermano Juan Carlos, el periodista que lo difamó, según sus cuentas. Para Santo Domingo Andrés y Juan Carlos "eran la misma vaina", comentó Pardo. Unas 40 ediciones de *El Espectador* se publicaron bajo la supervisión directa de Pardo antes de que éste viajara a París a visitar a su familia. En esa ciudad, Santo Domingo estaba en proceso de mudanza. Su estatus de diplomático *duty-free* en Estados Unidos había expirado el 20 de julio de 1997, fecha en la cual su esposa presentó la renuncia protocolar al cargo de la embajada de Naciones Unidas en Nueva York.

Con la ayuda de una pareja colombiana que atiende sus asuntos personales en París, Beatrice decoró a su gusto la casa de Saint Germain du Pres y le hizo algunos arreglos. Por tratarse de una mansión histórica, cualquier cambio arquitectónico requiere de un trámite burocrático engorroso que Santo Domingo cumplió para construir una escalera que le permitiera tener acceso directo del segundo piso al patio trasero de la residencia.

Además de la casa histórica, Santo Domingo es dueño de un apartamento en el número 26 de Avenue Montaigne, frente al Hotel Plaza Athenee (número 25), una de las calles más exclusivas de París donde tienen sus mansiones Emmanuel Ungaro (2), Inés de la Fressange (14), Hanae Mori (17), Guy Laroche (29), Christian Dior (30), Céline (38), Nina Ricci (39), Calvin Klein (45) y Jean-Louis Scherrer (51). En el 26 de Avenue Montaigne, en el mismo edificio de Santo Domingo, aparece registrada su ex esposa Edyala, quien conserva el apellido de Julio Mario.[4]

Fue en su apartamento de Montaigne en el que Santo Domingo recibió a Pardo. Lo saludó con *El Espectador* en una mano y un comentario apacible: "Me dicen que el periódico está muy pastranista". Pardo sonrió, lo negó y después de unos minutos salieron a almorzar al restaurante del Hotel Plaza Athenee donde los meseros saludaron con su nombre a Monsieur Santo Domingo y no torcieron la cara por la hora de llegada como es usual en Francia después de la 1:30 de la tarde.

"Fue un almuerzo muy agradable. Nos tomamos una botella de vino, tuvimos una larguísima sobremesa y él estaba en el cuento de la independencia del periódico. Realmente. Echaba las vainas contra Pastrana. Y ahí me echó el cuento de su pelea contra Pastrana. Él lo que que a mí siempre me mostró fue esa pelea con Juan Carlos, fue obsesivo. Sin embargo es agradable el almuerzo. A mí el tipo me pareció sensacional".

La decepción se produjo en los días siguientes en pequeñas dosis. Santo Domingo protestó por el despliegue que el periódico le dio a una de las audiencias en las que Juan Carlos Pastrana respondió a las acusaciones de difamación; le pareció exagerada la cobertura de las denuncias del ex ministro Néstor Humberto Martínez contra Serpa, y se disgustó porque *El Espectador* se equivocó en la cifra que pagaron los Santos, de *El Tiempo,* por un canal privado de televisión que se llamaría City TV.

"Un periodista muy serio, que se llama Norvey Quevedo, me dice que está lista la transacción de un canal para *El Tiempo*. Vale 14 millones. Sale la noticia. Llama al día siguiente Julio Mario putísimo. '¿De dónde sacaron esa vaina?'. No fueron 14, fueron 17 millones. En el fondo estaba bravo porque a él le habían cobrado 95 millones por Caracol TV y a *El Tiempo* le habían cobrado 17, pero además que *El Espectador* dijera que eran solo 14 lo tenía enardecido. Yo me quedé súbito. Para el lector común y corriente no es un error muy grande".

La conquista de Santo Domingo de *El Espectador* produjo una estampida de reporteros, columnistas y de su caricaturista estrella, Osuna. Cada uno por su cuenta justificó su salida, pero podría decirse que el común denominador de su inconformidad fue el sello samperista de la nueva administración. El recién nombrado director del periódico fue el ministro de Relaciones Exteriores de Samper. Otro de los importados del gobierno samperista para las páginas de opinión fue Ramiro Bejarano, ex director del DAS, abogado de Santo Domingo en su litigio con Juan Carlos Pastrana.

Con la esperanza de que el nuevo propietario respetaría sus opiniones, algunos de los periodistas decidieron continuar vinculados al diario después de conocer el nombramiento de Pardo. Entre ellos Ramiro de la Espriella, Darío Bautista y Fabio Castillo, todos miembros del consejo editorial y veteranos columnistas del periódico. Castillo, quien tuvo que vivir varios años fuera del país por sus denuncias de la alianza entre políticos y narcotraficantes, fue además director del equipo de investigación. De la Espriella era el encargado de escribir la mayoría de los editoriales del periódico. Los tres firmaron una carta en la que anunciaban que continuaban en el diario, como se los habían pedido en dos ocasiones, pero con la condición de que el nuevo dueño se comprometiera a respetar la independencia que caracterizó a *El Espectador* en su larga historia de 111 años. Días antes, Augusto López y Pardo habían publicado la declaración que garantizaba su compromiso en ese sentido. Así describió Castillo la situación que generó la carta en una nota dirigida a la publicación internacional Index on Censorship (Indice de Censura). "El 8 de marzo el ex canciller y ex embajador de Colombia en Francia fue nombrado director del periódico por el gobierno del actual presidente Ernesto Samper", escribió en inglés Castillo. "Pardo fue el jefe de comunicaciones durante la controvertida campaña presidencial, la cual fue acusada de recibir 6 millones de un cártel de la cocaína. En la edición dominical del 8 de marzo, Pardo y Augusto López, presidente del Grupo Santo Domingo, publicaron una declaración conjunta, comprometiéndose a garantizar la tradicional independencia del periódico. A pesar de nuestras dudas, nosotros tres decidimos aceptar la invitación para continuar como columnistas permanentes del periódico. Esto fue explicado en la carta que acompaña a esta nota. Al día siguiente, sin permiso, nuestra carta fue publicada en el correo de los lectores bajo el título 'Renuncia Desafortunada'. Así que nuestra aceptación fue convertida por Rodrigo Pardo en una renuncia pública. Esto es censura impuesta a todos nosotros como columnistas. Rodrigo Pardo dijo: 'No puedo aceptar limitaciones en mi trabajo como director'. ¿Cuáles limitaciones? ¿Las de respetar nuestro trabajo como columnistas?". [5]

Aunque tenía un ligero tono desafiante, en ningún sentido la carta podía ser entendida como una renuncia. Pardo la interpretó así y los despidió con un titular sin hablar antes con ellos.

"La verdad sí fue así", admitió Pardo cuando le presenté esta interpretación de los hechos que fueron denunciados internacionalmente por Castillo. "A mí me preocupó la asociación de los tres, el tono de la columna, el tono de la carta, yo dije esto va a ser un problema permanente. Y dije cuando uno está empezando, uno no puede hacer estas cosas". Santo Domingo aplaudió la medida. Al día siguiente llamó al nuevo director muy temprano.

"Estaba feliz, le encantó", comentó Pardo. "Que muy bueno, que un acto de autoridad, que había que traer gente nueva. Es que al principio las relaciones eran muy buenas, una luna de miel la berraca".

Luna de miel que Pardo entendió que había terminado el día que Augusto López lo llamó y le dijo que Santo Domingo estaba en la otra línea contrariado por la forma como el periódico descuidó la cobertura de la campaña de Serpa. A Pardo le parecía ridícula la situación. Él hablaba con López y López le transmitía a Santo Domingo sus comentarios y a su vez el empresario enviaba su respuesta a través de López.

"Y entonces yo llamé a Augusto y le pregunté '¿qué es esto? y me dice 'Don Julio Mario está muy desconcertado con la posición del periódico. Es más, me dijo, 'estamos'. Y cuando digo estamos quiere decir Julio Mario y yo'. Yo me di la bendición y seguí con la misma línea".

Horacio Serpa perdió las elecciones contra Pastrana, y Pardo empezó a sentir que el grupo pensaba que *El Espectador* tenía una cuota de responsabilidad en esa derrota. Augusto López, con unas copas de más, se lo dijo en el bar La Barra, de Bogotá.

Con esa angustia encima, Pardo regresó a París para asistir al Mundial de fútbol y llamó a Santo Domingo a fin de reunirse con él para medir el ambiente, pero el empresario se disculpó afirmando que tenía un viaje. El director comprendió que la relación con Santo Domingo estaba en su peor momento el día de la recepción de relanzamiento de la revista *Cromos*. Observó cómo Santo Domingo ingresó al piso donde se llevaba a cabo la fiesta, lo vio a él entre los invitados y siguió derecho, sin saludarlo. En vista de la indiferencia, Pardo lo tuvo que llamar para que le prestara atención y al gran jefe no le quedó otra opción que estirarle la mano. A la salida no se despidió.

En el segundo semestre del año 98 surgió el rumor de que Santo Domingo estaba buscando director, y que le había ofrecido el cargo a Miguel Silva y a Roberto Pombo. Era evidente que las cosas estaban mal. En noviembre la revista *Semana*, que dirigía Isaac Lee, el joven amigo de Augusto López, publicó un artículo duro contra *El Espectador*. Pardo pensó que se trataba de una jugada de Augusto para provocar su salida. De cualquier forma era un artículo injusto y desmedido, según Pardo, porque en ese momento la gente pensaba que *El Espectador* iba bien.

"Era un periódico que estaba planteando muchas cosas. En el proceso de paz fuimos bastante novedosos, le dedicamos mucho espacio, fuimos más analíticos. Lo que uno oía, y un par de estudios que pude hacer, era que la gente estaba contenta. Fue como anticlimático en ese momento".

Pardo escribió una respuesta fuerte contra *Semana* y para sorpresa suya, al día siguiente recibió una efusiva llamada de Santo Domingo.

"Me dice 'buenísimo ese artículo, es que eso es lo que hace falta, posiciones así, está divinamente escrito, maravilloso'. Esa misma noche Alberto Preciado, miembro de la junta directiva de *El Espectador*, también lo llamó para decirle que a él y a su esposa Cooki les había fascinado el artículo.

A los pocos días el director de *El Espectador* logró descifrar las intrigas que movían los últimos acontecimientos y al mismo tiempo se sintió un poco más integrado al grupo. Alberto Preciado lo invitó a almorzar para anunciarle que Santo Domingo estaba a punto de echar a Augusto López. Eso explicaba la satisfacción que les había producido el editorial.

López salió de la organización y tan pronto asumió Andrés Obregón, Pardo se reunió con él y quedó con la impresión de que estaba tratando con una persona ecuánime y receptiva. Obregón le pidió que asistiera a las reuniones de la junta directiva, lo cual hasta entonces había esquivado para evitar el conflicto de intereses entre la redacción y los negocios. Pardo aceptó y comenzó a ir a las reuniones, a las que además asistía Julio Mario Santo Domingo Braga.

"Nunca dijo ni mú, nunca abrió la boca y se quedaba medio dormido, pero la actitud personal de él conmigo era muy positiva, inclusive me dijo 'usted además del editorial debía escribir una columna porque escribe muy bien'.

Por esos días el periodista Julio Sánchez Cristo organizó un almuerzo para presentar en la sociedad bogotana a Julio Mario Santo Domingo hijo. Pardo asistió y quedó sorprendido cuando el junior le pasó su celular anunciándole que su papá quería hablar con él. Esta vez estaba muy interesado en un paro general al que convocaron las centrales obreras. "Me acuerdo que me dijo: 'eso está peligroso, pero tampoco se trata de tumbar a Pastrana'.

La gente del grupo quería que Pardo hablara más con Julio Mario. Ya Augusto López se lo había advertido. "Llámelo, coméntele cosas, chismes, a él le gustan los datos", le decían. Pardo siguió las recomendaciones pero no cumplió con la asiduidad con que lo hacían Darío Arizmendi y Yamid Amat.

A medida que las desavenencias entre Santo Domingo y Pastrana se fueron superando hasta llegar a la reconciliación, las quejas del grupo en cuanto a la orientación del periódico cambiaron de rumbo. Los intermediarios de Santo Domingo, recuerda Pardo, empezaron a formar problemas porque el periódico no cubría suficientemente al conglomerado y estaba muy opuesto al gobierno. En la Semana Santa de 1999, Pardo recibió dos cartas al mismo tiempo, una de Alberto Preciado y otra de Andrés Obregón, en las que se quejaban del periódico. Preciado decía que no se le había dado suficiente despliegue a una rueda de prensa que dio Andrés Obregón al salir de palacio presidencial, donde se había realizado una reunión con el Presidente y los empresarios en la que él asumió la vocería. La forma de la queja en la carta parecía el nuevo estilo de la administración Obregón-Preciado. En ese punto Pardo pensó en renunciar pero después de que pasaron los días resolvió contestar a los dos directivos al tiempo con una sola carta en la que explicaba cómo se manejó cada una de las informaciones y terminaba diciendo que quería aprovechar la oportunidad para reiterar su criterio en el sentido de que el éxito de *El Espectador* estaba estrechamente vinculado a su independencia.

"Como a los dos días me llamó Preciado desde París y me dijo 'mira fue muy bien recibida tu carta'. A Pardo le parecían más agradables, por lo informales, las reuniones con Obregón que con Augusto, pero en ambas tuvo que escuchar las quejas de los dos últimos gobiernos. Obregón le comentó que el canciller de Pastrana, Fernández de

Soto, estaba disgustado porque se había publicado una noticia en la que se aseguraba que el gobierno no se iba a adherir a la idea de una corte penal internacional. Fernández de Soto envió una carta diciendo que eso no era cierto. Pardo llamó al reportero que escribió la nota, Jose Antonio Sánchez, y éste le dijo que estaba basada en una entrevista con el canciller.

Al mismo tiempo surgieron varias quejas de los militares.

"Al principio llamaba el ministro de defensa en tono cordial, pero luego se fueron emberracando porque nosotros hicimos mucho énfasis en orden público y derechos humanos". Fernando Tapias llamó a Santo Domingo para quejarse del periódico, y Preciado, que asumió la vocería del grupo frente a los medios de comunicacion, pasó la queja a Pardo.

"Me dijo 'Tapias está muy bravo, llamó a Julio Mario y Julio Mario está muy inquieto'.

A solicitud de Preciado, Pardo escribió un memo en el cual explicaba que *El Espectador* tenía que atreverse a decir las cosas que *El Tiempo* no podía "por su carácter de periódico líder, defensor de las instituciones" y que lo que se debía buscar era convertir a *El Espectador* en un segundo periódico necesario, al estilo de *Le Monde* o *La Nación* de Argentina.

La relación con los militares se agrió aún más como consecuencia de la publicación de un artículo sobre la muerte del ex comisionado de paz de Gaviria, Jesús *Chucho* Bejarano en septiembre de 1999. Entre las seis hipótesis elaboradas por el periódico en el afán de la hora del cierre, había una que sostenía que los autores del crimen podrían ser paramilitares con vínculos con algunos militares de la siniestra Brigada 20, un grupo de inteligencia del ejército que fue disuelto en medio de acusaciones de asesinatos y desapariciones.

"Me llamó Preciado y me preguntó '¿quién escribió ese artículo?'. Y yo le dije: 'Fue un artículo colectivo'. 'Sí, ¿pero quien lo redactó?' 'No, lo escribimos a varias manos'. 'Necesito una cabeza'. Eso lo usan mucho ellos. 'A ese tipo hay que botarlo'. 'No, no te puedo dar nombres porque fue una cosa colectiva'. Esta vez la guillotina no funcionó.

Entre los pocos periodistas veteranos de *El Espectador* que decidieron continuar con la nueva administración estaba Ignacio Gómez, un reportero que ha publicado las mejores investigaciones del diario desde hace casi dos décadas. Gómez me comentó que durante el tiempo en que trabajó bajo la dirección de Pardo y luego de Carlos Lleras de la Fuente, ninguno de sus trabajos fue archivado por compromisos personales o comerciales del periódico o sus directivos y menos por una orden de Santo Domingo. Fueron otras las razones que lo obligaron a dejar el diario a finales de 1999: amenazas de paramilitares enfurecidos por sus denuncias.

Sin embargo, una de las investigaciones, hecha por Norvey Quevedo y dirigida y escrita por Gómez, parece haber colmado la paciencia del grupo. La denuncia comprometía al embajador en Washington, Luis Alberto Moreno, el funcionario de la administración Pastrana más cercano a Santo Domingo y el mejor amigo del Presidente. El artículo decía que funcionarios del gobierno se ingeniaron la manera de cambiar la vocación de un terreno estratégicamente situado en Cartagenta para convertirlo en complejo residencial en el que terminó de socio Moreno. El primero en llamar fue Gonzalo Córdoba, afirma Pardo. "Me dijo que había como inquietud por la vaina de Moreno y preguntó si iban a salir más artículos". Pardo le explicó que en su esfuerzo por publicar un artículo equilibrado y sin especulaciones, lo revisó en compañía del jefe de redacción, Luis Cañón, y después de escribir seis versiones, decidieron publicarlo.

No había terminado este escándalo cuando *El Espectador* se embarcó en uno nuevo que comprometía al ex ministro de Obras Públicas Mauricio Cárdenas en el manejo de una millonaria indenmización que el gobierno pagó a la firma de dragados Dragacol.

Aunque *El Espectador* no fue el primero en publicar el caso, y en un principio se dedicó a cubrir un debate en el Congreso que fue el origen del escándalo, sus reporteros tuvieron acceso a un documento explosivo: una decisión de la Contraloría General de la República por medio de la cual el contralor Carlos Ossa llamaba a juicio fiscal a Cárdenas.

Así me relató Pardo sus últimos días en *El Espectador*, durante una larga entrevista en su oficina de Bogotá de asesorías en comunicaciones:

"Entonces lo íbamos a publicar y ese día empezó a llamar todo el mundo. Llamó Jorge Cárdenas Gutiérrez [padre de Mauricio], llamó Andrés Obregón, 'oiga mire que Cárdenas dice que los hampones son los tipos de Cartagena'. Ese día llamó hasta el gato. Llamó Ramiro Bejarano y llamó el contralor. Ossa dijo 'sí, eso es así, pero es que la verdad es que yo todavía no estoy decidido con eso, estoy viendo otros datos, eso sería mejor no sacarlo. Él es como tolerante. Obviamente esa decisión es de ustedes. Usted verá qué hace pero creo que es un poco prematuro'. Al final la decisión fue sí sacarlo pero tuve que negociar hasta el título.

"Julio Mario estaba furioso y ese era un poco el clima que había cuando un día me llama Andrés [Obregón], un viernes, y me dice que quiere almorzar. No era usual que me invitara a almorzar sobre todo solo. Me pareció raro, pensé que podía ser como que quería analizar algun tema de tipo nacional pues él, de vez en cuando, me pedía opiniones sobre el proceso de paz. Cuando ya salía me dijo 'el almuerzo no es en Bavaria, es en Salinas'. Llego yo a Salinas y no estaba Andrés. Estaba Preciado. Me dijo 'ya viene Andrés'. Al ratico llegó Andrés. Me acuerdo que ambos pidieron ensalada. Me pareció como raro, y después de hablar más o menos normalmente, Andrés, que es muy tímido y no tiene mucho manejo, me dijo 'mira, Julio Mario está muy molesto porque no salió en forma suficientemente destacada el premio a Ardila Lülle que le dio Portafolio como mejor industrial del siglo'. Entonces yo le dije 'Andrés, está en el salmón, la sección económica. Es un premio de un periódico de la competencia, yo creo que ése es el peso que tiene. Y además es una noticia de las 9 y media de la noche en el club El Nogal que no permite mucho desarrollo'. 'Sí, pero es que Julio Mario se ha acercado mucho a Ardila, con la dificultad de la situación de Ardila como que la amistad se ha fortalecido, y entonces está realmente muy molesto y considera que las cosas han llegado a un punto de no retorno'. Yo me hice como el huevón porque no pudo ser explícito. No le salieron las palabras para decirme que me tenía que ir. Le dije 'no te preocupes, podemos hacer una buena entrevista con Ardila para mañana'. Entonces interrumpió Preciado y dice: 'No, Julio Mario lo que quiere es que hablemos de tu salida del periódico'. Entonces ahí yo le dije: 'Me parece que es un error, me parece que no es bueno para el periódico, me parece que es injusto conmigo'. Les eché casi toda esta historia que te echado, sólo que en diez o 15 minutos, la reunión de España, 'he hecho lo que siempre dije que iba a hacer, si el periódico no es independiente nunca va a funcionar, a este periódico le asesinaron un director por tener una posición valiente contra el narcotráfico, por el hecho de que lo compre un grupo económico, si ustedes le cambian...' bueno, en fin, toda la teoría. Alberto dijo: 'Sería muy bueno que usted le contara todo eso a Julio Mario'. Le dije 'estoy listo'. Me dice '¿Por qué no trata de irse esta tarde para Nueva York?'. Le dije 'bueno pues sí'. Nos despedimos, pero cuando llegué al periódico me volvió a llamar Andrés y me dijo 'hablé con Julio Mario, que sí, que le gustaría hablar con usted la semana entrante, pero que de todas maneras la decisión ya está tomada y que no se cambia'. Y ya, eso fue un viernes, y como el lunes anunciaron el nombramiento de Carlos Lleras".

Días después Pardo supo que su cabeza había sido pedida por Pastrana en una reunión con Santo Domingo en Nueva York. Pardo dice que se enteró de ese episodio de boca de Preciado, quien jugó el papel de solidario con él. Preciado lo llamó la noche que fue despedido y le dijo que estaba compungido. Luego pasó a su esposa Cooki.

"Cooki pasó y lloró, me dijo 'es que mi tío a veces es muy volado, no sé por qué hace ésto'.

Preciado entonces le comentó que en la reunión en el apartamento de Nueva York estuvieron Pastrana, Moreno, Fernández de Soto y Beatrice. "Creo que se hizo una alusión a mí: alguien dijo 'que Rodrigo Pardo se quiere tirar el proceso de paz'. Julio Mario no dijo nada. Y según me contó Preciado, a la salida de la reunión, Beatrice dijo: 'Lo peor de todo es que en esta situación no podemos salir de Rodrigo Pardo porque queda como que fue pedido por el Presidente".

Pardo salió y en el año 2001 fue nombrado editor de El Tiempo.

En su reemplazo Santo Domingo nombró a Carlos Lleras de la Fuente, el hijo cascarrabias del Presidente con quien más combatió. Fue una decisión sorpresiva tomada con la clara pretensión de no poner más en juego la independencia de su periódico. En medio de rumores de desacuerdos y una situación económica insostenible que forzó a Santo Domingo a convertir el diario en semanal, Lleras renunció a El Espectador en enero de 2002.

Luciérnaga

La historia del periodista radial Edgar Artunduaga es otra interesante muestra de cómo los cambios de simpatías de Santo Domingo arrastran a quienes mimetizan sus desprecios.

Artunduaga era uno de los periodistas del equipo de La Luciérnaga, el programa de mayor audiencia en Colombia que se transmite por la cadena básica de Caracol de 6 a 8 pm. Fue creado por Caracol durante el gobierno del presidente César Gaviria para divertir a la gente mientras pasaban los apagones diarios a los que fue sometido el país durante más de un año como consecuencia de descalabros y corruptelas en el sector energético. El programa está hecho de humor, casi todo bueno, y es tan popular que la gente cita con frecuencia los chistes políticos y los chismes de los personajes del segmento. La lectura de noticias del día sirve de punto partida para lanzar dardos venenosos y hacer imitaciones de los personajes típicos del país y de los políticos. Durante el gobierno de Ernesto Samper, "La Luciérnaga" se caracterizó por la defensa del Presidente, que estaba en la cuerda floja por el escándalo de los dineros del narcotráfico en su campaña. Pero no se trataba de un respaldo abiertamente zalamero y servil, sino más bien ingenioso que reflejaba las mismas divisiones que se produjeron en la sociedad colombiana en torno al debate de la responsabilidad del Presidente. De un lado estaban los periodistas del equipo que lanzaban críticas o cuestionaban al gobierno con respeto y cierta mansedumbre y del otro estaba Artunduaga, quien jugaba de defensor de oficio de Samper bajo la artillería implacable de sus colegas. La ecuanimidad la ponía el veterano periodista Hernán Peláez.

Artunduaga lo recuerda así:

"Yo era el blanco de los ataques y las burlas de los compañeros y eso no era fácil que lo asumiera otro periodista que se pensara muy importante... Había que tener cuero, cuero duro, para estar en un programa en donde fácilmente te podían decir sapo durante una hora en todos los tonos y a todas las voces, y cantando y gritando en serio. En efecto, yo era el motivo de burlas de mis compañeros, pero nunca hubo diferencias personales de ninguna clase, siempre entendí que mi papel era asumir posiciones que podían resultar incómodas para mis compañeros y a veces para el país, pero era un equilibrio que se le daba al programa. Yo nunca fui realmente samperista, enfermo samperista, lo que pasa es que en "La Luciérnaga", antes de Samper, el único samperista era yo y todos los demás eran pastranistas y nos parecía que ése era un juego de equilibrio para el programa".[6]

Antes de llegar a Caracol, Artunduaga era un periodista controvertido. Los colombianos lo recordaban porque fue él quien acusó al ministro de Justicia del presidente Belisario Betancur, Rodrigo Lara Bonilla, de haber recibido un cheque del narcotraficante Evaristo Porras. A partir de ese momento la vida pública de Lara Bonilla, paisano de Artunduaga, se volvió un calvario. Como reacción al desafío de su reputación, el ministro empuñó en forma personal y apasionada las armas contra el narcotráfico, lo que culminó con su asesinato en manos de sicarios pagados por el Cártel de Medellín.

La parte reprochable del artículo que dio comienzo al escándalo es que Artunduaga acorraló al ministro con la evidencia del cheque durante una conversación telefónica que grabó sin su autorización y que publicó íntegra en el diario vespertino *El Espacio*, una conversación en la que se escucha a un Lara nervioso admitir que ése era el final de su carrera.

Lara renunció, y así lo registró la primera edición del *El Espectador*, pero en las horas de la noche el presidente Betancur no aceptó la renuncia y lo animó para que continuara en su cargo, cosa que aceptó.

"Esos fueron momentos de inmensa soledad porque nadie se puso del lado mío", recuerda. El periodista se defendió alegando que tenía una grabación.

Entre las faenas más conocidas de Artunduaga, celebradas por Santo Domingo, estuvo la de torear a Enrique Santos Calderón, entonces editorialista de *El Tiempo* y uno de los más fuertes críticos de Samper durante el escándalo del proceso 8000. La confrontación llegó a tal punto que Santos, a la pregunta de la revista *Diners*, de "¿qué persona quisiera ver metida en la cárcel?", respondió que a Edgar Artunduaga.

"Entonces vuelve otra vez el tipo que pelea a responderle y a decirle que si él me quería ver en la cárcel, yo lo quería ver en el centro de rehabilitación de Cuba donde llevaron a Pambelé. Entonces ya la vaina se iba poniendo más complicada...", recuerda Artunduaga

El periodista sirvió fielmente a los intereses del Grupo Santo Domingo durante el gobierno de Samper en el sentido de que hizo de altavoz de Julio Mario Santo Domingo en la furiosa campaña contra los "conspiradores" del régimen, un grupo de periodistas y políticos encabezados por el entonces candidato presidencial Andrés Pastrana y que pedían a gritos la renuncia del Presidente. Pero la victoria electoral de Pastrana en 1998 y la posterior reconciliación con Santo Domingo dejaron al comentarista sin espacio en Caracol.

La pelea de Artunduaga con Pastrana quedó planteada cuando este último era candidato a la presidencia en 1997. Durante una entrevista en vivo, el periodista le preguntó qué opinaba del hecho de que el ex ministro Néstor Humberto Martínez estuviera devengando un sueldo de 17 millones de pesos mensuales del gobierno de Samper en su calidad de asesor del Fondo Nacional del Ahorro, una entidad pública, y al mismo tiempo fuera asesor suyo.

"Pastrana dijo que esperaba que le preguntaran cosas más serias. Y entonces yo le dije 'pero es que es un asunto de moral' y él no tuvo el inconveniente de decir que de moral no hablaba conmigo.

En ese momento Artunduaga invitó a Pastrana a que si tenía algún reparo moral o profesional contra él lo dijera ante la opinión pública.

"Yo estaba dispuesto a retirarme de mi profesión. Pastrana dijo que no era el caso y que no iba a decir nada. Pero el periodismo colombiano es muy débil en eso, y de ahí para adelante a nadie se le ocurrió preguntar cuál era el reparo que tenía Pastrana candidato y después presidente contra Edgar Artunduaga".

Después del encontronazo Judith Sarmiento, que es abogada, y Darío invitaron a hablar en privado a Artunduaga.

"Me dijeron 'si usted tiene rabo de paja no puede seguir atacando a Pastrana'. Y yo les dije 'es que yo no tengo rabo de paja. Yo no lo tengo y yo lo voy a seguir criticando en la medida en que sea necesario criticar'. Pero el día que Pastrana dijo que no hablaba de moral conmigo y yo quise contrapreguntar e insistir en el tema, Darío decidió que yo no preguntaba más, entonces paró la discusión y enderezó la entrevista como cuando el papá le dice al niño 'usted no habla más se calla', y excusa al señor y hasta luego".

Al pedirle su punto de vista para este libro, Arizmendi me respondió lo siguiente en un mensaje electrónico: "Por lo demás, sé que entenderás mi negativa a polemizar con la versión de Artunduaga, y mucho menos referirme a las relacionadas con Don Julio Mario Santo Domingo". [7]

"La Luciérnaga" continuó con sus sátiras durante el gobierno de Pastrana. Artunduaga asegura que Santo Domingo no lo llamó directamente en ninguna ocasión para enfilar baterías contra algún enemigo de turno, pero era evidente que algunas de las instrucciones venían de él.

"A mí lo que se me hace es que Caracol sí ha tenido que autocensurarse muchas veces a lo largo de todo el tiempo, ya sea autoncesura que ha venido desde arriba por intermedio de Darío e impartida a rajatabla a los periodistas para efectos de que lo que uno haga o no haga. Darío decía ésto no se hace y punto, tengo instrucciones de que no se hace y punto ¿Quién le daba las instrucciones a Darío? La empresa. ¿Quién es la empresa? Ahora en los últimos tiempos Peláez también empezó a recibir instrucciones...Que el presidente [Pastrana] no quiere que mencionen a su esposa para bien ni para mal y mucho menos que la imiten, que el Presidente no quiere que molesten más con este tema, que ya es suficiente, que hay que bajarle a este tema, que el Presidente ya está mamado que imiten su voz, entonces que hay que dejarlo descansar unos días porque el Presidente llamó hoy colérico".

Al parecer Pastrana perdió la paciencia con Artunduaga. Los colaboradores del Presidente en la Dirección de Impuestos y Aduanas (Dian) resolvieron investigar el historial de impuestos del periodista y hacer pública una supuesta infracción tributaria a través de la Secretaría de Prensa del Palacio. Las emisoras de Artunduaga en Huila fueron visitadas intempestivamente por funcionarios del Ministerio de Comunicaciones y la Dirección de Impuestos. El director de la Dian, Guillermo Fino, reconoció que entregó a la Casa de Nariño información general sobre las deudas que Artunduaga tuvo con el Estado, pero que lo hizo luego de que Hernán Peláez denunció las presiones del gobierno. Dijo que al pronunciarse Peláez, en la mañana del jueves 3 de mayo, sobre la presión ejercida por la Dian, recibió una llamada del secretario de Prensa de Palacio, Samuel Salazar, quien se mostró preocupado por tales aseveraciones. "Samuel me solicitó información sobre el tema para preparar una nota de respuesta, y yo me limité a darle datos de carácter general, que en ningún momento implican violación de la reserva tributaria", informó Fino. [8]

Al mismo tiempo que el gobierno atacaba, Caracol ordenó el traslado de Artunduaga a la Cadena Ser de España, que tiene acciones en la emisora colombiana. Artunduaga viajó a España, y al darse cuenta que lo habían enviado a un sabático forzoso –pues en la emisora española no sabían qué labores asignarle– regresó y renunció. Lo más seguro es que muchos hubieran sospechado que detrás de su salida podría haber otras razones, si no es porque la misma semana Hernán Peláez, un periodista que goza de mucho respeto, confirmó durante un programa de "La Luciérnaga" que, en efecto, sí existían presiones y como protesta renunció a la dirección del programa.

Artunduaga "se ha vuelto un problema para el Gobierno", dijo Peláez. "Sé que el Ejecutivo va a decir que no tiene nada que ver, que no hubo ninguna presión. Eso lo sabemos, pero uno conoce la letra menuda de esto y el contenido".[9]

La letra menuda la adelantó, un día antes de la renuncia de Artunduaga, el periodista Roberto Posada al afirmar que sería gravísimo que la salida del periodista estuviera relacionada con las negociaciones de Aces y Avianca.

"Y más delicado todavía sería el hecho de que el Gobierno estuviera pidiendo las cabezas de periodistas a cambio de no ponerle trabas a la fusión de Avianca con Aces, operación comercial de alto alcance y de grandes repercusiones económicas para los interesados. Esta versión no es aceptada en público y resulta difícil que la admita algún funcionario del Ejecutivo; pero es la que con fuerza se ventila en privado y la que de alguna manera explicaría la salida de Artunduaga de "La luciérnaga".[10]

Artunduaga renunció el 3 de mayo de 2001, Día Universal de la Libertad de Prensa. "Me parece como periodista inadmisible aceptar una tácita y obligatoria mordaza...Estoy de acuerdo con los que afirman que el mayor peligro para el periodista en esta época es la autocensura".

El presidente Andrés Pastrana repondió que con simples rumores no se podía "enlodar a un Gobierno que ha sido respetuoso como pocos de la libertad de prensa" y pidió pruebas.[11]

Diez columnistas del país, entre quienes se encontraba el ex presidente López Michelsen, Roberto Posada García-Peña y Ramiro Bejarano Guzmán, colaborador de *El Espectador,* le pidieron a Pastrana que explicara por qué el secretario de prensa, Samuel Salazar Nieto, tenía información reservada en relación con el historial tributario de Artunduaga.

"La sola circunstancia de que un funcionario tenga tanta información reservada de un comunicador no afecto al Gobierno es prueba contundente de que alguien en la Casa de Nariño ha dado la peligrosa orden de acopiar información de documentos, algunos de ellos legalmente confidenciales, referida a sus críticos, con el fin de darla a conocer en la primera oportunidad. No es esa una actitud sana para la libertad de prensa, pero sobre todo para la democracia misma", decía la carta de los columnistas.[12]

En agosto del 2001 el procurador Edgardo Maya formuló un pliego de cargos contra Salazar Nieto, por presunta extralimitación de funciones y violación a la honra y al buen nombre en relación con el caso de Artunduaga.

NOTAS

1. Entrevista personal con Rodrigo Pardo, Bogotá, 11 de mayo de 2001.

2. Citado por Luis Cañón, en su libro *La Crisis: 4 años a bordo del gobierno de Samper,* editorial Planeta, Colombia, 1998, pág. 268.

3. *La crisis: 4 años a bordo del gobierno de Samper,* editorial Planeta, Colombia, 1998, pág. 268. cap 20

4. Directorio telefónico de París, *Les Pages Jaunes,* versión en internet. Consultado febrero de 2002.

5. Fabio Castillo relata su salida de *El Espectador* en una carta enviada a *Index on Censorship,* una revista bimestral que publica temas relacionados con libertad de prensa, 1 de abril de 1998.

6. Entrevista personal con Edgar Artunduaga, Bogotá, mayo 2001.

7. Mensaje electrónico de Darío Arizmendi, 3 de diciembre de 2001.

8. "La Procuraduría investiga el caso del periodista Artunduaga", 8 de mayo de 2001, *El Tiempo*, versión tomada de Internet el mismo día.

9. "Artunduaga se va por presión del Gobierno", *El Tiempo*, 3 de mayo de 2001, sección Nación, versión tomada de Internet el mismo día.

10. "¿Qué pasa en Caracol?" D'Artagnan, *El Tiempo*, 2 de mayo de 2001, sección Editorial, versión tomada de Internet el mismo día.

11. ·El Gobierno ha sido respetuoso de la libertad de prensa: Pastrana", *El Tiempo*, 3 de mayo de 2001, sección Nación, versión tomada de Internet el mismo día.

12. "Columnistas emplazan a Pastrana", *El Tiempo*, 7 de mayo de 2001, sección Nación, versión tomada de Internet el mismo día.

18

Santo Domingo *vs.* Pastrana

Aunque Julio Mario Santo Domingo mantuvo buenas relaciones con el presidente Misael Pastrana, con su hijo, en cambio, chocó desde 1991, cuando el joven presentador de televisión y promotor de caminatas filantrópicas se lanzó al Senado. Fue la confrontación de los dos hombres más obstinados y orgullosos de Colombia, y por tal razón las versiones del origen de la tempestuosa relación dependen de la vanidad de quien lo cuenta.

Un ex directivo de Bavaria sostiene que la semilla de la discordia hay que buscarla a principio de la década de 1970, cuando los Puyana, la familia de la esposa de Andrés Pastrana, se vieron forzados a vender a Santo Domingo las acciones que tenían en la Cervecería Andina. La cervecería fue fundada en los años cuarenta por David y Ernesto Puyana, conocidos en todo el país como los mayores importadores de licores. En poco tiempo el producto conquistó una parte importante del mercado. "El caso de la cervecería Andina es único: la fama de su cerveza no la consiguió ninguna otra cervecería con ninguno de sus productos en tan corto tiempo". [1]

La sociedad se registró en la Bolsa de Bogotá y llegó a tener más de 5,000 accionistas. El ex funcionario de Bavaria recuerda que los Puyana, amos y señores de la fábrica, tuvieron que vender a Santo Domingo su participación meses después de que una huelga dejó la empresa al borde de la quiebra. Los trabajadores de la cervecería vendieron cerveza cruda, lo cual produjo una visible caída de las ventas. Esta situación fue aprovechada por los Santo Domingo, que ya tenían intereses en la planta, para comprar las acciones a las dos ramas de la familia. Unos Puyana, aparentemente los de la rama de Ernesto, resultaron favorecidos con un buen precio, pero el padre de Nohra Puyana, la esposa de Andrés Pastrana, que se demoró un poco más en vender porque quería mantenerse en la fábrica, salió mal librado. David Puyana debió vender a un precio mucho más bajo, dado que los Santo Domingo ya tenían el control de la empresa. Bavaria traspasó Andina a una de sus filiales, Cervecería de Litoral, y descontinuó la producción de la cerveza de los Puyana. En marzo de 1984 la asamblea de accionistas de Andina S.A. decretó la disolución de la sociedad.[2] En la familia Puyana se heredó la presunción de que los Santo Domingo los habían engañado.

El motivo de la disputa directa de Santo Domingo con Andrés es más específica. La versión apunta a que Pastrana esperaba una generosa contribución a su campaña senatorial de 1991 por parte del grupo y al recibirla y no cumplir en cantidad con sus expectativas, la devolvió. Por el lado de Pastrana se dice que lo que ocurrió fue que el candidato nunca pidió ayuda y la que recibió, la rechazó.

La siguiente es la versión de Bavaria: en vísperas de las elecciones, Pastrana, Pablo Laserna y Luis Alberto Moreno, se presentaron en la oficina de Augusto López para pedir ayuda financiera. López les ofreció 20 millones de pesos (31,000 dólares), la mitad de los cuales serían en efectivo y la otra mitad en publicidad. Al momento de los pagos, Pastrana se disgustó porque pensaba que la contribución era de 40 millones (63,000 dólares), repartidos por mitades en efectivo y propaganda en los medios de comunicación del grupo. Como resultado de su decepción, Pastrana devolvió el cheque de 10 millones pero no pagó la pauta publicitaria por 20 millones que ya se había causado en Caracol. Carlos Quintero, vicepresidente financiero de Bavaria, se enteró que Pastrana estaba desilusionado. En respuesta a lo que consideraba un inexcusable gesto de ingratitud, Augusto López decidió entonces cobrar a la campaña los 20 millones de Caracol. Moreno les propuso pagar con cuñas en el noticiero TV Hoy de Pastrana, pero Augusto López no aceptó. Fue entonces cuando Moreno ofreció cubrir la deuda con un Mercedes Benz blindado, propiedad de Jacky Bibliowics, uno de los mejores amigos de Pastrana y consagrado financista de su carrera política. El automóvil fue aceptado y pasó a engrosar la flota de Bavaria.

En ese momento quedó declarada una guerra en la que Santo Domingo nunca puso la cara sino las órdenes a través de su fiel escudero Augusto López, a quien por demás jamás le disgutó pelear.

Tres años más tarde, Pastrana se lanzó a la Presidencia de la República. Los medios de comunicación de Santo Domingo se volcaron a respaldar a su oponente, el candidato liberal Ernesto Samper. Pastrana perdió las elecciones y se dedicó a la oposición que, a pesar de su intensidad y perseverancia, no produjo la caída del Presidente.

Con ese cuadro adverso de fondo, se lanzó de nuevo a las elecciones presidenciales de 1998 en las que derrotó al candidato de Santo Domingo, el dirigente liberal Horacio Serpa Uribe. Pocos días antes de la segunda vuelta Pastrana buscó un acercamiento con Santo Domingo. No era la primera vez, pero ésta la quería aprovechar para exponer personalmente su disgusto por los ataques de los cuales fue víctima por parte de Caracol durante la campaña y los cuatro años siguientes de gobierno de Samper y para ofrecer su versión sobre las supuestas contribuciones del Grupo Santo Domingo. El empresario lo citó en Nueva York a su oficina y Pastrana viajó expresamente a cumplir con la cita. Los tres temas que los distanciaban se discutieron: las versiones encontradas en torno al apoyo económico del grupo a Pastrana; la parcialización de Caracol en la información y la denuncia por calumnia de Santo Domingo contra Juan Carlos Pastrana. Este último asunto era lo que más disgustaba a Santo Domingo y para resolverlo propuso una solución: que Juan Carlos pidiera públicamente perdón. Pero Pastrana le explicó que no podían responder por su hermano, ante lo cual Santo Domingo lo desafió a que lo pusiera por escrito.

Así describió el encuentro una persona del lado de grupo: "Santo Domingo lo recibió con un baldado de agua fría. La reunión fue seca, corta. Santo Domingo le dijo que para que la disputa terminara se necesitaba que le pidieran excusas por el maltrato que le habían dado en *La Prensa* y sacó la portada en la que aparecía él y Augusto López junto con los hermanos Rodríguez Orejuela. También le dijo a Pastrana que no entendía cómo, después de que por muchos años ellos habían mantenido *La Prensa*, el periódico se les había volteado. Pastrana le explicó que las opiniones en *La Prensa* eran las de Juan Carlos y no las suyas. Santo Domingo respondió que era necesario entonces una carta de Andrés expresando que no compartía las opiniones de su hermano y otra de su hermano ofreciendo disculpas. La reunión terminó con Santo Domingo orgulloso y dando parte de dureza, y con Pastrana desconcertado por la intransigencia de Julio Mario".

Después de consultarlo con varios de sus asesores, Pastrana aceptó exponer sus puntos de vista en una extensa carta fechada el 17 de junio de 1998 y justificada con el argumento de "dejar en claro mi posición frente a una serie de equívocos que son hoy en día ventilados públicamente por los medios de comunicación respecto a mi relación con el Grupo Santo Domingo".[3]

Pastrana aseguró que en la campaña que culminó con las elecciones de 1994 decidió no aceptar contribuciones ni donaciones del grupo Santo Domingo. No explicó el por qué, pero fundamentó su posición en el derecho que tiene un candidato "de escoger a quién acude para financiar su propia campaña y qué dineros quiere aceptar". Esa decisión, que calificó de "soberana" y "autónoma", la mantuvo en reserva, agregó, hasta que Darío Arizmedi, director de noticias de Caracol, "me conminó a declarar al aire mi decision de no aceptar donaciones de ese conjunto de empresas a la cual pertenece Caracol".

"A partir de ese momento Caracol tuvo en esa campaña electoral una actitud claramente hostil frente a mi candidatura y demostró también un favoritismo abierto y evidente frente al candidato Ernesto Samper. No sólo a nivel informativo fue ostensible el favoritismo hacia Ernesto Samper sino también el Grupo Bavaria demostró de otras maneras su parcialidad. Financió generosamente la campaña liberal, gestionó apoyos políticos en su favor, hasta permitió que el jugador estrella de la selección nacional, patrocinada por Bavaria, hiciera declaraciones públicas a favor de Samper".

Pastrana hizo un recuento de sus denuncias en torno a la infiltración de dineros del narcotráfico en la campaña de Samper y de cómo Caracol lo atacó por haber sido el promotor de las mismas. Esa situación se agudizó y aun en su condición de candidato perdedor fue atacado por las filiales de Caracol, reclamó Pastrana. En forma sutil, sugirió que el Grupo Santo Domingo mantuvo una actitud complaciente con un Presidente que no tenía moral ni legitimidad para gobernar. A través de sus cadena de emisoras, agregó, Caracol "no ahorró ataques a mi persona y no ahorró tampoco esfuerzos en proteger a Samper y a miembros de su gobierno en relación con el llamado narcoescándalo".

"Yo he estado en una orilla y las empresas de comunicación de Santo Domingo en la otra. Millones de conciudadanos también han cuestionado la forma como el gobierno ha tratado de silenciar el escándalo, favoreciendo aquellos que lo apoyan y golpeando a quienes han cuestionado hechos tan vergonzosos. No me gustan los favores concedidos por el gobierno a sus amigos, pero tampoco la venganza de los medios contra quienes critican tales conductas ilícitas. Las empresas de comunicaciones que pertenecen al Grupo Santo Domingo, particularmente Caracol y el representante de Bavaria, Augusto López, han dado el apoyo público al presidente Samper en varias ocasiones. Así que estamos en diferentes orillas. Usted a lado de Samper y yo al otro lado".

En cuanto al problema de su hermano Juan Carlos, Pastrana explicó que en ese momento la justicia estaba estudiando una demanda penal por calumnia. "Espero que la justicia continúe su curso y defina este asunto en forma sabia. Quiero expresar que no estoy de acuerdo con las afirmaciones de tales escritos en conexión con conductas por fuera de la ley en relación a usted o Augusto López. El único propósito de esta clarificación es que ni usted ni nadie sea afectado de la manera que yo le he sido durante cuatro años".

Pastrana terminó la carta diciendo que no esperaba ni exigía nada de Santo Domingo ni de su grupo y garantizó que gobernaría en forma equitativa de llegar a salir elegido presidente.

La respuesta le cayó a Santo Domingo como un patada en el estómago, especialmente por la forma como el candidato acomodó la historia de las contribuciones a su campaña.* Así que no se cuidó en el lenguaje, como lo hizo Pastrana, y respondió en forma desafiante, al parecer, bajo el convencimiento de que Pastrana sería derrotado en las elecciones del domingo siguiente. Santo Domingo estaba contagiado por el ambiente de victoria que vivía la campaña de Serpa. Horas antes de las elecciones Serpa anunció que "ya casi" tenía lista la nómina de sus colaboradores, en la cual el 50 por ciento serían mujeres.[4] La idea de anunciar el gabinete antes de las elecciones fue del expresidente Alfonso López Michelsen y la propuso para "tranquilizar a los agentes económicos, parar la caída de las bolsas de

---

* La contabilidad específica de la contribución, según papeles de Bavaria, es la siguiente: la presidencia de la compañía ordenó la transferencia de pauta publicitaria para la campaña de Pastrana con vigencia del 16 de septiembre al 6 de octubre de 1991 por un valor bruto total de 30 millones 671,392 pesos y un valor neto de 15,028982. Esta publicidad fue pagada en los mismos términos en los que se cancela la publicidad política que es manejada por la presidencia. Adicional a esto, la corporación Centro de Estudios Colombianos ordenó la transmisión de pauta, para lo cual se elaboraron dos contratos así. Uno, el 16 de septiembre de 1991 por un valor de 10 millones 795,348 y otro el 7 de octubre de 1991 por un valor de 10 millones 164,510 pesos, ambos a valores netos y con un descuento del 57 por ciento, el 50 por ciento y especial del 15 por ciento sobre el neto. "Para salvar las anteriores cuentas la corporación que manifestó no contar con la disponibilidad necesaria para pagar el dinero ofreció en primera instancia a la cadena cupos publicitarios disponibles en el noticiero TV Hoy, propuesta que no fue aprobada. Posteriormente, la institución planteó a Caracol dar como pago el automóvil Mercedes Benz placa AP 6987, lo que finalmente fue aceptado por la compañía, con una importante deducción en el valor de los intereses causados".

valores y reducir las presiones que apuntan a una elevada devaluación por desconfianza en las propuestas de Serpa para afrontar una crisis económica represada". [5]

En su breve respuesta a Pastrana al día siguiente de su carta, Santo Domingo aclaró que su conglomerado nunca le ofreció ninguna ayuda económica a él o a su movimiento por cuanto "nuestro candidato era Ernesto Samper Pizano".[6]

"Se afirma en el párrafo segundo de su comunicación que en las elecciones presidenciales de 1994 decidió usted no aceptar contribuciones ni donaciones de parte de este conglomerado, entre ésas refiriéndose a las del grupo que lleva mi nombre. Debo aclarar que en ningún momento se ofreció ayuda económica a usted o a su grupo puesto que el candidato de nuestra preferencia fue el doctor Ernesto Samper Pizano. Coincidimos, doctor Pastrana, en el derecho que a todos nos asiste de ofrecer o aceptar cualquier cosa, pero hago la salvedad de que no considero correcto tergiversar los hechos y hacer aparecer como rechazo de su parte un ofrecimiento que jamás se le hizo porque debo reiterarle, nunca fue ofrecido respaldo financiero de ninguna especie a su candidatura".

Es cierto, ello sí, que su familia pidió y obtuvo muy generosa ayuda económica nuestra para el periódico *La Prensa* que irónicamente terminó por ultrajarnos de manera extrema, grave y calumniosa como a usted le consta".

No se ocupó Santo Domingo de despejar las dudas sobre la parcialidad de Caracol en la cobertura de la campaña, por el contrario, implícitamente lo dio por hecho y en cierta forma planteó que podría servir como una lección para que comprendiera lo que significa ser víctima de las injusticias de un medio de comunicación.

"Finalmente se refiere usted al proceso penal que cursa contra su hermano Juan Carlos por el tratamiento calumnioso, eso sí, del que hemos sido víctimas el doctor Augusto López Valencia y yo. Le agradezco que reconozca que no está de acuerdo con lo afirmado en esos escritos respecto de las conductas por fuera de la ley por parte de usted ni de Augusto López, lo cual desvance las afirmaciones de su carta enviada al periódico *El Tiempo* en el mes de noviembre de 1996".

En ese punto estaban las cosas cuando Santo Domingo recibió la noticia, difícil de asumir y de creer, que el delfín pedantón de los Pastrana, el jovencito inculto que se atrevió a cuestionar su propia interpretación de la historia, era el nuevo presidente de Colombia.

Pastrana fue elegido presidente el 21 de junio de 1998 al derrotar al candidato de Santo Domingo, Horacio Serpa.

Vendrían cuatro años difíciles. La junta de Bavaria lo presintió a los pocos días de la victoria electoral, cuando Hernando Castilla Samper, miembro de la junta, consideró una obligación informar a la empresa lo que calificó como un preocupante antecedente. Contó que durante un juego de golf, un buen amigo de su hijo Mauricio le advirtió que tuviera mucho cuidado si tenía acciones o propiedades en Bavaria porque Pastrana estaba dispuesto a quebrar la empresa. El amigo del hijo era Eduardo Puyana, cuñado de Pastrana.[7]

"Soldado avisado no muere en guerra", escribió Castilla.

El de Pastrana no fue un gobierno fácil para Santo Domingo. En un comienzo, el empresario se refugió en su soberbia e indiferencia. Los medios de comunicación del grupo recibieron órdenes de tratar con dureza al nuevo gobierno y las altas esferas de la organización siguieron instrucciones de mantener una distancia cortés con el Presidente. A Augusto López no se le volvió a ver en el Palacio de Nariño.

Probablemente la táctica de la indiferencia y la beligerancia de Santo Domingo hubiera funcionado en tiempo de bonanza, pero la recesión golpeó por igual a todas las empresa colombianas, y en menos de un año el magnate comprendió que no es conveniente tener de enemigo a un Presidente en momentos de emergencia. La lección la aprendió con Lleras Restrepo. Por más poderosas que sean las compañías, el gobierno tiene a su alcance una enorme maquinaria regulatoria y tributaria que realmente funciona para premiar o castigar cuando hay pasiones de por medio. Tal vez por esa razón, y no por ablandamiemto emocional, Julio Mario Santo Domingo se reconcilió con Pastrana, un gesto sin antecedentes en su vida.

Avianca era su principal preocupación. El resto del conglomerado tenía que trabajar a marchas forzadas para cubrir las deudas de la aerolínea. Bavaria tuvo que ser exprimida varias veces para financiar la operación de Avianca. En 2001, los pasivos de la cervecería relacionados con transferencias a la empresa aérea y a Celumóvil, principalmente, llegó a 320 millones de dólares. La aerolínea estaba sitiada por los bancos acreedores que amenazaban con provocar su cierre. Y Santo Domingo no estaba dispuesto a invertir más capital. Lo más preocupante de la situación de Avianca es el multimillonario pasivo laboral que la aerolínea mantiene con la caja de retiro de los pilotos Caxdac. En cualquier momento, el gobierno puede exigir a la caja que se capitalice y responda por los pasivos laborales.

Después de tantear el terreno del lado contrario y cerciorarse de que había voluntad de diálogo, Santo Domingo se reunió en enero de 1999 con el escritor Gabriel García Márquez para pedirle que intercediera en la reconciliación con el presidente. Violy McCausland, la asesora de Santo Domingo, estaba presente y jugó un papel importante en el acercamiento. Antes de llegar a este punto, Gonzalo Córdoba también hizo su parte en su doble condición de confidente a sueldo de Santo Domingo y pariente de la primera dama, Nohra Puyana Bickenback. Nohra es prima de su esposa Dorotea Bickenback Plata. La reconcialiación con el Presidente se selló en la Casa de Huéspedes de Cartagena donde Santo Domingo insistió, para el álbum de su orgullo, en que su problema no era con él sino con su hermano Juan Carlos. Cuando la revista *Cambio* le preguntó por qué se reunió con el presidente, Santo Domingo dejó en claro que se lo pidió "nadie menos que Gabriel García Márquez, mi amigo de toda la vida" y para que no quedaran dudas de que no fue iniciativa suya agregó: "El Presidente tuvo la amabilidad y la gallardía de invitarme a comer a su casa y yo, por supuesto, acepté".[8] Vestidos informalmente, los dos hombres más poderosos y orgullosos del país se tomaron una foto sonrientes, en el momento en el que se fumaban cada uno un tabaco en la Casa de Húespedes de Cartagena. *El Tiempo* decía que la charla se centró en el tema de la paz.

Como era de esperar de una disputa tan prolongada, los desplantes no terminaron el día del tabaco. Tres meses después, Santo Domingo se resintió porque ninguno de sus ejecutivos fue invitado a la recepción de Pastrana en Madrid con el presidente Aznar, no obstante que Bavaria era entonces la empresa colombiana con mayores inversiones en España. Sin embargo, antes de su viaje, Pastrana recibió en el Palacio de Nariño a Santo Domingo, su hijo Julio Mario Santo Domingo Dávila y a su sobrino Andrés Obregón, presidente del Grupo Empresarial Bavaria. El tema de conversación fue de nuevo la paz, la importancia de que Pastrana comprometiera a la comunidad internacional en el proceso de paz con las guerrillas del país. Santo Domingo, quien tenía vendada la mano izquierda por una lesión que había sufrido en un partido de tenis en Nueva York, aprovechó la visita para apoyar la medida de Pastrana de bajar las tasas de interés.

De las cuentas entre el Presidente y Santo Domingo, la única que quedaba pendiente era el litigio con Juan Carlos Pastrana. Un año y medio después de la reconciliación en Cartagena, y gracias a la mediación de Córdoba, Santo Domingo desistió de la demanda contra Juan

Carlos Pastrana, no sin antes recibir una carta en la que el deslenguado hermano del Presidente, ahora como un manso cordero, propugnaba por un entendimiento. Días antes de hacer las paces, Juan Carlos me llamó para comentarme que tenía pruebas de que la constancia de presentación personal que aportó Santo Domingo al expediente para ratificar la denuncia por calumnia no era auténtica. En esa conversación, Juan Carlos se quejó de que la Fiscalía General de la Nación no le prestó atención a documentos del DAS, aportados por él, que presuntamente probaban que en la fecha de la comparecencia Santo Domingo no estaba en Colombia y por lo tanto mal podría firmar su ratificación. Le pregunté a Juan Carlos que si lo que quería decirme era que Santo Domingo lo acusaba a él de una infamia en un proceso en el que terminó cometiendo otra falta igual de grave, y me respondió, con uno de sus gritos de indignación: "¿Cómo te parece, carajo?". A los pocos días Juan Carlos firmó la carta de la paz y no volvió a hablar del tema.

En este ambiente de tensa armonía, Santo Domingo se sintió más seguro para buscar una solución a la apremiante situación de Avianca. Por lo menos dos aerolíneas extranjeras que se interesaron en la empresa, al conocer el pasivo laboral se espantaron. Fue entonces cuando surgió la propuesta de fusión con la segunda aerolínea de Colombia, Aces, propiedad en un 72.6 por ciento de la Federación Nacional de Cafeteros. Lo que parecía ser un trámite burocrático sin obstáculos ni cuestionamientos de fondo, como ocurrió con la compra de Cervecería Leona, se convirtió en una nueva fuente de conflicto para el grupo empresarial de Santo Domingo. En junio de 2001, un funcionario independiente se opuso a la integración argumentando que ésta terminaría por agravar la ya consolidada posición de dominio del servicio aéreo para pasajeros en Colombia. El superintendente de Industria y Comercio, Emilio José Archila Peñalosa, basó su argumento en un análisis serio, colmado de matemáticas financieras, en donde por primera vez se comprobó con ecuaciones lo que millones de colombianos sospechaban –y sufrían– desde hace más de 25 años: que Avianca es una empresa monopólica.*

Avianca y Sam, que pertenecen al Grupo Empresarial Valores Bavaria, tienen el 38 por ciento del mercado del transporte aéreo nacio-

---

* La lectura de la resolución de 38 páginas que objeta la integración no sólo es un fallo digno de estudio para economistas y abogados, sino que además refleja el nivel de refinamiento al que pueden llegar las discusiones técnicas en un país donde la mayoría de disputas se resuelven a la fuerza.

nal de pasajeros. Le sigue Aces con el 29 por ciento y Aerorepública con el 14. En el mercado internacional Avianca domina un 40 por ciento mientras que Aces sólo tiene el 9. La herramienta que la Superintendencia utilizó para proyectar el resultado de la pretendida integración se conoce como el índice Herfindahl-Hirschman (HHI), una ecuación desarrollada por los economistas para calcular el poder de un monopolio. Mediante esta operación se suman los valores al cuadrado de las participaciones en las ventas en el mercado de todas las empresas de la industria y el resultado arroja un índice de concentración. Se considera un mercado no concentrado cuando el índice es menor que 1000; moderadamente concentrado cuando se encuentra entre 1000, y 1800 y se habla de una industria altamente concentrada cuando el indicador es superior a 1800.

Pues bien, antes de hacer la fusión el indicador de Avianca, según los cálculos de la Superintendencia, ya es preocupante pues llega a 2600. Si se hiciera la integración, ese mismo índice en rutas nacionales sería de 4807 y en el caso de las internacionales saltaría de 1944 a 2830.

Lo que esto significa es que la integración haría "que la empresa resultante quedara en posibilidad de determinar unilateralmente las condiciones del mercado incluyendo precios y calidades" lo cual "implicaría un indebida restricción a la competencia"[9]. Pero hay otras consecuencias que señaló la resolución, por medio de la cual se negó la integración. Entre ellas: habría incremento de precios; en el mercado de rutas nacionales no quedaría un segundo competidor significativo; los competidores no tendrían capacidad disponible para absorber suficiente demanda de los competidores integrados para compensar maniobras abusivas; la operación generaría perjuicios a los consumidores debido a la reducción de la oferta, y la conocida sobreventa de tiquetes sería mucho más extendida.

La firma de abogados que presentó la solicitud de fusión elevó un recurso contra la resolución argumentado que el índice de Herfindahl-Hirschman "constituye un primer acercamiento" al análisis "que debe complementarse con el entendimiento profundo de las condiciones de la industria y la proyección del comportamiento competitivo de los distintos competidores".[10] La posición del dominio en el mercado no conlleva automáticamente una restricción a la competencia, afirmó el abogado Alfonso Miranda Londoño, que firmó el recurso. En un cuadro de concentración de mercados domésticos de 134 países, Miranda mostró que Colombia se encuentra en la franja de 1800 a 3000 del índice HHI, es decir, con un servicio altamente concentrado, pero con el atenuante de que en la escala mundial, de mayor a menor, Colombia ocupa el puesto 128. En este punto de refinamiento matemático estaba la discusión cuando se atravesó un asunto mucho más subjetivo con un toque intenso de *dejà vu* de los años ochenta, cuando Santo Domingo dio la batalla con la Superintendencia de Control de Cambios: el lío de los impedimentos.

Resulta que el superintendente Archila concedió algunas entrevistas en las que hizo referencias a la decisión de objetar la integración. A criterio de los abogados de Avianca, la intervención del funcionario configuraba una causal de impedimento para seguir manejando el caso por cuanto profería un concepto sobre cuestiones materia del proceso. Los abogados aportaron las declaraciones del funcionario a la cadena RCN en agosto de 2001 y 17 artículos de prensa. Archila sostuvo que el 25 por ciento de esas pruebas no contenían ni una sola frase de él; más del 80 por ciento se refirieron a declaraciones anteriores y de los tres artículos restantes dos no contenían expresiones suyas y en uno decía un perogrullada: "En una economía de mercado como la nuestra deben existir leyes antimonopolio y actuaremos en estricto apoyo de la ley y garantizaremos que, si hay fusión, no se afecte al consumidor". Archila alegó que los abogados continuaron adelantando gestiones dentro del proceso después de conocer las declaraciones, lo cual deja sin piso sus argumentos.[11]

Al decidir la recusación, el ministro de Desarrollo Económico, Eduardo Pizano de Narváez, sacó a relucir frases del superintendente que, a su criterio, lo comprometían en la formulación de un "concepto", lo cual produce el impedimento, según la ley, aunque fuese luego de tomar la decisión de objetar la fusión. En una de ellas Archila dijo que "una fusión como la que se plantea no traería efectos buenos. No existe competencia internacional en el mercado local y la gran mayoría de las rutas principales estarían quedando en cabeza de una sola empresa o le dejaría un porcentaje mínimo a las otras empresas. Cerca del 70 por ciento del mercado quedaría en manos de la nueva empresa". El 22 de agosto Pizano falló en contra de Archila, quien renunció al cargo sin ocultar su disgusto por la manera como el gobierno manejó el asunto.

En ese momento ya había hecho carrera en Colombia un fallo mucho más popular: el chiste callejero de que la nueva empresa resultante de la fusión de Avianca y Aces se llamaría Aveces.

NOTAS

1. Jorge Ángel Vallejo, *100 años de Bavaria, una historia de la industria cervecera*, capítulo sin número "Otras Cervecerías Importantes de Colombia", Editorial Lealon, Medellín, 1990, pág. 116.

2. "Cervecería Andina muere legalmente", *El Espectador*, 18 de diciembre de 1988, pág.10 A.

3. Carta de Andrés Pastrana a Julio Mario Santo Domingo. El autor conoció fragmentos de esta carta.

4. "Liberales ya festejan Victoria y Serpa dice tiene gabinete 'casi listo'" Associated Press, *El Nuevo Herald*, 19 de junio de 1998, sección: frente, pág. 1B

5. "Liberales ya festejan Victoria y Serpa dice tiene gabinete 'casi listo'" Associated Press, *El Nuevo Herald*, 19 de junio de 1998, sección: frente, pág. 1B

6. Carta de Julio Mario Santo Domingo a Andrés Pastrana, 18 de junio de 1998. El autor conoció fragmentos de esta carta.

7. Carta conocida por el autor, 30 de junio de 1998.

8. "Habla Santo Domingo", Roberto Pombo, revista *Cambio*, 18-25 de enero de 1999, pág. 14.

9. Superintendencia de Industria y Comercio, resolución 19354 del 8 de junio de 2001.

10. "Nueva solicitud de integración empresarial entre Avianca, Sam y Aces", firmada por Alfonso Miranda Londoño, Chemás Miranda y Asociados, Bogotá, 25 de julio de 2001.

11. Ministerio de Desarrollo Económico, resolución número 0764 del 22 de agosto de 2001, "por la cual se resuelve una recusación".

19

Santos de pelea

Al hacer un inventario del Grupo Santo Domingo, Augusto López concluyó que el *Diario del Caribe* en Barranquilla era un estorbo financiero. *El Caribe* vivía de su pasado, de los días de Cepeda y el grupo de intelectuales de la ciudad, pero había dejado de ser influyente, y los balances no se alimentan de nostalgia. Por esa época, a mediados de los 80, la familia Santos, propietaria de *El Tiempo*, seguía con sensación de rezago el éxito de la edición de *El Espectador* en la Costa Atlántica. Con la idea de que *El Caribe* podría servir de plataforma para montar la competencia al diario de los Cano, los Santos le ofrecieron comprarlo a Santo Domingo. En principio Santo Domingo quería mantener un paquete de acciones en la empresa periodística, pero los Santos, que no estaban muy acostumbrados a compartir decisiones editoriales con extraños, dijeron o todo o nada.

Los dueños de *El Tiempo* y Julio Mario firmaron el negocio a finales de 1986, después de muchas reuniones que permitieron a los Santos jóvenes (Enrique, Juan Manuel, Rafael y Luis Fernando) conocer un poco más la personalidad del gran amigo de don Hernando Santos, el director del periódico. Enrique Santos Calderón no se llevó muy buena impresión del magnate debido a algunos episodios que ocurrieron durante y después del negocio. Para el entonces columnista de *El Tiempo* resultó desconcertante que, después de perfeccionada la compra, Santo Domingo se sintió con la confianza suficiente como para convocar a una reunión de los Santos y pedir su solidaridad en una campaña contra un empresario judío que, según sus palabras, lo había "tumbado" en el Banco Santander.[1] Esta vez el blanco de la ira de Santo Domingo era Salomón Kassin, presidente de la Compañía

Colombiana Automotriz, CCA, una empresa ensambladora de partes para automóviles. El Banco Santander, propiedad de Santo Domingo, acusaba a Kassin de haberse apropiado de varios miles de millones de pesos en créditos otorgados por el banco. Enrique Santos Calderón recuerda que primos y hermanos se miraban extrañados mientras escuchaban una biliosa diatriba de Santo Domingo contra los judíos.

Al culminar su caracterización antisemita, recuerda Enrique, Santo Domingo comentó que ya había contratado a varios columnistas para atacar a Kassin. Allí lo escucharon decir una frase que repetiría después al director de *Cromos*, Isaac Lee: que los periódicos son como los revólveres que uno los tiene guardados para disparar cuando los necesita.

"Nosotros nos mirábamos y no sabíamos qué responder. -recuerda Enrique- Nos parecía una cosa desproporcionada en la que no podíamos ayudar".

A los Santos los decepcionó que Santo Domingo se comprometió a mantener un buen nivel de publicidad del grupo en *El Caribe* , y una vez lo vendió, olvidó su promesa. Ese desdén lo atribuyeron al hecho de que al magnate no le debió caer en gracia el nombramiento de Eduardo Posada Carbó como director del periódico. Eduardo es el hijo de Pacho Posada de la Peña, el ex directivo del grupo a quien Santo Domingo le retiró sus afectos. Al salir de la reunión, donde se quedó sin apoyo para un plan de ataque contra Kassin, Santo Domingo le dijo a Enrique Santos Calderón: "Qué bueno está *El Heraldo* (el periódico de la competencia)", a lo que Santos respondió: "Y qué cantidad de publicidad tiene Águila en *El Caribe*".

Los Santos no desestimaron de plano la idea de averiguar qué había ocurrido en la CCA y me pidieron que indagara sobre el tema. Después de varias semanas de hacer numerosas entrevistas y de consultar cientos de documentos de la Superintendencia de Sociedades, una labor que dirigió Juan Manuel Santos, publiqué en junio de 1987 una serie de artículos sobre la crisis de la CCA, empresa que había sido intervenida por el gobierno. No salían muy bien librados del escándalo ni Kassim ni la administración del Banco Santander, controlado por el Grupo Santo Domingo. Todo apuntaba a que el Banco Santander entregó dinero a manos llenas a Kassin pese a los repetidos informes sobre la pésima situación económica por la que atravesaban la ensambladora y el Grupo Kassin. Cuando el banco se percató del desangre ya era tarde. El Santander estaba a punto del concordato y el Grupo Kassin le debía al banco 2,000 millones de pesos de difícil recuperación. En la investigación periodística se logró establecer el desvío de 1,830 millones de pesos de la CCA hacia Venezuela. El dinero fue girado por Kassim a su padre, Mauricio, y según los informes de la Superintendencia de Sociedades, no quedó ninguna prueba sobre el destino que se le dio a esta suma.[2] En una larga carta, que por su extensión fue publicada en dos ediciones seguidas de *El Tiempo*, Kassin explicó que se trataba de un dinero para la compra de acciones en una empresa venezolana de autopartes.[3]

Enrique Santos Calderón ya había tenido algunas fricciones con Santo Domingo desde que era director de la revista *Alternativa*, la única publicación que se atrevía en los años setenta a cuestionar las actividades de los pulpos empresariales del país. También había criticado en su columna Contraescape, de *El Tiempo*, el ingreso de los grandes consorcios económicos a los medios de comunicación a raíz de la adquisición de Caracol por el conglomerado Santo Domingo, y de RCN por Ardila. Se trataba, pues, de una animadversión de vieja data.

A principios de 1994 las tensiones irrumpieron cuando Enrique atacó las exhibiciones de arrogancia del grupo en su campaña por lograr la aprobación del Congreso de una disminución gradual del impuesto a la cerveza del 48 al 20 por ciento. Bajo el título de "La Arrogancia del Poder", la columna de Santos parecía escrita por miles de colombianos:

"El problema del Grupo Santo Domingo es que no ha sabido manejar esa desproporcionada tajada de la riqueza nacional que hoy detenta. Se le ha subido a la cabeza", dijo el columnista. "Y se trata de un mareo comprensible. Cuando uno posee un monopolio cervecero, la principal línea aérea, empresas de helicópteros, compañías de gas, bancos, aseguradoras, corporaciones financieras, cadenas radiales, semanarios, programadoras de televisión (con testaferros y sin ellos), industrias de plástico, de cemento, de aluminio; finca raíz al por mayor, complejos turísticos e industrias de gaseosas en ciernes, refajos sin impuesto; cuando uno logra ponerles el sello de sus cervecerías al Censo Nacional y a la propia Selección de Colombia; cuando se tienen inversiones de toda índole en el exterior y hasta reservas petroleras en el Cusiana, a cualquiera se le van las luces.

"Es fácil caer en la ilusión de la omnipotencia. Intoxicarse con el poder y creer que se puede aplastar a los competidores, humillar a los émulos, intimidar a los críticos, despreciar a los subalternos, resolver las polémicas de interés público por vía del agravio privado. La soberbia, en fin, de pensar que todo incluyendo Gobierno, Congreso, Justicia se compra o se vende".

Para Enrique había sido un espectáculo "revelador y caricaturesco" ver a Augusto López sentado en las galerías del público en el Congreso, "haciéndole honor a su nombre y supervisando cual emperador romano el debate contra Ruddy Hommes en el Senado... Si esto le ocurre a un ministro de Hacienda que cuenta con el pleno respaldo del Presidente, a qué presiones o halagos no serán sometidos funcionarios menores de la Administración, cuyas decisiones pueden afectar los intereses del Grupo".[4]

Nadie había atacado de esa manera en público al grupo. Con aportes de ambas partes, la controversia pasó del plano periodístico al personal. Hay que recordar que antes del explosivo Contraescape de enero, Enrique despidió el año 1993 con un anuncio provocador en una coletilla de la columna que decía: "Esta columna no aparecerá la semana próxima. Del supremo doctor Cocoa y de sus pequeñas cornetas nos ocuparemos el año entrante". El doctor Cocoa era Julio Mario y la intención de llamarlo así fue entendida como una mezcla perniciosa de la palabra Cacao (ricachón) y cocaína. Enrique Santos dejó entrever en su columna de "La Arrogancia del Poder" que Santo Domingo llevaba una vida social muy intensa. "Es, en fin, un personaje polifacético, cuya estimulante vida privada merecería una divulgación más detallada". Los cornetas eran sus periodistas de Caracol, a la cabeza de quienes estaba Darío Arizmendi y quienes venían trompeteando contra Enrique y su primo Francisco en respuesta a otras críticas fuertes que los columnistas habían publicado en 1993 acerca de otras incursiones del grupo.

La ofensiva panzeril de Santo Domingo no se hizo esperar. En varias transmisiones de Caracol, que siguieron a la publicación de la columna de Enrique, los periodistas del equipo informativo hicieron comentarios que sugerían que el columnista de *El Tiempo* era aficionado a la droga y al trago.

"No me explico bajo qué condiciones síquica o sicológica escribió el señor Santos Calderón: si bajo el efecto de alguna sustancia química o del vodka (...) que tanto le gusta", comentó Arizmendi.

Aunque los ataques se concentraron en Enrique, días antes quien se había lanzado al ruedo era su primo Francisco con una columna en la que se refirió a la postración casi servil de los congresistas en favor de la reducción del impuesto a la cerveza. "Pues bien, al parecer fueron otros los motivos que empujaron a nuestra clase política a darle vía libre a esta determinación. Un asistente a las deliberaciones decía que él 'nunca había visto un *lobbing* de una empresa privada' como el que hizo el Grupo Santo Domingo en ese debate. Y no salía de su asombro ante el susto de los parlamentarios para votar en contra de la medida, bajo el temor de perder una de las principales fuentes de financiación de las campañas electorales que se avecinan".

Pacho escribió al final de su columna: "Al paso que vamos habrá que poner a la entrada del Capitolio un letrero bien grande que diga: 'Se vende al mejor postor'.[5]

Días después Enrique lamentó que Pacho se le hubiera adelantado con esa columna porque él también estaba trabajando en el tema y tenía muchas dudas sobre la jugada que el Grupo Santo Domingo había hecho en el Congreso para lograr que la Cola y Pola, una mezcla de gaseosa y cerveza, fuera gravada con impuestos como si se tratara solamente de una gaseosa.

"Se trataba de establecer cómo había sido aquello de que el Ministerio de Salud, o el Consejo de Estado, o alguien que aún no tengo claro, decretó que ese producto, que había sido promovido en una ofensiva publicitaria sin precedentes como mitad cerveza y mitad gaseosa (con color de Colombiana), no era en realidad un refajo. Es decir, que no tenía por qué pagar el impuesto que le corresponde a una bebida con contenido alcohólico. En este caso del dos por ciento.

"Parece que es algo distinto. Un menjurje indefinible y no susceptible de rendirle el tradicional tributo al Estado. Un 'producto autónomo' como bien lo definió por Caracol el vicepresidente de Bavaria, Javier Hoyos, que no es ni cerveza ni gaseosa. Según el pintoresco símil del doctor Hoyos, es como la mezcla del color azul con el amarillo, que da verde. Un color distinto, que no tiene que ver con el uno ni con el otro. Ni chicha, ni limonada".

Enrique decía que no cuestionaba la legitimidad del lobby de Bavaria ni los motivos que tenían los congresistas para respaldar el proyecto que redujo el impuesto a la cerveza.

"Lo que me parece francamente aterrador es la forma como utiliza un conglomerado económico los medios de comunicación que ha comprado para aplastar a sus críticos. Ya habíamos visto anteriores manifestaciones de esa actitud, pero lo de esta semana fue una confirmación bien preocupante de tal fenómeno. Se trata de un estilo arrogante y apabullante. Irrespeta a la opinión, al saturarla de informaciones, entrevistas y comentarios de un estrecho sabor comercial.

Y atenta contra la dignidad profesional de los periodistas a su servicio, obligándolos a actuar como perros de presa en la defensa de los intereses supremos del conglomerado. El grupo definitivamente no ha aprendido a manejar con las debidas sobriedad y mesura los cada día más numerosos medios a su disposición".[6]

Desde su infranqueable burladero ideológico, una oficina forrada en madera oscura en un rincón del edificio de El Tiempo de la Avenida Eldorado, Hernando Santos, el director del periódico, seguía con angustia la confrontación. Los ataques de Enrique a Santo Domingo no le importaban, pues al fin y al cabo el sobrino siempre se ha buscado sus broncas, pero los de Pacho, su hijo Pachito, le revolcaban el estómago. Y era poco lo que podía hacer para evitarlo pues Pacho había renunciado a su espacio en las páginas editoriales de El Tiempo el año anterior en protesta por la decisión de Hernando de colgar una columna suya en la cual criticaba a Caracol. Esa vez la protesta de Pacho la provocó la forma como Caracol atacó a la Aeronáutica Civil por un informe que la entidad presentó sobre el accidente de un avión de Sam.

Hernando no se interpuso a la publicación de la nueva columna de Pacho pero estaba seguro que marcaría el final de la larga amistad con Julio Mario Santo Domingo. De hecho, la relación nunca fue igual a pesar del paso del tiempo. Algún día, cuando la marea ya había bajado, Hernando se lo reclamó a Pacho con cierto dolor. Le dijo que por su culpa se había terminado una gran amistad.

Casi contemporáneos, Julio Mario y Hernando forjaron una amistad tan estrecha como discreta según la calificó Rafael, uno de los hijos de Hernando, codirector del periódico. Su papá casi nunca hablaba de las largas conversaciones con Santo Domingo. Ambos se hicieron amigos en Bogotá, a mediados de los años sesenta, en un ambiente bohemio y literario que giraba en torno a la figura del arquitecto Fernando Martínez, más conocido como El Chuli Martínez. "Se reunían a escuchar jazz tardes enteras y a tomar vino. Mi papá organizaba unas fiestas memorables", recuerda Rafael.[7]

Como testimonio de su amistad, el fotógrafo Hernánd Díaz tomó una fotografía en la que Hernando y Santo Domingo aparecen con los cachetes pegados. Dicen que al magnate no le cayó muy en gracia que esa fotografía se hiciera pública.

Con su distraída manera de ser, Hernando Santos exploraba silenciosamente el carácter de la gente y terminaba por conocerla más de lo que aparentaba. A Julio Mario, su amigo, con quien en los últimos años hablaba más por teléfono que personalmente, le reconoció las virtudes y se cuidó de sus defectos. De la pocas cosas que comentó sobre su amistad con el magnate a sus hijos fue que algún día Julio Mario le ofreció prestarle un dinero para comprar unas acciones de *El Tiempo* que estaban disponibles a comienzos de la década de los 80. Hernando, quien ya poseía un importante paquete acciones, no tenía liquidez y quería quedarse con las que estaban en venta. De alguna manera Julio Mario se enteró y lo llamó para ofrecerle el dinero en préstamo. Hernando declinó el generoso ofrecimiento y días después comentó:

"Si le acepto el préstamo, se queda con *El Tiempo*".

Hernando no era un hombre de negocios; nunca llevó una chequera en su vida y le causaba fastidio la ostentación. Al parecer no fue la primera vez que Santo Domingo buscó un resquicio para colarse en la empresa de los Santos y tampoco fue la primera vez que se le negó la entrada con el mismo argumento. En un obituario de Hernando escrito en abril de 1999 contó Juan Gabriel Uribe que en alguna ocasión "hace poco menos de dos décadas" Hernando le comentó que Santo Domingo lo había llamado para invitarlo a ser socio de unas cervecerías en Europa, y le había dicho que no. Uribe recuerda que Hernando explicó así el por qué rechazó la propuesta: "Yo dije, de eso no tengo ni idea. Pero como él sí sabe, de pronto termino, al cabo de los años, de barrendero de *El Tiempo*. Yo soy periodista, no soy un industrial, no soy un comerciante, yo no tengo ni idea de cervezas, así el negocio parezca sensacional". [8]

Según una persona cercana a la familia Santos, Julio Mario también llegó a proponerle a Hernando que compraran juntos *El Espectador* y, luego, le envió mensajes a Luis Fernando Santos para renovar la propuesta ante la dificultad laboral de terminar el contrato con Carlos Lleras de la Fuente, el director del diario convertido en semanario.

Hernando siempre se opuso a la diversificación del negocio del periodismo. No veía con buenos ojos que *El Tiempo* estuviera metiéndose en negocios de comunicación ajenos a la tinta, pero al mismo tiempo sabía que era la única manera de sobrevivir al final del siglo. Tal vez por esa razón, la confrontación de *El Tiempo*, y en particular de Enrique con el Grupo Santo Domingo, cuatro años después, no tuvo tanto eco como las anteriores. Enrique saludó con abiertas prevenciones la compra de *El Espectador* por parte de Santo Domingo. "La noticia buena es que *El Espectador* no se acaba", escribió. "La mala es que lo compra el Grupo Santo Domingo". Esta absorción por un conglomerado económico no garantiza, "que seguirá llevando la vida independiente y crítica de antes... cada vez que un medio informativo es adquirido por consorcios con multiplicidad de intereses industriales y financieros, suelen sufrir la calidad y autonomía periodística".[9]

El problema de la columna de Enrique es que la multiplicidad de intereses es una enfermedad contagiosa y la empresa de los Santos ya sufría de ella. La familia tenía en esos momentos intereses en televisión por cable, quería presentarse con Ardila Lülle en la licitación de televisión privada, buscaba negocios de internet y era de público conocimiento que Enrique había sido accionista del Noticiero QAP de televisión. Santo Domingo y Augusto López sabían que *El Tiempo* no era un altar inexpugnable de la libertad de prensa, inmune a las presiones y los compromisos políticos o de amistad, y así se lo hicieron ver a los Santos en una carta firmada por la gran mayoría de los directivos del conglomerado.

"Queremos hacer notar que la lectura del artículo deja flotando la idea de que otra cosa ocurriría si el comprador fuera el conglomerado económico de *El Tiempo*, pues en este caso no habría un factor de acumulación de poder e influencia ni el periódico sería portavoz de sus intereses empresariales, ya que el conglomerado económico de *El Tiempo*, al parecer, no está conformado por empresas y carece de intereses informativos, políticos y económicos, o si los tiene no causan ningún perjuicio a la libertad de información porque son buenos, en tanto que los de otros conglomerados económicos sí los causan porque son malos".[10]

Para no dejar duda del estilo aplanador del Grupo Santo Domingo, la carta a Enrique Santos fue firmada por 42 directivos de la organización, muchos de los cuales, por supuesto, no participaron en la redacción de la misma.

Cuando la pelea de los Santos ya parecía de gallos, apareció otra vez el Nobel voluntario, García Márquez, para separar a los contrincantes. García Márquez comentó que si las cosas seguían como iban terminarían sacándose a relucir sus amantes y parrandas clandestinas. Gracias a la intervención del escritor, la discusión se calmó. En 1999 Enrique y Santo Domingo se saludaron amablemente en uno de los cubículos VIP del estadio del U.S. Open en Nueva York durante un campeonato donde Santo Domingo llenó los silencios incómodos con eruditas referencias a la historia del tenis.

A finales del siglo, Colombia no estaba para grescas parroquiales, y ambos personajes lo entendieron así. Santo Domingo bajó el tono de su soberbia y Enrique reconoció que era época de diálogo.

"Hay peleas secundarias que pueden seguir vigentes pero hay una obligación superior que es dar la pelea de fondo por sacar a Colombia de este infierno en el que está metido", dijo Enrique. "Me fascinaría ver a Julio Mario en Barranquilla, tranquilo. Me ha gustado el hecho de que haya vuelto a mirar hacia Colombia con cariño. No hay que dar peleas innecesarias, y una persona como él tiene que venir acá; él puede ayudar mucho. Ya no podemos dar más peleas de honor; yo hubiera podido dar muchas peleas de honor con todas las sandeces que echó Caracol sobre mí, y no lo hago. Por eso me gusta ese ánimo más conciliador que tiene ahora Santo Domingo. Creo que ahora habla con mucha más madurez y serenidad. Creo que habla incluso con un sentimiento que predispone a la reconciliación: con nostalgia".[11]

Por el lado de la familia de Hernando, la marea también se calmó. Juanita Santos, la hija consentida del fallecido director de *El Tiempo*, y su esposo, Roberto Pombo, director de la revista *Cambio*, se convirtieron en la pareja más cercana a Santo Domingo en Bogotá. Y Pacho Santos se convirtió en el vicepresidente de Álvaro Uribe, candidato de Santo Domingo a la presidencia de Colombia en el periodo de 2002 a 2006

A finales del año 2001, Santo Domingo asistió a los funerales de Enrique Santos Castillo, padre de Enrique. Al acercarse a Enrique para darle el pésame, el empresario le comentó que estaba gratamente impresionado por la inteligencia de su hijo Alejandro, director de la revista *Semana*, con quien había hablado unos días antes. La revista quería entrevistarlo y Santo Domingo respondió que él jamás daría una entrevista a una publicación de Felipe López.

Enrique agradeció el comentario sobre su hijo y le respondió cariñosamente a Santo Domingo:

"Tú también tienes tu Alejandro".

NOTAS

1. Entrevista personal con Enrique Santos Calderón, Miami, 30 de julio de 1999.

2. "Así fundieron a la CCA", Unidad Investigativa, *El Tiempo*, 21 de junio de 1987, pág. 1A. Sección A.

3. "Kassin se refiere a problemas de la CCA", *El Tiempo*, 29 de junio de 1987, pág. Última B. Sección B.

4. "Ni Chica ni Limona", Enrique Santos Calderón, columna Contraescape, sección Editorial, *El Tiempo*, 23 de diciembre de 1993.

5. "Se vende al mejor postor", Francisco Santos Calderón, 21 de diciembre de 1993.

6. "Ni Chicha ni Limona", Enrique Santos Calderón, columna Contraescape, sección Editorial, *El Tiempo*, 23 de diciembre de 1993.

7. Entrevista telefónica con Rafael Santos, 18 de abril de 2002.

8. "Hernando Santos: Genio y Figura", Juan Gabriel Uribe, 25 de abril de 1999, *El Tiempo*, pág. 14A.

9. "Prensa, Poder y Dinero", Enrique Santos Calderón, Contraescape, E*l Tiempo*, 2 de noviembre de 1997. pág. 4A.

10. "Carta Abierta del Grupo Bavaria", *El Tiempo*, 6 de noviembre de 1997, sección Opinión.

11. "El Eterno Retorno de los Santos", Héctor Abad , revista *Cromos*, Colombia, 15 de marzo de 1999. versión tomada de Internet.

20

Barú

Uno de los hijos de Andrés Obregón se acercó un día a la mesa donde estaba sentado su tío abuelo, Julio Mario Santo Domingo, y después de exhibir como trofeo de su día de playa una estrellita de mar, comentó que le encantaría tener un pulpo. Con una sonrisa socarrona, Santo Domingo se le acercó y le dijo: "¿Y no te basta con tu tío abuelo?".

La broma ocurrió en Barú uno de los sitios donde Julio Mario Santo Domingo justamente ejerce con mayor placer sus funciones de pulpo. A unos 30 minutos de Cartagena, esta isla falsa es un pequeño paraíso en donde han ocurrido varios hechos importantes de la vida del empresario. Barú, que en realidad es una extensión angosta de tierra al sur de la bahía de Cartagena, rodeada de formaciones de coral y terrazas marinas de dos o tres metros sobre el nivel del mar, es un santuario vacacional de los grandes millonarios del país. Allí tienen además su balneario privado los Echavarría, los De la Vega y los discretos accionistas del Sindicato Antioqueño. La isla está situada en una punta del Parque Natural de Islas del Rosario, un hermoso archipiélago de arrecifes costeros, islas emergidas, canales, manglares y ciénagas que han estado en constante deterioro por la construcción de cabañas de recreo, algunas sobre terrenos que eran propiedad pública protegida por su valor ecológico.

La rectificación del Canal del Dique que arroja sedimentos del río Magdalena a la Bahía de Barbacoas y a los arrecifes de las islas, la pesca artesanal con dinamita y el tráfico de lanchas rápidas a velocidades superiores a la mínima, lo cual genera oleaje que erosiona los corales emergidos, son factores que también contribuyen al deterioro.*

A pesar del impacto de la civilización, en las aguas cristalinas que rodean las islas todavía es posible observar algunas de las 160 especies de peces del parque y cada vez es más difícil toparse con delfines, tiburones gato y tortugas carey, que antes sorprendían a los buceadores. En la isla anidan 60 especies de aves como la tijereta de mar, cuyo macho hincha un saco gular de color rojo intenso como mecanismo para atraer a la hembra en época de reproducción. El centro vacacional es sostenido por Bavaria y sus filiales cerveceras y malteras, que aportan cuotas de sostenimiento del orden de 150.000 dólares mensuales a nombre de la Corporación Recreativa Barú.

Los otros vecinos de Julio Mario Santo Domingo en Barú son pescadores artesanales muy pobres que han logrado mitigar su miseria a la sombra de la Fundación Mario Santo Domingo. Creada por Don Mario en 1960 con el nombre de Fundación Barranquilla, la institución se dedicó durante mucho tiempo a ayudar a planteles educativos como la Escuela Técnica Colombo Alemana, ETECA, el Instituto Experimental del Atlántico, y la Universidad del Norte de Barranquilla. En 1989 los Santo Domingo la rebautizaron con el nombre del patriarca barranquillero y se dedicaron a diversificar las obras de beneficencia hacia otros programas que incluyen créditos a los pescadores de Barú, Santa Ana y Ararca, proyectos de autoconstrucción, asistencia médica y educativa y asesoramiento en la fabricación de artesanías.

Los recursos anuales que moviliza la institución superan los 20 millones de dólares pero hay que advertir que ni un solo peso sale del bolsillo de Santo Domingo, como sí ocurre con sus generosas donaciones en el exterior a fundaciones como Save Venice para la preservación del patrimonio cultural de la antigua ciudad italiana. Con su sede principal en Barranquilla, la fundación de Santo Domingo recibe un dos por ciento de las utilidades del Grupo Empresarial Bavaria (según datos entregados a la prensa por Andrés Obregón); aportes del Banco Interamericano de Desarrollo (BID), del Fondo de Pobla-

---

(*) Entre la Fundación Mario Santo Domingo y The Nature Conservancy se firmó un convenio por valor de US$ 110,000, con el objetivo de realizar actividades de conservación ambiental en los Parques Naturales de las Islas del Rosario, Chingaza y Cahuinari en Colombia. En el primer semestre del año 2001, la Unidad Administrativa del Sistema de Parques Nacionales Naturales del Ministerio del Medio Ambiente y el Parque Natural Los Corales del Rosario y San Bernardo realizaron reuniones en la ciudad de Cartagena con autoridades ambientales a nivel local y regional, entre ellas el taller Planificación para la Conservación de Áreas Protegidas. Fundanoticias, boletín informativo de la Fundación Julio Mario Santo Domingo.

ción de las Naciones Unidas, FNUAP, del gobierno colombiano y de otros organismos. Entre las obras que maneja están el Instituto Ecológico Barbacoas con capacidad para 1,000 estudiantes, la clínica Julio Mario Santo Domingo y la Fundación Carnaval de Barranquilla, creada para conservar el patrimonio folclórico del evento. En los diferentes programas, la fundación ha capacitado a unos 90,000 microemmpresarios y ha promovido 10,000 soluciones de vivienda.

La Fundación Mario Santo Domingo entregó en diciembre de 1993 a los habitantes de la isla de Barú una clínica que costó de 100 millones de pesos (127,000 dólares) con cobertura de servicio para más de 3,000 personas. La clínica prestará servicios de medicina general, odontología, pediatría, rayos X y laboratorio microbiológico a la población de pescadores de Santa Ana y pueblos aledaños a la isla de Barú.[1]

Uno de los planes con mayor proyección para generar recursos propios es la Escuela de Artes y Oficios Santo Domingo, un centro donde se enseña a los artesanos de la región a refinar la presentación de sus productos en madera, cuero y plata con el propósito de mejorar su comercialización. Esta escuela se ha mantenido gracias a la perseverancia de Poly Mallarino, la madre de Gonzalo Córdoba, quien ha viajado por Centroamérica en busca de artesanos para llevarlos a Colombia a enseñar nuevas técnicas.

El tranquilo refugio donde Santo Domingo pasa varios días del año con amigos ilustres está incrustado en una pequeña bahía protegida de los intrusos por dos espolones rocosos en sus extremos. Santo Domingo llega por carretera o en lancha rápida, y cuando tiene invitados muy importantes los lleva en un helicóptero que aterriza en el helipuerto del refugio. La propiedad está dividida por un muro que ordenó construir para separar su zona de la que ocupa su hermana Beatriz Alicia, de tal manera que para pasar de un lado al otro es necesario tomar un pequeño bote. La distancia que separa los embarcaderos de cada lado no es de más de 10 metros. Se dice que la muralla fue levantada después de una de las numerosas disputas entre los dos hermanos. En ambos sectores, las casas principales están situadas en los sitios más altos del predio (en el lado de Beatriz Alicia son varias casas o *bungalows*, y los dos principales, que son el recibo y la alcoba principal, dan hacia el mar). Para llegar a las casas desde la playa hay que escalar peldaños de piedra incrustadas en la tierra, una ruta que, del lado de Santo Domingo está bordeada de jardines muy bien mantenidos y del otro es más agreste. Contiguas a las casas principales hay varias cabañas para huéspedes que se caracterizan por la sobriedad general de la decoración del *resort*. Las construcciones no se han librado de los caprichos arquitectónicos del dueño. A Julio Mario y a Beatrice se les ocurrió un día que el techo de su casa principal en la isla debía ser más alto y él pensó que podía alzarlo por lo menos un metro. Pero la obra no era tan sencilla como pensaban. Los arquitectos lograron convencerlo que resultaba más fácil cavar un metro el piso, lo cual se hizo.

En la parte costera, Julio Mario construyó el sitio que más disfruta: una cabaña con un enorme balcón sobre el mar desde donde se divisa el paisaje de los azules del Caribe y las velas coloradas de su barco chino, *El Mandarina*, anclado a unos 50 metros de la playa. Cuando hay buen viento, Santo Domingo navega tardes enteras en el junco, seguido por tres lanchas rápida de sus escoltas. En algunas ocasiones se embarca solitario, en compañía únicamente del capitán Botero y permanece largas horas tendido sobre una colchoneta, en pantalón de baño.

El Mandarina fue construido en Hong Kong siguiendo las especificaciones de la arquitectura naval de las legendarias embarcaciones de las Indias Orientales. En su moderno interior, decorado con finísima madera de teca, varios tripulantes uniformados atienden a los visitantes.

Cuando fue inaugurado por Santo Domingo con una gran fiesta que ofreció a todos los vicepresidentes del grupo, la condición para abordarlo fue no llevar zapatos. Uno a uno los invitados subieron descalzos –y en vestido de baño, que era otra condición– bajo la estricta vigilancia de Santo Domingo, que los recibía de pie, en cubierta. El magnate temía que sus amigos cachacos se subieran con zapatos de suela áspera y las señoras con tacones que podrían dejar cicatrices irreparables a su joya china.

"Me acuerdo muy bien que la subida al velero desde la lancha que lo llevaba a uno fue un camello porque nos resbalábamos tratando de treparnos. Arriba estaba Julio Mario, impecable, sin una gota de sudor, supervisando la operación, sin que se le moviera un pelo, con una camiseta amarilla, lo recuerdo, esplendoroso", comentó una de las invitadas.

El barco salió hacia la isla donde se ofreció un almuerzo muy frugal y a su regreso Santo Domingo advirtió a todos que estaba prohibido abordarlo sin haberse sacudido hasta el último grano de arena.

Barú ofrece toda clase de distracciones a sus huéspedes: hay un catamarán, equipos completos de buceo, un imponente muelle de madera con quioscos para descansar de la solana; un picadero atendido por un profesor de equitación y en otro costado se puede practicar *sporting clays* o tiro al plato. Al atardecer se encienden las luces de las dos canchas de tenis para el juego diario de Don Julio Mario. En la mañanas el magnate camina vestido solamente con unas translúcidas jilabas, las piyamas de los árabes, sin nada debajo. En las noches, vestido casi siempre de un blanco impecable y recién bañado, Santo Domingo invita a sus vecinos a unas comidas generalmente aburridas donde impera –según la etiqueta verbal– una "muy estudiada y cuidadosa informalidad" y son pocos los temas que sobreviven más de 10 minutos. No le gusta que los invitados se presenten mal vestidos o sin afeitarse y hace comentarios incómodos al respecto cuando alguno de ellos abusa de la informalidad del ambiente.

Los meseros del lugar están vestidos con camisetas marcadas con el nombre de la isla y tienen instrucciones de llevarle al señor de la casa el teléfono y los recados en bandeja de plata. Fue un detalle que le causó gracia a uno de los directivos de *Cromos* en su primer y único viaje a la isla. "Esas vainas las ve uno en las películas, pero cuando tiene a alguien al frente que lo hace con naturalidad, a mí lo único que se me ocurrió pensar fue que cuando regresara nadie me lo iba a creer. En ese tiempo no había celular todavía, le llevaban el inalámbrico en una bandeja hasta donde él estuviera, un mesero negro, cuajado y bien plantado que no parecía de la región".

En la mesa del comedor principal de Barú casi siempre se sirven pescados y mariscos, cuya frescura Santo Domingo se encarga de notificar a los invitados informando los escasos minutos que han transcurrido desde que fueron sacados del mar hasta que llegaron al plato. Santo Domingo se encarga además de señalar a cada invitado su puesto en la mesa.

Aunque Santo Domingo siempre ha dicho que es una casa de recreo abierta a todos ejecutivos de Bavaria, en la práctica el único que la puede usar es él. En contadas excepciones, y con autorización suya, la han usufructuado su sobrino Andrés Obregón y su asesor Gonzalo Córdoba. En tiempo de Augusto López sirvió para hacerle un almuerzo de la Convención Bancaria. Uno de los mejores secretos guardados en Bavaria es el monto que la empresa pagó por los terrenos a Santo Domingo y su cuñado Pablo Obregón, los dueños originales.

No sólo las aves tijeretas del mar usan Barú para la seducción. Santo Domingo también infló allí su pecho para consumar una conquista de la cual se enteraron más personas de las que él hubiera querido. Es una de esas extrañísimas coincidencias que prueban el temible proverbio de que no hay nada secreto bajo el sol, así sea el de Barú. Unos colombianos departían en un bar de Londres cercano a Victoria Station mientras escuchaban la voz sensual de una cantante brasilera de jazz. Después de intercambiar sus impresiones por la espectacular belleza de la brasilera, uno de ellos la invitó a tomarse un trago durante el descanso de su presentación. La cantante le preguntó al cliente del bar por su país de origen, a lo que él respondió que Colombia. Fue entonces cuando le dijo, sonriente y celebrando la coincidencia, que ella tenía un muy buen amigo en ese país. "¿Quién es?", le preguntó el colombiano, y la mujer respondió, al estilo de James Bond: "Julio Mario, Julio Mario Santo Domingo". Incrédulo, el hombre le pidió a la cantante que describiera algunos de los rasgos físicos de su amigo y sin vacilar ella dijo que se trataba de un hombre alto, con las cejas pobladas y muy adinerado. A continuación, la cantante explicó que conoció a Santo Domingo de la misma forma como había entablado conversación con el colombiano; se le acercó al final de su espectáculo en el bar londinense y la invitó a Cartagena, a una isla a pasar un fin de semana. Ella aceptó y poco tiempo después él le envió su avión a recogerla a otra ciudad del mundo y la llevó al afrodisiaco paraíso de las tijeretas.

En ese mismo ambiente de informalidad mesurada de la isla de Barú, uno de los sobrinos de Santo Domingo, Andrés Obregón, trabajó laboriosamente para ganarse la confianza del tío y luego el puesto más alto de su reino. Andresito, como le decía su tío, llegó a la presidencia del Valores Bavaria después de varios paseos a Barú en los que demostró su dedicación al grupo. En condiciones normales, las buenas intenciones no son credenciales suficientes para conquistar a Santo Domingo. De allí que la decisión de nombrar a un joven con muy poca figuración en el conglomerado contrarió los pronósticos y sorprendió al propio Obregón.

NOTAS

1. Nota breve, sin título, *El Tiempo*, sección La Nación, 28 de diciembre de 1993. Archivo electrónico de *El Tiempo*.

21

El tinglado de Beatrice

La explicación del nombramiento de Andrés Obregón y de otras determinaciones que afectaron al grupo hay que buscarla en ciertos cambios que ocurrieron en el círculo íntimo de Santo Domingo a finales de siglo. La salud de Santo Domingo se deterioró visiblemente en 1999. El empresario tuvo que suspender indefinidamente las partidas de tenis semanales debido a una dolorosa afección lumbar que lo puso por un breve periodo en silla de ruedas en el verano de 2000. En Europa sus médicos tuvieron que administrarle morfina para el terrible dolor. La diabetes y otros quebrantos le quitaron energías para tomar decisiones importantes. Un amigo suyo comentó que las últimas veces que lo ha visto, lo ha sentido "distante" y "un poco desconectado de la realidad". A medida que estos males se agudizaron, su esposa Beatrice fue adquiriendo un poder inusitado en temas trascendentales en los que antes se limitaba a dar una opinión de espontáneo taurino. En las conversaciones de sala, Beatrice, que antes se limitaba a escuchar, ahora interrumpe y responde por su esposo.

Como sus conocimientos de los negocios del marido eran casi nulos, se rodeó de un grupo de amigos en el que se destacan Violy McCausland (la banquera de inversión de Wall Street que trabajó en su juventud en el departamento de planeación de Avianca), Poly Mallarino (la madre de Gonzalo y Diego Córdoba), Margarita Ortega (una amiga de juventud) y el abogado Alberto Preciado, esposo de Cooki Santo Domingo. Violy está detrás de todos los negocios de reestructuración de Valores Bavaria y para garantizar un canal directo de influencia contrató en su oficina a Alejandro Santo Domingo, el hijo mayor de Beatrice, y a Carlos Alejandro Pérez Dávila, el sobrino mayor de Beatrice, hijo de su hermana Josefina y Carlos Pérez Norzagaray.

Violy es la presidenta de Violy, Byorum & Partners, una firma de Nueva York fundada por ella en 1996 para ofrecer servicios de asesoría en estrategias financieras. La empresa se promociona exhibiendo su participación en transacciones que superaron los 5 mil millones de dólares en sus dos primeros años de existencia. La financista colombiana personalmente se atribuye la intervención, en forma exitosa, en operaciones que superan los 30,000 millones de dólares. Esto incluye fusiones, adquisiciones, *spin-offs*, privatizaciones, reestructuraciones y proyectos financieros.[1]

Posiblemente la transacción que le dio más fama en Wall Street a la asesora de Santo Domingo fue la vertiginosa operación que cambió de la noche a la mañana la historia de las gaseosas en Venezuela. En agosto de 1996, Bebidas Panamco, la embotelladora de Oswaldo Cisneros, en ese país, que durante cincuenta años trabajó con Pepsi y dominó el mercado, rescindió el contrato exclusivo que tenía con esa empresa y firmó con Coca-Cola. En virtud del nuevo contrato, Coca-Cola vendió sus seis embotelladoras en Venezuela y pagó 300 millones de dólares a Cisneros lo cual le dio el control del 50 por ciento de la nueva empresa Embotelladora Coca Cola y Hit de Venezuela.

La Dama del Rolex de Oro, como la prensa venezolana suele referirse a Violy, fue el cerebro de la operación a tres bandas que tuvo un valor total de 1,700 millones de dólares. Violy, quien no respondió varias llamadas del autor, es descrita como una trabajadora incansable, muy productiva, rebelde y ostentosa. Sus altísimos gastos de representación, dice la periodista Sandra McElwaine, le crearon "problemas en los sacrosantos recintos de JP Morgan", la firma para la cual trabajó antes de abrir su propia oficina.[2]

"También sabía colocarse en el lugar adecuado en el momento preciso, y su actitud positiva, su empatía y sus capacidades como relacionista la convirtieron en una favorita de la elite suramericana; de magnates como Julio Mario Santo Domingo, cuyos familiares ella conoció en Barranquilla".[3]

La otra mujer del grupo que juega un papel muy importante en las decisiones de Beatrice es su gran amiga y protegida Poly Mallarino. Su hijo Gonzalo Córdoba, quien fue nombrado representante en España de Proexport, la entidad del gobierno colombiano que promueve las exportaciones, influyó en el nombramiento de Andrés Obregón como presidente de Bavaria. Ambos se hicieron buenos amigos después de que Andrés terminó el MBA en el Insead de Francia. Fue Gonzalo quien le ayudó a hacer el coro a Andrés contra Augusto López en conversaciones esporádicas que sostuvieron con Santo Domingo y quien promovió su nombre ante los ojos desconfiados de Beatrice. Córdoba no lo hacía sólo por su amigo sino porque la campaña de respaldo contribuía de paso a eliminar a Augusto López, a quien había sufrido en carne propia. López fue sacado del grupo por la puerta trasera –la única vía a la calle que han conocido los presidentes de la compañía desde 1969– y Santo Domingo le ofreció el cargo a Andrés Obregón, el hijo menor de su hermana Beatriz Alicia. Un año y medio después, Obregón también terminó saliendo por la mismísima puerta.

En marzo de 2000, a sus 37 años, el sobrino de Santo Domingo asumió la responsabilidad del manejo de Bavaria, una empresa con un valor en el mercado de 1,200 millones de dólares asediada por varias sociedades del grupo que estaban en malas condiciones económicas debido a la recesión y problemas financieros y operativos. Jorge Andrés Obregón nació en Estados Unidos y sus lazos con Colombia fueron muy tenues. Su padre, Pablo Obregón, lo envió a internados a Estados Unidos a la edad de seis años con la idea de que aprendiera a resolver por sí solo sus problemas desde pequeño. Pero era tan niño todavía, que los directivos de uno de los claustros se negaron a matricularlo y en otro, en el que lo admitieron, Andrés debió recibir clases extracurriculares de la directora. Pablo Obregón, el padre de Andrés, era un hombre excéntrico y locuaz que llevaba en la sangre los genes macondianos de los Obregón y conservaba una simpática indiferencia hacia la formalidad como casi todos los demás descendientes de la casta andaluza fundadora de la Fábrica de Tejidos Obregón de Barranquilla y el Hotel del Prado. Murió en junio de 2001. Entre las tareas que dejó inconclusas estaba un cuestionario que le envié para que me hablara de su relación con Julio Mario Santo Domingo, y que dijo que estaba dispuesto a responder. Pablo Obregón se llevó a la tumba varios recuerdos del imperio Santo Domingo que nadie más sabía.

Quienes lo conocieron dicen que era un hombre sencillo. Se vestía con el uniforme caqui de los empleados de Cerveza Águila y como buen narrador le gustaba evocar anécdotas de su estrecha relación con su suegro, el viejo Don Mario Santo Domingo, con quien pasó inolvidables temporadas de vacaciones en compañía de sus respectivas familias en las casas veraniegas que ambos tenían en Puerto Colombia. Sus amigos recuerdan que cuando lo asaltaban los malos recuerdos de las "marranadas" de Julio Mario Santo Domingo no ocultaba su rabia.

Fue embajador en Rusia durante el gobierno de Alfonso López Michelsen y a su regreso, en 1978, se le ocurrió que el mundo estaba al borde de una confrontación atómica, después de la cual, el oro sería el único medio de pago entre los sobrevivientes de la hecatombe. Como previsión, resolvió comprar una buena cantidad de monedas de oro que sepultó en un terreno en Barú y sobre el cual construyó su casa. Años después, su hermana Juanita hizo excavaciones para recuperar el tesoro pero lo único que logró fue poner en peligro la estructura de la construcción.

Como desafío inocente al muro de la infamia que levantó Julio Mario en la isla, un día Pablo Obregón pasó a nado a la casa de su cuñado. Se puso una careta con vidrio de aumento que usaba para su avanzada presbicia y atravesó por el mar la línea fronteriza de las propiedades. Al llegar, fue invitado a almorzar, pero como había olvidado los anteojos tuvo que comer con la careta puesta. Mientras el agua le escurría por la cara y se tomaba la sopa humeante, Santo Domingo lo miraba con aprecio, recordando, quizás, las locuras espontáneas, irreverentes, de otro de los Obregón, su amigo Alejandro, el pintor.

Pablo se casó con Beatriz Alicia Santo Domingo con quien tuvo cuatro hijos: Pablo Gabriel, Maribel, Felipe y Andrés. Beatriz Alicia es una mujer de un carácter complicado que ha mantenido una relación tempestuosa con su hermano en la que convergen sentimientos de gran admiración y de desprecio. Se separó de Pablo Obregón, pero mantuvo una relación armoniosa, y luego se casó con Roberto Wills, de quien también se divorcio y con quien también conserva una buena amistad. En algunos de los negocios del norte de Bogotá, a donde ella se presenta cubierta con una ruana para no llamar la atención –a pesar de que a muy poca distancia hay varios escoltas– se le conoce por su tacañería y la costumbre casi automática de pedir rebaja. Ese sentido extremo de la economía lo heredó su hijo Felipe a quienes sus amigos y novias lo recuerdan porque casi nunca lo vieron pagar una invitación.

Normalmente los hijos de diplomáticos en Moscú acuden a colegios bilingües. Pablo Obregón matriculó a su hijo Andrés en una escuela común de la nomenclatura que estaba situada en el área de la embajada.

Después de graduarse de economista en el Williams College, un centro educativo privado de Massachusetts especializado en historia del arte y desarrollo económico, Andrés empezó su carrera en el grupo. Fue ejecutivo de Bancoquia en Panamá donde conoció a su esposa Marta Royo, hija del ex presidente Arístides Royo Sánchez (1978–1982), uno de los pilares del Partido Revolucionario Democrático quien se vio forzado a renunciar a su cargo bajo la presión del hombre fuerte de Panamá, Manuel Antonio Noriega. Andrés fue además subgerente regional de Avianca en España, trabajó en Scandinavian Airlines, y fue consultor de Booz-Allen y asesor internacional de Bavaria.

Su ingreso marcó un nuevo estilo en el Grupo Santo Domingo que contrastaba con los modales del emperador Augusto López. La revista *Semana* captó la esencia de esa transformación en un obituario empresarial del sobrino de Julio Mario así:

"La herencia que recibió Obregón de Augusto López incluía grandes éxitos y grandes problemas. López Valencia había cambiado la dimensión del Grupo Santo Domingo a través de un sistema autocrático, muy criticado ahora pero muy admirado en su momento. Generó un fenomenal pero desordenado crecimiento que funcionó a las mil maravillas hasta el colapso de la economía colombiana. López no sólo manejaba las empresas sino que manejaba el poder. Esta doble función no sedujo a su sucesor, Andrés Obregón. Éste se limitó al manejo gerencial y nunca asumió su enorme poder. Comenzó por vender el avión privado del presidente del grupo, que era una de las mejores prebendas asociadas con el puesto. El mundo de Andrés es el del trabajo y no el de las intrigas y el Grupo Santo Domingo históricamente se ha caracterizado por ambos. El *lobbying*, las relaciones públicas y la intimidación con que se manejaba el conglomerado en el pasado desaparecieron. El control del Congreso, el control de los medios y actividades como la financiación de campañas políticas dejaron de ser prioritarias. Este nuevo estilo le dio al grupo un nuevo perfil, el cual tuvo una amplia aceptación en la opinión pública. La forma de actuar de Obregón era cercana y sencilla y esto lo reconocen sus colaboradores, los grandes empresarios del país y aun la clase política". [16]

Una de las primeras apariciones públicas de Andrés Obregón sorprendió a muchos en Colombia. El presidente del grupo se unió a la comisión de los "grandes cacaos" que visitó en marzo de 2000 al jefe guerrillero Manuel Marulanda, *Tirofijo*, en San Vicente de Caguán para intercambiar ideas sobre el futuro del país. Durante la conversación Andrés le pidió a *Tirofijo* que explicara cómo sería el procedimiento para lograr la mejor distribución de la riqueza del país en un escenario de entendimiento con el gobierno. Al parecer *Tirofijo* no pudo hilar una respuesta coherente. Ante la ambigüedad de la respuesta, Andrés le dijo que si en aras de discusión se asumía que la solución era repartir entre los colombianos el patrimonio de los empresarios que estaban presentes en la reunión, el resultado sería ridículo. Significaría que cada colombiano recibiría 10,000 pesos, según los cálculos no sustentados de Obregón. Lo que debía hacerse era crear más riqueza para todos y no distribuir la pobreza del país, agregó. Con empleo y educación se creaba más riqueza colectiva, para lo cual se requiere inversión y para eso se necesita "seguridad".

Con el nombramiento de Andrés terminó además una época penosa para Gonzalo Córdoba que estuvo marcada por la displicencia de Augusto López. La razón por la cual López estuvo siempre atento a torpedear las ideas de Córdoba era muy conocida entre los directivosdel grupo: lo enardecía comprobar que el verdadero oficio del abogado de la Universidad de los Andes no era más que el de un mensajero con buenos honorarios que alimentaba el apetito desaforado de Santo Domingo por conocer los chismes de sus lugartenientes.

Ahora, con Andrés Obregón, su amigo de intrigas, sentado en la oficina del quinto piso del edificio de Bavaria, Córdoba lograba su sueño de tener acceso directo a la persona más influyente en Colombia después del presidente y *Tirofijo*. Al principio pasaba varias horas con Obregón en esa oficina, pero a los pocos meses del nombramiento, el nuevo presidente tenía menos tiempo para atenderlo debido a que las cosas en el grupo no estaban como para tintos largos. Además era muy poco lo que Córdoba podía colaborar en ese sentido dado que su fuerte no son los balances sino las comunicaciones y las relaciones públicas. Pero esa circunstancia fue sólo un preámbulo de un episodio que terminó con la amistad, y del cual Córdoba responsabilizó a Obregón. El origen del pleito fue un anónimo que Santo Domingo recibió por fax en su apartamento de Nueva York. Se trataba de un escrito contra Córdoba a todas luces irresponsable, elaborado burdamente y con la clara intención de causar daño. El porqué Córdoba concluyó que el autor era Obregón tiene una explicación. Días antes de que Santo Domingo recibió el anónimo, Marta, la esposa de Obregón, quien no es conocida en la familia por la virtud de la prudencia, hizo un comentario sobre la supuesta vida disipada y bohemia de Córdoba que coincidía parcialmente con el contenido del anónimo. A pesar de varios esfuerzos de Andrés por convencer a Córdoba de que no fue el autor de la calumnia, la amistad sufrió un daño irreparable. El rompimiento tuvo un precio adicional para Andrés. Beatrice, la esposa de Julio Mario, se solidarizó con Córdoba y transmitió a Santo Domingo su disgusto hacia Andrés. Era un disgusto que iba reforzado con un viejo resentimiento que Beatrice guarda contra Beatriz Alicia, la mamá de Andrés. Entre los Santo Domingo es un secreto a voces que Beatriz Alicia siempre pensó que su cuñada, Beatrice, fue una de las amantes del montón de Julio Mario. La condición de "amante" de Beatrice fue muy prolongada y Beatriz Alicia nunca vio esa relación con buenos ojos. Otro motivo que pesó en el despido de Andrés Obregón es que Beatrice considera que llegó la hora de sus hijos, Alejandro y Andrés, aunque a este último no le interesan mucho los negocios. Pero como a Beatrice le causa angustia que sus hijos tengan que vivir en Colombia para cuidar su fortuna, la señora de Santo Domingo sueña con el día en que Violy logre vender los principales activos que les corresponden y con el producto de la venta hacer inversiones seguras en grandes corporaciones del exterior.

Las presiones y las intrigas sumadas a la difícil situación financiera del grupo empujaron hacia el ojo del huracán al inexperto presidente del conglomerado Andrés Obregón. En ese momento cualquier incidente podría servir a sus enemigos para apurar su salida. Y ese incidente se presentó cuando la revista *Semana* publicó un *confidencial* en el que se afirmó que Alberto Preciado, directivo de la organización, se había reunido con Augusto López en Miami. Podría sonar insólito que un soldado activo de Santo Domingo se hubiera juntado con un personaje con quien Santo Domingo todavía tiene pesadillas. Pero ocurrió. En la reunión, en un restaurante de Miami, Augusto López hizo un descarnado análisis de la situación del grupo y sus desaciertos en los últimos meses y, aparentemente, esa descripción agudizó la percepción de caos que Preciado tenía respecto del manejo del conglomerado por parte de Obregón.

A raíz de la publicación de *Semana* la presentadora de la "Nota de María José" en el noticiero de Caracol recibió instrucciones de anunciar al aire que la revista de Felipe López estaba prácticamente en quiebra y que existía una confrontación interna entre Felipe y Miguel Silva, el presidente de Publicaciones Semana. Lo primero, que era lo más grave, no era cierto. Lo segundo sí se ajustaba a la verdad. A través del propio Andrés Obregón, Felipe López se enteró de que el cerebro de la revancha era Preciado y esa infidencia le salió carísima a Obregón pues Santo Domingo la consideró como un acto de traición a la familia y a Preciado. Curiosamente a Santo Domingo le pareció más grave el desliz de su sobrino que la escapada de Preciado a Miami para hablar con Augusto López.

Andrés Obregón sentía que Preciado era una piedra en el zapato, que en lugar de colaborar para sortear la crisis del conglomerado lo que hacía era agudizar los conflictos. En medio de las conversaciones entre Avianca y el gobierno, con el que era importante estrechar lazos para la reestructuración de la aerolínea al borde de la quiebra, Preciado, quien ha sido amigo y simpatizante del ex presidente Ernesto Samper, sacaba en los medios del grupo críticas contra Pastrana y sus colaboradores. Para Obregón era claro que se trataba de un boicoteo a su gestión en un momento en que el aval del gobierno era fundamental para la fijación de precios de los combustibles y la autorización de inversión extranjera en la empresa. Obregón propuso que Preciado fuera sacado de las juntas del grupo o nombrado director de medios. De esa manera respondería por sus propios caprichos. Pero nada de eso se logró. Al parecer Santo Domingo, con Beatrice de muleta, tomó partido por Preciado.

A lo largo de todo el pasillo del quinto piso de Bavaria se escucharon los gritos del rompimiento. Santo Domingo y Andrés Obregón discutieron a voz en cuello el manejo de las inversiones del conglomerado en el último año, el peor en la historia económica de Colombia. Andrés tenía dos argumentos prácticos para defender su gestión: en ese momento Bavaria tenía 280 millones de dólares en caja y ostentaba el monopolio de la cerveza en Colombia. Su tío estaba furioso porque su dinero y del Grupo Empresarial Bavaria había sido invertido en las empresas del grupo que estaban en una mala situación económica y necesitaban una inyección de capital. Obregón le respondió que la razón por la cual autorizó la inversión de ambas fuentes –Santo Domingo y el grupo– fue porque si las empresas que recibieron la inyección de capital no se recuperaban, los bancos acreedores se volverían en contra de todos, sin discriminar entre el grupo o Santo Domingo. Al joven ejecutivo no le parecía correcto invertir dinero de Santo Domingo sólo en las empresas con buen porvenir, como Celumóvil, mientras que los fondos de Valores Bavaria se ponían en sociedades poco promisorias como Colseguros o Corfinorte. La discusión llegó a un punto en el que Andrés Obregón ofreció su renuncia y Santo Domingo se la aceptó. Lo que siguió fue una escena ya tradicional: el retrovisor inquisitivo, la pesquisa con lupa de las actuaciones del presidente saliente. Un grupo de investigadores bajo el mando de un hombre del equipo de Violy empezó por interrogar secretarias a ejecutivas y luego pidió toda clase de documentos que cubrían los casi dos años de la administración anterior. En los días siguientes, Obregón fue cuestionado por el origen de un desembolso de 3,000 dólares por concepto de un vestido rojo Georgio Armani de su esposa que se perdió en el edificio de Bavaria. Tuvo que explicar que un día su esposa se cambió en la oficina de la presidencia de Bavaria para asistir a un coctail y dejó su muda anterior guardada en un clóset. Dos meses después, cuando ella le pidió a Obregón que se lo llevara a la casa, éste descubrió que alguien se había robado el fino vestido del diseñador italiano. Un mando medio de la empresa, para congraciarse con Obregón, ordenó el pago del vestido, y cuando Obregón se enteró dio orden de que el valor se dedujera de su salario. Ese primer hallazgo del escuadrón investigativo marcó el tono minucioso de la que sería la pesquisa en los próximos meses.

Después salieron a relucir cuestionamientos de más fondo relacionados con la utilización de 272 millones de dólares que eran supuestos autopréstamos que beneficiaban a Obregón y cuantiosos honorarios pagados a sus ejecutivos de confianza, entre ellos, al ex ministro de Minas Luis Carlos *El Chiqui* Valenzuela, quien colaboró en la reestructuración financiera de Avianca como condición previa para cualquier negociación de la aerolínea.

Obregón explicó el destino que se le dieron a 272 millones de dólares que Bavaria le prestó a Valores Bavaria para cumplir con una plan de inversiones que se requería a fin de mantener el grupo a flote. En la cifra estaban incluidos los préstamos otorgados durante la época de Augusto López. La historia de los presuntos autopréstamos es más complicada.

Junto con una *holding* de Julio Mario Santo Domingo Junior y su socio Nicolás Berggruen, Obregón es socio de Ecofoto, una empresa que se constituyó con la idea de instalar máquinas de revelado de fotografía en media hora en los almacenes por departamentos y supermercados como Ley, Olímpica y Sao. La empresa adquirió una gran cantidad de máquinas procesadoras sin haber resuelto los contratos de concesión con los almacenes y quebró. Mientras se instalaban las máquinas para que produjeran ingresos, se fue acumulando una deuda enorme. Ecofoto recibió un préstamo de 600 millones de pesos de otra empresa del grupo llamada Serdán y en cuya junta participa Diego Córdoba, hermano de Gonzalo. Al salir de Bavaria, Obregón pagó el préstamo para evitar comentarios. Los préstamos que, sin embargo, quedaron sin cubrir por parte de Obregón en Ecofoto fueron los que obtuvo de la Corporación Financiera del Norte, Corfinorte, una sociedad de Valores Bavaria que la familia Santo Domingo usaba como si fuera una caja menor.

La corporación fue rescatada en 1999 por el Fondo de Garantías del gobierno colombiano con un préstamo de 19,752 millones de pesos (11 millones de dólares). En ese momento se le impusieron condiciones para atender el pago de sus obligaciones que incluía una urgente capitalización. Pero el convenio de desempeño no fue cumplido, tal y como se lo notificó Fogafín a la presidenta de Valores Bavaria, Leonor Montoya en mayo de 2001.

La intervención se produjo un mes después de que Valores Bavaria, accionista de la corporación, se negó a aportar un capital de 50,000 millones de pesos (30 millones de dólares) que se requerían para salvar la corporación[5]. Entre los créditos no pagados se encontraba el préstamo a Ecofoto.

En una operación que dejó en el aire algunos interrogantes de tipo ético, se convino que Ecofoto, la empresa quebrada y sin dolientes, fuera vendida a Bavaria con el extraño aliciente de que las pérdidas acumuladas de la sociedad permitían un ahorro en impuestos a la cervecería. Para tal fin se creó una nueva empresa que asumió todas las deudas de la anterior. Adicionalmente, Bavaria invirtió capital en la empresa con un pacto de recompra de las acciones por parte de Andrés.

Tanto el préstamo con Cofinorte como el pacto de recompra de las acciones se vencieron a finales de diciembre de 2000, un par de meses después de que Obregón salió de Bavaria. Obregón propuso negociar con Bavaria nuevos términos de pago de esas deudas, pero las condiciones que le ofreció su tío no las consideró realistas y desistió. Obregón le advirtió a Leonor Montoya, que era su contraparte en esa negociación, que con esas condiciones él podía pagar la primera cuota, pero que no podría cumplir con la segunda. De acuerdo con los documentos que se han conocido dado que la disputa ya saltó a los juzgados, Obregón pagó la primera cuota y para cubrir la segunda ofreció las acciones que tiene en Red Colombia, una compañía del grupo. Pero no se llegó a un acuerdo sobre el valor de las acciones para que se las acepten a un buen precio.

Hasta ahora parece muy difícil sacar a Santo Domingo de la idea de que que su sobrino lo "tumbó". Cada vez que alguien pone el tema, Santo Domingo menciona una cifra de lo que fue el monto del fraude y como en esos ritos imperdurables de los matrimonios viejos, Beatrice lo corrige, le dice que no, que fue más o que fue menos o le recuerda la cifra que citó en la última rabieta.

La disputa familiar ha empezado a abultar un expediente en el juzgado 22 Civil del Circuito de Bogotá, donde el 18 de marzo de 2001 fue presentada una demanda contra Obregón. Bavaria exige al sobrino de Santo Domingo el pago de dos millones de dólares.

El monto de los honorarios pagados a Valenzuela, otro motivo de los chismes que rodearon la salida de Obregón, posiblemente fue alto. De lo que no hay duda es que Santo Domingo sabía cuántos dígitos tenían los cheques de los sueldos y aparentemente eso no lo desvelaba porque sentía una gran admiración por el ejecutivo y su rapidez para solucionar problemas.

Valenzuela, más conocido como *El Chiqui*, es un economista de la Universidad de los Andes que empezó su carrera en la Corporación Financiera del Valle y pasó al sector público como funcionario de Planeación Nacional. Fue nombrado viceministro de Desarrollo y más tarde, durante el gobierno de Andrés Pastrana, ministro de Minas.

Andrés Obregón lo invitó a trabajar en Bavaria al comienzo de su administración. Bajo la supervisión de Carlos Quintero, el vicepresidente financiero de Bavaria, Valenzuela cerró en cuestión de dos meses la venta de Celumovil a Bell South, una operación que no había podido completar Violy McCausland en casi dos años. Bell South adquirió el 33.8 por ciento de Celumóvil S.A., compañía líder en el suministro de servicios de comunicación inalámbrica, que al momento de la negociación contaba con más de 466.000 usuarios en el oriente y la Costa Atlántica colombiana.

Celumóvil, fundada en julio de 1994, es el segundo proveedor de telefonía inalámbrica en Colombia con ingresos de aproximadamente 213 millones de dólares en 1999.

La otra operación que le correspondió a Valenzuela fue conseguir una moratoria de los acreedores de Avianca que amenazaban con parar a la empresa. El plazo se extendió hasta el 31 de enero de 2001. Entusiasmado con la eficiencia del joven ejecutivo, Santo Domingo le ofreció a Valenzuela la presidencia de Valores Bavaria. Pero *El Chiqui*, que ya conocía las reglas del juego del grupo, le comentó a sus amigos que prefería su estabilidad emocional. Lo que ocurrió con *Chiqui* en ese momento me lo explicó de la siguiente manera una persona que siguió de cerca su fugaz paso por el reino: "Cuando consiguió la moratoria fue que le ofrecieron la presidencia de Valores Bavaria, pero como ya había visto de cerca cómo funcionaba la vaina a punta de intrigas y chismes, no aceptó, cosa que nunca le había pasado a Julio Mario".

Sí le había pasado. Y fue en Barú. Néstor Humberto Martínez, el ex ministro y ex superintendente bancario, declinó una oferta que le hizo en octubre de 1997 para ocupar la dirección de *El Espectador*. En esa ocasión, Santo Domingo estaba urgido de tomar una decisión porque los Cano lo estaban presionado para que nombrara en ese cargo al legendario periodista José *El Mono* Salgar. Al magnate esa alternativa le parecía inaceptable y quería una respuesta rápida.

En los comunicados de prensa de Bavaria la salida de Obregón fue presentada como el resultado de un cambio de política de la empresa no sin antes advertir que las juntas directivas de Bavaria y Valores Bavaria S.A. transcurrieron "con absoluta normalidad y cordialidad". De su propio bolsillo, el industrial Julio Mario Santo Domingo pagó los 800 mil dólares de la auditoría especial que inició Ernst & Young para explicar qué pasó en Bavaria durante los últimos 15 años.

Las tensiones personales entre Julio Mario y su sobrino se fueron agudizando a medida que pasó el tiempo. En octubre de 2001 Andrés recibió una queja por escrito de Avianca en la cual la aerolínea lo amonestaba por haber puesto en riesgo la seguridad aérea en uno de sus vuelos. La versión de lo que ocurrió, reconstruida por dos fuentes distintas, indica que en uno de los feriados largos de octubre, Andrés se presentó en el aeropuerto Eldorado para viajar a Cartagena con sus dos hijos mellizos de cuatro años. Lo hizo sin haber reservado los puestos, lo cual es muy común entre los miembros de la familia Santo Domingo y sus parientes políticos por esa caprichosa presunción de que la aerolínea es una flota familiar.

Como le salía más barato, le consultó a la empleada del mostrador si podía llevar a los mellizos en las piernas y así quedaban dos cupos libres para subir a pasajeros con confirmación. En el vuelo iba también Poly Mallarino, quien estaba ayudando a Preciado a decorar la casa que había adquirido recientemente en la ciudad vieja de Cartagena.

Cuando Obregón regresó a Bogotá, lo contactó el encargado de operaciones de Avianca muy preocupado porque lo habían llamado de la presidencia de la compañía para hacerle el reclamo. Entonces Obregón pagó los dos pasajes adicionales. A los pocos días, no obstante, le llegó una carta de Avianca firmada por la representante legal en la que lo acusaba de haber violado las normas de seguridad aeroportuaria poniendo en peligro la seguridad de los pasajeros y exponiendo a la aerolínea a sanciones por parte de la Aeronáutica Civil.

El cambio de política anunciado en los comunicados de prensa a raíz de la salida de Andrés Obregón consistió en que, a partir de noviembre de 2000, la familia Santo Domingo continuaría en las juntas directivas de las compañías pero no participaría en la administración ejecutiva del Grupo Empresarial Bavaria y Valores Bavaria. La presidencia transitoria de Bavaria fue entregada a Germán Montoya Vélez, quien se desempeñaba como vicepresidente de las juntas directivas de Bavaria, y Valores Bavaria S.A. Leonor Montoya, presidente de Asofondos, fue nombrada presidente de Valores Bavaria S.A.

Valenzuela salió del grupo y se unió a Obregón para crear una firma de banca de inversión y asesoría financiera. Por esa misma época se produjo la desvinculación de dos importantes vicepresidentes del grupo con una larga trayectoria: el vicepresidente jurídico Gabriel Jaime Arango (con 30 años de servicio), quien participó en el equipo de salvación de Santo Domingo en el caso de la Superintendencia Bancaria, y Carlos Quintero, vicepresidente financiero de Bavaria, quien cerró los negocios de la venta de Centralcer en Portugal y Celumóvil y la compra de Leona (que culminó el 18 de octubre). Quintero renunció en junio y se retiró el 30 de octubre, una semana antes que Andrés. A finales de 2001, no quedaba un solo vicepresidente de las administraciones de Augusto López ni de la de Andrés Obregón.

En medio de los escombros, se abrió paso Alberto Preciado y de esa manera se convirtió en el hombre más influyente del grupo. Así lo quería Beatrice y así se dio. Detrás de Preciado está en proceso de reencauche Pérez Norzagaray, el cuñado de Beatrice, que cayó en desgracia con Santo Domingo a raíz de la conversación telefónica con Felipe López. Pero la intervención de Pérez Norzagaray no es directa, es a través del nuevo vicepresidente jurídico, Víctor Machado, su sobrino. Machado está casado con una hermana de la esposa de Gustavo Alberto Lenis, ex presidente de Avianca, y fue encargado de escarbar en los papeles de la compañía para investigar la administración anterior incluyendo al propio Gustavo Alberto.

Los Lenis –Edgar y su hijo Gustavo Alberto– han sido los más fieles colaboradores de Santo Domingo. Edgar estuvo en la junta de Bavaria 31 años como principal y participó en la junta directiva de Colinsa, la *holding* familiar. Gustavo Alberto trabajó 17 años para el grupo. Ambos no han ocultado cierto malestar por la manera como se ha comportado su amigo de toda la vida en los últimos años. Cuando Andrés Obregón descalificó públicamente a Gustavo Alberto para continuar en Avianca argumentando que en esos momentos se necesitaba una persona que conociera el mundo de las finanzas, Santo Domingo no movió un dedo para expresar su apoyo al entonces presidente de la aerolínea en problemas. Gustavo Alberto Lenis salió de Avianca sin recibir ninguna prima de retiro, como sí lo hicieron varios de los directivos del grupo. Se calcula que estas primas son de 200 mil a 300 mil dólares.

A los Lenis se les conoce por ser francos, directos y malhablados. Por eso cuando se enteraron que Alfredo Vélez, el ex gerente de Avianca en Nueva York, sembró varias dudas sobre el manejo de la aerolínea en conversaciones que sostuvo con Beatrice, ambos viajaron a esa ciudad y aclararon los malosentendidos, especialmente Gustavo Alberto, en relación con la compraventa de unos aviones para Avianca.

Gustavo Alberto le dijo a Santo Domingo que a él no le importaba que lo hubieran sacado "con una patada en el trasero", pero que no iba a permitir que mancharan su reputación con chismes irresponsables. Para que las cosas no quedaran en el aire, Lenis le entregó a Santo Domingo una carta con cuadros financieros que aclaraba los cuestionamientos de los cuales se había enterado por la vía de los rumores. También le dijeron que estaban dispuestos a explicar paso a paso el proceso de venta a Santo Domingo de Pastas La Muñeca, otro negocio en el que el empresario planteó algunas dudas frente a personas que conocen a los Lenis.

En sus comentarios sociales, los Lenis señalaron como fuentes principales de la información con la que trataban de desprestigiarlos a Machado y a Alfredo Vélez. Este último era una empleado consentido de Beatrice que siempre se quejó de la manera como Gustavo Alberto lo sacó de Avianca. Vélez murió a finales de 2001 sin haber visto cumplir los planes que le prometió Beatrice de convertirlo en presidente de Avianca. Sólo alcanzó a reintegrarlo a la nueva administración de la aerolínea con el pomposo cargo de vicepresidente para las Américas.

Tal vez el factor que pesó mucho más en la toma de partido de Beatrice en la disputa entre Andrés Obregón y Gonzalo Córdoba fue la intervención de Alberto Preciado Arbeláez, otro de los delegados personales de Santo Domingo en varias juntas directivas del grupo que no estaba a gusto con la presencia de Obregón en el cargo de mayor responsabilidad del conglomerado.

Preciado es un abogado de la Universidad de los Andes, inteligente y sagaz, que se casó con la sobrina de Santo Domingo, Ana Beatriz Santo Domingo Dupont "Cooki", hija de Luis Felipe *Pipe* Santo Domingo Pumarejo. Cooki vivió en Francia desde los nueve años. La llevó allí su madre viuda, Betty Dupont, junto con su hermano Felipe, a quien también le decían *Pipe*. Cooki estudió derecho en Francia y regresó a Colombia cuando tenía unos 21 años. Su primer marido fue José María Reyes, un abogado, biznieto del general Rafael Reyes, de quien Santo Domingo se distanció a raíz de varias confrontaciones.

El origen de esa disputa familiar fue el siguiente: al regresar de Francia, Cooki y su hermano *Pipe* no conocían el país y mucho menos los detalles de su participación en el imperio familiar. Así que buscaron la ayuda de Reyes, quien se convirtió en un dolor de cabeza para Julio Mario pues se entregó de lleno a defender los intereses de los huéfanos de su hermano, "las sobras de la fortuna" como él solía decir a sus colegas. Dado que Santo Domingo hizo todo lo posible por impedir el acceso a los documentos de Cervunión, la empresa donde estaba la parte pulposa de la fortuna familiar, Reyes se dedicó a comprar acciones de la cervecería en un intento por conocer su movimiento interno. Estaba convencido de que Santo Domingo quería dejarle sólo el hueso a sus sobrinos y de alguna manera se lo hizo saber al magnate. Santo Domingo le declaró la guerra a Reyes y marginó a Cooki y a su hermano *Pipe* de las empresas del grupo. En medio de esta tirantez, ocurrió algo que terminó por agravar aún más la situación. A través de una cadena corta de chismes, Santo Domingo se enteró de un comentario que Reyes hizo en los baños turcos de Jockey Club. Palabra más, palabras menos, el chisme indicaba que Reyes habría dicho: "Vean lo que es la vida, yo aquí tomando Domperignon y el negrazo trabajando". El negrazo era nada menos que Julio Mario.

Ante la familia Santo Domingo, Reyes aclaró que no fue el autor del comentario y responsabilizó del mismo a un amigo de Santo Domingo, que estaba reunido con él. Era un disculpa difícil de digerir por Santo Domingo quien ya de por sí se había pasado varios tragos amargos por cuenta del entrometido esposo de su sobrina.

Cooki se separó de Reyes y se enamoró del abogado que tramitó su divorcio, Alberto Preciado. En un principio la relación no fue bien vista por la familia pues consideraban que Preciado no tenía la suficiente alcurnia para una Santo Domingo. En la familia se hacían variaciones despiadadas con el nuevo nombre de casada de ella, le decían *Cookie Depreciada*. Pero a raíz de la muerte del hermano de Cookie, *Pipe*, a mediados de 1998 en Austria, Santo Domingo sintió un repentino remordimiento por la manera indiferente como había tratado toda la vida a sus sobrinos y empezó a darles más juego en las empresas. Por vía de Cooki, Preciado ganó altura en la organización y luego fue acogido por Beatrice, con quien tiene línea directa.

A Preciado, quien en otros años también tuvo una muy buena relación con los Obregón, Andrés le pareció un tipo incompetente e inexperto. Hasta la llegada de Obregón, Preciado mantuvo un papel discreto entre los bastidores del grupo y trató de no cazar peleas. Sabía que tenía un flanco débil en su pasado: un prontuario por fraude procesal que le costó la suspensión de su tarjeta profesional de abogado durante varios años (la recuperó en septiembre de 2000). El expediente de ese prontuario lo mantuvieron guardado en sus archivadores personales tanto Augusto López como Andrés Obregón como si fuera un arma de defensa personal para blandir en caso de que Preciado se convirtiera en un estorbo. Ambos la usaron, pero el tiro les salió por la culata pues Santo Domingo no les prestó la más mínima atención. Él ya sabía la historia. Se la había contado el propio Preciado previendo que llegara a sus dominios condimentada con odios predecibles. Dicen que Preciado convenció a Julio Mario y a Beatrice de que se trataba de una injusta persecución, lo que dice de él quien lo demandó.

El caso Preciado arrancó con un simple litigio comercial en 1984. En ese año, Danilo Conta, un ciudadano italiano mitad aventurero, mitad negociante, se enemistó con un socio suyo por una disputa respecto al manejo de un negocio que tenían entre ambos, el bar Enos, situado en la calle 82 de Bogotá. Conta, residente en Colombia desde 1979, es un contador de una perseverancia obsesiva que no tuvo ninguna vergüenza en protestar durante casi un mes frente al Palacio de Justicia de Bogotá vestido de blanco –los primeros días se encadenó las muñecas– para llamar la atención sobre su proceso contra Preciado. A la entrada del Palacio, el italiano repartía a cada transeúnte un clavel en cuyo tallo iba adherido un documento con la síntesis de la persecución de la cual se creía víctima.

A raíz de la disputa comercial, su socio, Herbert Baresch, firmó en abril de 1984 una promesa de compraventa en virtud de la cual adquiría la otra mitad del bar en una suma que se comprometía a cancelar mensualmente hasta pagar el total al cabo de seis meses. Vencido el plazo, Baresch no sólo incumplió los términos de pago del contrato, sino que retiró de la sociedad todos los ingresos que generaba el bar, sin darle a Conta su participación. Lo que hizo Conta en ese momento fue pedir la resolución del contrato.

Baresch contrató como abogado a Preciado, quien le recomendó disolver la sociedad. Esa gestión requería del consentimiento del socio italiano pero Preciado decidió omitirlo, y en una determinación que él atribuyó a un simple apresuramiento, a un favor desprevenido que le hizo a un amigo en problemas, cometió el error que lo dejó marcado profesionalmente para el resto de su vida: en un oficio enviado a la Superintendencia de Sociedades el 25 de febrero de 1987, solicitó la disolución de la sociedad argumentando que Enos Ltda. había permanecido inactiva desde su iniciación y que desconocía el paradero de Conta.[6] En una conversación con el autor, Preciado aseguró que esta gestión la hizo como un favor de paso, sin prestar mayor atención al contenido de los documentos . "Son de esas cosas en las que uno incurre por hacer un favor".[7]

Ambas afirmaciones que escribió en el oficio a la Superintendencia de Sociedades resultaron falsas. El bar funcionaba normalmente y Preciado sabía dónde vivía el italiano. Lo sabía porque lo había interrogado para un pleito civil que estaba pendiente entre ambos socios, producto del mismo desacuerdo.

En medio de las miles de solicitudes que recibe la Superintendencia a diario, era muy probable que la de Preciado y su cliente fuera aprobada sin objeción. Pero un diligente funcionario de la Superintendencia se dio a la tarea de verificar si era cierto o no que Conta había desaparecido y si el bar estaba clausurado. El funcionario no tuvo que hacer mayor esfuerzo. Buscó en el directorio telefónico el número de la residencia de Conta y se sorprendió cuando el italiano le respondió. Ni corto ni perezoso, Conta se presentó el mismo día en la Superintendencia y relató, en su español perfecto, los antecedentes de su litigio. Después de practicar dos visitas al negocio, la Superintendencia no tuvo otro remedio que entablar una denuncia penal por fraude procesal contra Preciado y Baresch. La denuncia fue presentada en septiembre de 1988. Lo que se pretendía con la solicitud firmada por Preciado era inducir en un error a la Superintendencia para obtener una declaratoria de disolución de la sociedad, escribió el abogado Germán Augusto Villabona Pinilla de la oficina de revisión de la Superintendencia.[8]

A partir de este punto, el caso entró en una montaña rusa judicial. Subía y bajaba instancias a medida que los abogados de Preciado presentaban numerosas apelaciones y trataban de sacar del camino a jueces que tuvieron bajo su conocimiento el expediente, alegando impedimentos por enemistad y otros recursos. Baresch murió de cáncer durante el litigio. Preciado alegó que su solicitud ante la Superintendencia estaba basada íntegramente en la información suministrada por su cliente. La argucia de culpar a un muerto no la admitió la justicia. "Caeríamos en la ingenuidad de admitir que el abogado Alberto Preciado, persona versada en estudios de derecho comercial y administrativo, hubiera aceptado un caso asumiendo una labor profesional, sin haber efectuado ni la más mínima indagación o verificación de datos otorgados por sus poderdantes", escribió la juez Trece Penal de Circuito, Didima Romero Alvarado. Mediante providencia del 9 de noviembre de 1998, el Juzgado Trece Penal del Circuito de Bogotá, condenó a Preciado a 13 meses de prisión (excarcelables) y prohibición del ejercicio de la abogacía por el mismo término de la pena principal. [9]

"Conta es un querulante, una persona que vive de los pleitos", me comento Preciado en la entrevista.

Tal vez su estilo beligerante fue el que salvó a Conta de salir expulsado del país como resultado de otra saga judicial en la que, según sus denuncias, también participó Preciado. Dice Conta que Preciado logró que se decretara su deportación del país a través de acusaciones sin fundamento ante el Departamento Administrativo de Seguridad y el Ministerio de Relaciones Exteriores. En documentos oficiales cuya autenticidad está cuestionada, Conta fue acusado ante la cancillería desde estar enfermo de sida hasta permitir que en su bar se reunieran narcotraficantes. Basándose en esta información, el ministro de Relaciones Exteriores, Rodrigo Pardo, revocó la visa de residente de Conta a finales de marzo de 1996. El empresario italiano buscó refugio en la embajada de su país en Bogotá desde donde presentó un recurso de tutela contra la orden del Ministerio.

La trama detrás de su deportación no lo hubiera conocido Conta sino es porque una mujer que se presentó en su restaurante, "La Paninoteca", confesó la manera cómo fue utilizada en la campaña para expulsar al italiano del país. Luisa Margarita Casas, una tramitadora de documentos de la cancillería con estudios de periodismo y derecho en España, relató las maniobras fraguadas por Preciado, según sus palabras, para lograr la deportación de Conta.

Casas fue contactada por el propio Conta luego de que solicitó al Ministerio de Relaciones Exteriores una copia del expediente de su caso de deportación para establecer los hechos en los cuales se basó la decisión de sacarlo del país. Entre los documentos que recibió encontró una carta en la cual la señora Casas, con su nombre y apellido, lo denigraba. El problema es que Casas no conocía a Conta. Aun así escribió que el italiano estafó a personas de su familia "en sumas de dinero bastante cuantiosas" por lo cual "se presentaron demandas por los delitos de robo, estafa y abuso de confianza". La carta terminaba afirmando que Conta estuvo "haciendo llamadas amenazantes a la casa de mi mamá cuando tuvo conocimiento que yo estaba tras su salida de Colombia".[10]

Después de leer la carta, Conta citó a la mujer en el restaurante. Así recuerda el italiano su encuentro con ella: "A esta altura, convoco a la señora al restaurante y le digo, señora '¿Usted me conoce?' y dice 'No'. 'Y entonces ¿por qué escribió esta cosa?' Ella, cuando yo le muestro la carta, nunca imaginaba que yo la tuviera, obviamente se pone a llorar y me dice: 'Bueno, le voy a contar la verdad, el doctor Alberto Preciado me ofreció tres millones de pesos. Es que el señor Alberto Preciado un día me llamó a su oficina y me dijo que él tenía una persona muy peligrosa que tenía sida, que era homosexual y que era narcotraficante y que él estaba interesado en botarla del país, porque éste es el país más bello del mundo y que estos hampones hay que sacarlos y que si yo lograba sacarlo me daba tres millones de pesos'.[11]

Preciado dice que la señora Casas "no es normal" y que jamás habló sobre el tema con ella.

Conta le exigió a Casas declarar frente a un notario la misma historia que acababa de relatar, pero la mujer se negó.

Meses después, en forma libre y espontánea, Luisa Margarita Casas confirmó la misma versión ante la Fiscalía General de la Nación. En una declaración rendida el 1 de diciembre de 1997, aseguró que Preciado le dijo que Conta era un "extranjero supremamente peligroso" que le había hecho amenazas contra su vida. "Que necesitaba que el señor Danilo Conta saliera del país por ser persona no grata".[12]

Preciado sostiene que jamás hubiera hecho una cosa de esa naturaleza contra alguien y aseguró que no había razones para fundamentar la expulsión de Conta del país. En su declaración ante la Fiscalía afirmó, bajo juramento, que nunca conversó con la señora Casa sobre el señor Conta.[13]

Para fabricar el caso contra el italiano, sostuvo Casas, Preciado le entregó copias de algunas demandas en las que Conta aparecía como el principal acusado y le pidió que escudriñara sobre sus antecedentes en el DAS, lo cual ella cumplió. "Él me ofreció que si el señor Conta salía del país, él me pagaba el trabajo por la suma de 3 millones de pesos, él me dio un total de 400 o 500 mil pesos", declaró Casas.[14]

La tramitadora no se limitó a obtener los antecedentes sino que dirigió una carta a la Cancillería asegurando que era víctima de atropellos del ciudadano italiano, lo cual era falso. En su testimonio aclaratorio, Casas confesó que esas quejas correspondían a otra persona –Margarita Camacho de Samper, propietaria del local donde funcionaba el bar Enos– pero que las había escrito como si fueran suyas por instrucciones de Preciado. "Eso lo hice, por cuanto ya lo dije, el doctor Preciado no quería que su nombre y demás personas no (sic) fueran involucradas".[15] Una de las implicaciones más graves del testimonio de la mujer fue que la deportación se conjuró al más alto nivel ya que Preciado alardeaba de la colaboración del entonces ministro de Relaciones Exteriores, Rodrigo Pardo.

"Preciado me decía: 'no te preocupes que yo soy amigo personal del doctor Rodrigo Pardo', declaró Casas.[16]

En una entrevista telefónica, Preciado me aseguró que nunca conversó con Pardo mientras era ministro de Relaciones Exteriores. Pardo salió también salpicado en el escándalo pues Conta lo acusó de haber ordenado su expulsión con base en información falsa. Cuando hablé con Pardo sobre el tema me explicó que en ese momento él no era amigo, sólo conocido de Preciado, y que no recuerda haber hablado con él durante el tiempo en que ocupó el cargo de ministro.[17]

La ex jefa de División de Visas, Eugenia Paredes de García, declaró que "el Ministro estaba pendiente de que se cumpliera la orden que me había sido impartida",[18] esto es, la resolución de cancelación de la visa de Conta. Durante esa diligencia, Paredes pidió que le tomaran juramento a fin de describir un encuentro que tuvo con el canciller para hablar sobre el tema.

La funcionaria explicó que cuando Conta interpuso los recursos de tutela ante un juez y de reposición ante el ministerio de Relaciones Exteriores, ella se reunió con Pardo para pedirle la autorización de revocar la decisión de expulsar al italiano. Así describió la conversación con su jefe:

–No la repone [la resolución]– le dijo el ministro

–Pero ministro, yo soy una funcionaria de carrera, yo no me puedo exponer en este momento y a esta edad a tener una sanción.

–Yo la respaldo y el Ministerio la respalda.

–Ministro, usted se va y yo me quedo.

–El Ministerio la va a respaldar en todo.

–¿Aun poniéndome abogado? Porque yo no tengo dinero para pagarlo.

–Para eso está la [oficina] jurídica del ministerio.

–Entonces yo le ruego de que me dé una certificación de que yo estoy acatando las órdenes.

–Le voy a decir a Camilo (Reyes, viceministro) que le haga una constancia de que actuó bajo mis órdenes.

Reyes le dio la constancia "en forma gaseosa", dice la funcionaria y a la hora de la verdad, el Ministerio no la respaldó.[19]

Eugenia Paredes se vio involucrada en el problema al regreso de sus vacaciones al comenzar el año 1995. Entre las cosas pendientes la funcionaria encontró una orden de cancelar inmediatamente la visa a Conta en virtud de una documentación "que reposaba en el despacho del ministro". Como era lógico, Paredes le pidió a la secretaria general, Marcela Ocampo, que le enviara la documentación que respaldaba la solicitud, a lo cual la secretaria le respondió que le extrañaba que estuviera desconociendo una orden del ministro.

Después de insistir, Paredes finalmente recibió un papel escrito a mano por Pardo en el que daba instrucciones de cancelar la visa. El manuscrito iba acompañado de un informe del jefe del DAS, Ramiro Bejarano, "sin logotipo y sin firma" según lo declaró Paredes[20], en el que se manifestaba que Conta permitía en su restaurante actividades relacionadas con el narcotráfico. Pero al mismo tiempo, el Ministerio había recibido una constancia del DAS en la cual se certificaba que Conta no tenía antecendentes criminales.

Antes estas contradicciones, Paredes se entrevistó con el jefe de extranjería del DAS, quien le explicó que la forma como Bejarano presentó el informe, sin firma ni logotipo, obedecía a que "cuando se trataba de operaciones de carácter secreto esos informes se los entregaban los detectives al jefe del DAS sin firma y sin ninguna otra característica especial para preservar la identidad del detective, sobre todo en asuntos tan delicados como son los del narcotráfico".[21] A Conta le pareció esa una explicación ridícula. "A nadie en Colombia, dice, se le puede expulsar con un hojita de notas de un detective. Y eso lo sabía el ministro cuando ordenó la cancelación de mi visa".[22]

En un país por el que han pasado libremente mercenarios israelíes, guerrilleros del IRA y poderosos narcotraficantes brasileros, es por lo menos sospechoso que el gobierno despliegue semejantes esfuerzos para expulsar a sombrerazos a un comerciante italiano que no tiene un solo antecedente policial probado. A raíz de que Conta se refugió de nuevo en la embajada de Italia en marzo de 2002, publiqué una columna en *El Nuevo Herald* con un breve resumen de su batalla legal. A los pocos días recibimos una carta mucho más larga que la misma columna del ex director del DAS, Ramiro Bejarano, explicando su actuación en el caso y quejándose de la falta de objetividad del artículo. Aunque corregía cosas que no se habían dicho en el periódico, Bejarano hizo precisiones pertinentes en su carta:

La primera que el DAS "no dio orden y ni siquiera insinuó hacer averiguaciones de ningún tipo en contra de Danilo Conta y mucho menos encaminadas a cancelar su visa". Aseguró que siendo director del DAS (Bejarano salió del organismo de inteligencia en enero de 1996) "evaluó favorablemente el comportamiento de Danilo Conta en el país, lo cual evidencia que no podía existir una persecución en su contra".[23]

El caso es que el auto que negó la revocatoria de la cancelación de la visa de Conta, el Ministerio de Relaciones Exteriores sí cita un informe confidencial del DAS del 25 de diciembre de 1995 en el cual "se da cuenta de que existen antecedentes de policía judicial del señor Danilo Conta".[24]

A su turno Preciado me aseguró que él no tuvo nada que ver con la campaña para sacar del país al italiano y que se considera una persona seria y honesta en todas sus actuaciones.

Santo Domingo está enterado de los problemas legales de Preciado y su interés por el tema lo llevó a entrevistarse en diciembre de 1999 con el fiscal Gómez Méndez en la casa de Preciado, una extraña reunión que quedó registrada en una pequeña píldora del Teléfono Rosa de *El Tiempo* en cuyo final decía. "Lo que hablaron, Dios lo sabe".

Debido al antecedente penal, Preciado no pudo ser nombrado Superintendente de Sociedades durante el gobierno del presidente Gaviria 90–94). Pero eso no le impidió convertirse en una de las fichas más poderosas en el grupo a comienzos de siglo.

A medida que la situación de seguridad en Colombia empeora, Santo Domingo ha reducido sus viajes al país. Sus amigos dicen que además parece cansado ya de su agitada vida social en Nueva York y en Europa y que prefiere quedarse en su casa hablando por teléfono y compartiendo con Beatrice los temas que antes eran ajenos a ella. Y probablemente seguirá con esa idea existencialista de los ochenta –y ahora más que nunca– que alguna vez le confesó a Margarita Vidal para tratar de justificar sus grandes deseos de vivir intensamente: "frente a la eternidad todo es efímero y fugaz".

NOTAS

1. Información tomada de la página web de Violy, Byorum & Partners Holdings, LLC VB&P http://www.vbp.com, febrero de 2002.

2. "La Mujer que tumbó a Pepsi, La Amazona de Wall Street, Sandra McElwaine", revista *Gatopardo*, diciembre de 1999, pág. 33.

3. *Op. cit.*

4. "Se va Andrés", revista *Semana*, 9 de noviembre de 2000. Sin autor.

5. Resolución 668, de junio de 2001, Superintendencia Bancaria.

6. Solicitud de Alberto Preciado Arbeláez dirigida al superintendente de Sociedades, Luis Fernando Sanmiguel, radicada con el número 004062.

7. Entrevista telefónica con Alberto Preciado, abril de 2001.

8. Citado en la causa 13228, Fiscalía Delegada y en el fallo del Juzgado Trece Penal del Circuito del 9 de noviembre de 1988.

9. "Fallo que puso fin a la instancia dentro de la causa adelantada en contra de Alejandro Alberto Preciado Arbeláez acusado del delito de fraude procesal", Bogotá, 9 de noviembre , 1998.

10. Carta dirigida a Eugenia Paredes García, jefe de Visas e Inmigración del Ministerio de Relaciones Exteriores, firmada por Luisa Margarita Casas Restrepo, Bogotá, 8 de abril de 1996.

11. Entrevista personal con Danilo Conta, Bogotá, noviembre de 2000.

12. Previas N. 311336, interno No. 271, fiscal 72 seccional, 1 de diciembre de 1997.

13. Unidad de Fiscalía Delegada ante la Corte Suprema de Justicia, declaración que rinde el doctor Alberto Preciado Arbeláez, 2 de julio de 1999.

14. *Op. cit.* folio 27.

15. *Op. cit.* folio 30.

16. *Op. cit.* folio 31.

17. Entrevista personal con Rodrigo Pardo, Bogotá, 11 de mayo de 2001.

18. Diligencia de versión libre y espontánea rendida por la señora Eugenia Paredes de García, Procuraduría General de la Nación, 28 de noviembre de 2000, folio 552.

19. *Op. cit.,* folio 553

20. *Op. cit.* folio 551.

21. *Op. cit.* folio 551.

22. Entrevista personal con Danilo Conta, Bogotá. noviembre de 2000.

23. Carta a Humberto Castelló, director de *El Nuevo Herald*, Bogotá, 24 de febrero de 2002. pág.1.

24. Auto sin número del Ministerio de Relaciones Exteriores firmado por Eugenia Paredes de García, jefe de División de Visas el 15 de abril de 1996.

APÉNDICE

El Imperio Siglo XXI

Julio Mario Santo Domingo salió de la lista de los hombres más ricos del mundo a mediados de 2001. En la revista *Forbes* del año anterior figuró con 1.100 millones de dólares. Aunque la publicación siempre subestimó su fortuna, se dieron circunstancias que seguramente contribuyeron a la reducción de utilidades del conglomerado. Las más citadas fueron la recesión que afectó a Colombia a partir del año 1999 –la peor en cinco décadas– y la agudización del conflicto armado en el país. A eso hay que agregarle el costoso ritmo de infusiones financieras a Caracol Televisión y la carga de la deuda de Avianca.

Durante el primer semestre de 2001, Bavaria logró utilidades por 32 millones de dólares en contraste con 90 millones que obtuvo en el mismo periodo del año 2000. La marcada diferencia fue atribuida por representantes de la empresa al hecho de que el año anterior Bavaria reportó los ingresos extraordinarios por la venta de las inversiones en Portugal y España.

La fábrica de cervezas de Portugal fue vendida en 484 millones de dólares a la empresa portuguesa Parfil SGPS S.A. y al Banco Espíritu Santo en una operación que fue manejada por el banco de inversión Goldam Sachs Group.[1] En noviembre de 1999 Bavaria negoció también la nada rentable fábrica de Cerveza Andaluza, al vendérsela en 13.8 millones de dólares a un grupo liderado por Cervezas Alhambra S. A. de España[2].

A juzgar por los anuncios de los representantes del grupo, Bavaria quiere concentrarse en negocios más cercanos a su casa matriz al tiempo que pretende cubrir los abultados pasivos de la organización. Bavaria terminó el siglo con una deuda de 210 millones de dólares y

Valores Bavaria, que agrupa las inversiones no cerveceras del Grupo Santo Domingo, con otra deuda de 500 millones de dólares.

Otros movimientos dejaron en claro que Santo Domingo está dispuesto a crear una multinacional cervecera en Centroamérica como un preámbulo para lanzarse al mercado en Estados Unidos. En su intento por apoderarse de las dos más importantes cervecerías de Honduras, el grupo perdió frente South African Breweries (SBA), la quinta compañía cervecera del mundo. SBA negoció en noviembre de 2001 una alianza con el grupo salvadoreño Agrisa para obtener el control en Honduras de una empresa cervecera, la embotelladora Coca-Cola, un ingenio azucarero y unas siete mil manzanas de tierra que eran propiedad de la transnacional frutera Dole Food Company.[3]

En Panamá, la adquisición de las dos más importantes empresas cerveceras del país se abría paso pese a las preocupaciones de que el grupo colombiano podría quedar en una posición monopolística. Bavaria compró el 91.5 por ciento de las acciones de Cervecería Nacional por 260 millones de dólares. La Cervecería Nacional emplea a unos 2 mil trabajadores, y en 2000 reportó una utilidad neta de 25.4 millones de dólares.[4] Más tarde adquirió la competencia de la Nacional, Cervecería Barú, propiedad (en un 52 por ciento) de Coca-Cola Panamá. Una vez perfeccionados ambos negocios, Santo Domingo se reunió con la presidenta Mireya Moscoso como un gesto de cordialidad empresarial con el país que lo vio nacer. La selección de Panamá como anclaje en Centroamérica tenía un gran sentido empresarial. Pese a que es un istmo que por su condición geográfica está expuesto a toda clase de marcas de cervezas extranjeras, el consumidor prefiere las locales. El 96.5 por ciento de la cerveza que se consume en Panamá es de marcas nacionales. Y hay otro gran incentivo: los panameños son los principales consumidores de cerveza en Centroamérica. Un estudio sobre el mercado cervecero reveló que cada panameño consume un promedio de 47 litros de cerveza anualmente, mientras que los colombianos ingieren un promedio de 36 litros de cerveza por año.[5]

Para entender las dimensiones con que arrancó el imperio de Santo Domingo el siglo XXI, es importante conocer la densa estructura del conglomerado.

El imperio Santo Domingo se sostiene en dos grandes columnas: el Grupo Empresarial Bavaria y el Grupo Empresarial Valores Bavaria. En el primero se aglutinan las actividades propiamente cerveceras y en el segundo las inversiones diversificadas de Santo Domingo y su familia.

Según un extenso estudio de la estructura de propiedad del conglomerado, hecho por el economista de la Universidad Nacional Bernardo Parra, Santo Domingo y su familia tienen el dominio de Bavaria S. A., la gallina de los huevos de oro. En forma directa, Julio Mario posee el 8.7 por ciento de las acciones de la matriz por intermedio de su empresa familiar denominada Santo Domingo y Cía. S. en C. De manera indirecta participa mediante el control de Unión de Valores (36.4 por ciento), Petroquímica del Atlántico (1.3 por ciento) y Pontus Corporation (3.5 por ciento).

Beatriz Santo Domingo, viuda de Pablo Obregón, participa en la organización a través de tenedores fiduciarios como Fiduvalle-Unión con un 14.6 por ciento. Los otros socios de Bavaria son la Organización Ardila Lülle (2.5 por ciento), Energetic and Financial Investments (dos por ciento), Comunicaciones y Negocios (1.4) y Fondo de Crecimiento (1.4).

"Bavaria S.A. agrupa dos decenas de empresas localizadas en Colombia, Ecuador, Panamá, Venezuela y Perú, dedicadas principalmente a la producción cervezas y bebidas refrescantes. En Colombia y Ecuador el portafolio está compuesto por cinco empresas que dominan prácticamente el 90 por ciento del mercado de las cervezas; en el primero, controla Bavaria S.A., Águila, Cervunión, El Litoral y es propietaria del 44 por ciento de Cervecería Leona S.A. proporción que le permite ejercer el control administrativo de la misma; en el segundo, domina Cervecería Andina y Compañía de Cervezas Nacionales S.A. Participa también en el mercado cervecero venezolano con Bavaria Venezuela S.A.

"Las subsidiarias de la matriz Bavaria son empresas que suministran insumos necesarios para la producción cervecera, entre las que se encuentran: la Maltería Tropical en Cartagena, Maltería de Techo y Maltería de Tibitó y la Compañía Ecuatoriana de Maltas y Cervezas. Otras industrias complementarias de esta actividad suministran los envases, tapas corona, cajas plásticas, plásticos, etiquetas etcétera, este grupo de complementariedad está compuesto por: Cajas Plásticas, Inversiones Aconcagua (que realiza la molturación de arroz, ingrediente empleado en la fabricación del mosto de la cerveza) e Impresora del Sur que se encarga del suministro de etiquetas, carteles publicitarios y papelería impresa en general. Recientemente vendió la empresa Conalvidrios a Peldar S.A. y fusionó a Colenvases con Malterías de Colombia lo que le permitió vender la maquinaria de envases de lata a Crown de Colombia. Pero estas operaciones fueron ligadas con contratos que le garantizan a Bavaria el suministro de envases de vidrio y lata durante siete años.

"Otras empresas del mismo sector de bebidas se benefician de la infraestructura instalada en las plantas cerveceras para embotellar, almacenar y distribuir productos, entre las cuales están: Productora de Jugos y Jugos Tutti Fruti. Por otra parte, en Ecuador es propietaria de compañías de empleo temporal tales como vigilancia (Servie), mantenimiento (Manca) y auditoría (Seraudi). En Perú tiene a Inversiones Serte S.A. que se dedica también a la explotación del empleo temporal. Incursiona además en actividades agropecuarias y de reforestación y para ello posee una empresa dedicada a la producción de concentrados para animales: Agrilsa, y otra dedicada a reforestación, la Sociedad de Predios Rústicos los Volcanes".[6]

Señala Parra que la expansión del grupo se apuntala en la enorme liquidez que le prodiga el hecho de vender de contado y comprar a crédito y a su vez constituirse en un gran recaudador de impuestos indirectos como son el impuesto al consumo de cerveza y el IVA. Hay que tener en cuenta que los impuestos al consumo constituyen el 45 por ciento del precio de una cerveza.

El otro bastión empresarial de Julio Mario Santo Domingo es Valores Bavaria, una razón social que sirve de umbral de numerosas empresas que van desde Avianca hasta compañías de seguridad y empleo temporal.

La propiedad de las acciones de Valores Bavaria S.A. es de Unión de Valores, que tiene el 30 por ciento de las acciones; el Fideicomiso Fiduvalle Unión con el 11.8 por ciento; Pontus Corporation con 10.6 por ciento; Energetic and Financial Investments Inc. con el 8.81 por ciento; Santo Domingo y Cía. S en C con el 7.96 por ciento; el Fondo Crecimiento con el 1.34 por ciento, Comunicaciones y Negocios S.A. con el 1.2 por ciento; Petroquímica del Atlántico con el 1.17 por ciento, y con el 4.18 por ciento aparece el Fondo Individual Goldman Sachs y Co.

Valores Bavaria tiene un frente financiero en el cual controla Inversiones Fenicia, Inversiones Bavaria, Redes de Colombia, Inversiones Refonal, Inmobiliaria Águila y Compañía del Litoral. En la Corporación Financiera del Norte (intervenida por el gobierno a mediados de 2001) poseía 85.4 por ciento de las acciones. La empresa Hércules Enterprises localizada en Panamá es controlada en un 100 por ciento. En el sector servicios de transporte aéreo Valores Bavaria S.A. tiene el control mayoritario de Avianca, que a su vez es matriz de SAM, Helicol, Coviajes y Avianca Inc.; y controla cuatro empresas de servicio de trabajo temporal que son Auditamos, Serdan, Misión Temporal y Vise.

En el sector de medios de comunicación cuenta con Caracol TV, Inversiones Cromos, Comunican S.A. (que edita el diario *El Espectador*), Comunican Multimedios de Colombia y Ediciones Vea. En el sector telecomunicaciones domina empresas como Americatel Colombia, Red Colombia, Wasse Holding Corporation (con domicilio en Islas Vírgenes), Valores Bavaria Internet Inc. y Celumóvil (de ésta en 2000 fue cedido el paquete de acciones mayoritario a la empresa canadiense Bell South). En la parte industrial, la matriz Valores Bavaria S.A. tiene intereses en la empresa pesquera C.I. Vikingos de Colombia, Astillero Vikingos, Finca, Inaquímicas, Parque Central Bavaria, Reforestadora de la Costa, ensambladora Sofasa, Unial y Productora y Comercializadora de Alimentos –PCA– (empresa que maneja los restaurantes Presto en Colombia).

Parra encontró que los miembros de las juntas directivas de ambos grupos (Valores Bavaria S.A. y Bavaria S.A.) son las mismas personas. Cada presidente de las empresas matrices recibe un sueldo de 350,000 dólares anuales y cada uno de los vicepresidentes y la revisoría fiscal reciben 180,000 dólares anuales. Por otro lado, cada uno de los presidentes de las empresas subsidiarias y sus vicepresidentes devengan sueldos que superan en promedio los 200,000 dólares anuales. Un obrero medio en Bavaria recibe anualmente 4,200 dólares.

NOTAS

1. Colombias Santo Domingo Sells Centralce Stake, Robert Willis en Bogotá y Jim Silver en Lisboa, Bloomberg News, 22 de diciembre de 1999. Archivo electrónico LexisNexis.

2. *Op cit.*

3. "Grupo Santo Domingo encuentra resistencia", Edith Castillo Duarte, *La Prensa*, Panamá, 11 de diciembre de 2001, sin página. Archivo Electrónico Lexis Nexis.

4. "Colombiano preside Cerveceria Nacional", Diana Campos Candanedo, *La Prensa*, Panamá, 9 de enero de 2002, sin página. Archivo electronico LexisNexis.

5. Citado por Wilfredo Jordan S., "Cerveza y más Cerveza", *La Prensa*, Panamá, 6 de febrero de 2002, sin página, archivo electrónico LexisNexis.

6. "Las Empresas de los Santo Domingo", Bernardo Parra, artículo de sustento preparado para la revista *Punto-Com*, no publicado en su integridad. Copia enviada por correo electrónico, Miami, agosto de 2001.

Árbol Genealógico

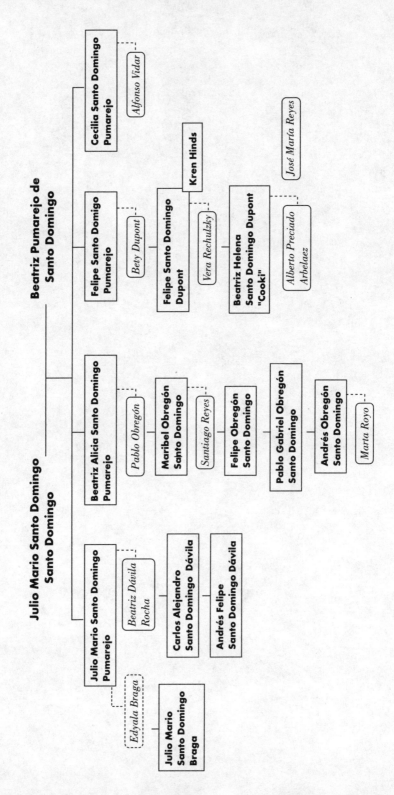

ÍNDICE